T4-ADM-413

Religion under Siege
II
Protestant, Orthodox and Muslim
Communities in Occupied Europe
(1939-1950)

Edited by
Lieve Gevers and Jan Bank

PEETERS

RELIGION UNDER SIEGE
II

ANNUA NUNTIA LOVANIENSIA
LVI.2

Religion under Siege

Volume II
Protestant, Orthodox and Muslim Communities in Occupied Europe (1939-1950)

Edited by
Lieve Gevers and Jan Bank

PEETERS
LEUVEN – PARIS – DUDLEY, MA
2007

A CIP record for this book is available from the Library of Congress.

Cover Illustration: Orthodox, Roman Catholic and Muslim members of the Serbian State Guard (the 'Serbische Staatwache' under the leadership of the German police) take an oath of allegiance to Serbia and the Serbian people before ministers of the different religious communities; 21 April 1944. Collection Cegesoma, Brussels.

No part of this book may be reproduced in any form, by print, photoprint, microfilm or any other means without written permission from the publisher

© Uitgeverij Peeters, Bondgenotenlaan 153, B-3000 Leuven (Belgium)
ISBN 978-90-429-1933-4
D/2007/0602/76

Contents

Lieve Gevers and Jan Bank
Introduction VII

Mikhail Shkarovskij
Eine vergleichende Analyse der Kirchenpolitik der nationalsozialistischen und der stalinistischen Diktatur in den Jahren 1941 bis 1953 1

Radmila Radić
The Serbian Orthodox Church under the Nazi Occupation and in the First Years after the War 1941-1953 55

Grigorios Psallidas
Ecclesiastical Policy of the Occupying Forces in Greece and the Reactions of the Greek Orthodox Church to Its Implementation (1941-1944) 93

Katrin Boeckh
"Liberalisierung" und Repression: Zur Praxis der Religionspolitik in der Ukraine während NS-Besatzung und stalinistischer Herrschaft 1941-1953 119

Valeria Heuberger
Islam and Muslims in Bosnia-Herzegovina during World War II: A Survey 175

Anders Jarlert
The Changing Situations of the Lutheran Churches in Scandinavia before, during, and after World War II 195

Jan Bank
Protestantism in the Second World War: The Case of The Netherlands and France 223

Lieven Saerens
The General Attitude of the Protestant Churches in Belgium Regarding the Jews (from the End of the 19th Century to the Second World War) 265

List of Contributors 283

Introduction

The present volume forms a diptych with the collection published simultaneously that dealt with the Catholic Church in occupied Europe during the Second World War[1]. As a matter of fact, not only the Catholic Church but also the other Christian Churches, both Protestant and Orthodox, and to a certain degree Islam, were extremely significant actors in the tense relationship between accommodation, collaboration and resistance. The role of the Church and religion during the Second World War, however, cannot be dealt with in a comprehensive manner without giving due consideration to the full spectrum of European contenders.

Historical research into Protestantism and Eastern Orthodoxy in Europe during the Second World War has led to a wide range of results and conclusions. Both Christian perspectives tend, for example, to exhibit more national features than the Roman Catholic Church, the latter being led from an international centre and being characterised by the endeavour to establish uniformity in spite of the existence of national difference. Such centralism was of little importance for Orthodoxy and of no importance whatsoever for Protestantism, the latter of which consisted of two mainstream tendencies: Lutheranism in Germany, the Scandinavian countries, and spread throughout Central Europe, and Calvinism in France, the Netherlands, and with a degree of concentration in Hungary and Transylvania.

More than the other Christian groups, twentieth century Orthodoxy in Europe was profoundly influenced by the First World War. The fall of the Tsarist regime in Russia ultimately led to the Bolshevik revolution, which also did battle with the Russian Orthodox Church, seriously damaging its social position and structure and murdering large numbers of bishops, priests and nuns. The fall of the Habsburg and Ottoman empires did not only lead to the formation of new states and new boundaries in Central and Eastern Europe, but also to the nationalisation of the Orthodox Churches. Their fate was thus more closely related to the nation or the nation state in the countries around the Soviet Union and the Balkans.

---

1. Lieve Gevers and Jan Bank (eds.), *Religion under Siege*. Volume I. *The Roman Catholic Church in Occupied Europe (1939-1950)*, Annua Nuntia Lovaniensia, 56 (Leuven/Paris/Dudley, MA: Peeters, 2007).

For the Russian Orthodox Church, the Second World War occupied a different historical position than it did in other parts of Europe. In 1939, the Church in question had been more or less brought to its knees under Stalinist persecution. The war offered it the opportunity to be of service within the framework of Russian nationalism, which Stalin considered opportune at the time. Other Orthodox Churches had thrown in their lot with the nation states and were those confronted with choice of submitting to a National Socialist occupying regime or associating themselves with an alliance between the state and Nazi Germany. In addition to this political dimension of the history of the Church, the Orthodox Churches also appeared to have maintained a central place in the lives of the faithful at the local level in the harsh circumstances of war through its liturgies and devotions. This was particularly the case at moments in which the civil institutions had collapsed under wartime hostility and the Churches represented a genuine place of refuge.

Protestantism first confronted the National Socialist ideology in Germany itself, shortly after Hitler came to power in 1933. The Evangelical Church was divided between the option for a German national church, an instrument of the regime, and the so-called *Bekennende Kirche*, the Confessing Church that distanced itself from the state and its ideologies. The ensuing ecclesial struggle had a profound effect on Protestantism, both in its Lutheran and its Calvinist variants. In the occupied territories of Norway and Denmark, bishops were confronted with a question, namely how to preserve the freedom of the (Lutheran) state Church from National Socialist intervention and tyranny. In the Calvinist Netherlands and in France, such questions were treated by a number of synods and by ministers who acquired positions of leadership therein on account of their personal powers of persuasion. An important role was set aside for the Swiss theologian Karl Barth, whose critical insights and radical theology had a major influence on the younger generation of ministers during the Second World War.

As is the case with the aforementioned collection of studies on the Catholic Church published under separate cover, the present collection represents written results of a period of research undertaken within the framework of the research project of the European Science Foundation and entitled 'The Impact of National Socialist en Fascist Occupation in Europe' (1999-2005) under the leadership of Wolfgang Benz (Technische Universität, Berlin) and Hans Blom (Niod, Nederlands Instituut voor Oorlogsdocumentatie, Amsterdam). Within this more inclusive project, research into the arena of Church and religion was entrusted to Team 2 'The Continuity of the Churches' under the leadership of the signatories to the present introduction.

In line with the ESF project as a whole, our aim was to focus attention on European countries that had experienced an occupying regime from Germany or its allies in one form or another. National variants with respect to Orthodoxy are to be found in the contributions of Mikhaïl Shkarovskij on the Russian Orthodox Church, Radmila Radić on the Serbian Orthodox Church and Grigorios Psallidas on the Greek Orthodox Church. Katrin Boeckh offers a comparative study of ecclesial politics in religiously complex Ukraine. Valeria Heuberger focuses her attention on the attitude of the Muslim communities in Bosnia. Three contributions turn their attention to different dimensions of Protestantism. Anders Jarlert offers a comparative study of the Lutheran Church in the Scandinavian countries of Norway, Sweden, Denmark and Finland. Jan Bank's contribution on Calvinism likewise offers a comparative study of the specific situation in France and the Netherlands. To conclude, Lieven Saerens offers a detailed analysis of the attitude of the Protestant Church in Belgium with respect to the persecution of the Jews in Belgium. His contribution provides us with an insight into every day Jewish life and the Jewish experience of religion during the occupation.

The editors hope that the present volume will augment our historical knowledge of the complex situations of and the various attitudes maintained by the churches and religions in European during the Second World War and thereby inspire continued comparative research in the field.

We conclude this introduction with a word of gratitude to all those who have contributed to the production of this book. Our thanks are extended in the first instance to the authors of the contributions with whom we worked closely within the framework of our team for a period of five years. This did not only lead to a fertile intellectual exchange of ideas but also to the establishment of mutual friendship which we hope will continue in the years to come. Our gratitude is also extended to the European Science Foundation, which was prepared to offer financial support to this key project on 'The Impact of Nationalist and Fascist Occupation in Europe'. We are also much indebted to the Netherlands Institute for Advanced Study (NIAS) in Wassenaar (the Netherlands) where we were privileged to reside as VNC fellows 2004-2005. Our stay in Wassenaar not only provided an inspiring academic environment for our work on the present publication but also important logistic support that helped in the realisation thereof. A final word of thanks is due to the Faculty of Theology of the K.U.Leuven for their willingness to include this collection in the series Annua Nuntia Lovaniensia.

Lieve Gevers (K.U.Leuven, Belgium)
Jan Bank (Universiteit Leiden, The Netherlands)

Eine vergleichende Analyse der Kirchenpolitik der nationalsozialistischen und der stalinistischen Diktatur in den Jahren 1941 bis 1953

Mikhail Shkarovskij

I. Einleitung

Einige Aspekte der Geschichte der zwei großen totalitären Diktaturen des zwanzigsten Jahrhunderts, der nationalsozialistischen in Deutschland und der stalinistischen in der Sowjetunion, finden ständig die Aufmerksamkeit der Forschung und der breiten Öffentlichkeit. Das gilt besonders auch für ihre Kirchenpolitik. Interessant ist dabei die Position der christlichen Kirchen, von denen die Russisch-orthodoxe Kirche sich beiden Regimes gegenübersah und die Auswirkung ihrer Politik in vollem Umfang durchleiden mußte. Der vorgelegte Vortrag stellt dar, wie die deutsche Politik gegenüber der Russischen Orthodoxen Kirche während des Weltkrieges realisiert wurde.

Gegenstand der Forschung ist die Entstehung und Realisierung der staatlichen deutschen Kirchenpolitik und die Entwicklung der Russischen Kirche als einer Institution und eines sozialen Organismus auf dem von den deutschen Truppen besetzten Territorium in den Jahren 1941-45. Es wird eine vergleichende Analyse der Kirchenpolitik der nationalsozialistischen und der stalinistischen Diktatur in dieser Zeit durchgeführt. Die Arbeit zeigt, wie die deutsche Kirchenpolitik trotz aller Restriktionen in den besetzten Ostgebieten in komplexen Vorgängen zu einer Wiedergeburt des religiösen Lebens beigetragen hat.

Es bleibt festzustellen daß zur Zeit keine Untersuchungen vorliegen, in denen das hier zu bearbeitende Thema in vollem Umfang erörtert worden wäre. Das gilt auch für eine Reihe von Nebenthemen. Als Grund für diese Lücke ist die unzureichende Quellenbasis zu nennen. Weder russische noch auch deutsche Archivmaterialien wurden genug ausgenutzt. Der vorgelegte Vortrag versucht, diese Lücke zu schließen und das Thema auf der Basis neuen Archivmaterials zu behandeln.

II. Die Lage der Russisch-orthodoxen Kirche vor dem Krieg

Im Jahr 1917 hat die Russisch-orthodoxe Kirche 78.000 Gotteshäuser, 120.000 Geistliche, 130 Bischöfe, 1253 Klöster mit 95.000 Mönchen und Nonnen, 57 geistliche Seminare und 4 geistliche Akademien. Im Russischen Reich wohnen in dieser Zeit 115-125 Millionen Orthodoxe (etwa 70 Prozent der Bevölkerung). Aber zu Beginn des 20. Jahrhunderts durchlebte die russische Kirche eine schwere Krise, die durch ihre zweihundertjährige völlige Unterordnung unter den Staat zu erklären ist. Zwar begann im ersten Jahrzehnt des 20. Jahrhunderts ein Prozeß der Wiedergeburt, eine tatsächliche Erneuerung der russischen Orthodoxie, wie sie sich deutlich in der Tätigkeit der Landessynode von 1917/18 niederschlug. Doch wurde dieser Prozeß schon in seinen ersten Anfängen jäh unterbrochen. Hätte die Synode bis 1919 angedauert, wäre die Kirche zweifellos weiter auf dem Weg der Reform vorangekommen und hätte mehr Züge eines lebendigen, dynamischen Organismus angenommen. Da der Oktoberumsturz den Prozeß der Wiedergeburt der Kirche abbrach und nach und nach die demokratischen Umgestaltungen ihres Lebens beseitigte, und da ferner mit der Unterwanderung durch die sogenannte Erneuerungsbewegung in den 1920er Jahren die Reformidee selbst diskreditiert wurde, nahm die neue Entwicklung der Russischen Kirche im Kern den Charakter einer eigenen Art von religiöser "Konterrevolution" an.

Der Konflikt der wichtigsten religiösen Organisation des Landes, der Russisch-orthodoxen Kirche, mit der neuen Macht entstand schon in den ersten Tagen der Oktoberrevolution. Entsprechende Maßnahmen der bolschewistischen Regierung, des Rates der Volkskommissare (Sovet narodnych komissarov, SNK), stützten sich auf zwei grundlegende Prinzipien: nämlich auf die weltanschauliche Unvereinbarkeit der Lehren des Marxismus mit jeglichem religiösen Glauben und auf die Betrachtung der Kirche als Verbündete des Zarismus bzw. nach der Niederwerfung der Autokratie als Trägerin der ausbeutenden Schicht. Deshalb wurden die religiösen Organisationen nicht zur Mitarbeit aufgerufen, sondern man begann, sie verstärkt aus dem politischen, wirtschaftlichen und kulturellen Leben des Landes zu verdrängen.

Vor dem Zweiten Weltkrieg durchlief die allgemeine Politik in der Hauptsache drei Etappen. In diese Etappen läßt sich auch die russische Kirchengeschichte einteilen. Von Herbst 1917 bis 1921 dauerte die Zeit des "Sturm und Drang," der grausamen, aber systemlosen Verfolgung des Moskauer Patriarchats bei gleichzeitiger Förderung einiger anderer

Konfessionen. So wurde eine Reihe von Gesetzen erlassen, die nicht nur die Kirche vom Staat trennten, sondern sie im Vergleich zu anderen gesellschaftlichen Organisationen auch diskriminierten. Das Ende des Bürgerkriegs machte einen gemäßigten Kurs nötig. Zwar gelang es den staatlichen Organen 1922, die Kirche durch die Erneuerungsbewegung zu spalten und sie dadurch erheblich zu schwächen. Und 1927 wurde das Moskauer Patriarchat infolge des Kompromisses, den der Patriarchatsverweser Metropolit Sergij einging, in erheblichem Maße staatlicher Aufsicht unterstellt. Zugleich, Ende der 1920er Jahre, verstärkte sich der Einfluß der Kirche wieder, und die Religiosität der Bevölkerung nahm, einer Reihe von Umfragen zufolge, wieder zu. Die zweite Etappe begann 1922 und endete 1928; die dritte (1929-1938) zeichnete sich durch die gezielte Absicht aus, das religiöse Leben in der UdSSR endgültig auszulöschen. Die Verfolgungen führten zur fast vollständigen Vernichtung der legalen Geistlichkeit aller Konfessionen. Bis 1939 gelang es den Machthabern in hohem Maße, den Anschein eines gottlosen Staates zu erwecken. Dieser Schein trog jedoch. Die Volkszählung von 1937 zeigte, daß etwa die Hälfte der Bevölkerung weiterhin gläubig war.

Es herrscht Uneinigkeit darüber, wieviele orthodoxe Gotteshäuser vor dem Beginn des Krieges im Juni 1941 in der UdSSR in Betrieb waren. In jüngster Zeit gehen russische und ausländische Historiker davon aus, daß es in den westlichen, angeschlossenen Gebieten etwa 3000 und auf dem übrigen Territorium des Landes 100 bis 200 Kirchen gab.[1] Dem Verfasser erscheinen diese Zahlen etwas zu gering. Nach seinen – auf Archivmaterial gestützten – Berechnungen bestanden in der UdSSR 3730 Gotteshäuser, davon etwa 3350 in den westlichen Gebieten und Republiken.[2]

Am Vorabend des Großen Vaterländischen Krieges schien es, daß die kommunistische Partei ihrem angestrebten religionspolitischen Ziel nahe war. "Kirchenlose" und "gottlose" Dörfer, Siedlungen, Städte, Kreise und ganze Gebiete zählten nach Dutzenden und Hunderten. Offizielle Medien der Masseninformation und die antireligiöse Literatur bezeugten die "Unterstützung des offiziellen Kurses der Kirchenpolitik des Staates durch die Werktätigen," da sie vollständige Gewissensfreiheit zu garantieren schien. Aber das war eine Illusion. Schon nach einigen

---

1. Dmitrij V. Pospelovskij, *Russkaja pravoslavnaja cerkov' v XX veke* (Moskva: Respublika, 1995) 168 u.a.
2. Rossijskij gosudarstvennyj archiv sozial'no-polititscheskoj istorii (Russischen Staatlichen Archiv der sozialen und politischen Geschichte = RGASPI), Moskau, f. (Inventar) 17, op. (Liste) 125, d. (Dokument) 407, l. (Blatt) 5, op. 132, d. 7, l. 2 u.a.

Monaten änderte sich die Situation grundlegend – vor allem in den von Deutschen besetzten Gebieten begann eine "religiöse Wiedergeburt."

III. Erster Teil: Die Kirchenpolitik Hitlers

Die von 1933 bis 1941 in Deutschland, aber auch in okkupierten Gebieten wie z. B. dem Generalgouvernement zum Teil erfolgreich erprobten Methoden und Praktiken der Kirchenpolitik wurden auf die religiösen Organisationen in den besetzten Gebieten der UdSSR übertragen. Zudem orientierte sich die Kirchenpolitik in den entscheidenden Punkten an der allgemeinen Einstellung zu den Slawen, insonderheit zu den Russen. Sogleich nach Beginn des Krieges mit der UdSSR fand in Berlin vom 22. bis 23.9.1941 eine Tagung der Kirchenbearbeiter bei den Staatspolizeistellen statt. Hier hielten die Gruppenleiter des Reichssicherheitshauptamtes zehn Vorträge, die die Richtung weiteren Vorgehens demonstrierten. Folgende Themen wurden behandelt: "Sicherheitspolizeiliche Maßnahmen zur Bekämpfung der politischen Kirchen und Sekten," "Nachrichtendienstliche Aufgaben im Kampf gegen den politischen Katholizismus im Reich" sowie "Die Problematik der Ostkirchen und die nachrichtendienstlichen Folgerungen." In einem Vortrag wurde u. a. ausgeführt: "Durch den Vormarsch der deutschen Truppen auf dem Balkan und dem Osten ist für uns das Problem der orthodoxen Kirchen sehr akut geworden [...] Ein großer Teil der Anhänger der orthodoxen Kirche befindet sich im Gebiet der Sowjet-Union. Im Lauf der Jahre ist diese Kirche auch durch den Bolschewismus infiziert worden, so daß eine Wiedererrichtung der Kirchen im gewonnenen Ostraum durch Deutschland nicht in Frage kommt."[3]

Trotz aller Bemühungen um eine einheitliche Politik gegenüber der Russisch-orthodoxen Kirche gab es jedoch verschiedene Vorgehensweisen. Dies haben bereits der kanadische Gelehrte Pospelovskij und der amerikanische Historiker Fireside beobachtet: Hitler hielt alle Slawen für Menschen einer niederen Rasse und betrachtete sie als künftige Sklaven. Der für die besetzten Ostgebiete ernannte Reichsminister Alfred Rosenberg bemühte sich dagegen, die nationalen Minderheiten Rußlands auf die deutsche Seite zu ziehen, indem er ihnen Unabhängigkeit versprach. Das russische Volk identifizierte er jedoch mit der kommunistischen Idee und dem Terror. Das Oberkommando der Wehrmacht trat

---

3. Bundesarchiv Berlin (künftig: BA) R 58/218, Blatt, 2, 31, 32.

für die Schaffung "verbündeter" russischer Heeresteile ein (was zur Aufstellung der Wlassow-Division und von Kosaken-Einheiten führte) und war deshalb gegen die Publikation von Plänen der künftigen Teilung Rußland usw.[4]

Meine bisherigen Ausführungen sollen dadurch präzisiert werden, daß ich eine Reihe anderer Faktoren anführe, die die Position der deutschen Behörden in der Kirchenpolitik des Ostens bestimmten: propagandistische, ideologische, innerdeutsche, die Kriegssituation (zumal an der Ostfront) betreffende, internationale, innerrussische (hinsichtlich der Gesamtlage in den okkupierten Gebieten) und sowjetische (im Blick auf den Einfluß der Religionspolitik auf die Führung der UdSSR). Diese Faktoren beeinflußten die einzelnen deutschen Behörden unterschiedlich und zwangen sie, im Laufe der Zeit ihre Position mehr oder weniger zu korrigieren. Im Verlaufe des Krieges änderte das Reichsministerium für die besetzten Ostgebiete, am stärksten seine Haltung, indem es allmählich den orthodoxen Kirchen einige Konzessionen machte.

IV. Staatliche Organe der Kirchenpolitik

Es gab einige deutsche staatliche Organisationen, die sich mit der Russisch-orthodoxen Kirche beschäftigten. Sie nahmen jeweils unterschiedliche Positionen ein. Die nachsichtigste Haltung zeigte das Ministerium für kirchliche Angelegenheiten (ab 1944 Reichskirchenministerium), es folgten das Oberkommando des Heeres, die Heeresverwaltung in Rußland und das Reichsministerium für die besetzten Ostgebiete. Die größte Härte zeigte das Reichssicherheitshauptamt. Die Einstellung der Parteileitung, Hitlers und des Leiters der Parteikanzlei, Martin Bormann, war schon offen feindlich.

Es ist notwendig, jede dieser Einrichtungen zu charakterisieren. Das Reichskirchenministerium bemühte sich von 1941 bis 1945, die guten Beziehungen zur russischen Auslandskirche aus der Vorkriegszeit aufrecht zu erhalten, aber es wurde in den besetzten Territorien der UdSSR faktisch von allen wichtigen Vorgängen ferngehalten. Das Ministerium erhielt nur dürftige Informationen und konnte in einzelnen Fällen seine Meinung vortragen. Von irgendeiner offenen Loyalität gegenüber der

---

4. Pospelovskij, *Russkaja pravoslavnaja cerkov' v XX veke*, 204; H. Fireside, *Icon and Swastica: The Russian Orthodox Church under Nazi and Soviet Control* (Cambridge, MA: Harvard University Press, 1971) 76-80.

russischen Orthodoxie konnte auch jetzt, nach Ausbruch des Krieges, keine Rede sein. An den Frontabschnitten (in der Praxis in fast allen besetzten russischen und teilweise ukrainischen Gebieten) beschäftigte sich die Heeresverwaltung in der Person der Befehlhaber der rückwärtigen Heeresgebiete Nord, Mitte und Süd mit den kirchlichen Angelegenheiten. An Entscheidungen religionsbezügliche Probleme wurden die Führungs- und Propagandaabteilungen beim jeweiligen Befehlshaber beteiligt, vor Ort die Feld- und Standartenkommandanten.

Die Heeresleitung bemühte sich, in ihrem Bereich keine Konflikte mit der Bevölkerung zu provozieren, die eine antideutsche Einstellung und den Widerstand verstärken könnten. Besonders gilt dies für die Heeresgruppe Nord. Hinzu kommt, daß der Exarch des Baltikums, Metropolit Sergij, über besondere diplomatische Fähigkeiten verfügte und die deutsche Verwaltung davon überzeugen konnte, daß eine besondere orthodoxe Aktivität, die Pskover Mission, wichtig und nützlich sei. So agierte die einzige erlaubte Geistliche Mission der Russischen Kirche auf dem besetzten Gebiet eben in Pskov, dem rückwärtigen Heeresgebiet Nord. Der offizielle Ideologe der NSDAP, Alfred Rosenberg, der sich innerhalb der Partei mit kirchlichen Fragen beschäftigte, war dem Christentum (besonders dem Katholizismus) gegenüber feindlich eingestellt.[5] Mit der Publikation des Führererlasses über die Verwaltung der besetzten Ostgebiete vom 17.07.1941 wurde die Übergabe der Administration dieser Gebiete (da nur sie sich als "befriedet" erwiesen) an eine Zivilverwaltung verfügt und Reichsleiter Rosenberg zum Reichsminister für die besetzten Ostgebiete ernannt. Das Reichsministerium für die besetzten Ostgebiete bestand aus vier Hauptabteilungen, von denen die Hauptabteilung Politik die größte Bedeutung hatte, da sie die richtungweisenden politischen Linien des Ministeriums erarbeiten mußte. In Wirklichkeit war seine Befugnis durch die Einmischung anderer Behörden des Reiches und das Bemühen der Reichskommissare um Unabhängigkeit, die deshalb die Weisungen des Reichsministeriums für die besetzten Ostgebiete oft nicht beachteten, sehr eingeschränkt. In die Hauptabteilung Politik wurde die Abteilung I 2 Kulturpolitik übernommen, die wiederum aus 8 Gruppen bestand. Darunter befand sich auch die Gruppe I 2 h Religionspolitik. Von 1941 bis 1945 wurde letztere ständig von Karl Rosenfelder geleitet, der sich

---

5. Vgl. Raimund Baumgärtner, *Weltanschauungskampf im Dritten Reich: Die Auseinandersetzung der Kirchen mit Alfred Rosenberg*, Veröffentlichungen der Kommission für Zeitgeschichte. Reihe B: Forschungen (Mainz: Matthias-Grünewald-Verlag, 1977).

persönlich mit der Zusammenstellung der meisten Rundschreiben beschäftigte, die die Russisch-orthodoxe Kirche betrafen.

V. Zivilverwaltung in den okkupierten Gebieten

Nachdem in den besetzten Gebieten der UdSSR eine Zivilverwaltung geschaffen worden war, begann man faktisch sofort, ihre Befugnis zu beschneiden. Die Order Hitlers vom 17.07.1941 über die polizeiliche Sicherheit der besetzten Territorien im Osten übertrug dem Reichsführer SS und Chef der deutschen Polizei, Heinrich Himmler, die Leitung. Auf diese Weise weiteten das Reichsicherheitshauptamt und das in die Gruppe IV B eingegangene Amt IV "Kirchen" – Referat IV B 3 ihren Wirkungsbereich weit in den Osten aus. So machten diese Ämter, weil sie der Russisch-orthodoxen Kirche feindlich gesonnen waren, dieser nur sehr selten und lediglich unbedeutende Zugeständnisse – und das auch nur, soweit es unbedingt notwendig erschien: zum Beispiel unter internationalem Druck, aus propagandistischen Gründen oder wegen der Kriegsereignisse. Im Reichsicherheitshauptamt reiften Pläne, die Orthodoxie nach dem Krieg zu liquidieren.

Besonders unduldsam gegenüber der Kirche war die Oberste Leitung der NSDAP. Die wichtigsten Weisungen für die Religionspolitik im Osten gingen, obwohl auch andere Behörden solche vorbereiteten, in der Endredaktion von der NSDAP bzw. von Hitler persönlich aus. Außerdem bemühte sich der Leiter der Parteikanzlei, Martin Bormann, unter großem Einsatz um die Vorbereitung und Annahme solcher Richtlinien.Die frühesten vom Autor aufgefundenen Richtlinien zur Religionspolitik im Osten stammen vom 02.07.1941. Ihr Autor ist der Chef des Reichsicherheitshauptamtes, Reinhard Heydrich. Die Richtlinien waren für die Einsatzgruppen, das Kommando der Sicherheitspolizei und den SD bestimmt. Aber sie enthalten noch keine persönlichen Weisungen Hitlers. Die Richtlinien wurden in den ersten Tagen des Krieges mit der UdSSR entworfen, als die weitere Entwicklung noch sehr unklar war. Das Reichsicherheitshauptamt erachtete es für notwendig, sich durch verschiedene Maßnahmen in den gleich zu Beginn des Krieges besetzten Gebieten zu etablieren. Darum sind die Richtlinien in bezug auf die russische Orthodoxie fast loyal, obwohl schon dieses Dokument von der notwendigen Teilung der Kirche spricht: "Gegen die Bestrebungen der Orthodoxen Kirche, Einfluß auf die Massen zu nehmen, ist nichts zu unternehmen. Sie sind im Gegenteil möglichst zu fördern, wobei von vornherein auf dem Grundsatz der Trennung von Kirche und Staat zu bestehen und eine Einheitskirche zu vermeiden ist. Auch gegen die Bildung religiöser Sekten ist nichts einzuwenden."[6] Ende Juli gab der Führer persönlich Direktiven zur Kirchenpolitik im Osten heraus. Vier dieser Richtlinien, die Wehrmacht betreffend, wurden wörtlich im Befehl des Oberkommandos der Wehrmacht vom 6.08.1941 mit der Unterschrift Keitels veröffentlicht.[7]

Am 3. 08. 1941, etwa zwei Wochen nach seiner Einrichtung, bereitete das Reichsministerium für die besetzten Ostgebiete für die militärischen Dienststellen Weisungen zu religionspolitischen Fragen vor, die im Heer allerdings keine weite Verbreitung fanden. Die Tendenzen der beiden Dokumente vom 3. und 6. August stimmen jedoch miteinander überein, obwohl sich auch einige Unterschiede finden lassen. Die weniger strengen Weisungen des Reichsministeriums für die besetzten Ostgebiete erklären, daß die religiöse Betätigung der Bevölkerung nicht zu behindern sei. Die Wendung, daß sie "möglichst nicht zu fördern" sei, fehlt jedoch. Für die deutschen Kolonien wurde die Teilnahme von Wehrmachtsgeistlichen am kirchlichen Leben vor Ort als Ausnahme zugelassen usw.[8]

VI. Einsatzbefehl 10

Der "Einsatzbefehl Nr. 10" ist der umfassendste und detaillierteste Erlaß zu Kirchenfragen in den besetzten Gebieten der UdSSR. Ihn gab der Chef des Reichssicherheitshauptamtes, Heydrich, am 16.08.1941 auf der Grundlage der Julidirektiven Hitlers heraus. Jedes Mitwirken am religiösen Leben wurde kategorisch verboten: "Eine Förderung der orthodoxen Kirche kommt ebensowenig in Frage! ... Unter allen Umständen ist jeder aus dem Reichsgebiet ... oder aus anderen an Rußland grenzenden Staaten kommende kirchliche Einfluß zu unterbinden und zu brechen."[9]

Damit war der Einfluß von Priestern der Russischen Auslandskirche und katholischer Missionare gemeint. Bis zum Ende des Krieges erhielten sie faktisch keine Einreise in die besetzten Gebiete der UdSSR. Der Befehl Heydrichs nahm eine negative Haltung zum Moskauer Patriarchat

---

6. Rossijskij Gosudarstvennyj Voennyj Archiv (Russischen Staatlichen Militärarchiv = RGVA), Moskau, f. 500, op. 5, d. 3, l. 38.
7. Ebenda, f. 1470, op. 2, d. 5, l. 387.
8. BA R 6/ 177, Bl. 9.
9. RGVA, f. 500, op. 5, d. 3, l. 62-65.

ein. In dem Dokument wurde es "Lebende Kirche" genannt, also offensichtlich mit den "Erneuerern" verwechselt. Außerdem wies der Befehl eine Verhaftung des "Patriarchen" Sergij (Stragorodskij) an. Der war zu dieser Zeit jedoch nur Statthalter des Patriarchenthrones im Range eines Metropoliten.[10]

So sind schon im August 1941, zwei Monate nach Beginn des Krieges mit der UdSSR, wurden auf Grund von persönlichen Anweisungen Hitlers Richtlinien zu Kirchenfragen im Osten herausgegeben, die bis zum Sommer 1942 ständig überarbeitet wurden. Die deutschen Behörden mußten die Russisch-orthodoxe Kirche wenigstens dulden, und deshalb förderten sie eine möglichst umfassende Spaltung der Kirche in einzelne Richtungen. Auf jeden Fall sollte verhindert werden, daß die Kirche sich konsolidierte und zum Sammelbecken national ausgerichteter Gruppen wurde, die bereit waren, den Kampf gegen das Reich aufzunehmen. Es stellte sich aber auch die Frage, ob man die Orthodoxie als eine geistliche Größe, die von der sowjetischen Macht verfolgt worden war, propagandistisch ausnutzen bzw. ihre Organisationen zur Mitarbeit in der deutschen Verwaltung auf den okkupierten Territorien verwenden könne.

Die Direktiven Hitlers, die den Wehrmachtsangehörigen jedes Mitwirken an der Wiedergeburt des kirchlichen Lebens im Osten verboten, erfolgten nicht zufällig. In der zweiten Jahreshälfte 1941 halfen einzelne Offiziere und Vertreter der deutschen Militärbehörden bei der Öffnung von Kirchen, bzw. ordneten diese sogar an. Auch Wehrmachtsgeistliche fuhren ungeachtet des Verbotes vom August fort, für die ortsansässige Bevölkerung Gottesdienste zu halten. So heißt es z. B. in einer Meldung der Sicherheitspolizei und des SD Nr. 73 vom 4.9.1941 aus Weißrußland: "Nach verschiedentlichen Beobachtungen findet die Anordnung, daß Wehrmachtgottesdienste ohne Beteiligung der Zivilbevölkerung durchzuführen seien, immer noch nicht in genügendem Maße Beachtung. Z. B. haben einem evangelischen Feldgottesdienst in Borissow zahlreiche Zivilisten beigewohnt und sind zum Schluß des Gottesdienstes durch die Feldgeistlichen sogar gesegnet worden. Ebenso konnte in Smolensk wiederholt beobachtet werden, daß zahlreiche Zivilisten den deutschen Feldgottesdiensten als Zuschauer beiwohnten. Die Heeresgruppe Mitte, die Befehlshaber des rückwärtigen Heeresgebietes Mitte wurden hiervon in Kenntnis gesetzt. Es wurde vorgeschlagen, im Interesse einer selbstverständlichen Distanz zwischen den deutschen Soldaten

---

10. Gosudarstvennyj archiv Rossijskoj Federazii (Staatsarchiv der Russischen Föderation = GARF), Moskau, f. 6991, op. 1 d. 5, l. 23

und der fremdvölkischen Zivilbevölkerung Feldgottesdienste nur im geschlossenen Kreis von Wehrmachtsangehörigen stattfinden zu lassen."[11] In einer ähnlichen Mitteilung – Nr. 90 vom 21. 09. 1941 – wird unterstrichen, daß durch die Direktiven des Führers, wie sie im Erlaß des Chefs des Oberkommandos der Wehrmacht vom 6.8.1941 zum Ausdruck kamen, endlich Klarheit über die Wiederaufnahme des kirchlichen Lebens für die Wehrmachtseinheiten geschaffen werde – und hierzu wurde noch angemerkt: "Nunmehr scheinen endlich die bis in die letzte Zeit noch festgestellten Versuche von röm.-kath. Wehrmachtgeistlichen aufzuhören, Gottesdienste für die Zivilbevölkerung durchzuführen (wie z. B. in Witebsk, Smolensk)." In den ersten Wochen der Besetzung hatte die Wehrmacht einzelnen russischen Priestern aus den Reihen der Emigranten sogar noch die Einreise in den Osten gestattet.[12]

VII. Neue Weisungen Hitlers

Um solche Vorkommnisse ein für allemal zu unterbinden, erwies sich ein Befehl als nicht ausreichend. Wegen der sich aus diesem Grunde im Heer bemerkbar machenden Unruhe erließ Hitler neue ergänzende Weisungen. Sie wurden zusammen mit vier früheren Direktiven am 2.10. als Erlasse der Befehlshaber der Heeresgebiete Nord, Mitte und Süd herausgegeben. Zu diesen Direktiven gab die Militärführung in verschiedenen Instruktionen ergänzende Anweisungen heraus, die dem Heer die Position, die es zur Russisch-orthodoxen Kirche einzunehmen habe, erläuterten. Dazu gehört u. a. die Beilage zum Befehl des Oberkommandos der Wehrmacht vom 24.11.1941 "Richtlinien zur Durchführung der Propaganda in den besetzten Ostgebieten": "Die Freiheit der Religionsausübung verschafft ausreichend Material für die Propaganda. Jedoch muß man unbedingt darauf achten, daß von deutscher Seite die Wiedererstehung starker lokaler orthodoxer Kirchenorganisationen nicht erwünscht ist."[13]

In den Weisungen des Befehlshabers des rückwärtigen Heeresgebietes Süd vom 7.12.1941 "Richtlinien für das Verhalten gegenüber der ukrainischen Bevölkerung" wird mitgeteilt: "Die ukrainische autokephale

---

11. BA R 58/216, Bl. 288-289.
12. Alexander Dallin, *German Rule in Russia 1941-1945* (London: Macmillan, 1957) 476-478; BA R 58/217, Bl. 224.
13. Bundesarchiv-Militärarchiv (künftig: BA-MA), Freiburg, RH 272 a, Bl. 3.

Kirche, aber auch andere konfessionelle Vereinigungen sind zuzulassen, wenn sie sich nicht mit Politik beschäftigen. Verboten ist jedoch, irgendwelche früheren Kultstätten zu Wallfahrtsorten zu machen und dadurch zum Zentrum für eine Autonomiebewegung. Die Vertreter anderer Staaten sind aus den unter deutscher Verwaltung stehenden Gebieten abzuschieben."[14] Nicht sofort, aber allmählich zeigten die Befehle ihre Wirkung. Jede Hilfe von Seiten des deutschen Heeres wurde verboten.

In den ersten Monaten des Krieges mit der UdSSR war die Zivilverwaltung in den besetzten Gebieten noch nicht endgültig aufgebaut. Diese Lücke nutzten die Organe der Sicherheitspolizei und des SD, um einen hegemonialen Einfluß auf die religiösen Organisationen zu erhalten. Weißrußland ist ein gutes Beispiel dafür. In der schon erwähnten Mitteilung vom 4.09.1941 heißt es: "Für den Fall, daß in Zukunft in gewissem Umfange eine Betätigung der griech.-orth. Kirche genehmigt werden sollte, wird es auch für zweckmäßig gehalten, daß bei den notwendigen organisatorischen Maßnahmen eine Federführung der in Betracht kommendem Kommandos oder stationären Dienststellen der Sicherheitspolizei und des SD gewährleistet bleibt."[15]

VIII. Politische Überprüfung der Geistlichen

Diese Vorstellung wurde auch praktisch verwirklicht. Im erwähnten Bulletin Nr. 90 vom 21.09.1941 meldet der Leiter der Einsatzgruppe B: "Um bei der Wiederbelebung der Griechisch-orthodoxen Kirche eine maßgebliche Einflußnahme der Sicherheitspolizei und des SD auf die griechisch-orthodoxen Priester zu sichern, habe ich den Befehlshaber des rückwärtigen Heeregebietes Mitte gebeten, in seinem Verordnungsblatt die Feld- und Ortskommandanturen anzuweisen, Geistliche aller Konfessionen nur nach einer politischen Überprüfung durch das örtlich zuständige Kommando der Sicherheitspolizei und des SD zur Ausübung einer seelsorgerischen Tätigkeit zuzulassen. […] Der Befehlshaber des rückwärtigen Heeresgebietes wird meiner Bitte sicherlich entsprechen. Damit wäre uns die Möglichkeit gegeben, die Geistlichen in stärkere Abhängigkeit von unseren Dienststellen zu bringen."[16]

---

14. BA-MA RH 272a, Bl. 171.
15. BA R 58/216, Bl. 288.
16. Ebenda, R 58/217, Bl. 225-226.

Einen Monat später heißt es in der Mitteilung Nr. 122 vom 23.10.1941, daß der Leiter des rückwärtigen Gebietes sein Einverständnis gegeben, aber trotzdem eine Entscheidung des Oberkommandos des Heeres erbeten habe. Das Mitteilungsblatt 145, 12.12.1941, bestätigte dann endlich, daß das Oberkommando des Heeres mit der Überprüfung der Priester einverstanden war, Diese wurde von den Einsatzkommandos dann auch eilig ausgeführt.[17]

In der Ukraine kam es nicht zu politischen Examina für die Priester, um aber ihren dominierenden Einfluß auf die religiösen Vereinigungen zu festigen, waren Sicherheitspolizei und SD noch rigoroser tätig. Am 1.11.1941 gab der Chef der Einsatzgruppe C in Kiew auf der Grundlage einer dienstlichen Mitteilung des Reichssicherheitshauptamtes vom 15.10. den ihm untergebenen Sonder- und Einsatzkommandos wegen der geistlichen Lehranstalten folgende Anweisung: "Nach einer Anordnung des Führers soll die Wiederbelebung des religiösen Lebens in den besetzten russischen Gebieten unterbleiben. Da ein wesentlicher Faktor bei der Wiederbelebung der christlichen Kirchen in der Tätigkeit der theologischen Fakultäten oder von Priesterseminaren gesehen werden muß, wird gebeten, dafür zu sorgen, daß bei der Wiedereröffnung der Universitäten in den besetzten Gebieten die theologische Fakultät in jedem Falle vorläufig geschlossen bleibt. Weiterhin ist dafür zu sorgen, daß gleichfalls die Eröffnung von Priesterseminaren und ähnlichen Einrichtungen unterbleibt, bzw. bereits wieder in Betrieb genommene oder aufrechterhaltene Einrichtungen dieser Art unter geeigneter Begründung vorläufig zunächst geschlossen werden."[18]

Dieses Dokument propagiert als erstes – und dafür ist es zugleich ein seltenes Beispiel – die Behinderung des wiedererstehenden religiösen Lebens. Die massenweise spontane Wiedergeburt der Russisch-orthodoxen Kirche in den besetzten Gebieten der UdSSR löste bei Teilen der deutschen Führung Besorgnis aus. Es gelang jedoch nicht, die Tätigkeit der orthodoxen theologischen Lehranstalten ganz zu verbieten. Schon 1942 begann das Geistliche Seminar in Vilnjus zu unterrichten, 1944 folgten die Seminare von Minsk und Kremenec usw.

---

17. BA, R 58/218, Bl. 278, R 58/219, Bl. 287, 289.
18. RGVA, f. 500, op. 5, d. 3, l. 66.

IX. Rassistische Religionspolitik der SS

Anfang 1942 versuchte der Sicherheitsdienst erneut, bei der Lösung der religiösen Frage die Hauptrolle zu spielen. Am 2. Februar gab der Befehlshaber der Sicherheitspolizei und des SD im Reichkommissariat Ukraine an die ihm untergebene SS und die Polizeiführer aller Generalbezirke im Reichskommissariat einen Befehl zur Religionspolitik heraus. Dieser aus fünf Punkten bestehende Befehl "Kirche in der Ukraine" zeichnete sich durch große Härte aus. Über die Beziehung zu den orthodoxen Kirchen heißt es in Punkt 1: "Den verschiedenen Gruppen der orthodoxen Kirche ist eine religiöse Betätigung im rein innerkirchlichen Rahmen zu gestatten. Es muß jedoch den Kirchen selbst überlassen bleiben, wie sie ihre örtliche Organisation gestalten und finanzieren. Eine Einmischung von politischen Gruppen, kommunalen oder sonstigen Behörden und politischen Persönlichkeiten in den kirchlichen Bereich ist zu unterbinden. Da bereits weitgehend oppositionelle Gruppen die Kirche als Tarnung für ihre reichsfeindlichen Bestrebungen auszunutzen suchen, ist die Bildung einer gesamtukrainischen autokephalen Kirche oder der über einen größeren Bereich sich erstreckende Zusammenschluß der orthodoxen Kirche unter Leitung eines Metropoliten als politische Kräftebildung mit allen Mitteln zu verhindern. Nach orthodoxer kirchlicher Auffassung ist die Autokephalie im Grunde immer mit einem selbständigen Staatswesen verbunden. Ebenso ist dafür Sorge zu tragen, daß der Klerus auf keinen Fall zu einer politischen Führerschicht herangebildet wird. Die Neueinrichtung von Priesterseminaren, theologischen Hochschulen usw. hat deshalb vorerst zu unterbleiben."[19] Die SS und die Polizeiführer in den Generalbezirken versandten den Befehl ohne Wissen der Generalkommissare an die diesen untergebenen Gebiets-und Stadtkommissare.

Das rief einen scharfen Konflikt mit dem Reichsministerium für die besetzten Ostgebiete hervor, das überhaupt eine andere Position zur Ukrainischen Autokephalen Kirche einnahm. Der deshalb verärgerte Rosenberg bereitete am 31. März den Entwurf für ein Rundschreiben des Reichskommissars Ukraine vor[20]. Der Schluß des Rundschreibens war dann in seiner endgültigen Form vom 16. April tatsächlich abgemildert. Der Reichskommissar von Rowno teilt mit: Die den Polizeibehörden schon vorliegende kirchenpolitische Richtlinie ist durch eigene

---

19. BA R 6/177, Bl. 57.
20. Ebenda, Bl. 117.

Instruktionen zu ersetzen. Eine endgültige Regelung folgt in der Anordnung des Reichsministers für die besetzten Ostgebiete.[21]

Dieser Konflikt war nicht der einzige. Die Ansichten der Sicherheitspolizei und des Reichsministeriums für die besetzten Ostgebiete stimmten bei weitem nicht in allem überein. Im Sicherheitshauptamt begann man, längerfristige Pläne der Religionspolitik für die Nachkriegszeit im Osten auszuarbeiten. Schon am 31.10.1941 wurde eine geheime Weisung mit der Unterschrift Heydrichs herausgegeben: "In einem Teil der vom bolschewistischen Joch befreiten Bevölkerung der ehemaligen Sowjetunion macht sich ein starkes Streben nach Rückkehr unter die Macht der Kirche oder der Kirchen bemerkbar, insbesondere bei der älteren Generation [...], ich sehe eine große politische Gefahr auf dem Gebiet der Weltanschauung darin, daß zur Zeit Geistliche aller Konfessionen in die Ostgebiete gelassen werden. Zweifellos ist den nach Glauben strebenden Massen der besetzten ehemaligen Sowjetgebiete irgendeine Form der Religion wiederzugeben. Es stellt sich nur die Frage: welche? [...] Daß schon jetzt an vielen Orten Kirchen mit Popen, die durch ihr Glaubensbekenntnis gebunden sind, eröffnet werden und daß dies von den deutschen Behörden gefördert wird, wird lediglich eine religiöse Reaktion hervorrufen, die irgendwann [...] zu einer politischen Reaktion werden kann und der notwendigen Befreiung der Ostgebiete entgegenstehen wird. Darum ist es äußerst notwendig, allen Popen zu verbieten, in ihre Predigt eine Spur von Bekennendem einzubringen, und gleichzeitig dafür zu sorgen, möglichst bald eine Generation von Predigern zu schaffen, die nach entsprechender, wenn auch kurzer Ausbildung imstande sein wird, dem Volk eine vom jüdischen Einfluß freie Religion zu predigen [...] Aus dem oben Gesagten geht hervor, daß die Lösung der Kirchenfrage in den besetzten Ostgebieten eine außerordentlich wichtige [...] Aufgabe ist, die mit gewisser Geschicklichkeit großartig zugunsten einer vom jüdischen Einfluß freien Religion gelöst werden kann; diese Aufgabe hätte jedoch die Schließung der in den Ostgebieten vorhandenen Kirchen, die von jüdischen Dogmen infiziert sind voraus."[22]

Dieser totale Rassismus hätte im Falle eines Sieges Hitlerdeutschlands keinen Zweifel am Schicksal der Orthodoxie gelassen. Sie wäre nach nationalsozialistischen Plänen vernichtet worden durch die Einführung einer "neuen Religion," die christliche Dogmen, insbesondere

---

21. BA R 6/177, Bl. 132-133.
22. RGASPI, f. 17, op. 125, d. 92, l. 23-25.

die jüdische Tradition, eliminiert und dafür Elemente von Naturreligionen eingeführt hätte.

X. Ausnützung der religiösen Gefühle

Im Reichsministerium für die besetzten Ostgebiete beschäftigte man sich nicht mit ähnlichen Plänen. Es entschied nur über konkrete Aufgaben: die Befriedung der besetzten Gebiete, die Ausbeutung ihres Wirtschaftspotentials im Interesse des Dritten Reiches sowie die Sicherung der deutschen Administration durch die Unterstützung der örtlichen Bevölkerung usw. Darum hatte die propagandistische Tätigkeit große Bedeutung, und deshalb war es verlockend, das religiöse Gefühl der Bevölkerung auszunutzen. Das Reichsministerium für die besetzten Ostgebiete und seine sich durch bedeutende Selbständigkeit auszeichnenden Reichskommissare verfolgten seit Ende 1941 eine praktische Kirchenpolitik in der Ukraine, in Weißrußland und im Baltikum.

Sogleich nach dem Erscheinen der August- und September-Direktiven Hitlers waren die Angestellten des Reichsministeriums für die besetzten Ostgebiete damit beschäftigt, detaillierte Richtlinien in der Kirchenfrage auszuarbeiten. Der die Gruppe Religionspolitik leitende Karl Rosenfelder reiste nach Riga und Kaunas, um sich vor Ort mit der Situation vertraut zu machen. Am 7.10.1941 stellte er seine "Vorschläge zur Kirchenpolitik im Ostland" zusammen:

1. Zurückhaltung gegenüber der Emigrantenkirche;
2. Die orthodoxe Kirche in Rußland (ist) möglichst daran zu hindern, ein Moskauer Patriarchat für das gesamte Kirchenwesen im Osten aufzurichten. Begünstigung der Entstehung autokephaler Kirchen in den einzelnen Reichskommissariaten;
3. Der Vertreter der Moskauer Kirche im Ostland, Exarch Sergius, (ist) sobald als möglich aus dem Ostland zu entfernen, um den Einfluß des Russentums auf das Ostland ganz auszuschalten [...];
4. Unterbindung jeder katholischen Aktion im Ostraum, die sich die Katholisierung Rußlands zum Ziel gesetzt hat[...];
5. Im allgemeinen dürfte auch für die orthodoxe Kirche der Gesichtspunkt gelten, (dass man) von seiten der Dienststellen des Reiches möglichst wenig aktiv in das Kirchenleben eingreifen (solle). Es gilt hier so

23. BA R 6/178, Bl. 109-110.

unmerklich als möglich, die Dinge in die Richtung zu lenken, die dem Reich die wenigsten Schwierigkeiten bereitet.

6. Es wird notwendig sein, daß möglichst bald klare Richtlinien für die Behandlung der orthodoxen Kirche erlassen werden.[23]

Hier wird ein vorsichtiges Verhalten ohne grobe und massive Einmischung in das kirchliche Leben sichtbar, die für die Dienststellen der Sicherheitspolizei und des SD charakteristisch waren. Die Vorschläge Rosenfelders stimmten mit einigen Dokumenten überein, die vom Reichsministerium für die besetzten Ostgebiete erarbeitet worden waren.

XI. Stille Religionsfreiheit

In seiner Aussage im Nürnberger Prozeß erklärte Rosenberg später, am 16. Oktober 1946: Nach dem Eindringen des deutschen Heeres in das östliche Territorium gab die Armee auf eigene Initiative den Gottesdienst frei; und als ich zum Minister für die Ostgebiete ernannt wurde, legalisierte ich diese Praxis, indem ich Ende Dezember 1941 einen Erlaß über "Die Freiheit der Kirche"[24] herausgab. Dieser Erlaß war wirklich von Rosenberg erstellt worden, aber wegen des Widerstandes bedeutender Gegenspieler wie Bormann und Hitler persönlich wurde er niemals veröffentlicht. Ein leitender Mitarbeiter des Ministeriums für die besetzten Ostgebiete notierte am 25.10.1943 in einer geheimen Anmerkung: Nach Gesprächen, die sich über Monate hinzogen, wurde beschlossen, die Religionsfreiheit nicht feierlich zu verkünden, sondern dies möglichst im stillen zu tun.[25]

Diese Aussage trifft den Sachverhalt jedoch nicht ganz genau. Die Ausarbeitung eines Grundlagengesetzes über die Religionsfreiheit in den eroberten Ostgebieten durch das Reichsministerium für die besetzten Ostgebiete und die Verhandlungen darüber dauerten sieben Monate, von Oktober bis Anfang Mai. Auch der 18. Entwurf, der damit zugleich der letzte war, wurde von Hitler kategorisch abgelehnt. Dieser Entwurf wurde später als selbständiger Erlaß der Reichskommissare und als gekürzte Variante erläuternder Verfügungen zu dem nicht angenommenen Gesetz herausgegeben.

---

24. Lev Regel'son, *Tragedija Russkoj Cerkvi 1917-1945* (Paris: YMCA-Press, 1977) 508.
25. Vasilij I. Alexeev und Theofanis G. Stavrou, "Russkaja Pravoslavnaja Cerkov' na okkupirovannoj nemcami territorii," *Russkoe Vozrozdenie (Russische Wiedergeburt)* 13 (1981) 93.

Die Hauptverhandlungen zur Kirchenfrage wurden im Frühjahr 1942 geführt. In dieser Zeit fand ein bedeutender religiöser Aufbruch statt, und man mußte sich mit der Kirchenfrage in Rußland auseinandersetzen. Hitler beschäftigte sich persönlich sehr ernsthaft mit den religionspolitischen Problemen und zählte sie zu den wichtigen Belangen bei der "Verwaltung der eroberten Völker." Am 11.4.1942 legte er im Kreise seiner Vertrauten seine Sicht der erforderlichen Religionspolitik dar: Gewaltsame Zersplitterung der Kirche, zwangsweise Änderung der Glaubensinhalte der Bevölkerung in den okkupierten Gebieten, Verbot "der Errichtung einer vereinigten Kirche für wenig bedeutende russische Territorien." "In unserem Interesse," führte Hitler aus, "könne es lediglich liegen, wenn jedes Dorf seine eigene Sekte habe, die ihre eigenen Gottesvorstellungen entwickle. Selbst wenn sich auf diese Weise in einzelnen Dörfern Zauberkulte, wie bei den Negern und Indianern, bilden sollten, könnten wir das nur begrüßen, weil es die Zahl der trennenden Momente im russischen Raum nur vermehrte."[26]

XII. Hitlers Ansichten

Hitlers Ansichten über die Förderung jeglicher Trennung und Spaltung erhielten ihre abschließende Form während eines Gespräches mit Rosenberg im Führerhauptquartier am 8.5.1942. Den Verlauf seiner Verhandlungen mit Hitler und M. Bormann am 8. Mai schildert Rosenberg so: Man hatte bemerkt, daß in den besetzten Ostgebieten Rußlands "von sich aus" große religiöse Vereinigungen entstehen, die man ausnutzen und kontrollieren muß. Es wurde beschlossen, das Gesetz über die Religionsfreiheit in den Ostgebieten nicht herauszugeben, wegen des eventuell unerwünschten Einflusses auf die Kirche in Deutschland. Die Reichskommissare Ostland und Ukraine beschloß man jedoch zu ermächtigen, im eigenen Namen Erlasse über die rechtmäßigen Beziehungen der religiösen Organisationen herauszugeben. "Davon abgesehen, unterstrich der Führer, daß er nach dem Kriege entsprechende Maßnahmen gegen die Kirche einleiten wolle. Er glaubte, daß er durch seine Autorität etwas tun kann, was anderen später schwierig sein wird."[27]

26. Henry Picker, *Hitlers Tischgespräche im Führerhauptquartier 1941-1942* (Stuttgart: Seewald Verlag, 1963) 271.
27. Alexeev und Stavrou, "Russkaja Pravoslavnaja Cerkov' na okkupirovannoj nemcami territorii," 94.

Den Text eines künftigen Erlasses sandte Rosenberg am 13. Mai, fünf Tage nach der Besprechung im Hauptquartier Hitlers, den Reichskommissaren zu. Beigefügt waren Erklärungen zu richtungsweisenden Grundzügen der deutschen Politik in bezug auf die religiösen Gemeinschaften in den besetzten Ostgebieten. Es waren folgende vier Punkte:

1. Religiösen Gruppen ist jede Beschäftigung mit Politik untersagt.
2. Religiöse Gruppen sind nach nationalen und territorialen Merkmalen zu unterteilen. Dabei muß das nationale Merkmal bei der Auswahl der Führung der religiösen Gruppen besonders streng beachtet werden.
3. Die religiösen Gemeinschaften dürfen sich nicht in die Angelegenheiten der Besatzungsmacht einmischen.
4. Eine besondere Vorsicht ist in der Beziehung zur Russischen Kirche zu beachten, die Deutschland gegenüber schädliche nationale Ideen vertritt.[28]

Der letzte Punkt überschnitt sich mit Ansichten Himmlers, der in einem Brief auf die von der Russisch-orthodoxen Kirche ausgehende Gefahr hinwies, dass die Kirche die Russen national zusammenschweiße. Er schlug deshalb vor, daß eine Desorganisation einzuleiten sei, bzw. dass die Kirche überhaupt liquidiert werden müsse. Bekannt ist auch ein anderer Brief des Reichsführers SS an Kaltenbrunner und andere Mitarbeiter des Reichssicherheitshauptamts vom 21.7.1944: "Eigene Erfahrungen und Erkenntnisse der letzten Zeit haben mich zu Erwägungen und Absichten geführt, die ich Ihnen bekanntgeben will. Es handelt sich um die Bibelforscher [...] und im Zusammenhang damit um die Wlassow-Frage. Ferner betreffen meine Überlegungen den gesamten Fragenkomplex: Wie wollen wir Rußland beherrschen und befrieden, wenn wir große Flächen des russischen Landes wieder erobert haben werden? [...] Die Menschen dort müssen eine Religion oder Weltanschauung haben. Die orthodoxe Kirche zu unterstützen und wieder aufleben zu lassen, wäre falsch, da sie immer wieder die Organisation der nationalen Sammlung sein wird [...] Es muß von uns jede Religionsform und Sekte unterstützt werden, die pazifizierend wirkt."[29]

---

28. BA R 6/22, Bl. 103-106.
29. Hans von Herwarth, *Zwischen Hitler und Stalin* (Frankfurt am Main: Propyläen, 1982) 332; Friedrich Zippel, *Kirchenkampf in Deutschland 1933-1945: Religionsverfolgung und Selbstbehauptung der Kirchen in der nationalsozialistischen Zeit*, Veröffentlichungen der historischen Kommission zu Berlin, 11 (Berlin: de Gruyter, 1965) 200.

Reichskommissar Koch erfüllte die Anweisung Rosenbergs am 1.6., der Reichskommissar für das Ostland, Hinrich Lohse, am 19.6. Ihre Befehle stellten alle religiösen Organisationen unter ständige Kontrolle der deutschen Administration. Irgendwelche Hinweise auf Glaubensfreiheit oder kirchliche Aktivitäten fehlten, erlaubt war nur die Wahrnahme rein religiöser Aufgaben. Interessant, daß Inhalt und Stil dieses Erlasses sehr an die Verordnung zur Registration religiöser Organisationen in der "gottlosen" Sowjetunion erinnerte.

Im Sommer 1942 war die deutsche Kirchenpolitik für den Osten endgültig erarbeitet, die die Meinung der Parteikanzlei und des Reichssicherheitshauptamtes sowie persönliche Anweisungen Hitlers zur Grundlage hatte. Alle, die mit dieser Kirchenpolitik nicht einverstanden waren, mußten aufgeben. Obwohl das Reichsministerium für die besetzten Ostgebiete und das Kommando der Wehrmacht periodisch auf verschiedene Weise versuchten, diese Kirchenpolitik aufzuweichen, wurde sie streng genommen bis zum Ende beibehalten.

XIII. Änderung der deutschen Kirchenpolitik

Erste Pläne, die Kirchenpolitik zu ändern, gab es im Herbst 1942 – zu einer Zeit, als die deutsche Armee noch große Erfolge an der Ostfront hatte und die Vorgebirge des Kaukasus einnahm. In dieser Zeit entfaltete sich in den besetzten Ostgebieten mit aller Macht das religiöse Leben, zugleich entstand aber auch die Partisanenbewegung, und die Autorität der deutschen Verwaltung sank. Die sowjetische Regierung propagierte zudem aktiv eine Änderung ihrer Kirchenpolitik. Alle diese Faktoren hatten Einfluß auf die Haltung des Reichsministeriums für die besetzten Ostgebiete. Das Reichsministerium war von Anfang an geneigt, die kirchlichen Minderheiten der UdSSR zu unterstützen und auszunutzen. Jetzt aber hielt das Ministerium weitere Zugeständnisse für notwendig. Deshalb wurde am 27.10.1942 ein Vertreter des Reichsministeriums beim Oberkommando der Heeresgruppe A ernannt. Seine Gruppe befaßte sich mit der Besetzung des Kaukasus. Das Ministerium stattete seinen Vertreter mit ins einzelne gehenden Anweisungen aus. Diese Anordnung verhielt sich den Gläubigen gegenüber völlig loyal: "Auf dem Gebiet der Religion ist volle Toleranz walten zu lassen, dabei ist zu berücksichtigen, daß entsprechende religiöse Strömungen Unterstützung von deutscher Seite brauchen. Dabei ist die Aufmerksamkeit auf existierende Glaubens-bekenntnisse, besonders den Islam, Gebräuche und Riten zu richten. Kirchliche Gebäude sind der Bevölkerung wiederum zur Nutzung zu übergeben."[30]

In der Absicht, die neue Kirchenpolitik auf Tatsachen zu gründen, bereiteten die Mitarbeiter des Reichsministeriums für die besetzten Ostgebiete, besonders die Hauptabteilung Politik, ein umfangreiches Projekt vor: "Weisung an die militärischen Dienststellen über die Behandlung konfessioneller Fragen." Am 24.11.1942 übersandte das Reichsministerium die Weisung an das Oberkommando des Heeres mit der Bitte, sie als Order zu erlassen, wobei frühere Erlasse außer Kraft gesetzt werden sollten. Die deutschen Dienststellen sollten sich nur in seltenen Fällen in die Streitigkeiten konfessioneller Organisationen einmischen.[31] Doch bei aller Gewogenheit, die das Reichsministerium den nationalen religiösen Organisationen gegenüber hier zum Ausdruck bringt, macht sich trotzdem eine nicht zu verbergende feindliche Haltung gegenüber der Russisch-orthodoxen Kirche bemerkbar.

Dieser sehr liberale Entwurf des Reichssicherheitshauptamts wurde auf Anordnung des Oberkommandos des Heeres nicht veröffentlicht, obwohl man es im Oberkommando selbst für nötig fand, die Religionspolitik nicht nur gegenüber den religiösen Minderheiten aufzuweichen, sondern vor allem gegenüber der Russischen Kirche. Am 25.11.1942 bereitete die Abteilung Fremde Heere Ost des Oberkommandos einen schriftlichen Bericht über "Aktuelle Fragen des Bandenkrieges und die Erfassung der Hilfswilligen" vor. Darin war von Mängeln und Fehlern der deutschen Politik im Osten die Rede. Zum Punkt "Unterstützung der Kirche" heißt es: "Sie schätzen die kirchlichen Probleme nur nach dem augenblicklichen Nutzen ein. Indem die rote Seite die große Bedeutung der kirchlichen Führung in Moskau für die russischen Massen erkennt, zeigt sie ihr schon jetzt ihren vollen Schutz und nutzt sie für ihre bolschewistischen Ziele. Die deutsche Führung verhält sich dagegen der Russischen Kirche gegenüber nur sehr reserviert, anstelle alle kirchlichen Organisationen durch aktive Unterstützung in den Befreiungskampf gegen den atheistischen Bolschewismus einzubinden."[32] Eine merkliche Reaktion rief dieser Bericht nicht hervor.

30. BA R 6/18, Bl. 126-127.
31. Ebenda, R 6/178, Bl. 39- 43.
32. BA-MA RH 2/2089, Bl. 21.

Um nicht das Entstehen einer starken und vereinten Russischen Orthodoxen Kirche zuzulassen, unterstützte das Reichsministerium für die besetzten Ostgebiete schon seit Herbst 1941 einige orthodoxe Hierarchen in der Ukraine, im Baltikum und in Weißrußland, die gegen das Moskauer Patriarchat auftraten und die Absicht erklärten, eine autokephale Organisation zu bilden. Nicht alle Reichskommissare teilten den Standpunkt des Ministeriums. Im "Ostland" gab es eine solche Politik ohnehin nicht. Lohse verhielt sich im Baltikum zur gut organisierten Russisch-orthodoxen Kirche tolerant, eine kirchlich-administrative Vereinigung des baltischen Exarchats mit Weißrußland erlaubte er jedoch nicht. Dort entwickelte sich, obwohl nicht sonderlich erfolgreich, ein kirchlicher Separatismus. Im Prinzip folgte man im "Ostland" den Grundlinien des Reichsministeriums für die besetzten Ostgebiete.

XIV. Streitigkeiten in der deutschen Bürokratie

Eine besondere Lage entstand in der Ukraine. Die deutsche Administration unterstützte hier von Anfang an die Separatisten, indem sie die Schaffung der Ukrainisch Autokephalen Kirche als Gegengewicht zur einige Monate zuvor in Zusammenarbeit mit dem Moskauer Patriarchat entstandenen autonomen Kirche förderte. Als sich aber die Beziehung zu den ukrainischen Nationalisten durch die Entfaltung der Partisanenbewegung, zu deren Anhängern auch der führende Nationalist Stepan Bandera zählte, verschlechterte, verlor die autokephale Kirche ihre privilegierte Stellung. 1942 unternahm Erich Koch, der zu harten Methoden neigte, offen einige antiukrainische Aktionen, die auch die Kirche berührten, so unter anderem die Schließung der Lehranstalten (mit Ausnahme der Grundschulen), deren Zöglinge zusammen mit den Lehrern zur Arbeit nach Deutschland geschickt wurden. Am 1.10.1942 gab Koch seinen sensationellen Erlaß heraus über die Teilung der autokephalen wie der autonomen Kirche in einige unabhängige Kirchen, die unter totaler Kontrolle standen. Die Generalkommissare mußten die Vorsteher dieser Kirchen und die Bischöfe nicht nur ernennen und absetzen, sondern auch bei Weihen ihre Zustimmung geben sowie bei der Ernennung und Versetzung von Priestern. Eine solche Kontrolle über die Kirche gab es weder in der Synodalperiode (18./19. Jahrhundert) noch in der Sowjetzeit. Koch wies seine Generalkommissare an: "Jeder Einigung aber, die nun stärker in den Bereich des Möglichen gerückt ist, muß in geeigneter Weise entgegengetreten werden."[33]

Sogar im Reichsministerium für die besetzten Ostgebiete war man über den Erlaß erstaunt, obwohl Koch nur das Zirkular Rosenbergs vom 13.05.1942 zum logischen Ende gebracht hatte. Damit erwies sich der Reichskommissar "päpstlicher als der römische Papst." Im Ministerium unterstützte man im Herbst 1942 eine ganz andere Vorstellung. Nach seiner Meinung war eine geeinte einflußreiche Ukrainische Orthodoxe Kirche als starkes Gegengewicht zum Moskauer Patriarchat nicht nur wünschenswert, sondern sogar notwendig. Vom 22. bis 24.10 plante man die Durchführung eines Vereinigungskonzils aller ukrainischen Hierarchen (außerhalb der Reichskommissariat Ukraine) in Charkov, zu der die Wehrmacht und die örtliche Sicherheitspolizei ihre Zustimmung gaben. Aber Koch verhinderte das Zustandekommen, indem er die Anreise der Hierarchen aus seinem Reichskommissariat nach Charkov verbot.

Das Reichsministerium für die besetzten Ostgebiete geriet in Zorn. Am 20.04.1943 leitete Rosenfelder Rosenberg einen umfangreichen Bericht zu: "Die Kirchenpolitik im RKU." Darin heißt es, daß der Erlaß Kochs erst Ende März im Ministerium bekannt geworden sei. Er bedeute "eine Annäherung an das Petrinische System," das "die Kirche zu einem Organ der Regierungsgewalt machte und die Rolle des Patriarchen dem Zaren übertrug." Natürlich verwarf die Gruppe Religionspolitik ein solches Handeln und bat den Reichsminister "den beiliegenden Entlassungsentwurf für den Herrn Reichskommissar (also für Koch, d. Ü.) zu genehmigen."[34]

Der Vorschlag fiel auf fruchtbaren Boden, denn zwischen Rosenberg und Koch herrschten schon lange feindselige Beziehungen. Beider Kampf nahm karikaturhafte, ja anstößige Formen an.[35] Bereits am 19.03.1943 hatte Rosenberg einen Bericht an Hitler gesandt, in dem es heißt: "Reichskommissar Koch steht vom ersten Tag seiner Ernennung durch Sie der Titel Reichminister Ost nicht zu."[36] Nachdem er noch weitere Argumente erhalten hatte, betrieb der Minister entschlossen die Amtsenthebung Kochs. Das erwies sich aber als nicht so leicht. Von der Parteidisziplin her waren die Reichskommissare Bormann und nicht

---

33. BA R 6/178, Bl. 27.
34. BA, R 6/281, Bl. 31-36.
35. Baumgärtner, *Weltanschauungskampf im Dritten Reich*, 23.
36. BA R 6/18, Bl. 176.

Rosenberg verantwortlich, der nur in der weniger wichtigen Regierungshierarchie höher stand als sie.

Koch war von Hitler ernannt worden, und nur von ihm konnte er entlassen werden. Am 19.05.1943 fand im Führerhauptquartier im Beisein Bormanns zwischen den verfeindeten Seiten und Hitler ein Gespräch statt. Nach dem von Bormann zusammengestellten Besprechungsprotokoll begann der Minister mit der Erklärung, daß Koch schon seit eineinhalb Jahren das Ministerium nicht anerkenne. "Besucher der Ukraine melden, daß Koch jede Anordnung Rosenbergs mit Verachtung verwirft." Im Grunde nahmen die persönlichen Beziehungen im Gespräch keinen bedeutenden Raum ein, sondern es ging um zwei Richtungen in der ukrainischen Politik: Sollte man die nationale Bewegung (darunter der autokephalen Kirche) für die deutschen Ziele ausnutzen oder sie hart unterdrücken? Rosenberg erklärte: "Wenn es in der Ukraine Partisanen gibt, dann liegt das nur an der mangelhaften politischen Führung Kochs," da dieser "jeden Tag mit seiner Politik neue Banden schafft." Der Reichskommissar wehrte alle Beschuldigungen ab und erklärte, daß "die politische Abteilung des Reichsministeriums durch öffentliche Telegramme das RKU sprengen" wolle. Hitler riet zur Versöhnung und zu "enger Zusammenarbeit," aber praktisch unterstützte er Koch in allen Dingen. Der Führer nannte die Ukraine "Mütterchen Russland," die Ukrainer jedoch "starke Vertreter einer großrussischen Weltmacht." Er unterstrich, daß jede Nachgiebigkeit ihnen gegenüber ein Fehler sei: "Nur schwache Generäle können vorschlagen, daß wir die Ukrainer für uns gewinnen, wenn wir sie bewaffnen, sie sehen nicht den zweiten Schritt dieser Bewaffnung […] Das ukrainische Pferd muß durch harte Kriegsgesetze gezäumt werden, die Meinung, daß wir sie durch Güte gewinnen können, ist ein Fehler."[37] Das Reichsministerium für die besetzten Ostgebiete mußte zeitweise auf seine Pläne gegenüber der Ukrainischen Kirche verzichten. Die Hauptpunkte seines absurden Befehls vom 1.10.1942 konnte Koch jedoch nicht in die Praxis umsetzen.

Unabhängig von der Kirchenpolitik erfreuten sich religiöse Themen in der ideologischen Arbeit einer großen Aufmerksamkeit der Okkupanten. In der Presse wurde, wann immer nur möglich, unterstrichen, daß das neue Regime Religionsfreiheit bringe. Nachdrücklich "befahl" man, in den Predigten und während kirchlicher Zeremonien die treue Ergebenheit gegenüber Hitler und dem Reich zum Ausdruck zu bringen. Die

---

37. BA, R 58/1005, Bl. 9-13.

Geistlichkeit wurde gezwungen, an den "Feiern" zum Jahrestag des Kriegsanfangs und anderen Ereignissen teilzunehmen. Sehr umtriebig wurde die entsprechende Literatur verbreitet, darunter ein Gebetsblättchen mit dem Text: "Adolf Hitler, du unser Führer, dein Name erfüllt die Feinde mit Zittern. Dein drittes Reich komme. Dein Wille geschehe auf Erden."[38]

Darüber hinaus versuchten die Nazis nicht nur den Charakter der Predigt, sondern auch den Ablauf des Gottesdienstes zu verändern. Bemerkenswert ist dabei die in den Augen der deutschen Administratoren unbedeutende Änderung der kirchlichen Ordnung, die stürmische Proteste unter den Gläubigen hervorrief – unter anderem die Einführung des neuen (gregorianischen) Kalenders.[39] Diese Mitteilung befindet sich in einem Nachrichtenblatt der Sicherheitspolizei und des SD vom 21.09.1942.[40]

XV. Zweifel an der Richtigkeit der Kirchenpolitik

Viele offizielle Dokumente äußern seit 1943 Zweifel an der Richtigkeit der Kirchenpolitik. So bemerkt das Nachrichtenblatt der Sicherheitspolizei und des SD vom 7.05.1943: "Die sowjetische Propaganda verstand es geschickt, das religiöse Gefühl der Bevölkerung für ihre Ziele zu benutzen. Die Kirche und die Massen erhielten in großem Grade Belohnung. Wie aus Moskau bekannt wurde, war der Andrang der Einwohner zu den Ostertagen in der Kirche bedeutend. Diese Tatsache wird in der Propaganda sehr stark benutzt und findet vor allem bei den Verbündeten starke Verbreitung."[41]

Die deutschen Machthaber verfolgten aufmerksam die Veränderung der religiösen Situation auf dem sowjetischen Territorium. Im Archiv des Oberkommandos des Heeres wurden Materialien über das kirchliche Leben in der UdSSR von Juni 1944 bis März 1945 gesammelt.[42] Das Treffen Stalins mit den Vorstehern der Russisch-orthodoxen Kirche im

---

38. Bischof Sergij Larin, *Pravoslavie i gitlerizm* (Odessa, 1946-47) 23.
39. Eine solche Aktion versuchte 1920 auch die sowjetische Macht durchzuführen, indem sie den alten (julianischen) Kalender für konterrevolutionär erklärte. Alle diese Versuche jedoch endeten mit einem vollen Mißerfolg.
40. "Tretij Rejch i pravoslavnaja cerkov'. Dokumenty iz odnogo archiva," *Nauka i religija (Wissenschaft und Religion)* 5 (1995) 23-24.
41. Ebenda, 24-25.
42. BA-MA RH 2/2336, Bl. 63-115.
43. "Tretij Rejch i pravoslavnaja cerkov'," 25.

September 1943 und die darauf folgende deutliche Verbesserung der Situation der religiösen Organisationen in der UdSSR verlangte von den deutschen Machthabern Gegenmaßnahmen. Natürlich spielten auch die Kriegsereignisse mit hinein – die furchtbare Niederlage an der Ostfront nötigte dazu, zusätzliche Kampfmittel zu finden, darunter die aktive Ausnutzung der Kirche.

Noch in der ersten Hälfte des Jahres 1943 wurde die alte Linie in der Religionspolitik strikt beachtet. Im Nachrichtenblatt der Sicherheitspolizei und des SD vom 5.02. waren wie früher die Direktiven Hitlers angeführt, die im August/September 1941 der Wehrmacht mitgeteilt worden waren.[43] Am 27.02. und 13.03.1943 sah sich Rosenberg in Briefen an Bormann zweimal genötigt, sich demütig zu rechtfertigen wegen der – einigen Priestern aus dem Reich erteilten – Erlaubnis, in die Ukraine einzureisen und in deutschen Kolonien zu amtieren. Rosenberg erklärte, daß diese Geistlichen Volksdeutsche seien und sich "schon früher" auf das deutsche Territorium gerettet hätten. Dabei berief er sich auf eine ähnliche Entscheidung Himmlers und erklärte: "In meinem Amt herrschte niemals die Meinung, daß die im Juni 1941 vom Führer gegebenen Richtlinien über die Zulassung von Geistlichen in den besetzten Ostgebieten nicht mehr gültig seien […] Es versteht sich von selbst, daß man keine Geistlichen aus dem Reich, die ihrer Herkunft nach nicht Volksdeutsche aus den deutschen Gebieten der Ukraine sind, zulassen kann. Besonders kategorisch ist der katholische Klerus ausgeschlossen."[44]

XVI. Andere Kirchenpolitik im Jahr 1944

Veränderungen in der Kirchenpolitik setzten Ende 1943/Anfang 1944 ein. Getragen von dem Bestreben, der sowjetischen Propaganda entgegenzutreten, begann das Reichssicherheitshauptamt im Einverständnis mit der Parteikanzlei Konferenzen orthodoxer Hierarchen durchzuführen, um auf diese Weise das kirchliche Leben zu aktivieren. Zu allererst wurde in Wien vom 8. bis 13.10.1943 die Konferenz der Hierarchen der Auslandskirche genehmigt, zu der die Beziehungen seit 1941 äußerst gespannt und feindlich waren. Im März/April gab es ähnliche Konferenzen: solche der Bischöfe der autonomen und der autokephalen ukrainischen Kirche in Warschau, der Hierarchen der Weißrussischen Kirche

---

44. BA R 6/178, Bl. 59-60.

in Minsk und des Klerus des baltischen Exarchats des Moskauer Patriarchats in Riga. Ihre Organisation und Durchführung leitete die Gruppe IV A des Reichssicherheitshauptamtes unter SS-Sturmbannführer Dr. Neuhaus. Die Mitarbeiter des Reichsministeriums für die besetzten Ostgebiete waren skeptisch gegenüber der propagandistischen Wirkung solcher Konferenzen, trotzdem beteiligten sie sich an der Vorbereitung. Während der Verhandlungen am 7.03.1944 zwischen dem Leiter der Abteilung Politik im Reichskommissariat Ostland, Trampedach, mit Neuhaus und dem Bereichsleiter der Parteikanzlei, Schmidt-Römer, versicherten letztere ihm, "daß die religionspolitische Propaganda der orthodoxen Kirche in der Sowjetunion sich im Balkan, insbesondere in Bulgarien, sehr stark zu Gunsten der Sowjetunion bemerkbar" mache und daß es notwendig sei, "ihr durch antibolschewistische Erklärungen russisch-orthodoxer Kirchen zu begegnen."[45]

Am 29.06.1944 wollte das Reichsministerium für die besetzten Ostgebiete vom Auswärtigen Amt wissen, welchen Einfluß die Erklärungen der Konferenzen auf Süd-Osteuropa und die Ortskirchen hatten. In der Anfrage wird unterstrichen: "Die Aktion hatte in erster Linie das Ziel, der sowjetischen Kirchenpolitik auf dem Balkan entgegenzuwirken. Aus diesem Grunde wurden die Deklarationen der Bischöfe mit Begleitschreiben an die Patriarchen der Orthodoxen Kirchen auf den Balkan gesandt, damit sie die Möglichkeit haben den Deklarationen beizupflichten."[46] In Wirklichkeit erwiesen sich die bischöflichen Erklärungen als wenig effektiv.

Unter den neuen Bedingungen hatten einige Vertreter der Zivilbehörden auf dem Territorium der UdSSR den Plan, aus den verschiedenen Strömungen der Russischen Kirche eine einflußreiche Kirche als starke Gegenspielerin zum Moskauer Patriarchat zu schaffen. So telegraphierte der schon erwähnte Landesdirektor Trampedach am 10.05.1944 an das Reichsministerium für die besetzten Ostgebiete: "Nach Tod des Exarchen wurde Möglichkeit der Trennung von Patriarchat Moskau und Zusammenfassung aller russischen orthodoxen Kirchen im deutschen Herrschaftbereich von Vertretern russischer Volksgruppe zur Erörterung gestellt."[47] Aber die Mitarbeiter des Reichsministeriums

---

45. BA R 6/178, Bl. 119v.
46. Ebenda, R 6/179, Bl. 127.
47. Ebenda, Bl. 42. Das Oberhaupt des Blatischen Exarchats Mitropolit Sergij (Voskresenskij) war am 28.04.1944 ermordet worden, vermutlich auf Anweisung des Reichssicherheitshauptamtes.

blieben unerschütterlich bei ihrer ablehnenden Haltung, denn sie hatten Furcht vor einer starken Russischen Kirche. Am 19.05. meldete K. Rosenfelder in einem Antworttelegramm Trampedach: "Eine Zusammenfassung der orthodoxen Kirchen des Ostlandes und der Ukraine wäre nur unter russischen Vorzeichen möglich und daher nicht durchführbar."[48]

XVII. Rückkehr zu alten Konzeptionen

In dieser Zeit kehrte man im Ministerium zur alten Konzeption zurück, d. h., die Nationalkirchen zu unterstützen, um vor allem eine vereinte Ukrainischen Kirche zu schaffen. Das Ziel sollte ein Allukrainisches Konzil sein, das sogar einen Patriarchen wählen sollte. Zwei mögliche Kandidaten waren schon ausgewählt worden. Am 15.05.1944 bemerkte Rosenfelder in einer schriftlichen Anfrage an den Chef des Führungstabes Politik: "Die Schwächung der von Moskau aus geführten orthodoxen Kirche (Patriarchat Moskau) ist neben der Verwendung der orthodoxen Kirche als Führungsinstrument Ausgangspunkt und Leitgedanke der Kirchenpolitik des Ministeriums gewesen. Damit war die Begünstigung aller Selbständigkeitsbestrebungen innerhalb der orthodoxen Kirche seitens des Ministeriums gegeben [...] Nach den bisher gemachten Beobachtungen und Erfahrungen kommen für eine Führung einer einheitlichen ukrainischen Kirche nur die Bischöfe Hilarion oder Mstyslaw in Frage [...] Um eine einheitliche Auffassung über die in der Zukunft in der Ukraine zu befolgende Kirchenpolitik herbeizuführen, halte ich es für notwendig, möglichst bald unter Hinzuziehung der Leiter der Führungsgruppe P 1 und P 3 mit der Parteikanzlei und dem Sicherheitshauptamt in Besprechungen einzutreten. Die Aufrechterhaltung des bisherigen Schwebezustandes ist den deutschen Interessen und dem deutschen Ansehen abträglich. Innerdeutsche Gesichtspunkte sollten niemals auf die Haltung zu den Kirchenfragen im Osten abfärben. Im Reich können wir gegenüber der kirchlichen Ansprüchen auf die nationalsozialistische Weltanschauung verweisen."[49]

Am 16.05. zeigte Rosenfelder in einem Brief an den Leiter der Führungsgruppe P 1, Dr. Bräutigam, das Ziel der Unterredungen mit den Vertretern der Parteikanzlei und des Reeichssicherheitshauptamts

---

48. BA R 6/179, Bl. 95.
49. Ebenda, Bl. 76-82.

auf: "Es kommt bei dieser Besprechung vor allem darauf an, daß die deutschen Dienststellen sich darüber klar werden, ob eine einige deutsche orthodoxe Kirche in der Ukraine unter der Führung eines antibolschewistisch eingestellten, zuverlässigen und europäisch orientierten Metropoliten oder Patriarchen mit den deutschen Zielsetzungen vereinbar ist."[50]

Im Mai 1944 waren sowohl die Hierarchen der autokephalen wie auch der autonomen ukrainischen Kirche schon nach Warschau evakuiert worden und befanden sich damit außerhalb der Kontrolle Kochs. Das Reichskommissariat verkleinerte sich in Folge des Vormarsches des sowjetischen Heeres schnell. Die Mitarbeiter im Reichsministerium für die besetzten Ostgebiete hofften unter diesen Bedingungen immer noch, ihre Pläne verwirklichen zu können. Von 1944 bis zum Ende des Krieges entwickelten sie in der Kirchenpolitik eine bemerkenswerte Aktivität. Die Archivbestände dieses Amtes vermerken im Jahr 1944 für das Kirchenressort die meisten Dokumente. Aber die Offensive der sowjetischen Armee störte die Pläne des Ministeriums. Die ukrainischen Bischöfe mußten eilig aus Warschau in die Slowakei evakuiert werden usw. Letztendlich gelang es dem Reichsministerium für die besetzten Ostgebiete, die Parteikanzlei und das Reichssicherheitshauptamt davon zu überzeugen, wie Rosenfelder am 14.12.1944 in seinem Brief an den Leiter der Führungsgruppe P 3 meldet, daß der großrussischen Idee auf kirchlichem Gebiet "nur durch eine indirekte Unterstützung der nationalen Kirchengruppen, in erster Linie einer der ukrainischen autokephalen Kirche" entgegengewirkt werden kann. Bei aus diesem Grunde geführten Verhandlungen wurde beschlossen, nach Möglichkeit den Wunsch von Bischof Mstyslaw (Skrypnik) zu berücksichtigen, der die autokephale Kirche gegenüber den deutschen Behörden vertrat.[51] Natürlich kam es Ende 1944 unter dem sich abzeichnenden Zusammenbruch des Dritten Reiches nicht mehr zur Wahl eines ukrainischen Patriarchen. Sanktionen der Parteikanzlei erfolgten deshalb nicht.

In den letzten Monaten des Krieges – Anfang 1945 – beschäftigte sich das Reichsministerium für die besetzten Ostgebiete kaum mit kirchlichen Problemen, die Parteikanzlei beobachtete die Entwicklung jedoch weiterhin aufmerksam. So schrieb am 29. 01. Bormann dem Propagandaminister Goebbels, daß zur Wahl des neuen Moskauer Patriarchen (Aleksij Simanskij) weder in der Presse noch im Rundfunk Stellung

---

50. BA R 6/179, Bl. 83.
51. Ebenda, Bl. 178.

genommen werden sollte.[52] Man verschwieg den neuen Patriarchen, weil man für die Gegenpropaganda einfach keine Argumente fand.

XVIII. Zerstörung der Kirchen

Die Handlungen der NS-Truppen vor ihrem Rückzug aus den besetzten Ostgebieten – Deportation und Ermordung von Geistlichen, massenhaftes Inbrandsetzen und Plünderung von Kirchen bis zum Abbau der Glocken – zeugten von ihrer extremen Feindseligkeit gegenüber der Orthodoxie. Es gibt sehr viele Zeugnisse für die absichtliche Zerstörung von Kirchen. In seinem Bericht vom 1. September 1943 schildert der Propst des Leningrader Bistums, Erzpriester Nikolaj Lomakin, die Tragödie, die sich in Petershof abspielte: "Den Beschluß und die Zerstörung der Kirchen nahmen die Faschisten so vor, daß zusammen mit der Kirche auch die umkamen, die in ihr beteten (vor allem Alte, Frauen und Kinder), die unter den Kirchengewölbe Schutz und Rettung vor dem Beschuß und dem Bombardement gesucht hatten. In der Dreifaktigkeitskirche versammelten sich über 1000 Menschen, darunter 100 Kinder. Im Keller der Lazarus-Kirche und auf dem Friedhof (in den Grüften) verbargen sich mehr als 2000 Menschen. In der Serafim-Kirche hatte mehr als 1000 Menschen Zuflucht gesucht. Die Ziffern zeigen nur beispielhaft, die Zahl derer an, die unter den Ruinen der Kirchen starben."[53] Allein im Leningrader Gebiet vernichteten die Nazis 44 Kirchen, in der Region Moskau ungefähr 50.

Nach dem Bericht der Sonderkommission zur Feststellung und Untersuchung der Greueltaten der deutschen-faschistischen Eroberer zerstörten und beschädigten die Deutschen 1670 orthodoxe Kirchen, 69 Kapellen, und 1127 Gebäude anderer Kultgemeinschaften. In dem Bericht werden konkrete Beispiele angeführt: "Im Kiewer Höhlenkloster wurde das Dach der berühmten Uspenskij-Kathedrale aus dem Jahre 1073 zerstört. In Cernigov die alte Boris und Gleb-Kirche [...] Große Zerstörung erlitten die Klöster: das Kloster Neu-Jerusalem und Josef-Wolokolamsker Kloster bei Moskau, das Tichwiner-Klosterim Gebiet Leningrad, das Anoniew, Chutynsker, Zveriner Derevjansker sowie andere Klöster Nowgorods [...] Mit der Zerstörung der Klöster, Kirchen, Moscheen und Synagogen

---

52. BA, R 5101/22183, Bl. 155.
53. "Nemeckie zverstva v g. Starom Petergofe bliz Leningrada," *Zhurnal Moskovskoj Patriarchii (Zeitschrift der Moskauer Patriarchie)* 2 (1943) 40-41.

sowie der Plünderung ihrer Einrichtungen verhöhnten die deutschen Eroberer das religiöse Gefühl der Menschen. Soldaten und Offiziere betraten die Kirchen mit Mützen, rauchten, bekleideten sich mit den liturgischen Gewändern, hielten Pferde und Hunde in der Kirche. Aus den Ikonen machten sie Pritschen zum Schlafen."[54]

Der Wahrheit willen muß freilich festgestellt werden, daß einige der von der Kommission aufgeführte Kirchen schon in den 30er Jahren beschädigt worden waren. Etliche andere wurden später von der sowjetischen Armee zerstört. So wurde zum Beispiel Das Pskower Höhlenkloster Anfang 1944 von der Luftflotte der Leningrader Front bombardiert. Die Uspenskij-Kathedrale im Kiewer Höhlenkloster soll nach einer anderen Version am 3. November 1941 durch ein im Hinterland der Deutschen stationiertes Diversionskommando unter Hauptmann Lutin zerstört worden sein. An diesem Tag besuchten der Präsident der Slowakei, Tiso, und Reichsminister Koch die Kirche. Der schon im September angebrachte Sprengsatz zündete jedoch zu spät. Die Naziführung beeilte sich nun, die Kathedrale ganz zu sprengen.[55]

XIX. Aufschwung des religiösen Bewusstseins

Zusammenfassend läßt sich sagen, daß das kirchliche Leben in den okkupierten Gebieten der UdSSR spontan, unabhängig von den deutschen Okkupanten, begann, sich oft gegen deren Widerstand enfaltete und sofort viele Menschen erfaßte. In den weitaus meisten Gebieten gab es im Sommer 1941 keine funktionierende Kirchen, obwohl zwei Drittel der Landbevölkerung gläubig waren. Eine solch unnatürliche Lage konnte nur durch repressive Maßnahmen aufrechterhalten werden. Es fand nun nämlich auf dem besetzten Territorium ein heftiger Aufschwung des religiösen Bewußtseins statt, wie zahlreiche Zeugnisse – vor allem von Augenzeugen und Teilnehmern der Entwicklung des öffentlichen Lebens der UdSSR in den Jahren des Krieges – belegten. Die Führung des Dritten Reiches hoffte, die Religion für ihre Ziele nutzen zu können und erarbeitete schon im August 1941 Grundsätze einer Politik gegenüber der Russisch-orthodoxen Kirche, die im Sommer 1942 endgültig formuliert und auch im weiteren Verlauf (bis auf einige Änderungen

---

54. RGASPI, f. 17, op. 125, d. 329, l. 71-73.
55. Aleksej Nemcinskij, "Zertvy minnoj vojny," *Soverschenno sekretno (Streng geheim)* 2 (1995) 27-28.

1943/44) durchgehalten wurden. Trotz unterschiedlicher Haltungen in den verschiedenen Ämtern bestimmten die Führung der NSDAP und Hitler persönlich die Linie. Deshalb kann auch von einer einheitlichen Kirchenpolitik gesprochen werden. Diese Politik führte zur Zersplitterung der Kirche, zu ihrer Ausnutzung durch die deutsche Administration. Nach dem Krieg sollte die Kirche diesen Plänen zufolge liquidiert werden. Schließlich wurden verschiedene Konzeptionen entwickelt, um eine neuheidnische, von jüdischen Elementen befreite, dafür aber mit Motiven aus Naturreligionen angereicherte Religion zu schaffen, die vor allem dazu beitragen sollte, gehorsame Untertanen des Reiches heranzuziehen.

Das Bemühen, das religiöse Leben zu "atomisieren," wurde von den Hierarchen unterstützt, die gegen das Moskauer Patriarchat auftraten. Faktisch jedoch regenerierte sich die Russisch-orthodoxe Kirche in allen besetzten Gebieten, obwohl sie in drei nationale Teile gespalten war. Eine separatistische nationale Kirche zu schaffen, gelang nur in der Ukraine. Ihr aber hing nur eine Minderheit der Gläubigen und Geistlichen an. Nicht nur die Religiosität der Russen, sondern auch die Russisch-orthodoxe Kirche als Organisation erwies sich als stärker und lebensfähiger, als sich dies die deutsche Macht hatte vorstellen können.

Die von Gläubigen und Priestern geöffneten und zum Teil restaurierten Kirchen wurden zu Symbolen des russischen Nationalbewußtseins. Um sie vereinigte sich ein bedeutender Teil der Bevölkerung. In den drei leidvollen Jahren der Okkupation wurden – trotz Hunger, Desorganisation und fehlender materieller Möglichkeiten – etwa 40% der Kirchen, die vor der Revolution in diesen Gebieten in Betrieb waren, wieder ihren kirchlichen Funktionen zurückgegeben.

Es gibt verschiedene Angaben über die Zahl der im besetzten Gebiet der UdSSR eröffneten orthodoxen Kirchen. Die Historiker von heute sprechen in der Regel von 7.547 (mit bezug auf den Rechenschaftsbericht des Rates der Russisch-orthodoxen Kirche über den Stand der Kirche zum 1. Januar 1948). Doch zu diesem Zeitpunkt waren mindestens 850 Kirchen in der RSFSR, 600 in der Ukraine, 300 in Weißrußland und 100 in Ostmoldawien (Dnestrregion) aus Mangel an Geistlichen oder wegen Konfiszierung der von den religiösen Gemeinden genutzten öffentlichen Gebäude bereits geschlossen. Ein anderer Bericht des Rates der Russisch-orthodoxen Kirche gibt an, daß in Rußland zum 1. Januar 1947 nur 1300 während der Besatzung eröffnete Kirchen weiter funktionierten.[56] Somit betrug die Gesamt-

---

56. RGASPI, f.17, op.125, d.407, l.5, op.132, d.7, l. 2.

zahl mindestens 9.400. Diese Zahl entspricht in etwa den in der Sowjetliteratur zu findenden Erwähnungen von 10.000 Kirchen.[57] Außerdem wurden 60 Klöster wiederhergestellt: 45 in der Ukraine, sechs in Weißrußland und acht bis neun in Rußland. Zweifellos hätte ein derartiger Aufschwung unter entsprechenden Bedingungen im ganzen Land stattgefunden.

XX. Zweiter Teil: Die Religionspolitik von Stalin

Das religiöse Geschehen auf dem besetzten Territorium der UdSSR wurde sofort zur Sphäre eines scharfen ideologischen, propagandistischen Kampfes zwischen dem nationalsozialistischen Deutschland einerseits und dem Sowjetstaat sowie dem Moskauer Patriarchat andererseits. Erst jetzt, mit der Aufhebung der vertraulichen Behandlung der Archivdokumente, beginnt sich das wahre Bild abzuzeichnen, hat sich herausgestellt, in welch starkem Maße die Kirchentätigkeit während der Besatzung aus Moskau und Uljanovsk (der Residenz des Metropoliten Sergij Stragorodskij vom Oktober 1941 bis August 1943) kontrolliert wurde. In der ersten Phase des erwähnten Propaganda-Kampfes dominierte Deutschland, doch dann begann es, immer mehr Einfluß zu verlieren. Es ist zu betonen, daß die Ziele und Interessen des Moskauer Patriarchats und des Sowjetstaates bis 1943 nicht immer übereinstimmten. Das Patriarchat identifizierte sich keineswegs mit der Sowjetordnung und rechnete mit der Möglichkeit ihres Sturzes. In den besetzten Gebieten wurden die Exarchen des Baltikums und Weißrußlands zurückgelassen: der Metropolit Sergij (Voskresenskij) und der Erzbischof Panteleimon (Rozhnovskij), der noch in den 1920-30er Jahren wegen seiner Sympathien für die Regierung in Moskau von den polnischen Behörden aktiv verfolgt worden war. Es gibt – dokumentarisch allerdings nicht belegte – Aussagen, daß auch der Exarch der Westukraine, Metropolit Nikolaj, und der Metropolit von Leningrad, Aleksij, angeblich Versuche unternommen hatten, auf dem von den deutschen Truppen besetzten Territorium zu bleiben.[58] Die Wahl der Exarchen erwies sich als richtig: die Kirchenfürsten Sergij und Panteleimon blieben im wesentlichen dem Moskauer Patriarchat bis zum Ende treu.

---

57. Viktor I. Titov, *Pravoslavie* (Moskva, 1977) 118.
58. Politisches Archiv des Auswärtigen Amts, Bonn, Inland I-D, 4758, o/Bl.

Das sowjetische Kommando versuchte mit eigenen Mitteln, Einfluß auf die religiöse Tätigkeit in den besetzten Republiken und Gebieten auszuüben: mit Hilfe von Partisanen, Aufklärung, Einschleusung seiner Agenten u.a.m. Ursprünglich wurde versucht, gegen die Kirchenpolitik der deutschen Behörden auch unter Anwendung von Gewalt zu kämpfen. So wurden Geistliche in einer Reihe von Ortschaften ungeachtet der Höhe ihrer Schuld von der Partisanen erschossen. Aber schon ab 1942 wurde die Taktik geändert. Nach und nach wurde sie immer mehr mit dem Moskauer Patriarchat abgestimmt. Dies war insbesondere in "Rohentwurf Abschlußbericht über die Tätigkeit der Militärverwaltung im Operationsgebiet des Ostens" von Mai bis Juni 1943 vermerkt: "Übrigens gab in Jahre 1942 auch die Sowjet-Führung ihre bisherige kirchenfeindliche Politik auf. Bei der Einnahme von Charkow z.B. ließen die Bolschewisten – wie in der Bevölkerung nach der Wiedereroberung der Stadt durch die Deutschen erzählt wurde – die Tore die Kirchen weit öffnen und Dankgottesdienste abhalten. Im Jahre 1943 fand man die oben erwähnten Kreuze an den Straßen auch in ausgesprochenen Bandengebieten."[59]

Seit 1943 gingen die sowjetische Führung und das Patriarchat koordiniert zur Offensive über. Sie intensivierten ihre Bemühungen, den Einfluß auf das religiöse Geschehen in den besetzten Gebieten zu erweitern. Und vermutlich wurden reguläre Verbindungen mit den Metropoliten Aleksandr (Inozemcev), Sergij (Voskresenskij) und einigen anderen Hierarchen hergestellt. Auch Propanandamaßnahmen wurden wesentlich verstärkt. Im Endergebnis wuchs der Anteil der Anhänger des Moskauer Patriarchats unter dem Klerus in den besetzten Gebieten ständig. Und nach der Vertreibung der NS-Truppen trat ihr der überwiegende Teil der ukrainischen, weißrussischen und baltischen orthodoxen Gemeinden relativ reibungslos bei. Noch einfacher war es mit den Klöstern. Fast alle zählten sich in kanonischer Hinsicht auch während der Besatzung dem Moskauer Patriarchat zugehörig. Die Folgen der "religiösen Wiedergeburt" in den besetzten Gebieten der UdSSR waren ziemlich bedeutend. Die Historiker V. Alexeev und T. Stavrou schreiben zu Recht: "Der deutsche Faschismus war gegenüber dem Christentum und besonders der Russisch-orthodoxen Kirche nicht weniger feindlich eingestellt als der sowjetische Kommunismus. Nichtsdestoweniger schuf der Krieg, der zur Besetzung eines bedeutenden Gebietes der UdSSR durch die deutsche Armee führte, ungefähr für ein Drittel der Bevölkerung besondere Bedingungen, die

---

59. Institut für Zeitgeschichte, München, MA 488/2, Bl. 1008-1010.

eine entscheidende Rolle im Schicksal der Russisch-orthodoxen Kirche spielten." Die genannten Forscher übertreiben allerdings, wenn sie meinen, die religiöse Wiedergeburt wegen deren Intensität und Ausmaß als eine "zweite Taufe der Rus" bezeichnen zu können.[60] Ohne Zweifel aber hat der religiöse Aufschwung einen merklichen Einfluß auf die Änderung der Religionspolitik der kommunistischen Führung in den Kriegsjahren innerhalb der UdSSR ausgeübt.

Der religiöse Aufbruch zeigt, daß die sowjetische Unterdrückung und Verfolgung den Glauben, die Gemeinden und die hierarchischen Grundstrukturen nicht zu zerstören vermochten. Es ist vorstellbar, daß – befreit vom sowjetischen Druck – eine ähnliche religiöse Renaissance in ganz Rußland eingesetzt hätte.

XXI. Die Kursänderung in der Religionspolitik

In den Jahren des Zweiten Weltkrieges unterlagen die Beziehungen zwischen Staat und Kirche in der Sowjetunion erheblichen Veränderungen. Schon im Jahr 1939 zeigte sich in der staatlichen Religionspolitik eine bestimmte Kursänderung. Die zehn Jahre während Zeit des offenen Kirchenkampfes war zu Ende. Als am 22. Juni 1941 der Krieg ausbrach, wandelte sich die Lebensweise in der UdSSR grundlegend. Es konnte auch nicht anders sein, als daß sich sowohl die Lage der Kirche als auch die Einstellung des Staates ihr gegenüber änderten. Schon die ersten Worte, die Stalin am 3. Juli 1941 an das Volk richtete – "Werte Landsleute! Brüder und Schwestern!" – erinnerten eher an eine Predigt als an die Sprache der marxistischen Ideologie. Die Realität nötigte Stalin und die Parteiführung dazu, ihre Religionspolitik zu überprüfen und den Dialog mit der Kirche zu suchen, um im Namen der Einheit aller – der Gläubigen wie der Atheisten – zum Kampf gegen den gemeinsamen Feind aufzurufen.

Die Metropoliten Sergij, Aleksij und Nikolaj wurden nun nicht mehr daran gehindert, ihre patriotischen Aufrufe zu verbreiten, obwohl dies ein Verstoß gegen das Gesetz war. Die antireligiöse Propaganda hörte ganz auf, ebenso die Tätigkeit des,,Vereins der kämpfenden Gottesleugner," obwohl er nicht offiziell aufgelöst wurde. Bis Oktober 1941 gab es praktisch keine antireligiösen Periodika mehr. Die Führungsspitze des

---

60. Alexeev und Stavrou, "Russkaja Pravoslavnaja Cerkov' na okkupirovannoj nemcami territorii," 11 (1980) 94.

sowjetischen Atheismus, die Zeitschrift *Pod snamenjem marksisma* (Unter der Fahne des Marxismus), begann indessen, Artikel über hervorragende historische Persönlichkeiten, über das große russische Volk, über Heldentaten sowjetischer Soldaten und dergleichen mehr zu veröffentlichen, bis die Zeitschrift 1944 ihr Erscheinen ganz einstellte. Zwischen Juli und August 1941 gab es noch Verhaftungen von Priestern, aber im Laufe des Herbstes wurden sie fast ganz eingestellt. Darüberhinaus ließ man im September 1943 Dutzende von inhaftierten Priestern, darunter auch sechs Erzbischöfe und fünf Bischöfe, frei. Nach und nach wurden die Erzbischofsstühle wieder besetzt. Es kam zu ersten, vorläufig noch seltenen Wiedereröffnungen von Kirchen. So wurde beispielsweise die Dreifaltigkeitskirche in Gorkij, die am 10. Dezember 1940 geschlossen worden war, am 10. August 1941 wiedereröffnet.[61] Die Religionszentren der UdSSR wurden de facto wieder anerkannt, und man gestattete ihnen wieder, mit kirchlichen Organisationen im Ausland in Verbindung zu treten.

Die deutlichste Änderung in der Kirchenpolitik fiel jedoch in das Jahr 1943. Es war die von sowjetischer Seite unterstützte "Wiederbelebung der Religion." Die Gründe hierfür waren vielfältig. Zum einen ging es um die Aktivierung patriotischer Gefühle und Traditionen. Die "Wiederbelebung der Religion" trug dazu bei, den Einfluß der Nazi-Propaganda auf die Bevölkerung in den okkupierten Gebieten zurückzudrängen. Ausschlaggebend waren aber vor allem die Beziehungen zu den Verbündeten im Krieg, den USA und Großbritannien. Stalin begann, der Kirche größere Aufmerksamkeit zu schenken, um dem Westen den Eindruck zu vermitteln, daß sein Regime sowohl demokratisch als auch gegenüber der Religion tolerant sei. Bezeichnend ist in diesem Zusammenhang der Verlauf des Besuches einer Delegation der anglikanischen Kirche, die sich vom 19. bis zum 28.09.1943 in Moskau aufhielt.

XXII. Außenpolitische Funktion der Russischen Kirche

Stalin ging es bei seinen kirchenpolitischen Bemühungen aber nicht nur um die Beziehungen zu den westlichen Alliierten, sondern um weiter reichende Ziele. Im Frühjahr 1943 begann er verstärkt, eine Nachkriegs- bzw.

---

61. Michail I. Odinzov, "Krestnyj put' Patriarcha Sergija: dokumenty, pis'ma, svidetelstva sovremennikov," *Otetschestvennye archivy (Vaterländische Archive)* 2 (1994) 71.

Friedensordnung zu entwerfen und Pläne für die Gründung eines großen Staates zu erstellen, in welchem die Kirche eine gewichtige Rolle spielen sollte. Am 5. Juni 1943 unterzeichnete Stalin den Geheimerlaß "Über die Durchführung von Maßnahmen zur Verbesserung der Auslandsarbeit der Aufklärungsorgane der UdSSR" des Staatskomitees der Verteidigung, in welchem die religiösen Organisationen erstmals der Interessensphäre sowjetischer Auslandsaufklärung zugeordnet wurden.

Im September 1943 waren Wahlen zum Patriarchat wieder gestattet; geistliche Seminare durften eröffnet werden; die Zeitschrift der Moskauer Patriarchie konnte wieder erscheinen, usw. Die Zugeständnisse der Regierung erwiesen sich allerdings als nicht so bedeutend, wie es anfangs schien. Für Stalin war es in erster Linie wichtig, das Patriarchat zu einem Diener des Regimes zu machen. Es gelang ihm jedoch, trotz vieler Kompromisse seitens der Hierarchen, nicht, dieses Ziel wie geplant zu verwirklichen. Das Fortbestehen der orthodoxen Kirche unter diesen harten Bedingungen verdient Anerkennung. Trotz massiver Einschränkungen, begann das Kirchenleben sogar wieder aufzuleben. Gegen Kriegsende war die Mehrzahl der bischöflichen Lehrstühle wie auch der Leitungen der Bistümer wieder besetzt, und theologische Seminare konnten stattfinden. Die Zahl an Kirchen in dieser Zelt betrug mehr als 10 200. Im Vergleich dazu hatte man 1941 nur 3 732 Kirchen gezählt. In dieser Phase wurde die für die russische Orthodoxie schmerzhafte Zersplitterung in "Erneuerer" und "Gregorianer" überwunden.

Von 1945 bis zur ersten Hälfte des Jahres 1948 machte die Regierung der Kirche eine Reihe bedeutender Zugeständnisse, von denen einige sogar gegen das seit 1929 unverändert bestehende Gesetz über religiöse Vereinigungen verstießen. So wurde der Kirche z. B. der juristische Status einer Gesellschaft zuerkannt, die Rechte der Gemeindevorsteher wurden erweitert, und es wurde der Kirche gestattet, ihren Haushalt selbst zu verwalten. Trotz dieser durchaus positiven Veränderungen mangelte es der staatlichen Kirchenpolitik in jenen Jahren aber an der notwendigen Konsequenz, da diese Änderungen nicht alle in der UdSSR existierenden Glaubensgemeinschaften betrafen. Auch gab es Unterschiede zwischen den einzelnen Unionsrepubliken.

Das Moskauer Patriarchat war nach Kriegsende bestrebt, alle Möglichkeiten zu nutzen, um seine Stellung zu festigen. Beim Rat für Angelegenheiten der Russisch-orthodoxen Kirche gingen in der Zeit von 1944 bis 1947 20.689 Anträge zur Errichtung von 5.998 Kirchen ein, wovon 1.279 von ihnen tatsächlich eröffnet wurden. In zwei Geistlichen Akademien und acht Seminaren wurde der Lehrbetrieb wieder aufgenommen. Die

Predigten der Geistlichen unterschieden sich in dieser Zeit sehr stark: Einerseits waren sie nicht selten, besonders vor den Wahlen, agitatorischen, regierungsnahen Charakters, anderseits vertraten sie aufs schärfste antimaterialistische Meinungen. Die Zugeständnisse der Machthaber erklärten sich vor allem aus einem Interesse an den verschiedenen Aktivitäten des Patriarchats.

Bereits von 1941 bis 1948 spielte das Patriarchat in den außenpolitischen Plänen der sowjetischen Regierung eine gewichtige Rolle. Vor Beginn des Großen Vaterländischen Krieges ruhten für ein paar Jahre (ab 1935) die internationalen Kontakte, da die staatlichen Organe zielgerichtet alle Kontakte der Kirche zur Weltöffentlichkeit zu verhindern suchten, um Informationen über die anti-klerikalen Maßnahmen nicht bekannt werden zu lassen. Mit dem Überfall Deutschlands auf die UdSSR änderte sich die Situation. Den Regierungen der Bündnispartner in der Anti-Hitler-Koalition war die Lage der Kirche in der Sowjetunion nicht gleichgültig. Es wurden die Möglichkeiten des Moskauer Patriarchats zur Herstellung enger Kontakte mit einflußreichen religiös-klerikalen Strömungen in westlichen Ländern, sowie die Fähigkeit, den antifaschistischen Kampf in den Okkupationszonen von Osteuropa zu beeinflussen, in Betracht gezogen. 1942 trat das Patriarchat mit mehreren Botschaften an orthodoxe Gläubige in anderen europäischen Staaten an die Öffentlichkeit.

Dies war nur der Anfang. Anhand der Kirchenakten läßt sich vermuten, daß bereits im Frühjahr 1943 bei Stalin ein Interesse an der Aufteilung Europas in einzelne Einflußsphären bestand. Ihm scheint klar gewesen zu sein, daß die Überwindung ideologischer Barrieren zwischen den europäischen Völkern um vieles erleichtert würde, indem man sich der Religion bediente und seine Ideen durch die Kirchen vermitteln ließe. In Osteuropa stand vor allem die Orthodoxe Kirche im Mittelpunkt des Interesses. Die Kooperation mit dem Moskauer Patriarchat zielte unter anderem auf die Sicherung seiner vorrangigen Position in der orthodoxen Welt und die Verwandlung des Patriarchats in eine Art "Moskauer Vatikan." Von entscheidender Bedeutung war auch die Tatsache, daß in vielen Ländern Gemeinden der Russischen Kirche existierten. Die sowjetische Führung wollte sich somit die Möglichkeit verschaffen, auf diesem Wege ihren Einfluß auf alle diese Staaten zu erweitern. Die internationale Funktion des Moskauer Patriarchats wurde seit September 1943, unmittelbar nach einem Empfang der Metropoliten Sergij, Aleksij und Nikolaj durch Stalin, entscheidend vorangetrieben.

XXIII. Traditionelle Beziehungen

Die Russische Kirche besaß bereits traditionelle Beziehungen zu verschiedenen Konfessionen – so zu anderen orthodoxen Kirchen des Ostens, zu Anglikanern und Lutheranern –, weshalb es ganz natürlich war, diese Verbindungen wieder aufzunehmen, sobald deren generelles Verbot aufgehoben war. In den Verhandlungen ging es zum Teil um ausschließlich kirchliche Angelegenheiten. Doch stellten die Auslandsbeziehungen des Patriarchats den Bereich dar, in dem die Abhängigkeit der Kirche vom Staat am stärksten spürbar war. Einige Hierarchen waren daran interessiert, die einstige Größe der Russischen Kirche mitsamt ihrem internationalen Einfluß aus vorrevolutionären Zeiten wiederzugewinnen. Aufgeschlossen zeigte man sich auch gegenüber der Idee der "Großen Rus." Das Engagement der führenden Vertreter des Patriarchats bei rein politischen Aktionen wurde von diesen als Bürde empfunden, was jedoch nicht den Erwartungen der Machthaber entsprach.

Die tragende Rolle der Russischen Kirche in der "großen Politik" der sowjetischen Führung währte jedoch nur vom Herbst des Jahres 1943 bis zum Sommer 1948. In dieser Zeit war sie eines der wichtigsten Instrumente, den Einfluß der UdSSR in der Nachkriegszeit auszuweiten. Bis 1948 verfügte die Sowjetunion noch über keine Kernwaffen, und die Regierung unter Stalin war gezwungen, andere Mittel zur Verwirklichung ihrer Kriegspläne anzuwenden, die sich u. a. auch – und nicht ohne Erfolg – auf die Kirche stützten. Die Moskauer Patriarchie übernahm die Kontrolle über die orthodoxen Kirchen in Osteuropa; sie übte einen starken Einfluß auf die russischen Emigranten aus und diente als Kanal, durch den die sowjetische Regierung ihren Einfluß auch auf den Nahen Osten ausdehnen konnte.

Grigorij Karpow zog das Fazit aus der Tätigkeit des Rates für Angelegenheiten der Russisch-orthodoxen Kirche in den Jahren 1943-1946, als er an Stalin schrieb, daß Stellung, Funktion und Arbeitsumfang des Ausschusses weit über den Rahmen dessen hinausgingen, was die Verordnung zu seiner Gründung ursprünglich vorgesehen habe; seit Kriegsende nämlich habe sich die Aufmerksamkeit der Regierung auf die Außenpolitik konzentriert, in welcher der Russisch-orthodoxen Kirche ein größerer Einfluß zugesprochen worden sei. Allein im Jahre 1945 seien Auslandsreisen kirchlicher Delegationen in 15 verschiedene Länder organisiert worden. Im Ergebnis dieser Aktion hatten sich drei Metropoliten, 17 Bischöfe und 285 Kirchengemeinden der Moskauer Patriarchie angeschlossen.[62]

---

62. Michail I. Odinzov, "Russkaja Pravoslavnaja Zerkov stala na pravilnyj put'," *Isoritscheskij archiv (Historisches Archiv)* 3 (1994) 100.

In einem anderen Bericht vom 14. Februar 1947 teilte das Zentralkommittee der Partei mit, daß die russische Priesterschaft eine wichtige Rolle gespielt habe, als es darum gegangen sei, ehemalige Emigranten zur Annahme der sowjetischen Staatsbürgerschaft zu bewegen. Die russische Emigrantenpresse, auf die Unterstützung durch die Kirche vertrauend, habe ebenfalls im ganzen ihr politisches Profil geändert und zeige sich nun wohlwollend gegenüber der UdSSR. Der Kirchenausschuß habe sich um eine Verbindung der Moskauer Patriarchie mit den orthodoxen Kirchen im Ausland und in den slawischen Staaten bemüht, um so der orthodoxen Kirche im Ausland wieder zu Ansehen zu verhelfen; wichtigstes Ziel sei dabei gewesen, die russische Kirche als Vermittlungsinstanz für den sowjetischen Einfluß im Ausland zu nutzen.[63]

Da bis zur Oktoberrevolution in den größten Staaten der Welt, in denen die russische Botschaft eine Niederlassung hatte, insgesamt 55 orthodoxe Kirchen existierten, hielt G. Karpow es für möglich, auf der Grundlage dieser Kirchen, die er zurückzugewinnen hoffte, eine geistliche Mission durchzuführen. Man beschloß, Gebäude und Eigentum der schon früher existierenden russischen Missionen in Palästina, in den USA, in China, Japan und Korea zurückzufordern, was auch teilweise gelang. In dem bereits erwähnten Bericht vom 14. Februar 1947 hieß es nachdrücklich, daß diese wiedererlangten Kirchen sich "als hoffnungsvolle Grundlage für die Verbreitung des russischen Einflusses im Ausland" erweisen könnten.[64] Aber der Anschluß der Amerikanischen und der Finnischen Orthodoxen Kirche sowie des Westeuropäischen Exarchats mißlang trotz wiederholter Bemühungen. Die größten Erfolge konnten in Osteuropa erzielt werden. Die Bulgarische, die Rumänische, die Serbische, die Albanische, die Polnische und die Tschechoslowakische Orthodoxe Kirche orientierten sich fortan gänzlich am Moskauer Patriarchat und unterstützten in den folgenden Jahren die neuen "volksdemokratischen" Regierungen.

XXIV. Katholische Kirchen in der UdSSR

Kernpunkt der internationalen Kirchenpolitik Stalins war der Kampf gegen den Vatikan. Es ist richtig, daß der offene Konflikt mit dem Päpstlichen Stuhl nicht sofort ausbrach. Der Einmarsch der sowjetischen

---

63. RGASPI, f. 17, op. 125, d. 407, l. 25, 32.
64. Ebenda.

Truppen in die Regionen im Westen, die traditionsgemäß zum Einflußbereich der katholischen Kirche gehörten, nötigte das diplomatische Amt der UdSSR, Kontakt mit dem Vatikan aufzunehmen. Im Dezember 1943 bat Stalin durch den Leiter der Zweiten Abteilung des Staatssicherheitsdienstes (NKGB; später KGB), einen Bericht zu verfassen "über den Zustand der polnischen römisch-katholischen Kirchen auf dem Territorium der UdSSR." Der Bericht sollte bis zum 4, Mai 1944 fertig sein.[65] Mit diesem Thema beschäftigten sich vorschriftsgemäß die Mitarbeiter der Zweiten Abteilung des KGB, die Mitarbeiter des Kirchenrates der Russisch-orthodoxen Kirche und – seit Sommer 1944 – auch die Mitarbeiter des vor kurzem gegründeten "Rates für Angelegenheiten der Religionsausübung." Anfangs versuchten die Staatsorgane, einen Kompromiß mit der Leitung der katholischen Gemeinden in den westlichen Gebieten der UdSSR zu finden. In Lettland erlaubte man den geistlichen Seminaren, ihre Tätigkeit wieder aufzunehmen. Ende April, Anfang Mai 1944 besuchte ein amerikanischer katholischer Priester (S. Orlemanskij) die UdSSR. Er wurde von Stalin und Molotow empfangen, die ihm versicherten, daß die Sowjetunion zur Zusammenarbeit mit dem Papst bereit sei und nicht beabsichtige, die Rechte der Katholiken zu beschränken.[66]

Im Sommer 1944 wurde die Stadt Lwow (Lwiw, Lemberg), das Zentrum der Unierten Kirche, befreit. Entgegen allen negativen Vorhersagen im Ausland verhielt sich die neue Staatsmacht gegenüber der Unierten Kirche in der Westukraine sehr tolerant. Das Oberhaupt der griechisch-katholischen (unierten) Kirche, Metropolit Andrej Scheptizkij, schrieb Ende August einen Brief, in dem er Moskau um Loyalität gegenüber seiner Kirche ersuchte und gleichzeitig bat, eine Delegation seiner Kirche zu empfangen, um die gegenseitigen Beziehungen endgültig zu regeln. Der Tod Scheptizkijs und die Wahl eines neuen Kirchenoberhauptes, des Metropoliten Iosif (Sljepyj), zögerten die Ankunft der Delegation in Moskau hinaus; diese traf erst im Dezember 1944 dort ein. Die Delegierten dankten der Sowjetmacht, der Roten Armee und ihrem Führer Stalin und erklärten sich bereit, am "Aufbau eines Lebens in Frieden" auf dem Territorium der Ukraine mitzuwirken.

Die Leitung des Rates für Angelegenheiten der Religionsausübung versprach ihrerseits, daß sie – gemäß der Vereinbarung mit Molotow und Chruschtschow – alle Bitten der Unierten Kirche, sofern sie nicht gesetzwidrig seien, befriedigen werde. Die Delegation spendete außerdem eine

---

65. GARF, f. R-9401, op. 2, d. 65, l. 25-31.
66. Michail I. Odinzov, "Kak pojavilsja etot dokument," *Nauka i religija* 6 (1995) 11.

Summe von 100.000 Rubeln für das Rote Kreuz.[67] Der Vorsitzende des Rates, I. W. Poljanskij, erklärte nachdrücklich auf einem Treffen mit dem amerikanischen Journalisten D. Fischer Anfang Januar 1945, daß man einen gewissen Kompromiß mit der katholischen und der Unierten Kirche erreicht habe, und daß diese Kirchen weiterhin "lebendig" seien. Auf diese Weise demonstrierte Moskau, daß es die Beziehungen mit dem Vatikan zu normalisieren wünschte.

Der Papst jedoch begriff alle diese "Signale" nicht und ging von seiner Haltung gegenüber dem "gottlosen bolschewistischen Regime" nicht ab. Anfang 1945 äußerte Papst Pius XII. erneut öffentlich seine Gegnerschaft gegenüber den Kommunisten und der UdSSR und rief gleichzeitig zur Barmherzigkeit mit den Besiegten und zur Schaffung eines "sanften Friedens" auf. Der Vatikan faßte den Plan, eine Konföderation der Donauländer zu bilden und den Ausschuß der *Actio Catholica* zu gründen, der gegen die Verbreitung linksradikaler Elemente kämpfen sollte.[68] Unter diesen Bedingungen sah die sowjetische Führung von einem Kompromiß mit der römisch-katholischen Kirche ab und änderte ihren Kurs. Von nun an wurde der Vatikan als "Verteidiger des Faschismus" bezeichnet, der danach strebe, seinen Einfluß in der Nachkriegswelt zu verstärken. Die Strategie gegenüber den osteuropäischen Ländern, die man an sich binden wollte, verfolgte u. a. das Ziel, diesen Einfluß zu verhindern.

XXV. Angriffe auf den Vatikan

Pläne gegen den Katholizismus faßte man probeweise erstmals auf dem Landeskonzil 1945. In dem Appell vom 6. Februar an die Teilnehmer des Konzils lehnte man entschieden den Vorschlag des Papstes zu einem "sanften Frieden" ab.[69] In Übereinstimmung mit den Instruktionen Molotows vom 2. März 1945 schickte Karpow innerhalb von 13 Tagen einen Bericht an Stalin, in dem er davon sprach, daß sich die "profaschistische Tätigkeit" des Vatikans, die bereits während des Krieges deutlich zu spüren gewesen sei, weiter verstärke. Die römisch-katholische Kirche plane in ihrem Streben nach der Weltmacht, die Orthodoxie systematisch durch den Katholizismus zu vernichten.[70] Der harte

---

67. Michail I. Odinzov, "Uniaty i sovetskaja vlast'," *Otetschestvennye archivy* 3 (1995) 56-71.
68. Ol'ga J. Vasil'eva, "Vatikan v gornile vojny," *Nauka i religija* 6 (1995) 15.
69. *Zhurnal Moskovskoj Patriarchii*, no. 2, 1945, S. 17.
70. Odinzov, "Russkaja Pravoslavnaja Zerkov stala na pravilnyj put," 93.

Kurs gegenüber dem Vatikan wirkte sich auf das Geschick der Uniaten in der UdSSR besonders tragisch aus. Die mehr als vier Millionen zählenden Gläubigen einer eigenen Kirche, die dem Papst untergeordnet war, mußten dem Vorsitzenden des Rates für Angelegenheiten der Religionsausübung unerwünscht sein.

Um die Pläne des "Führers" (Stalin) zu verwirklichen, zwang man auch die Moskauer Patriarchie zur Mitwirkung. Am 15. März 1945 schrieb Karpow an Stalin, daß die orthodoxe Kirche "eine bedeutende Rolle im Kampf gegen die Römisch-katholische Kirche spielen kann und soll." Der Rat schlage vor, eine orthodoxe Eparchie in Lwow zu gründen, dem Erzbischof und allen Priestern dieser Eparchie das Recht auf Missionierung (in ihrem Gebiet) zu erteilen und eine Initiativgruppe innerhalb der Unierten Kirche zu organisieren, die den Bruch mit dem Vatikan offiziell bekanntgeben und ihre Priester aufrufen solle, zur Orthodoxie zu konvertieren.[71]

Zunächst schlug man der Unierten Kirche vor, ihr Bistum aufzulösen. Einige Zeit führte das Kirchenoberhaupt, Metropolit Jossif, Verhandlungen mit der Moskauer Patriarchie. Als sich jedoch alle fünf Bischöfe der Unierten Kirche weigerten, zum orthodoxen Glauben überzutreten, wurden sie im April 1945 verhaftet. Einen Monat später entstand die "Initiativgruppe" für die Wiedervereinigung der orthodoxen Kirche mit Oberpriester Grigorij Kostelnik an der Spitze und entfaltete eine breite Agitation. Im Frühjahr 1946 unterzeichneten 997 von 1270 Priestern der Unierten Kirche in der Westukraine die Erklärung zum Anschluß an die "Initiativgruppe," und zwischen dem 8. und 10. März wurde auf dem Konzil der griechisch-katholischen Geistlichen und Laien in Lwow ein Entschluß gefaßt, der die Vereinigung mit der orthodoxen Kirche und die Aufhebung der Union von Brest aus dem Jahre 1596 vorsah. (Wie aus den Dokumenten des ZK ersichtlich, kontrollierte der Erste Sekretär der Kommunistischen Partei der Ukraine, Nikita Chruschtschow, diese Aktion, nachdem er zuvor in allen wichtigen Details Stalins Sanktion dazu eingeholt hatte.)[72] Das Konzil von Lwow versetzte dem Vatikan einen spürbaren Schlag. Doch das war erst der Anfang. Am 14. Februar 1947 stellte Karpow sein neues Programm für den Kampf gegen das Zentrum des Katholizismus vor; ihm zufolge sollte die Unierte Kirche in der UdSSR endgültig vernichtet werden.

---

71. Michail I. Odinzov, "Choschdenie po mukam. 1939-1945," *Nauka i religija* 8 (1990) 21.

72. RGASPI, f. 17, op. 125, d. 313, l. 29-48.

Ähnliche Maßnahmen wollte man in einigen anderen Ländern des Auslandes vorbereiten und eine internationale Allianz christlicher Kirchen mit der Russisch-orthodoxen Kirche an der Spitze gründen, die alle anderen Konfessionen zum Kampf gegen den Vatikan aufrufen sollte.[73]

Noch ausführlicher war dieses Programm im ZK in den Aufzeichnungen der Leitung des Rates für die Angelegenheiten der Russisch-orthodoxen Kirche vom 1. Februar 1947 dargelegt. Darin hieß es, daß die Versuche zur Bekämpfung des Katholizismus als Konfession mißglückt seien. Der Kampf gegen das Ritual und die Traditionen habe lediglich die Massen erregt und ihren Widerstand verstärkt. Man schlug daher eine andere Variante vor: eine katholische Kirche, die von jenen Elementen gereinigt sei, welche sie zur Einmischung in den politischen Kampf und zur Aufrichtung einer Theokratie veranlaßten, die vom Zentralismus befreit und auf nationale ("autokephale") Kirchen verteilt sei, könne man noch dulden.[74]

Die Gründung von "unabhängigen" Kirchen in der UdSSR, in Osteuropa und in anderen Regionen wurde als wichtigstes Instrument im Kampf gegen den Vatikan angesehen. Die Hauptrolle war auch hier wieder der Moskauer Patriarchie zugedacht. Sie sollte als Initiator einer internationalen christlichen Bewegung auftreten und zunächst einen "Appell an alle Christen der Welt" richten, der es für deren Pflicht erklärte, die Katholiken "vom Papismus zu befreien," und der zu diesem Zweck "die Kräfte aller Christen, unabhängig von ihrer Konfession," zur Einheit aufrief. Es war anzunehmen (und galt als ausgemacht), daß sich nach der Veröffentlichung des Appells auch andere christliche Kirchen sowohl in der UdSSR als auch im Ausland diesem Aufruf anschließen würden: orthodoxe Gläubige, Protestanten, Baptisten, Methodisten, Altkatholiken, Neuanglikaner, Kopten und einige Katholiken (in Polen, Jugoslawien, Brasilien, den USA). Später sollten die Möglichkeiten für den Zusammenschluß auf einer Planungskonferenz im September 1947 durch die Kirchenleitung der Russisch-orthodoxen Kirche überprüft und ein Exekutivorgan der neuen Bewegung bestimmt werden. Und schon setzte eine laufende propagandistische und organisatorische Tätigkeit ein, durchgeführt vom Exekutivorgan mit Sitz in Moskau, um die Einberufung einer Weltkonferenz der christlichen Kirchen (die man bereits für März 1945 geplant hatte) vorzubereiten.[75] Auf diese Weise

---

73. RGASPI, f. 17, op. 125, d. 407, l. 36-37.
74. Ebenda, d. 506, l. 13-14.
75. Ebenda, l. 14-16.

sollte die russische Kirche an die Spitze des Weltchristentums gelangen und dadurch der sowjetische Einfluß auf den größten Teil der Menschheit ausgedehnt werden.

XXVI. Ökumenisches Konzil

Eine Zeitlang sah es so aus, als seien die Pläne zur Schaffung eines sowjetischen "Vatikans" nahe daran, verwirklicht zu werden. Im Septemberheft des Zeitschrift der Moskauer Patriarchie von 1946 sprach man von einer "außerordentlichen Belebung im Schoß der orthodoxen ökumenisch-katholischen Kirche unter faktischer Führung der russischen Orthodoxie." Moskau sei das "dritte Rom," und ein viertes werde es nicht geben.[76] Noch im März 1946 schrieb Metropolit Nikolaj (Jaruschewitsch) an den Rat für kirchliche Angelegenheiten, daß es notwendig sei, in Moskau ein Ökumenisches Konzil abzuhalten. Es ist schwer zu sagen, wem diese Idee gekommen war, jedenfalls wurde sie von Stalin begrüßt, der sich von ihrer Verwirklichung viel versprach. Der erste Plan erwies sich als grandios. Am 13. Januar 1947 schrieb Patriarch Aleksij an Karpow, daß man vorhabe, in Moskau ein Konzil einzuberufen, an dem die Vorsteher aller weltweit existierenden autokephalen orthodoxen Kirchen teilnehmen sollten. Vorgesehen war auch die Teilnahme von Delegationen der syro-chaldeischen, der armenisch-gregorianischen und der koptischen Kirche, über deren möglichen Beitritt zur Orthodoxie man beraten wollte.

Am 23. Januar begann die Vorbereitungskommission der Patriarchie ihre Arbeit. Man gedachte, neun Fragen in das Programm des Konzils aufzunehmen, deren wichtigste "politischen" Charakter hatten, insofern es in ihnen um die Beziehung zum kriegerischen Katholizismus und zur ökumenischen Bewegung ging. Um das Interesse der zukünftigen Teilnehmer zu wecken, bereitete man Anfang 1947 die Übertragung von Klosterkirchen an die Patriarchien von Jerusalem, Serbien, Antiochien und die Alexandrinischen Patriarchien in Moskau, Kiew und Leningrad vor; Geldgeschenke wurden in harter Währung an die Oberhäupter der Kirchen von Konstantinopel, Zypern, Griechenland, Albanien und Serbien ausgezahlt.[77] Mitte Februar wurden die Pläne

---

76. *Zhurnal Moskovskoj Patriarchii* 9 (1946) 56.
77. Zentral'nyj gosudarstvennyj archiv Sankt-Peterburga (Zentralen Staatlichen Archiv in St.-Petersburg = ZGA SPb), f. 9324, op. 2, d. 17, l. 1-4.

überarbeitet. Für September 1947 war bereits eine vorkonziliare Konferenz vorgesehen; ihr wichtigstes Ziel war die Einberufung eines Ökumenischen Konzils für das Jahr 1948, auf dem die Frage entschieden werden sollte, ob der Moskauer Patriarchie der Titel einer Weltpatriarchie verliehen werden könne.[78]

Allein, all diese Pläne begannen sich mit einem Mal zu zerschlagen. Noch im Januar 1947 erkrankte der Moskau treu ergebene Patriarch von Konstantinopel, Maxim, schwer und mußte sich von allen Ämtern zurückziehen. Seine Umgebung sah in der Moskauer Patriarchie den Konkurrenten in der Frage nach der Führungsposition in der orthodoxen Welt und nahm eine um vieles härtere Position ihr gegenüber ein. Die griechische Kirche und die Kirche von Zypern orientierten sich ihrerseits ganz an Konstantinopel. So schickte etwa das Oberhaupt der zyprischen Kirche am 29. Januar 1947 auf die Einladung zum allgemeinen orthodoxen Konzil hin eine Absage mit der Begründung, daß einzig die Weltpatriarchie von Konstantinopel die Vollmacht habe, ein solches Konzil einzuberufen.[79] Hinzu kam eine breit angelegte Kampagne der westlichen Presse gegen die russische Kirche. Dem Kampf um die Zerschlagung der Moskauer Pläne schloß sich auch der Vatikan an, dessen politische Rolle in der Welt man unterschätzt hatte. Die Patriarchen im Osten gerieten allseits unter Druck; Vertreter verschiedener amerikanischer Organisationen spendeten ihnen hohe Geldsummen. So sicherte der Leiter der internationalen Gesellschaft zur Bewahrung der Religionsfreiheit, J. Nußbaum, den Vorstehern der orthodoxen Kirchen in Sofia und Prag bedeutende materielle Unterstützung zu, und überzeugte sie auf diese Weise, von einer Reise nach Moskau abzusehen.

XXVII. Konferenz statt Konzil

In der Folge wurde der Bruch mit den früheren Plänen offensichtlich. Die sowjetische Führung beschloß, sich auf ein bescheideneres Ziel zu beschränken und ließ im Sommer 1948 unter dem willkommenen Vorwand des 500. Jahrestages der Autokephalie der russischen Kirche in Moskau eine Konferenz der orthodoxen Kirchenführer abhalten. Da man bereits damit rechnete, daß ein bedeutender Teil der östlichen Patriarchen nicht mehr eintreffen werde, plante man auf dieser Konferenz die

---

78. RGASPI, f. 17, op. 125, d. 407, l. 34.
79. GARF, f. 6991, op. 2, d. 16, l. 57.

endgültige Bildung eines europäischen Blocks der Orthodoxie. In diesem Zusammenhang hatte man im September 1947 noch ein Treffen Patriarch Aleksijs mit Stalin in Sotschi vorbereitet, das aber u. a. aufgrund der Erkrankung des Patriarchen nicht zustande kam.[80]

Letztendlich war die Konferenz doch repräsentativer als erwartet. Von 13 autokephalen Kirchen kamen 11 Delegationen nach Moskau. Der Patriarch von Jerusalem schickte ein Telegramm, in dem er seine Abwesenheit damit entschuldigte, daß allein der Krieg in Palästina und die Belagerung von Jerusalem seine Vertreter hinderten, in die UdSSR zu kommen; und im nachhinein billigte er sämtliche Beschlüsse der Konferenz. Einzig die Kirche von Zypern blieb bei ihrer kompromißlosen Haltung. Der serbische Patriarch Gawriil hingegen kam unerachtet des Verbots und direkter Drohungen seiner Regierung. Das war mutig, wenn man bedenkt, daß damals wirklich unzählige Priester verhaftet wurden. In seinen Gesprächen mit Karpow beteuerte der serbische Patriarch, daß er Rußland treu bleiben und Moskau in seinem Konflikt mit Tito unterstützen werde. Er halte es für wünschenswert, statt eines Kroaten einen Serben als Regierungsoberhaupt zu haben. Zwei Delegationen, die aus Konstantinopel und die griechische aus Hellas, kamen nur zu den Feiertagen; an der beratenden Tätigkeit der Konferenz nahmen sie nur indirekt teil, indem sie einige Kirchenoberhäupter zu beeinflussen und so eine Reihe von Beschlüssen zu verhindern suchten.[81]

Die Feiertage und Beratungen in Moskau nahmen fast die ganze erste Hälfte des Julis ein. Karpow berichtete fast täglich den Sekretären des ZK über ihren Verlauf. Kopien dieser Berichte gab man an Stalin weiter. Sämtliche Beschlüsse der Konferenz wurden im voraus von der Parteiführung sanktioniert. Am 6. Juli teilte die Abteilung für Propaganda und Agitation des ZK mit, daß sie die Konferenz ersuche, in ihren Beschlüssen über den "Vatikan und die orthodoxe Kirche" den reaktionären und antivölkischen Charakter der Tätigkeit des Vatikans und des Papismus noch schärfer zu formulieren. Insbesondere sei darauf hinzuweisen, daß der Papst den Faschismus unterstütze und einen Kampf gegen die UdSSR vorbereite.[82] Die Wünsche wurden berücksichtigt.

Im Ergebnis gelang es den Teilnehmern der Konferenz – wenngleich nicht ganz kampflos –, sich in den wesentlichen Punkten zu einigen.

---

80. Valerij A. Alekseev, *"Schturm nebes" otmenjaetsja*? (Moskva: Rossija molodaja, 1995) 193.
81. RGASPI, f. 17, op. 125, d. 8, l. 100-103.
82. Ebenda, l. 25.

Der in seinem Urteil noch zögernde bulgarische Metropolit Stefan konnte durch ein Telegramm des bulgarischen Außenministers, das die prinzipielle Zustimmung seiner Regierung zur Errichtung eines Weltpatriarchats enthielt, überzeugt werden. Die Beschlüsse über den "Vatikan und die orthodoxe Kirche" und über "Die ökumenische Bewegung und die orthodoxe Kirche," die sich gegen den römischen Papst und "das Nest des amerikanischen Protestantismus" richteten, ebenso wie der ähnlich geartete "Appell an alle Christen der Welt" wurden einstimmig angenommen. In der Resolution "Über die englische Hierarchie" sprach man – wenn auch in abgemilderter Form – dieser Hierarchie praktisch die Realität ab.[83] Die Konfrontation mit ehemaligen Kriegsverbündeten wirkte sich auch auf die zwischenkirchlichen Beziehungen aus. In der anglikanischen Kirche sah man bereits den Prätendenten auf die europäische Führung. Unterdessen wurde auf der Konferenz über Fragen entschieden, die eben so gut auf der Tagesordnung des Ökumenischen Konzils hätten stehen können. Die darüber veröffentlichten umfangreichen Materialien befassen sich mit vielen bis heute aktuellen theologischen Problemen. Leider blieb es bei diesem kurzen Durchbruch des orthodoxen Denkens, vielleicht, weil die Staatsorgane ihm nicht genügend Beachtung schenkten.

Vom Standpunkt der sowjetischen Führung aus war die Konferenz – wie aus dem Abschlußbericht von Karpow ersichtlich – im ganzen erfolgreich. Das Minimalziel, das man sich gesetzt hatte: die Vereinigung der osteuropäischen Kirchen unter der Leitung des Moskauer Patriarchats, war erreicht, die Beschlüsse gefaßt. Im Ministerrat bereitete man die Organisation weiterer Treffen mit den Oberhäuptern der orthodoxen Kirchen vor und befaßte sich mit bisher noch offen gebliebenen Fragen, wie der der russischen Kirche im Ausland.[84] Die internationalen und inneren Aspekte der sowjetischen Religionspolitik begannen sich jedoch schon bald wesentlich zu ändern.

XXVIII. Stalins Interesse geht zurück

In der zweiten Hälfte des Jahres 1948 ging das Interesse der sowjetischen Führung an der außenpolitischen Tätigkeit der russischen Kirche weitestgehend zurück. Sämtliche "Mittelmeerpläne" Stalins für Griechen-

---

83. RGASPI, f. 17, op. 125, d. 8, l. 104-105.
84. Ebenda, l. 108.

land, die Türkei und Israel brachen zusammen; und entsprechend unbedeutend wurden für ihn die orthodox-kirchlichen Hierarchien im Osten. Hinzu kam, daß am l. November 1948 der Erzbischof von New York, Afinogor, ein Sympatisant Amerikas und Feind des Kommunismus, zum neuen Patriarchen von Konstantinopel gewählt wurde. Bei seiner Inthronisierung am 27. Januar 1949 rief er Christen und Moslems zum gemeinsamen Kampf gegen den Kommunismus auf.[85] Im Prinzip war es der Moskauer Patriarchie jedoch gelungen, ihre "Mission" in den osteuropäischen Ländern, in denen sich "Volksdemokratien" durchgesetzt hatten, zu erfüllen. Völlig zu recht schreibt U. Fletscher hierzu: Osteuropa war mit Erfolg unter sowjetische Kontrolle gebracht worden: der Einfluß der Moskauer Patriarchie hätte können von Nutzen sein, aber jetzt war er schon nicht mehr so wichtig. Und solange es keine andere Möglichkeit geben würde, die kirchlichen Dienste nutzbringend einzusetzen, war die Zeit, in der Stalin die russisch-orthodoxe Kirche für außenpolitische Zwecke brauchte, zu Ende.[86]

Mit einem klaren Mißerfolg endeten indes die Pläne zur Gründung eines "orthodoxen Vatikans" in Moskau, blieben doch die Hauptziele im Kampf mit dem tatsächlichen Vatikan unerreicht. Es war nicht gelungen, eine antipäpstliche Liga aller Christen zu organisieren. Außerdem gewann Rom in internationalen Angelegenheiten zunehmend an Einfluß. In vielen europäischen Ländern entstanden christlich-demokratische Gruppierungen, die dem Kommunismus erfolgreich Widerstand leisteten. In einer Reihe von Staaten wurde die katholische Kirche zum Haupthindernis für die Kommunisten in ihrem Versuch, an die Macht zu gelangen.

Außer im römischen Papst erwuchsen der Moskauer Patriarchie im Kirchenoberhaupt von Konstantinopel und im Weltkirchenrat, der auf der Versammlung der ökumenischen Bewegung in Amsterdam im August/September 1948 gegründet worden war, weitere scharfe Konkurrenten. Trotz aller Gegenmaßnahmen der UdSSR beteiligten sich auch drei autokephale Kirchen der Orthodoxie an der Gründung des Weltkirchenrates.

So kam es, daß die Russische Kirche nur kurzfristig eine zentrale Rolle in der "großen Politik" der sowjetischen Führung spielte, nämlich vom Herbst 1943 bis zum Sommer 1948. In dieser Zeit war sie eines der wichtigsten strategischen Mittel der UdSSR in ihrem Versuch, einen

---

85. RGASPI, f. 17, op. 125, d. III, l. 212.
86. William Fletscher, *Religion and Soviet Foreign Policy, 1945-1970* (London: Oxford University Press, 1973) 29.

dominierenden Einfluß über die Nachkriegswelt zu gewinnen. Die grundlegenden Ziele des Moskauer Patriarchats auf internationalem Gebiet waren in jener Zeit:

1. die Überführung aller russischen Kirchengemeinden im Ausland in den Bereich seiner Jurisdiktion;
2. die Zusicherung einer Unterstützung der "Volksdemokratien" in den osteuropäischen Ländern durch die christlichen Konfessionen;
3. der Kampf gegen den Vatikan;
4. die Bestätigung seiner (Moskaus) Führungsrolle in der Orthodoxie und in der ganzen christlichen Welt.

Bei weitem nicht alle Aufgaben, die sich die Russisch-orthodoxe Kirche gestellt hatte, wurden in die Tat umgesetzt. Dies erklärt sich vor allem auch aus der Globalität der Aufgaben und aus dem Größenwahn der sowjetischen Staatsorgane, die die Pläne dazu ausgearbeitet hatten.

XXIX. Die Wende in den Beziehungen

Die Wende in den staatlich-kirchlichen Beziehungen, die sich in der zweiten Hälfte des Jahres 1948 vollzog, wurde durch einen ganzen Komplex von Ursachen hervorgerufen. Die größte Rolle spielte dabei die veränderte internationale Lage der UdSSR. Aber auch andere Faktoren waren hierbei von Bedeutung: Stalins Hinwendung zu einer neuen Strategie des innenpolitischen Kampfes, der Repressionen und "Reinigungen"; die bereits bemerkbar werdenden Abweichungen eines Teils der Partei, der die Zugeständnisse an die Kirche mißbilligte; einige Umgruppierungen in den politischen Kadern u. a. m. Die "Maschinerie der Abschreckung" war wieder in vollem Gang. Die Regierungsmacht versuchte, die in den Kriegsjahren freigewordenen geistigen Kräfte des nationalen und persönlichen Selbstbewußtseins und des religiösen Lebensgefühls zu zügeln. Die politische Einschränkung der Gewissensfreiheit konnte auch die Kirche nicht unberührt lassen. Trotz aller Anstrengung war es nicht gelungen, die Kirche völlig in ein Element des totalitären Systems zu verwandeln. Die Gereiztheit der Parteifunktionäre rührte auch daher, daß die führenden Köpfe der Patriarchie beständig und hartnäckig danach strebten, den Einflußbereich der Kirche zu erweitern in einer nach Ansicht der Partei unzulässigen Weise.

Das "Wohlergehen" der Russischen Kirche in den ersten acht Nachkriegsjahren wird in der historischen Forschung offensichtlich überschätzt. Es herrschte eine ganz und gar pragmatische Einstellung gegenüber der

Kirche in dieser Zeit. Im Herbst 1948 vollzog sich eine erneute Veränderung in der staatlichen Haltung zur Kirche, in welcher sich die öffentlichen Organe einer neuen Taktik bedienten: Statt strenger Kontrolle über die kirchlichen Aktivitäten wurde versucht, die Kirche wieder an den Rand der Gesellschaft zu drängen. Nach außen wurde der Schein unveränderter Beziehungen zu wahren versucht. Von September 1948 bis 1954 wurde nicht eine einzige neue Kirche eröffnet; im Gegenteil, kirchliche Gebäude wurden in großem Umfang beschlagnahmt und in sogenannte Klubhäuser umgewandelt. Zu diesem Umschwung trugen wesentlich außenpolitische Umstände wie die Verschärfung des Ost-West-Konflikts bei. Innenpolitisch wurde der Kalte Krieg von einer Zunahme an Repressionen gegen alle Andersdenkenden begleitet. Ein großer Teil der Parteiaktiven hielt in seiner ideologischen Arbeit an antireligiösen Stereotypen fest, da eine Verbesserung der Staat-Kirche-Beziehungen ihnen als schädlich für die Kommunistische Partei erschien.

Insgesamt war die Position des Moskauer Patriarchats gegen Ende der 1940er und zu Beginn der 1950er Jahre erheblich geschwächt: Der Einfluß auf die Orthodoxen Kirchen war zurückgegangen und die Kontakte zu anderen Konfessionen waren weitgehend eingestellt. Allerdings erließ man auch keine neuen antikirchlichen Beschlüsse, obgleich solche ausgearbeitet wurden. Im Rahmen der nach 1948 einsetzenden, qualitativ neuen Außenpolitik der UdSSR, die mit der atomaren Aufrüstung zusammenhing, räumte man auch der Patriarchie eine bestimmte, wenngleich bescheidene Rolle ein; sie sollte vor allem in der prosowjetischen "Friedensbewegung" bestehen, durch die man das militärische und wirtschaftliche Defizit gegenüber den westlichen Staaten im eigenen Land zu kompensieren suchte. Einen neuen, kurzfristigen Aufschwung erlebte die Kirche aber bereits nach dem Tod Stalins in der Mitte der fünfziger Jahre.

Auswahlbibliographie

Valerij A. Alekseev, *"Schturm nebes" otmenjaetsja?* (Moskva: Rossija molodaja, 1995).
Vasilij I. Alexeev und Theofanis G. Stavrou, "Russkaja Pravoslavnaja Cerkov' na okkupirovannoj nemcami territorii," *Russkoe Vozrozdenie (Russische Wiedergeburt)* 11 (1980) 91-118, 12 (1980) 108-126, 13 (1981) 75-97, 14 (1981) 118-154, 15 (1981) 85-100, 16 (1981) 91-121, 17 (1981) 97-114, 18 (1981) 105-125.
Vasilij I. Alexeev und Theofanis G. Stavrou, *The Great Revival: The Russian Church under German Occupation* (Minneapolis, MN: Burgess Publishing Co., 1976).

S. V. Baleviz, *Pravoslavnaja Zerkov' Latvii pod sen'ju svastiki* (Riga: Zinate, 1967).
Raimund Baumgärtner, *Weltanschauungskampf im Dritten Reich: Die Auseinandersetzung der Kirchen mit Alfred Rosenberg*, Veröffentlichungen der Kommission für Zeitgeschichte. Reihe B: Forschungen, 22 (Mainz: Matthias-Grünewald-Verlag, 1977).
Alexander Dallin, *German Rule in Russia 1941-1945* (London: Macmillan, 1957).
Vasilij Ermakov, Georgij Mitrofanov und Boris Gusev, *S Bogom v okkupazii* (Sankt-Peterburg: Agat, 2002).
H. Fireside, *Icon and Swastica: The Russian Orthodox Church under Nazi and Soviet Control* (Cambridge, MA: Harvard University Press, 1971).
William Fletcher, *Religion and Soviet Foreign Policy, 1945-1970* (London: Oxford University Press, 1973).
Käte Gäde, *Russische Orthodoxe Kirche in Deutschland in der ersten Hälfte des 20. Jahrhunderts* (Köln: Edition Orthodoxie, 1985).
Andrej Golikov und Sergej Fomin, *Krov'ju ubilennye* (Moskva: Palomnik, 1999).
Friedrich Heyer, *Die Orthodoxe Kirche in der Ukraina von 1917 bis 1945* (Köln, Braunsfeld: Verlagsgesellschaft Rudolf Müller, 1953).
Friedrich Heyer, *Kirchengeschichte der Ukraine im 20. Jahrhundert* (Göttingen: Vandenhoeck & Ruprecht, 2003).
Aleksandr A. Kornilov, *Preobrazhenie Rossii* (Nizhnij Novgorod: IF NNGU, 2000).
Boris N. Kovalev, *Nazistskij okkupazionnyj rezhim i kollaborazionism v Rossii (1941-1944 gg.)* (Novgorod: NovGU, 2001).
Aleksej Nemcinskij, "Zertvy minnoj vojny," *Soverschenno sekretno (Streng geheim)* 2 (1995) 26-28.
Aleksej K. Nikitin, *Nazistskij rezhim i russkaja pravoslavnaja obschtschina v Germanii (1933-1945)* (Moskva: Nikitin, 1998).
Michail I. Odinzov, "Krestnyj put' Patriarcha Sergija: dokumenty, pis'ma, svidetelstva sovremennikov," *Otetschestvennye archivy (Vaterländische Archive)* 2 (1994) 44-80.
Michail I. Odinzov, "Russkaja Pravoslavnaja Zerkov' stala na pravilnyj put'," *Isoritscheskij archiv (Historisches Archiv)* 4 (1994) 90-112.
Michail I. Odinzov, "Uniaty i sovetskaja vlast'," *Otetschestvennye archivy* 3 (1994) 56-71.
Henry Picker, *Hitlers Tischgespräche im Führerhauptquartier 1941-1942* (Stuttgart: Seewald Verlag, 1963).
Dmitrij V. Pospelovskij, *Russkaja pravoslavnaja cerkov' v XX veke* (Moskva: Respublika, 1995).
Lev Regel'son, *Tragedija Russkoj Cerkvi 1917-1945* (Paris: YMCA-Press, 1977).
Michail V. Shkarovskij, *Die Kirchenpolitik des Dritten Reiches gegenüber den orthodoxen Kirchen in Osteuropa (1939-1945)* (Münster: Lit Verlag, 2004).
Nikita Struve, *Les chrétiens en URSS* (Paris: Éditions du Seuil, 1963).
"Tretij Rejch i pravoslavnaja cerkov'. Dokumenty iz odnogo archiva," *Nauka i religija (Wissenschaft und Religion)* 5 (1995) 23-25.
Ol'ga J. Vasil'eva, "Vatikan v gornile vojny," *Nauka i religija* 6 (1995) 14-16.

Summary

The policy of the Nazi Germany towards the Russian Orthodox Church underwent essential evolution that can be divided into two stages: the first one lasted from 1933 till the spring of 1941 and the second one from the summer of 1941 up to 1945. In the first stage the German bodies (mainly the Ministry for Church Affairs) obviously held the Russian Church Abroad under its protection, at the same time conducting the policy of unification of the Orthodox diaspora in the Third Reich. The pressure already used against other confessions in the German territory, was extended to the Russian Church and even intensified. There were also attempts to split it into several parts (mainly according to national definitions) and to place them under full control and, at the same time, to use ecclesiastic organizations in the occupational administration and to achieve the goals of propaganda. It was only from the fall of 1943 onwards that the German position towards the Orthodox Church became milder, although in practice it was hardly visible at all. From July 1941 onwards, the problem of the Russian Church fell within the sphere of interests of the leading Nazi bodies: the Party office, the Reichssicherheitshauptamt (the Main Administration for the Imperial Security), the Ministry for the occupied Eastern territories, and the Foreign Ministry. The Reichssicherheitshauptamt and the Party office were developing plans for the gradual liquidation of the Church and the creation of a new religion for the occupied territories.

In spite of the initial external difference between the Nazi and the Soviet religious policies (in the 1920s and 1930s) they had much in common. This can be seen from the example of the Wartegau region, which was chosen in 1939 as a kind of "proving ground" for Nazi church experiments. The real religious policy of the German occupation administration in the USSR also had much in common with the pre-war Soviet one. In the Third Reich, as well as in the USSR, religious organizations enjoyed attention from the supreme leadership of the country. During the war Hitler, as well as Stalin, fearing a split inside society and destabilization of the regime, tried to abstain from overtly counter-church actions. But the Soviet leader was able, in case of necessity, to decide on a radical change of his position in religious matters, which proved quite unexpected for the authorities of the Third Reich who had been keeping a close eye on events. In September 1943 Stalin received the leadership of the Russian Church in the Kremlin. Following this meeting, the Soviet government gave its consent for the election of the Patriarch, renewal of ecclesiastical publishing activity and of religious education, as well as for the opening of hundreds of churches. Stalin acted according to a previously developed plan, where he paid attention to the Church in order to create for his regime an image of a democratic, religiously patient state. But even consideration of relations with the allied powers did not dominate here. Foreign political plans of the "chief of nations" were much more global. From 1943 onwards he began thinking about the future post-war repartition of the world, and an important role in these imperial schemes was attached to the Church. Stalin was more pragmatic than the leaders of the Third Reich and managed to "outplay" them. The Chairman of the Soviet of People's Commissars was ready, if necessary, to neglect the main postulates of the communist ideology and to act directly in spite of them. Active use of the Moscow Patriarchy as an instrument of Soviet foreign policy lasted till the fall of 1948 and numerous concessions to the Church in the USSR on the part of the state bodies were connected with it.

The Serbian Orthodox Church under the Nazi Occupation and in the First Years after the War 1941-1953

Radmila Radić

I. Introduction

The baptism of the Serbs occurred during the reign of Knez (a nobleman's title among Slavs) Mutimir (before the year 891). The first dioceses in Serbian lands are mentioned in the ninth century. Before the life and times of Saint Sava (1219), all dioceses in Serbia were under the spiritual jurisdiction of the Archdiocese of Ohrid. Grand Zupan of Raska, Stefan Nemanja's youngest son Rastko (Saint Sava's baptismal name) was consecrated bishop by the patriarch Germanus of Constantinople, then in exile in Nice, in 1219. He received the title of autocephalous archbishop of Serbia. Sava as metropolitan bishop established both dioceses and monasteries to complete the Christianization of the half-converted Serbs. He died in Tirnovo and king Ladislaus translated his relics to Milesevo in 1237. Although the Turks burned those relics in 1594, this did not prevent the spread of his cult.

The Serbian Church existed as an Archdiocese from 1219-1346. As the kingdom of Serbia grew in size and prestige and Stefan Dušan, King of Serbia from 1331, assumed the imperial title of tsar in 1346 to 1355, the Archdiocese of Pec was correspondingly raised to the rank of patriarchate. After Dušan's death in 1355, internal disunity and the threat of the external danger of an Ottoman invasion, became a Serbian reality. The Battle of the Field of Kosovo (28/15 June 1389) proved to be crucial to the future of the Serbian nation. In fact, only some Serbian lands came under Ottoman rule immediately after the battle of the Field of Kosovo, but Serbia did become a tributary state to the Turks. By 1459, however, Serbia had been made a Turkish pašalik (province). The patriarchate was abolished (not officially), then restored in 1557, only to be abolished again in 1766. Between 1776 and 1830, the Serbian lands under Turkish rule had Greek bishops in control. Until the Serbian Church's reestablishment in 1920 under the auspices of the Kingdom of Yugoslavia, there

Map 1. Religious denominations in Yugoslavia in the 1940's

existed several mutually independent Church units of the Serbian Church: the Metropolitanate of Karlovac, the Metropolitanate of Montenegro, and the Serbian Churches in Dalmatia, Bosnia and Herzegovina, South Serbia and Macedonia.

After the Russia-Turkish War of 1828-29, Serbia became an internationally recognized autonomous principality under Turkish suzerainty and Russian protection. The independence of Serbia led, in 1832, to the recognition of Serbian ecclesiastical autonomy. Serbia gained formal independence in 1878. In 1879, the Serbian Church was recognized by Constantinople as autocephalous under the primacy of the metropolitan of Belgrade. This Church, however, covered only the territory of what was called "old Serbia." After World War I, all the Serbs were united under one ecclesiastical authority. The five groups of Serbian dioceses (Montenegro, the Patriarchate of Karlovac, Dalmatia, Bosnia-Herzegovina, Old Serbia) were united (1920-22) under one Serbian patriarch, residing in Belgrade, the capital of the new Yugoslavia. The patriarch's full title was and still is: "Archbishop of Pec, metropolitan of Belgrade and Karlovac, and patriarch of the Serbs."

According to the 1921 census the Kingdom of Serbs, Croats and Slovenes had a population of around 12 million. The Orthodox Church was represented by 46.6 per cent of the population, the Catholics by 39.4 per cent and the Muslims by 11,2 per cent. The Orthodox population of the Kingdom lived in Serbia, Montenegro, Vojvodina, Bosnia and Herzegovina, Croatia, Macedonia, etc. According to the evidence of the Ministry of Faith from 1941, the Orthodox worshippers counted 5.5 million, the Catholics 4.4 million and the Muslims 1.4 million.[1]

II. The Serbian Orthodox Church under the Nazi Invasion[2]

When the Second World War began in Europe, Yugoslavia was in deep internal political crisis. Hitler's victories in Central and Western Europe forced the countries of the Balkans to join the Axis Powers rather than be invaded by the German and Italian armies. In spite of resistance from the population, the Yugoslav government finally signed a so-called Tripartite Pact with Germany and Italy in March 1941 accepting at the same time reassurances that the German government would respect Yugoslav sovereignty and territorial integrity and that it would

---

1. Branko Petranović, *Istorija Jugoslavije 1918-1988, Kraljevina Jugoslavije 1914-1941*, 1 (Beograd, 1988) 41; Stevan K. Pavlowitch, "The Orthodox Church in Yugoslavia. II: A War Causality," *Eastern Church Review* 2, no. 1 (1968) 24-35. According to Bogoljub Kočović's calculations, Serbs represented 40,1 per cent of the population in 1921, Croats 23,34 per cent, Muslims 6.17 per cent, etc. Bogoljub Kočović, *Etnički i demografski razvoj u Jugoslaviji od 1921. do 1991. godine (po svim zvaničnim a u nekim slučajevima i korigovanim popisima)*, vol. 2 (Paris, 1998) 332-333; Ivo Banac calculated different results in his book *The National Question in Yugoslavia* (Ithaca, NY, 1984) 58.

2. The problem with researching the history of the Serbian Orthodox Church during the World War II lies in the shortage of primary sources. The Archive of the Serbian Orthodox Church is still closed to researchers. State archives in Yugoslavia have few sources about the history of the religious organizations, or they are not organizing their funds yet. Sources from the Archive of the Ministry for Internal Affairs are also closed. Financial, political and other reasons make researching in foreign archives impossible. After World War II, and mainly for ideological reasons researchers outside the former Yugoslav State, Đoko Slijepčević, Stevan K. Pavlovi the history of the Serbian Orthodox Church. Rece as Dragoljub Živojinović, Predrag Puzović, Mića J have made a little progress in the reconstruction of : Church's past, but they are only at the beginning of this enterprise.

demand neither Yugoslav military involvement nor the right of passage of the German troops through Yugoslav territory.

The Patriarch of the Serbian Orthodox Church, Gavrilo Dožić, and the other members of the episcopate were unanimous in opposing the Pact. Some political personalities tried to reason with the Patriarch and the bishops to change their attitude towards the Pact, but to no avail.[3] The convocation of the Ecclesiastical Assembly for March 27, and the way in which the Patriarch and the bishops reacted after the *coup d' état*, suggests the possibility that they had been well initiated into its preparations.[4] The *coup* was undertaken with great enthusiasm on the part of important social groups: the military and especially younger part of the officer corps, students and the personnel of Belgrade University, members of some Serbian political parties – in particular those who deemed the concessions given to the Croats in 1939 went against national interests. The illegal Communist Party greeted the putsch as well.

General Dušan Simović who, on March 28, held an exposé before the Assembly of the Serbian Orthodox Church about the preparations and execution of the *coup d' état*, headed the new government. He wanted to set up a "government of national salvation."[5] It was even envisaged that the Orthodox Bishop Nikolaj Velimirović and the Roman Catholic Bishop Akšamović would become members. Demonstrations in Belgrade on March 27 continued for a whole day and spread to other parts of the country. While the demonstrations were going on, the Patriarch gave a speech at the Assembly, making it clear that the Serbian Orthodox Church was aware of the possible consequences of the situation. This was shown also by the decision adopted at the Assembly.[6]

Hitler's instruction of March 27 to the Supreme Command of the *Wehrmacht* ordered the attack on Yugoslavia that was intended to destroy forever the "Versailles construct" that was Yugoslavia. The King and the government went into exile, and the capitulation of the Yugoslav army was signed on April 17. Germany, Italy, Hungary and Bulgaria divided

---

3. Đoko Slijepčevič, *Istorija Srpske pravoslavne crkve*, vol. 3 (Beograd, 1991) 50. The debate concerning the correctness of the attitude of the episcopate towards March 27 is still going on within the Serbian Orthodox Church.
4. *Glasnik SPC*, no. 7 (1941) 2.
5. Branko Petranović, *Srbija u Drugom svetskom ratu 1939-1945* (Beograd, 1992) 87.
6. *Memoari patrijarha srpskog Gavrila* (henceforth: *MPSG*) (Paris, 1971) 166-273; *Pravoslavlje*, no. 360 (1982); *Glasnik SPC*, nos. 1-3 (1951).

the Kingdom of Yugoslavia between them. The so-called Independent State of Croatia (ISC) including Slavonia and parts of Dalmatia and Bosnia-Herzegovina was established, just as the Italians had promised.[7] Serbia was reduced to her borders, which existed before the Balkan Wars of 1912-1913.

The German efforts in Serbia, right after the April War, were concentrated on the destruction of the British intelligence in the area, and radio centres and the capture of the instigators and leaders of the March 27 demonstrations. The Germans established a military government headed by the military commander of Serbia, the commissioner of the German Foreign Ministry and the general commissioner for the Economy. The military intelligence service *Abwehr* and the service of the *Reichssicherheitshauptamt* (Main Bureau for the Security of the Reich were placed under Himmler's command.[8] The occupation of the country was organized through *Feldkommandaturen* in Belgrade, Vrnjačka Banja and Niš; through *Kreiskommandaturen* in the main towns and *Ortskommandaturen* in all the municipalities of Serbia.

III. German Church Policy

Germany and her intelligence services strongly focused their interest on the pre-war activities and relations of the Serbian Orthodox Church. Everything that suggested contacts and cooperation with British ecclesiastical and political circles was regarded with special caution. The backdrop of those contacts between the two was the common animosity of the Church of England and the Serbian Orthodox Church towards Roman Catholicism, which engendered the idea of their eventual com-

---

7. Immediate measures were taken against the Serbs, a state-sponsored conversion campaign began, Ustasha bands spread terror and mass killings were begun. A dozen concentration camps were set up in 1941 and 1942. The biggest and most notorious was the Jasenovac complex where hundreds of thousands died – mostly Serbs, Jews, Gypsies and Croat opponents of the regime. The Ustashe launched massive operations of ethnic cleansing to eradicate the 1,9 million Serbs from their Croatian State. Stevan K. Pavlowitch, *Serbia: The History behind the Name* (London, 2002) 140-141; Stevan K. Pavlowitch, "Serbia, Montenegro and Yugoslavia," *Yugoslavism: Histories of a Failed Idea 1918-1992*, ed. Dejan Djokić (London, 2003) 57-71.

8. Within the Operative Command for Serbia, later BDS was the agency for ecclesiastical policy and surveillance of the Church, special Department III F for ecclesiastical affairs. Since 1944, this Department was attached to Division IV (the Gestapo). The orders for activities of these organs used to come directly from the Main Bureau for the Reichs' Security. *Nemačka obaveštajna služba* (henceforth: *NOS*), VIII/IX (Beograd, 1956) 420 and 983.

munity. These ties accounted for the fact that part of the episcopate had anglophile leanings, which inevitably created opportunities for intelligence cooperation between parts of the Serbian orthodoxy and British institutions. Due to its potential influence, especially among the peasant masses, the Serbian Orthodox Church was something of a political problem for the Germans at the time of the invasion. Because of its network and various opportunities to act against the occupation forces, the Serbian Orthodox Church posed a number of intelligence and security problems, which many occupation agencies were required to deal with. The German political and security apparatus was especially mistrustful of the Patriarch as well as of the bishops Nikolaj Velimirović and Irinej Djordjević who had been the most ardent opponents of the Tripartite Pact. Therefore, the German need to control these Church dignitaries was quite understandable.

The bombardment of Belgrade on April 6, 1941, found Patriarch Gavrilo in the building of the Patriarchy.[9] Throughout the night of April 6/7, the Patriarch went from the monastery Rakovica to the monastery of Žiča, convinced that he should follow the government. The Patriarch than went to Ostrog where he received an invitation from the King's envoy to leave the country with the government, which he refused. The Patriarch met the King on April 14 and gave him his blessing. King Peter and his Government left the country, fleeing to Greece. A special SS unit arrested Patriarch Gavrilo Dožic on April 25, 1941, and confiscated various funds and archives of the Ostrog monastery. The Patriarch was taken to Sarajevo, and later to Belgrade. The Military Administration and German security services did not want to make Gavrilo Dožić a martyr thereby increasing his influence and reputation, so the decision was made to put him into the Rakovica monastery near Belgrade.[10] The staff and offices of the Synod were also housed in the Rakovica monastery where they remained until April 17 when they returned to Belgrade, which was already under occupation by the German troops. The German military authorities occupied the Patriarchy building itself on April 23, 1941, seizing all cash, assets and valuables.[11] The work of all agencies of the Patriarchy and the Belgrade-Carlowitz Metropolis was stopped, and they were forced to find makeshift quarters in the Church Museum.

⌐načkom okupacijom," *Srpska* ⌐) (Beograd, 1971) 225.

11. Archive of the Serbian Ort   Church (henceforth: ASOC), Report no. 1060/237/947.

In the absence of the Patriarch, the leadership of the Church was taken over by metropolitan Josif Cvijović as *locum tenens*, although that decision was not strictly in accordance with the canonical rules of the Serbian Orthodox Church. Patriarch Gavrilo Dožić denied having approved of the metropolitan taking over the leadership of the Church in May 1941, but certain elements of verbal support he had lent him seems to have been sufficient under the wartime conditions for metropolitan Josif to continue to head the Church until the end of the war.

Map 2. Boundaries of the dioceses of the Serbian Orthodox Church after the occupation in 1941

Of the twenty-one dioceses the Serbian Orthodox Churh had had before the war and the dismembering of the country, six dioceses and part of the Belgrade-Carlowitz Metropolis remained on the territory of occupied Serbia, including the Banat. The Serbian Orthodox Church was divided into eight occupation areas during 1941. Only the Synod and the rump of the Patriarchal Executive Assembly represented the organization of the Church during the time of the Nazi-occupation. Their activities were confined to the remaining territory of what was Serbia at that time. During the first months of the war, the ecclesiastical organization was destroyed: churches, monasteries and theological seminaries suffered severe damage at the hands of the occupation forces. Of twenty-one bishops in office in 1941, only nine remained in their dioceses, the remainder having been expelled, murdered or incarcerated.[12]

In late April 1941, a commissioner government, or the Council of the Commissars, was set up, headed by the pre-war Interior Minister, Milan Aćimović.[13] This government, and also Nedić's formed a few months later, was under control of the German occupied forces. In early May, the work of the general administration, district authorities, law courts, educational facilities etc. was resumed. The instruction of the Finance Minister of May 17, 1941 provided funds for the Serbian Orthodox Church. The State Treasury covered the salaries of the Church officials in the German-occupied territory as well as of those who were compelled to leave their earlier places of residence. In the meantime, after several unsuccessful attempts and long negotiations, the Synod obtained permission to visit the Patriarch in Rakovica on July 7. That was the first official meeting since the collapse of Yugoslavia and the second meeting between metropolitan Josif and the Patriarch. During talks, in the course of which the bishops informed the Patriarch about the conditions of the Church, the Patriarch said that he had been in an unfavourable situation that had prevented him from making any decisions and fulfilling his duties.[14] On July 8, 1941 a conference of the Synod was held. A communiqué was issued at the session, which announced the resumption of the Synod activities. The expected declaration of loyalty was formulated, in which the Synod demonstrated its recognition of the occupation regime and of the change of the government in the territories of the Serbian Orthodox Church.

---

12. Seven dioceses and part of the Belgrade-Carlowitz Metropolis north of the Sava remained in the territory of the ISC. Three dioceses were under Hungarian occupation, two under Italian, and three under Bulgarian etc. During the war, contacts with four dioceses: the Czech, Mukaevo-Prijaševo, Timisoara and the American-Canadian ones were either made difficult or severed altogether. Ljubomir Durković-Jakšić, "Razaranje organizacije SPC za vreme Drugog svetskog rata," *SPC 1920-1970*, 181.

13. The Aćimović government was appointed by an internal decree of the military commander H. Förster and it immediately undertook measures to crank up the administrative apparatus. Branislav Božović and Mladen Stefanović, *Milan Aćimović, Dragi Jovanović i Dimitrije Ljotić* (Zagreb, 1985) 28.

14. ASOC, Report no. 1060/237/947.

IV. Serbian Orthodoxy Outside Occupied Serbia

Apart from the missive for the people which, after the war, should serve the Yugoslav government to charge the Church with collaboration,[15] the Synod addressed also the German authorities in Serbia, begging that expulsions and persecutions of the Serbs in the State of Croatia should be stopped, as well as in the areas occupied by their Hungarian allies and the Albanians. A delegation headed by metropolitan Josif visited the military commander of Serbia, general Schröder, and asked for the undisturbed service of "holy masses for the dead" and announced the intention to submit a memo about the conditions of the Serbian people and clergy in the neighbouring areas of occupied Yugoslavia.[16]

Metropolitan Josif began to collect facts about the conditions of the Orthodox population and the Church in Croatia in mid-June 1941. A report was submitted to the German military commander on July 9.[17] A memo with similar context was sent to general Schröder by the Assembly of Commissars, which expressed its fear for the safety of the population of Serbian origin in the neighbouring provinces.[18] They claimed that since April 10, 1941 some 100,000 people had been killed in the Croatian State. According to some data, until mid-July 1941, some 85,000 Serbs from Croatia sought refuge in Serbia. Between 130,000 and 200,000 Serbian refugees were counted in Serbia by the end of July.[19] Mass murders in Croatia had already begun by late April 1941.

---

15. The Synod declared that it would loyally abide by the laws and orders of the occupying authorities and that through its organs it would influence subordinate organs to respect peace, order and obedience. "The Holy Synod of the Bishops deems it necessary to call on the faithful people, to beware, especially in these turbulent times, of all those forces who stand up against the Faith, the Holy Church and all spiritual life and which could cause confusion, and to remain faithful to its Orthodox Church which is eternal and which preserved it throughout the centuries;" *Glasnik SPC*, nos. 2-3 (1942) 2.

16. For an explanation about the killings of Serbian people in Croatia, see note no. 7. General Von Schröder promised the ecclesiastical dignitaries the greatest possible privileges for doing their spiritual duty. The bishops complimented the Chief Military Commander on his work for the reconstruction of the country hitherto, and repeated their oath of loyalty taken on the previous day; *Obnova*, no. 4, 1941.

17. Due to the inaccessibility of the archive material, it is difficult to restore the origin and composition of the commissions and dates on which the memos were sent. Archive of the Military Forces of Serbia and Montenegro (AMF SM), no. 2/3-1-11, K-1; Stanislav Krakov, *General Milan Nedić: Prepuna čaša čemera*, 2 vols. (München, 1968) 174.

18. Archive of Belgrade (henceforth: AB), BDS, M-17; Archive of Serbia and Montenegro (henceforth: ASM), Emigrantska vlada, 103-5-51 and 103-92-355.

19. The precise number of refugees was never established. One assesses there were about 300,000 (15,000 of them begin Slovenes) in 1943; Petranović, *Istorija Jugoslavije*, 128.

The first transport of Serbian clergymen arrived in Belgrade on August 1, directly sent from the concentration camp near Sisak. Two more transports were sent to Serbia, where metropolitan Josif greeted them. The Commissars Government set up the Commissariat for refugees, while the Serbian Orthodox Church appealed to the people to take the expelled refugees into their homes. By the end of the war, the number of refugees reached 400,000. Among the expelled Serbs from Croatia, there were 334 Orthodox priests with families (254 women and 467 children), of 577 from the ISC territory.[20]

Apart from the missive of July 8, the Synod issued two more missives to the people on August 4 and September 26, 1941, appealing for peace, unity and love.[21] The missives also mentioned the persecutions of the Serbs outside Serbia. In a letter of September 10, 1941, the Synod asked the Nedić government to protest that the Germans had destroyed the property of the Belgrade-Carlowitz archdiocese with its centre in Carlowitz. Furthermore, the Synod protested against the conditions of the Serbian clergy in Bačka, as well as against the incarceration of 200 priests from the Fruška Gora monasteries in the concentration camp in Slavonska Požega (Croatia). At that time, the Patriarchy was said to have submitted another memorandum to General Dankelmann, the German military commander in Serbia who had succeeded General Schröder. The fate of the latter memo was rather mysterious. Dr. Miloš Sekulić[22] took copies of it and brought it via Istanbul and Cairo (he went abroad with the approval of the German occupied authorities), to London.[23] It contained a list of the murdered Serbs, as well as of the damage done to churches and monasteries. It claimed that over 180,000 Serbs had been killed by August 1941.[24]

---

20. Slobodan Milošević, "Izbeglice i preseljenici u Srbiji 1941. godine," *NOR i revolucija u Srbiji 1941-1945. godine* (Beograd, 1972) 71-86.

21. *Novo vreme* (April 1942) 2.

22. There is very little evidence about Dr. Miloš Sekulić. He was doctor and member of the Federation of Farmers, an interwar political party in the Kingdom of Yugoslavia. After the war he stayed in exile in the United Kingdom.

23. ASM, Emigrantska vlada, 103-5-51 and 103-92-355.

24. Because of the unattainable archival documents, it is not possible to establish who the author of the memorandum was. Stojan Pribićević wrote to the Foreign Office on June 16, 1942 that he had collected enough evidence to prove that the memo about the massacres of the Serbs that had been brought to London, had been the work of the Serbian propaganda agency in the USA and the Nazi propaganda machinery in Germany, although many people in the US who had taken part in it had not realized this. The Nazi propaganda machinery wanted to provoke discord inside the Yugoslav government in exile and on the other side the Serbian propaganda agency in the USA

Already in early May, the first news about massacres of the Serbs reached the exiled Yugoslav government. The information kept coming, but the mood among the emigration came to a head when the so-called memo of the Serbian Orthodox Church arrived. It was written with the knowledge of the German organs in Belgrade, at the time they wanted to relax persecutions of the Serbs due to the uprising. Information's were coming from all sides and the civil war in the country was transplanted among the emigrants, leading to discord. The attacks on Prime Minister Dušan Simović were increasingly coupled with conflicts within the government engendered by the events in the country. Simović came under crossfire of two national tactics – one Croatian that strove to cover the affair up, and the other, Serbian one, which wanted to avoid such a covering-up. Wishing to please the British whose principle was the restoration of the whole of Yugoslavia, he accepted the policy of covering-up, which provoked enraged reaction on the part of the Serbian ministers.[25]

Prime Minister Simović sent the memo to the Yugoslav ambassador in Washington, C. Fotich, who published it in the newspaper of the Serbian emigration in the USA *Srbobran* (*Serb guard*) in November 1941. Fotich also handed the memo to President Roosevelt on December 5, 1941.[26] Apart from the memorandum Dr. Sekulić took to London information about the organization of Serbian-Chetnik insurgent groups on the mountain Ravna Gora led by Draža Mihailović, as well as information about separate partisan units fighting in Serbia and Montenegro.[27] At first, the Croatian ministers of the Yugoslav government in exile protested, refusing to believe the information given in the memo about the cruel treatment of the Serbs. Rudolf Bićanić, vice-governor of the

---

wanted to accuse the Croats of breaking up the Yugoslav State and for the massacres of Serbs in the Independent State of Croatia. NA, FO, Intelligence reports of Yugoslav Affairs, 371/33503. Due to the consequences provoked by the memo, we are inclined to accept this version. Some people from the Patriarchy have known about the memorandum but its expedition had nothing to do with the Serbian Orthodox Church. In the course of June 1942 the *Novo vreme* devoted much attention to squabbles between the actors of the *coup d' état* and bickering in the émigré government and followed it with almost malicious attention.

25. V. Đuretić, *Vlada na bespuću* (Beograd, 1982) 159-188. The British tried to act as mediators, stressing that nothing would better serve the Axis powers than a Serb-Croat feud, but relations nevertheless continued to deteriorate; NA, FO, 371/33441, 170462; 371/33440, 170391.
26. Constantin Fotich, *The War We Lost: Yugoslavia's Tragedy and the Failure of the West* (New York, 1948) 126, 128.
27. Archive of Nikola Kosić, Private collection of documents, Documents of Živan L. Knežević, III.

National Bank in exile, wrote in the name of the Croatian ministers a reply to the memo of the Serbian Orthodox Church in which he repudiated the collective guilt of the Croatian people for the Ustasha atrocities (in December 1941).[28]

News from the country heated the atmosphere among the members of the Simović government and precipitated his fall. On January 9, 1942, all members of the government submitted their resignations to King Peter. Three days later, Draža Mihailović was appointed Minister of the Army, Navy and the Air Forces in the new government, which he would remain until 1944. Already at that time, the rift among the resistance forces in the country appeared. On one side were the Chetniks headed by Mihailović, on the other, the People's Liberation Army and the Partisan Units of Yugoslavia led by the Communist Party of Yugoslavia and its secretary general, Josip Broz Tito. General Mihailović, elevated by the government in exile as head of the Yugoslav resistance, was a loyal officer, who stressed the legitimist Yugoslav nature of his movement, which was in fact almost entirely Serbian, based in Serbia, with little or no attraction to non-Serbs.[29] The Communist Party leader Tito, on the other hand, was a genuine internationalist. Both Mihailović and Tito eventually wanted to restore Yugoslavia as a federation, but the Communists set up program on very new foundations. The British first supported the Chetniks and Draža Mihailović, but later changed their sympathies and turned to the Communist Party of Yugoslavia.

28. Bogdan Krizman, *Jugoslovenske vlade u izbeglištvu* (Zagreb/Beograd, 1981) 29-30.

29. Draža Mihailović was an officer of the Yugoslav royal army who at the beginning of the war declared himself as antifascist and began to fight against the German aggressor. Mihailović never completely controlled all Chetnik units in Serbia and Bosnia. At the beginning of the war Chetniks and Partisans were united but soon they turned one against the other. Draža Mihailović abandoned the struggle against the Germans because they took massive reprisals for every guerrilla operation in Serbia. Mihailović considered that it was not yet time for resistance and he approached the Nedić quisling government in Serbia, and the Germans. After an unsuccessful meeting with Tito in Struganik on September 19, 1941, the Chetniks began to attack the partisans as opponents of a unitary Yugoslav monarchy with a Serbian dynasty at the head. This lead to a brutal civil war in which the Chetniks collaborated with the German occupation forces in the struggle against the Partisans. The Germans used the Chetniks in their fight against the Partisans but they never fully trusted them because of their connections with the Yugoslav Kingdom government in exile and the British Intelligence Service. Nowadays Serbian historiography is still divided on the question whether the Chetniks were either belonging to an antifascist movement or collaborators.

V. The Life of the Church under Occupation

After the shock of the German invasion, the life of the Church in the country was partly normalized: holy services were held, social assistance was received, and publications appeared. The Germans vacated the Patriarchy building on October 6, 1941, but according to the wish of the occupation authorities the Nedić government appointed a censor in it, having control over every document or message issued by the Church officials. In autumn 1941, the offices of the exiled bishops were opened in the Patriarchy with the task of conducting the ecclesiastical life in their respective dioceses, and providing for exiled priests and other people. The Zvornik-Tuzla bishop Nektarije was appointed already on the first conference of the Synod administrator of the derelict dioceses in the territory of the State of Croatia.[30]

The Synod was especially worried about the education of the clerical cadres. All five theological seminaries, as well as the monastic school at the Dečani monastery were closed. Their premises had been plundered and occupied by the invading troops.[31] Number of theology students arrived in Belgrade from all parts of the country and the Synod accommodated them in Serbian dioceses. The few attempts at a temporary revival of the theological seminary or shorter courses in Serbia during the war foundered due to the lack of housing facilities for the students. The Assembly of the Theological Faculty was able to hold only two meetings after the capitulation of Yugoslavia. During the war a Faculty body, appointed by decree and comprising of three ordinary professors, ran the Faculty. This appointment was only formal because the Faculty staff was put "at disposal;" a considerable number of professors retired and the Faculty was closed down.[32]

Financing of the Serbian Orthodox Church during the war continued according to the pre-war regulations, albeit the amount was somewhat reduced. According to article 238 of the Constitution of the Serbian Orthodox Church, the Church was financed by its internal revenues and by the state budget. Internal revenues were minimal, so the state treasury was the main financial source for covering ecclesiastical needs. The state

---

30. ASOC, Raport no.1060/237/947
31. *Ibid.*
32. The examinations for students of the final year were set on only three occasions during the duration of the war. Radmila Radić, "Izdvajanje Bogoslovskog fakulteta iz okvira Beogradskog univerziteta," *Ideje i pokreti na Beogradskom univerzitetu od osnivanja do danas* 2 (Beograd, 1989) 255-262.

subsidies took the form of grants-in-aid, patriarchal tax and state reimbursement. The Church budget showed a constant deficit during the war because of the reduced state aid. Due to the dissatisfaction of the Nedić government – and the Minister of Education Velibor Jonić in particular – with the attitude of the Church, the government tried to influence the Orthodox community through funding to "move the Serbian Orthodox Church as certainly an important instrument of national destiny."[33]

VI. Patriarch Gavrilo as a Prisoner of the German Regime

The domination of the Serbian Orthodox Church proved to be far more difficult than the experts of the *Reichssicherheitshauptamt* had anticipated. Their original idea was to compromise patriarch Gavrilo by using the confiscated materials in order to confine him later. They reckoned with the strong opposition to the Patriarch which had emerged within the episcopate because of the procedure by which he had been elected Patriarch. The German security and political apparatus thought the Orthodox Church was a real force in occupied Serbia and that it should therefore be utilized to their benefit. This called either for winning over the ecclesiastical hierarchy such as it had been, or for deposition of Patriarch Gavrilo by regular methods and replacing him by a man willing to cooperate. The chief of the IV Direction of the *Reichssicherheitshauptamt* Heinrich Müller, sent in early May 1941 SS sub-lieutenant Dr. Neuhausen to take part, together with representatives of the security service, in the interrogation of Gavrilo Dožić[34] and to undertake measures to confiscate the archives of the Serbian Orthodox Church as well as that of the Russian Orthodox Church in emigration.

Patriarch Gavrilo submitted a memo to his interrogators in which he explained his behaviour on March 27, denying having taken a "warmongering attitude" and claiming he had not been against Yugoslavia's accession to the Tripartite Pact, but was rather afraid that the unprepared public would enable the "oppositional political group to topple the Cvetković government, seize power and take control of the state into

---

33. *Službene novine* 1 (1944).

34. Patriarch Gavrilo received all visitors in the presence of a German officer and an interpreter. However, it seems that a way was found to keep him up to date with everything that went on in the Church.

35. *NOS*, VIII/IX, 723; Johann Wuescht, *Jugoslawien und das Dritte Reich: Eine dokumentierte Geschichte der deutsch-jugoslawischen Beziehungen von 1933 bis 1945* (Stuttgart, 1969) 143-144.

their hands" on announcing the accession.³⁵ Data about the memorandum of Patriarch Gavrilo are to be found only in the documents of the German intelligence service, and we have not yet found any other sources. If the Patriarch really submitted such a document, which is completely contrary to his previous attitude, it can be explained only by the circumstances he was under at the time of writing. According to the instructions from the *Reichssicherheitshauptamt* headquarters the German intelligence agencies in Serbia should be directed so as to "strengthen and support the position of the Serbian Church, in order to prevent by all means penetration of Catholicism into the Balkans."³⁶ In late August 1941, SS sub-lieutenant Meyer reported having interrogated Patriarch Dožić. Meyer proposed to the Patriarch that he (the Patriarch) would write an outline of an anti-Communist manifesto of the Synod, in order "to help a little the Synod with its work." The Patriarch refused.³⁷

The question of replacing the Patriarch on the patriarchal throne was especially burning in the second half of 1941. It was aggravated by German dissatisfaction with metropolitan Josif.³⁸ The German intelligence service in Belgrade was convinced that the archbishop was the main person responsible for the passivity of the Serbian Orthodox Church, although "outwardly he feigned loyalty and was a pleasant negotiator."³⁹ In a report of September 2, 1941, it was claimed that Josif replied that the main reason for the so-called passivity of the Serbian Orthodox Church had been the persecution of the Orthodox population in Croatia and German impassivity. Furthermore, the Synod could not make decisions without Patriarch Gavrilo who could not sanction them while he was interned. Metropolitan Josif proposed that the Patriarch should be released in order to open in a canonical manner the session of the Synod that would grant him leave. Asked why the Serbian Orthodox Church did not take a public stand against Communism, he answered that such declarations would estrange the Serbian people from the Church. SS sub-lieutenant Meyer offered metropolitan Josif cooperation in the struggle against the spread of Catholicism in the Balkans. The metropolitan did

---

36. *NOS*, VIII/IX, 989.
37. It can be seen from the report that various "German and Serbian" agencies tried to prevail upon the Synod to take a stand against Communism, which it persistently avoided.
38. In July 1944 the RSHA, Berlin ordered EK Sipo and SD in Belgrade that metropolitan Josif be removed from the post of the Patriarchs *locum tenens*, and that M. Aćimović should announce this to the members of the Synod; AB, BDS, M-17, Mitropolit Josif.
39. *Ibid.*

not refuse, but posed conditions the Germans had to fulfil first. The conditions were setting-up of the Church organization and canonical unity of the Orthodox Church in the Yugoslav territory. The members of the Synod regularly reiterated these conditions in talks with the representatives of the occupying authorities, because the occupational administration strove to bring into question the legality of the Synod as well as of the completely central administration of the Serbian Orthodox Church.[40]

VII. Government of National Salvation

During the whole occupation period, pressure was brought to bear on the Synod for the Church to take an active part in the political struggle. In August 1941, the "Government of National Salvation" asked the Serbian episcopate to sign a public appeal to the Serbian people calling for order and peace. The appeal was completed on August 10, 1941, and published in *Novo vreme* (*New Times*), the mouthpiece of the Nedic government, on August 13. Four hundred and twenty personages, some bishops, clergymen and professors of the Theological Faculty among them, signed the appeal. The Patriarch himself refused to add his signature.[41]

The commissioners' government and also the Nedić government did their utmost to win over the clergy to their goals. The pressure was increased after the reshuffling of the Nedić government in mid-October 1941 when Velibor Jonić was appointed Minister of Education. The Nedić government immediately contacted the Synod, asking it to take a stand against the Partisans and the Chetniks of Draža Mihailović. The Synod refused, claiming the Church was "above all parties, Draža Mihailović, Ljotić and even the Communists."[42] As early as September 16, 1941 Nedić issued a ban on Church gatherings, fairs, and all other popular gatherings. However, he soon realized he needed to display a more tolerant attitude in order to win over the Church. He wrote to general Dankelmann in late October: "How can you expect that the Serbian people will fight Communism when you yourselves attack two

---

40. ASOC, Report no. 1060/237/947.
41. Milan Borković, *Kontrarevolucija u Srbiji 1941-1942*, vol. 1 (Beograd, 1979) 75.
42. AMF SM, Nća, no. 19/7, 1. Dimitrije Ljotić (1891-1945), the leader of the small Zbor (rally) movement, nearest to fascism. Briefly minister of justice in 1931 Ljotić had resigned when King Alexander did not accept his constitutional proposal. He had set up and presented his Zbor movement to the elections of 1935 and obtained 24,000 votes, which did not entitle him to a seat.

very symbols which the Communists also defile: the King and the Church ... The King and the Church are the two staunchest pivots around which I can gather the Serbian people in the struggle against the Reds who attack exactly these two symbols much more rabidly than they attack even you."[43]

Milan Nedić received the members of the Synod headed by metropolitan Josif on October 28, 1941, and had a lengthier talk with them. On the same day, and on the following day, the *Novo vreme* and the *Obnova* (*Renewal*)[44] communicated this information under the title "The Serbian Orthodox Church against destructive elements and Communism – Bishops of the Serbian Orthodox Church say they are willing to fight on the side of general Nedić."[45] Metropolitan Josif would say in a report to the Assembly after the war, that at the very beginning of the meeting, Nedić stressed that the occupation forces "had been nervous and dissatisfied with the attitude of our Church," that "Bolshevism and Communism had been dangerous foes of the Church and the faith," "and that therefore the General asked us to support him and his government in persecution of the Communists, partisans and robbers." According to his memory, metropolitan Josif first refuted complaints that he had usurped the power in the Church. He said the representatives of the Church were opponents of Communism and Bolshevism, but under the civil war conditions, the Serbian Orthodox Church should not be the one to condemn any of the belligerent parties. In his statement metropolitan, Josif further claimed that the communiqué from the meeting was forged. Finally, the Archbishop stated that members of the government and Nedić himself often reproached the Serbian Orthodoxy that the enlargement of Serbia's frontiers depended solely on the stance of the Church.[46]

The Serbian Orthodox Church was openly accused of causing a significant loss of Serbian lives. In newspaper articles, it was rebuked for passivity, ambiguity, eschewing of responsibility, for not being up to the exigencies of the moment, etc. The most vociferous in their attacks were Dimitrije Ljotić and the members of his extreme rightist organization, the Zbor. Ljotić demanded that the bishops openly declare themselves in favour of Nedić's way and firmly condemn the Communists. The Synod missives were strafed for failing to call on the people to fight

43. Krakov, *General Milan Nedić*, 294.
44. Periodicals supporting the Nedic government.
45. *Obnova*, nos. 99 and 100 (1941); *Novo vreme* (Octobre 29, 1941).
46. ASOC, Report no. 1060/237/947.

against the resistance groups. The ex-minister Dimitrije Spalajković called the bishops "red" and accused the Church of allowing "red demonism" to gnaw at it from within, in an article from 1943.[47]

After the meeting with general Nedić, the situation of the Serbian Orthodox Church was somewhat improved. With the permission of the German occupying authorities, religious services were held regularly in all districts of Serbia. On the King's birthday, September 6, the bishops said public prayers for the King during services regularly attended by Nedić and all the ministers.[48]

Although the Germans had shown a somewhat more tolerant attitude towards the Serbian Orthodox Church since October 1941, the problem of the Patriarch remained unsolved. The Synod tried to obtain his release from the Germans, or at least the possibility of him receiving regular visits by the members of the Synod. In this matter, Nedić interceded several times with the German administration, but with no satisfactory result. With German approval, Nedić visited the Vojlovica monastery three times in 1943/44 to negotiate with the highest religious leader of Serbia the conditions of his release. During his interrogation by the Communist government after the war, Nedić claimed the main goal of his visits had been to prevent the Germans from appointing a commissar who would run the Church. He claimed that the Germans had offered the Patriarch the chance to sign a declaration of loyalty to the occupiers, and that the Synod was responsible only in the territory of the occupied Serbia, which was the main condition for his release. The Patriarch had declined. He had demanded to be put in charge of the unified Serbian Orthodox Church and that bishops should be appointed to the vacant dioceses. The Germans had demanded that the Patriarch should condemn the revival and the new policy of the Russian Orthodox Church and to distance himself from it, but he again had refused their demands.[49] Nedić visited the Patriarch once more in mid-1944, when he (the Patriarch) was gravely ill.

The work of the Synod was under constant Gestapo surveillance, and a copy of the minutes from its sessions had to be submitted to the responsible German departments. Despite great efforts by the German intelligence services to control ecclesiastical life and to win over the Serbian Orthodox Church for their own ends, they had little influence on the Church, although the BDS (*Befehlshaber der Sichterheitspolizei und des*

---

47. *Novo vreme*, nos. 132 and 144 for 1941, no. 719 and 781 for 1943; *Naša reč*, no. 7 for 1941, and no. 20 for 1942, etc.
48. *Glasnik SPC*, no. 4 (1942).
49. *NOS*, VIII/IX, 991.

Sicherheitsdienstes) used also other representatives of the regime under occupation. Thus, Ljotić was granted an interview with the Patriarch in the Rakovica monastery on February 10, 1942. However, the Germans were dissatisfied with Ljotić's report for they thought he did not inform them about some things he discussed with the patriarch.

In the second half of 1943, the Special Police of Belgrade arrested some priests before whom sympathizers of Draža Mihailović had taken the oath before joining the Chetniks. There were several disagreements between Nedić and metropolitan Josif, for example on the tasks of a department from the Ministry of Judiciary to the Ministry of Education in February 1942.[50] However, the Synod used Nedić's help several times too. Its memos to the German military commander of Serbia were often submitted via the Council of Ministers.[51]

Indeed, this had been the case with the earlier mentioned memos of the Synod of July 9 and September 10, 1941 (and possibly, also, with the mysterious one that Sekulić brought to London). In the next months, two more memos were submitted to the military commander of Serbia. In November 1941 the Synod sent copies of the Croatian authorities' decisions about the closing down of Orthodox churches, the removal of parish books from Orthodox parishes in Croatian territory, and the abolition of the old calendar throughout the State. Nedić relayed all of these protests to the German plenipotentiary for foreign affairs in Serbia, F. Benzler.[52]

Another memo of the Serbian Orthodox Church from January 1942 contained more ample data than the one of July 1941. The document expounded crimes committed against the Serbian people, the number of 380,000 killed Orthodox inhabitants in the ISC was adduced, data on destroyed churches and confiscated ecclesiastical property proffered etc. At the end of the address, the Synod asked that the Serbian Orthodox Church should again be recognized as legal and equal in Croatia, and that confiscated churches and other property be restored. Serbian Orthodox bishops and priests should be released from captivity and be allowed to return to their congregations. The free exercise of all Serbian Orthodox offices should be permitted again in the Croatian State and full spiritual contact between the Orthodox Church in Croatia and its leadership in Serbia to be reestablished, according to the Canon law of the Orthodox Church and Serbian Orthodox Constitution. The direct and indirect coercion of the Orthodox Serbs to convert to Catholicism must cease, and all propaganda in that respect prohibited.

50. *Glasnik SPC*, no. 4 (1942).
51. AMF SM, NOR, 26/3-1, k-1; 30/3-2, k-1; 30/3-47, k-1.
52. AMF SM, NOR, 45/3-1 k-1; 47/3-1, k-1.

VIII. Flanked by Accommodation and Resistance: The Fate of the Bishops

The Germans kept a strict eye on metropolitan Josif's behaviour and movements. His bearing, refusal to cooperate with the Germans and political manoeuvring, were influenced by the general situation in the country. In his Easter and Christmas missives metropolitan Josif called on the people to exhibit concord, brotherly understanding, wisdom, order and peace. The German intelligence services suspected that metropolitan Josif worked directly for the British intelligence service and subsequently tried to hide his contacts with the leader of the Chetniks, D. Mihailović.[53] The agents reported that he had been a staunch opponent of collaboration with the Germans, that he had refused to issue an announcement against the Communists, that he had refused invitations to parties organized by German officials, that he had threatened authors of anti-ecclesiastical articles etc.

The interest of the German police and security apparatus in bishop Nikolaj was equally significant. In May 1941, the representative of the *Reichssicherheitshauptamt*, Neuhausen ransacked diocesan centres and monasteries, including the Žiča monastery, the seat of Nikolaj Velimirović. In his report about this abuse, he designated Velimirović as the true representative of the pro-British propaganda within the Church. Just as in the case of the interrogation of Patriarch Gavrilo, the representative of the Reich's Ministry of Foreign Affairs tried to interfere in the process against Velimirović.

Bishop Nikolaj was interned in the Ljubostinja monastery in July 1941 and kept under a certain level of surveillance. The question of bishop Nikolaj was especially tricky due to links between him and Ljotić. Whereas Ljotić disliked Patriarch Gavrilo, his connections and influence with the German administrative organs undoubtedly slowed down the energetic measures against the Bishop of Žiča that were being prepared by the Germans. In November 1941 SS lieutenant-colonel Teichmann went to see bishop Nikolaj in order to gain a personal impression of him and to discuss the possibilities of reaching an agreement with him concerning his more active engagement in the interests of the population, as well as to sound out the possibility of him being eventually used for a solution of the ecclesiastical question that would exclude the Patriarch.[54] The German authorities had been informed that the bishop expressed

53. *NOS*, VI, 353.
54. *NOS*, V, 611.

himself in some of his sermons against Communism, but also that he kept contacts with Draža Mihailović. Because of this the idea arose to intern the bishop. Nedić and Aćimović also agreed with this.[55] Ignorant of these preparations, bishop Nikolaj spoke in favour of cooperation in his contacts with the representatives of the BDS[56] in early 1942. This postponed his internment and he remained free in the Ljubostinja monastery. In the meantime, he parted ways with Ljotić, so he was finally arrested in December 1942 and escorted to the Vojlovica monastery. While surrounding the Ljubostinja monastery, the Germans found traces of the presence of members of Chetnik units in the monastery.

At the time of Velimirović's arrest, the commanding general in Serbia sent to the Nedić government an edict expressing his dissatisfaction with the attitude of the clergy, monks, and the episcopate toward the occupational administration. Before long, the Synod began to receive reports from different districts about arrests of priests. The department for Church affairs of the BDS showed, through its agents, a vivid interest for other dignitaries of the Orthodox Church. Thus, the bishop of Niš Jova[57] was under strict surveillance, bishops' Emilijan and Valerijan were also under surveillance, and the movements of Bishop Irinej Djordjevic were observed too. In April 1941, the BDS received information that the bishop of Dalmatia Djordjevic had been a "British agent."[58]

Although a considerable number of the Orthodox clergy joined partisan units or supported the People's Liberation Movement in other ways, the sympathies of the episcopate were with the Chetniks of Draža Mihailović. Common views concerning practical political activity and attachment to the monarchy were the main ties that linked them together. The Synod kept constant contacts with Draža Mihailović and there are indications that the Synod was also sending material aid to Mihailović's movement.[59] Mihailović established contacts with the

---

55. AB, BDS, M-17; *NOS*, VIII/IX, doc. 355, 1004.
56. See footnote 6.
57. *NOS*, V, 526.
58. He was arrested in Šibenik in December 1941 and interned in Italy. According to some of his letters sent from Rome in 1944, it is clear that his sympathies lay with Draža Mihailović and that the bishop declined "Tito and his army" because he believed that "Croatian and Communist ideology had poisoned our people." Throughout the time of his internment, he was pressurized to underwrite the creation of the Croatian Orthodox Church. AB, BDS, D-9, Irinej Đorđević. Branko Petranović, *Jugoslovenske vlade u izbegliśtvu 1943-1945, Dokumenti* (Zagreb, 1981) 332.
59. Lieutenant Mayer informed his superiors on October 19, 1942 that metropolitan Josif had sent 15,000 diners to Draža Mihailović's men. *Verske zajednice u FNRJ* (Beograd, 1953) 442.

Patriarch while he had been in the Rakovica monastery. Contacts with the Patriarch and bishop Nikolaj were also kept at their later stay in Vojlovica. Draža Mihailović even made plans to liberate them.[60]

Among other ecclesiastical dignitaries, those who most actively collaborated with Draža Mihailović were bishops Nektarije Krulj, Valerijan Stefanović, Joanikije Lipovac and the American-Canadian bishop Dionisije Milivojević.[61] On two occasions bishops of the Serbian Orthodox Church held memorial services in the Belgrade cathedral for Chetniks who had been killed in action. With the exception of the Serbian Volunteer Corps, the armed units of general Nedić's government had no organized religious service. In the Chetnik units of Draža Mihailović, the Church service was not unitary. In the occupied territory of Serbia, no cases of priests leading Chetnik units were recorded, whereas there were several such cases outside Serbia. In early 1944, a Department of Confessions was established in the Staff of the Supreme Command of the Royal Army. Singelos Jovan Rapajić, a disciple of bishop Nikolaj and a member of the Mihailović Central Committee headed it. Its main task was to guide the work of military priests-religious referrals, from Supreme Command to brigades, as well as to manage other ecclesiastical affairs.

In February 1944, the Chetniks received an injunction about the need for a more massive inclusion of the clergy into their units. Some Chetnik commanders started drafting priests in spring 1944. The Orthodox clergy opposed recruitment, so the Department of Confessions appealed on the

60. I. Matić, M. Tomašević, "Patrijarh Gavrilo u logoru Dahau," *Beogradska nedelja* (August 16, 1964) and (September 9, 1964).
61. Dionisije Milivojević was bishop of the Serbian Orthodox Church in the diaspora (American-Canadian diocese of the Serbian Orthodox Church). On December 23, 1943 Bishop Dionisije Milivojević sent a letter to the Archbishop of Canterbury saying that the internal problems of Yugoslavia would escalate and lead to a civil war, for he thought the differences between Tito and Mihailović were differences between Serbs and Croats. In his letter, Bishop Dionisije protested against rumours that the British, Americans and Russians would help Tito. He considered a fight against Draža Mihailović as a fight against the Serbian people and he stated that the accusations that Mihailović did not oppose the enemy were groundless. The bishop lent support to all those Serbs in the USA who claimed the Serbian people would never recognize Tito's partisan government. The Archbishop of Canterbury forwarded this and other similar protests against the British aid to Tito to Anthony Eden, who replied to him on January 22, 1944: "As far as we can judge, the partisan movement is moderate and democratic and willing to accept all who belong to various creeds, parties and groups and are willing to join in the struggle against the German occupation;" NA, FO, 371/4431, 170391. Several months earlier, (April 4, 1943) Slobodan Jovanovich, in the capacity of Prime Minister, sent a letter to Constantin Fotich, the ambassador of the Yugoslav Kingdom Government in exile in Washington, mentioning that the US government had suggested it would be best if Bishop Dionisije were removed from their territory.

clergy in May 1944 to join Chetnik units. According to the instructions of the Department of Confessions of the Supreme Command, the duties of these priests serving with the troops were religious, social and administrative, and they included the building of new, and the preservation of existing churches, serving as examples of behaviour and spreading propaganda in accordance with the goals of the Mihailović movement. The Department published the journal *Svetosavlje*. For propaganda goals, the Department organized, "for ideological education," several so-called ideological (missionary) courses which schooled the cadres for political (missionary) work in and out of the units.

IX. The Fate of Patriarch Gavrilo

In his memoirs written after the war, the German envoy to Belgrade Hermann Neubacher wrote "Liberation of high ecclesiastical dignitaries, approved by Ribbentrop and Himmler, foundered over Hitler's firm opposition: Gavrilo is our enemy that was proven on occasion of the beginning of the conflict with Belgrade."[62] Neubacher visited the chief of the Security Police Dr. Kaltenbrunner interceding that the Patriarch and two other bishops were set free. The question of their release was also submitted to the Foreign Minister of the Reich. On the basis of that, Ribbentrop replied to Neubacher that he saw no possibility for Gavrilo Dožić to be released, and the main reasons he adduced were: suspicion of his personality, frankness of the promise he had given in the view of his role in 1941, relations with Croatia (since the liberation of Gavrilo would change the attitude of the Serbian Orthodox Church towards the Serbs in Croatia) and fear for Nedić's position.[63] A month later, on January 19, 1944, the Main Bureau for the Reich's Security wired to the commander of the Security Police and the SD in Belgrade that it was intended to use the Patriarch in a way within the framework of the new German foreign policy in the Southeast. H. Neubacher signed the telegram.[64]

---

62. Hermann Neubacher, *Sonder-Auftrag Südost, 1940-1945: Bericht eines fliegenden Diplomaten* (Göttingen/Berlin/Frankfurt, 1956).

63. AMF SM, BON 3, 683-687.

64. About this, the chief of the Security Police and the SD Kaltenbrunner ordered that no measures were to be taken against the Patriarch without his approval; *NOS*, V, 992-995.

Nikolaj Velimirović and the Patriarch met Nedić for the last time in Belgrade in late August 1944, and were sent via Budapest and Vienna to the concentration camp Dachau on September 19.[65] The Reich's Foreign Ministry protested to the chief of the Gestapo that the Patriarch and the bishop had been interned in Germany, and in October, it asked of the chief of the *Reichssicherheitshauptamt* that these clergymen should be treated as well as possible in the camp, because of the large number of Serbian emigrants in Germany. Neubacher wrote in his memoirs that neither he nor Kaltenbrunner had known in November that the Patriarch had been in Dachau and that Kaltenbrunner was willing to release them on their demand and assign them to a Bavarian village.

In the second half of 1944, Neubacher was hard at work gathering and attempting to unite militarily and politically all quisling formations in order to use them for the final showdown with Bolshevism. For that purpose, he wanted to create an Action Committee comprising representatives of Mihailović, Ljotić, bishop Velimirović, the Patriarch, M. Aćimović and others. Neubacher dreamed about a federation of Serbia and Montenegro over Sandžak and enjoyed the strong support of Nedić in this respect. Furthermore, he wanted to use the Patriarch and the bishop in the action of the exiled Orthodox clergy in Vienna (Russian, Czech, and Romanian etc.) concerning the organization of an Assembly, which would serve as a counterweight to the Russian Assembly of Orthodox churches (*Sabor*) in Moscow, summoned for January 1945, where a new Patriarch of the Russian Church should be elected.[66] Furthermore, the Serbian Patriarch and bishop Nikolaj were to send a missive to the Serbian people asking that they resist Communism and that the two of them should join the Nedić government in order to strengthen its authority. Bishop Nikolaj was offered leadership of the new exiled government under German protection.

Neubacher had a meeting with Dimitrije Ljotić and Boško Kostić in Vienna on December 11, 1944, informing them that at his request and with personal intervention from the part of Dr. Kaltenbrunner, Gavrilo Dožić and Nikolaj Velimirovic were released from the concentration camp Dachau were they had spent two and half months, from mid-September to early December.[67] Bishop Nikolaj claimed later in

---

65. *MPSG*, 341-356; *Glasnik SPC*, no. 7 (1950).
66. Dragoljub Živojinović, *Srpska pravoslavna crkva i nova vlast 1944-1950* (Beograd, 1998) 44.
67. Mladen Stefanović, *Zbor Dimitrija Ljotića 1934-1945* (Beograd, 1984) 307.

exile that he had spent two years in Dachau[68] They were lodged in the separated part of Dachau.[69] During their stay in the camp, the Patriarch's health deteriorated so the Germans allowed a cleric to be sent to him from Belgrade as an aide. Due to the Patriarch's impaired health, both of them were sent first to a Bavarian tourist resort to recuperate, and then to Vienna on January 19, 1945.

Ribbentrop refused Neubacher's request to use members of the Serbian clergy in the struggle against Bolshevism. The Nazi foreign minister feared that if police surveillance were lifted, the Patriarch would "disappear from Germany" and go over to the British. After their arrival in Vienna, and later during their stay in Slovenia, the Patriarch and the bishop established contacts with Nedić, Ljotić, Djujić and others. They visited Chetnik units that were in Austria and the Slovenian littoral after their withdrawal from the country, delivering speeches, but according to the testimonies of those present, feeling ill at ease about doing so.[70]

Ljotić remained in Slovenia from November 1944 to April 23, 1945. His main idea was to concentrate "Yugoslav national forces" in this most northwesterly part of Yugoslavia, which would unite with the troops of General Vlasov, forming a strong anti-Communist army to conquer the area and form a liberated territory and return King Peter II to the throne. The Patriarch and Bishop Nikolaj had a prominent place in his plans from the very beginning.[71] The Ljotić plan misfired because he was killed in a car accident in the meantime. After his funeral on April 24, 1945, the Patriarch and the bishop set out for Kitzbühel believing they were going to Switzerland.

---

68. NA, FO, 371/59501, XL 170541. In the early 1990s Bishop Nikolaj Velimirovic's book *Speeches to the Serbian People through the Dungeon Window*, written during his stay in Dachau, was published in Yugoslavia. The main thesis of Bishop Nikolaj was that Europe had been a heresy and the ruin of the Serbian people who had been seduced by it and therefore had been punished. In his opinion, the Serbian people must return to itself and to its religion. The book is full of anti-Semitic ideas.

69. *Glasnik SPC*, no. 7 (1945) 66; *MPSG*, II, 81.

70. ASM, Predsedništvo Vlade FNRJ, 50-128-257. J. Popović, M. Lolić, B. Latas, *Pop izdaje* (Zagreb, 1988) 365.

71. According to one version, one of them was to accept the post of Prime Minister, but since both of them refused, Ljotić decided in January 1945 to send them (with Neubacher's help) to Switzerland "for the cure" and then to the USA to ask for Allied help. The plan of going to Switzerland existed already before the end of April 1945. Draža Mihailović had sent a letter to Bishop Nikolaj through a delegation, which visited him in February 1945, concerning the planned trip to Switzerland and the USA with the aim of securing allied support for the "national cause." An interview with Dušan Dožić (personal secretary of Patriarch Gavrilo), Beočin, April 23, 1989.

X. The Serbian Orthodox Church in a Liberated Yugoslavia

When the Patriarch and the Bishop were in Dachau, and subsequently in Austria, Slovenia and Italy, the larger part of the country was liberated. Partisan forces and units of the Red Army entered Belgrade on October 20, 1944. The Serbian Orthodox Church greeted the liberation with a paean of rejoicing. Soon after the liberation of Belgrade, contacts between the representatives of the Serbian Orthodox Church with the new authorities were established. At first, their relations were good, but over time mistrust deepened. Metropolitan Josif appeared in public, visited the wounded, collected aid for the troops on the front and contacted representatives of the Red Army.[72] In private he expressed animosity and distrust towards the Communists and it soon turned out that such an attitude had foundation.

The Church maintained its celebrations and religious services. Religious holidays were performed as normal with the congratulations from the authorities to the Church. Under the surface however, confrontation was looming. One side seemed unprepared to accept the actual situation, to reject the old and accept the new system. The other side, however, was in a hurry to remove everything that was connected with the past, and which the Serbian Orthodox Church firmly abided by. The liberation of Serbia, as well as the other parts of Yugoslavia, made that the two antagonistic organizations – the Serbian Orthodox Church and the Communist party – faced each other directly. The Orthodox Church and its prelates quickly realized the intentions of the new government and its approach to organized religion; they were repugnant to the Party's program and practice. Politically conservative, the Serbian Orthodox Church was confronted with the extreme political radicalism and the totalitarian ideology of the Communist party. The authorities expected the Church to be obedient and silent.

The Serbian Orthodox episcopate worried at first about the possibility of separating the Church from the State, which would seriously damage the Church financially. Another Church fear originated from the danger of breaking her unity, because of the tendencies for giving autonomy to federal units in Macedonia and Montenegro. During World War II and soon afterwards, the Serbian Orthodox Church suffered heavy attacks on her unity. Her first opponent was the Croatian

---

72. ASOC, Report no. 1060/237/947; *Glasnik SPC*, nos. 10-12 (1944) 82; *Politika* (November 30, 1944) 3; *Glasnik SPC*, nos. 1-2 (1945) 1.

Orthodox Church, the Ustasha wartime creation. In the first years after the war, the Church had to reconcile itself with the separating from her jurisdiction dioceses in Hungary, Czechoslovakia and Rumania.[73]

The creation of the AVNOJ (National Antifascist Liberation Council of Yugoslavia) by Tito's Partisans in 1943 was considered in the Serbian Orthodox Church to be a one-sided legal act with no international approval. The episcopate preferred the form of state arrangement and its sovereign power should remain as before the war.[74] The Serbian Orthodox Church retained her traditional posture of support to the Monarchy. In ordinary prayers, the King's name was still mentioned. The first sign of opposition to the politics of the Synod, which was pointed towards new authorities, appeared among the clergy early in January 1945.

Metropolitan Josif was the first person to establish direct contacts with the Partisan authorities.[75] He was a leading conservative prelate in the Church. As Metropolitan of Skopje, the Bulgarians expelled him from his see 1941; in 1945 he was not allowed to return to Skopje. With regard to the establishment of an autocephalous Macedonian Church, the authorities supported the separatist tendencies in Montenegro as well. The Metropolitan Joanikije Lipovac was arrested by the secret police and subsequently executed. Many prelates were not allowed to return to their sees, nor priests to their own towns and villages.[76] Bishops were physically attacked in Niš and Odzaci, but there were no major trials of bishops until 1948. Certainly the Church had to face many conflicts, interference, harassment of priests, insults, arrests, requisition of Church facilities etc., all of which were part of the Church's everyday life.

In principle, Tito's government did not make differences between certain religious communities. From the outset, the Yugoslav Communist Party (CPY) members regarded religion as a political problem, and religious doctrines as hostile doctrines. The CPY observed Churches and sects as their competitors in the struggle for influence in the society and as objective factors that obstructed the process of socialist construction. In the approach of the CPY to certain religious communities, there existed only differences between their internal structure, objective

---

73. Radmila Radić, *Država i verske zajednice 1945-1970* (Beograd, 2002) 279-338.
74. ASOC, Report no. 1060/237/947; Radić, *Država*, 166.
75. *Glasnik SPC*, nos. 10-12 (1944); Radić, *Država*, 169.
76. *Glasnik SPC*, nos. 10-12 (1944); *Politika* (Novembre 20, 1944) 3; Slijepčević, *Istorija*, 204.

strength, historic heritage, size, etc. The Serbian Orthodox Church was, during its historical development, structurally an autocephalous, independent Church, closely connected to the state upon which it was materially dependent and, therefore, vulnerable to every governmental pressure. The educational level of the clergy in the Serbian Orthodoxy was inferior to that of the clergy of the Catholic Church. Disorganized by the war, depleted in its membership, and with a destroyed material basis with no international backing, without the leader in the country, and bearing the legacy of Serb hegemony, the Serbian Orthodox Church faced an opponent who possessed power and the ability to take advantage of the Church's weakness. In addition, the Serbian Orthodox Church did not treat the national problem as a separate political issue, but only as a form and ingredient of religion. Because of that, the Party considered the Church as its political opponent, and a supporter of Serbian nationalism.

Relations between the State and religious communities in the given period depended greatly on the overall international trends. Until 1948, the policy of the Yugoslav authorities toward religious communities was very similar to the policies of other East European countries within the political sphere of the Soviet Union. Differences began to arise after the breach with the international movement of the Cominform. In the first phase, the USSR served as a model of the final objective of the policy toward religious communities. However, Yugoslav communists were very pragmatic and adjusted that model to the specific circumstances in the country. In the second phase, when the country began to lean towards the West, a certain liberalization in the attitude toward religious communities became evident, although increasing ideological pressure progressed side by side with the liberalization. In both phases, the state authorities tried to ensure that the religious communities, in their contacts with other Churches abroad, followed the state's foreign policy line. However, they did not achieve this with equal success with all of the religious communities.

In the first days after the liberation when defining politics toward the new authorities, the Holy Synod of the Serbian Orthodox Church was heavily influenced by its desire to establish relations with the Russian Orthodox Church. The new authorities used this in their propaganda proposals. Metropolitan Josif was the head of the Church delegation, which visited the Russian Orthodox Church in March 1945. The contacts showed that the relations with the Russian Orthodox Church would not be as close as the delegation of the Serbian Orthodox Church had hoped for.[77] The first official post-war contact of the Serbian Orthodox Church with the Russian Orthodox Church set the pattern of government approval and government assistance for the contacts which were to follow in later years. The Communists understood how useful the Serbian Orthodox Church could be in fostering good relations with countries which had Orthodox Churches.

In the first period immediately after the liberation, the political authorities tried to find a *modus vivendi* with the leading representatives of the Church hierarchy. The political authorities avoided making severe attacks on the religious communities, above all because they needed internal consolidation of their movement and international recognition of the new Yugoslavia. When the initial attempts to find possible agreement and coexistence with religious communities failed, the tactic was changed and they tried taking action from within, through the lower clergy who were ready to co-operate with the authorities. Parallel with this, certain instruments and methods were applied with the aim of restricting religious activity and reducing it only to the spiritual sphere. The intention though, was not to destroy religious communities, as the Church leaderships sometimes claimed.

The system either would not, or could not tolerate another authority besides itself. On the other hand, the absence of any political opposition in the society attracted all those who thought differently to join the religious communities because, within their framework, they could find some form of legal resistance. The state authorities proclaimed that they distinguished between the religious feelings of believers as a socially determined phenomenon that could not be resolved by administrative dictate and the political abuse of religion. However, the struggle against political abuse of religion was frequently used as an excuse for the authorities to threaten or to fight with the religious communities when they refused to meet the demands of the authorities.

XI. Church and State in the Old and New Yugoslavia

Political life in Yugoslavia since its founding in 1918 was characterized by two interpretations of the nature of the state. According to one interpretation, the Yugoslav State was the expanded Kingdom of Serbia; according to the other, it was a community of nations. The Serbian

---

77. NA, FO 371/48910.

Orthodox Church, which envisioned itself as the religious and national protector of the Serbian people, advocated the first principle. It represented a union of several different ecclesiastical jurisdictions with a different heritage. The Serbian Orthodox Church faced difficulties as soon as it ceased to be the privileged state Church and became one of the equal religious communities. The political conditions during World War II and immediately after the war were so tragic for the Church that it was unable to recover quickly. It identified itself completely with Serbia as the state and the Serbs as a nation. The establishment of a federal Yugoslavia was interpreted as a loss of statehood and with it, the loss of the national identity of the Serb people. The Serbian Orthodox Church, ture, age-old practice, and dependency, increasingly fell into a condition contrary to its own nature.

In May 1945, the presidency of AVNOJ promulgated a law forbidding people to provoke national, racial or religious hatred and discord.[78] A State commission for Religious Affairs was formed in February 1945 under the Presidency of ASNOS (National Antifascist Liberation Council of Serbia). In August of the same year it was renamed the State Commission for Religious Affairs under the Council of Ministers of the Democratic and Federal Yugoslav Republic (DFJ). Commissions were formed to discuss the questions of relations between various confessions and between Church and state.[79]

The first constitution of the new Yugoslav State from January 1946 stated the separation of Church and state, and of school and Church.[80] Agrarian reform, expropriation and nationalization of the Church estates profoundly changed her economic base.[81] The Church lost 70,000 hectares of land in the agrarian reform; 1,180 Church buildings, the Church's printing presses and its insurance fund, were all nationalised.[82] Instead of the expected aid for recovery according to pre-war

78. *Borba* (May 28, 1945).
79. *Službeni list DFJ*, no. 62 (1945).
80. *Ustav FNRJ* (Beograd, 1950).
81. *Službeni list*, no. 64 (1945); *Zakon o agrarnoj reformi i kolonizaciji* (Beograd, 1945); ASM, Predsedništvo Vlade FNRJ, 50-1-3; ASM, Komisija za agrarnu reformu i kolonizaciju, 97-1-1; *Rad zakonodavnih odbora Predsedništva AVNOJ-a i Privremene narodne skupštine DFJ (3 april-25 oktobar 1945), Po stenografskim beleškama i drugim izvorima* (Beograd, 1945) 266; *Zasedanje ustavotvorne skupštine (29.11.1945-1.2.1946)* (Beograd, 1945); Momčilo Mitrović, *Srbija 1944-1952* (Beograd, 1988) 248; Branko Petranović and Momčilo Zečević, *Jugoslavija 1918-1988: Tematska zbirka dokumenta* (Beograd, 1988) 746.
82. Radić, *Država*, 179-188.

laws and legislation, the Church funds were revaluated or nationalized, priests received no salary, and the Church pensioners no pensions. The value of its pension and other funds was drastically reduced by the postwar monetary reform; and a capital sum which had been settled on the Church by the pre-war government as compensation for past confiscation's and damages was reduced to a small income.[83] Collection of donations for religious purposes was banned.[84] Marriages and record books were transferred to state jurisdiction. Religious instructors lost their jobs. The parish homes of the Serbian Orthodox Church were illegally requisitioned all over the country. The state paid no rent for the Church facilities it used. The government subvention, which before the war was fixed, ceased altogether and the special tax for the support of the patriarchate, was repealed.[85] The government agreed to pay the pensions of Church dependants until other arrangements were made, but refused to be responsible for pensions which had been paid wholly out of Church funds.[86] The Serbian Orthodox Church never solved the dilemma of its dependence on outside sources of finance. Later the government paid yearly subventions to the Church, partly in the form of social insurance for priests and donations to the priest's associations, but partly also in direct donations to the patriarchate, who accepted them as token compensation for all that was confiscated. The payments depended on the government's good will and had to be negotiated each year. In the second half of the 1940s, the Serbian Orthodox Church started to receive some help from abroad, especially from the World Council of Churches. Nevertheless, the greater part of reconstruction in the Church, especially in the early years, was carried out by the voluntary labour of parishioners and through voluntary contributions.

The Church was almost immediately faced with two serious matters, which struck at its fundamental beliefs and at its position in society. First it was forbidden to undertake the religious education of children and, second, the institution of civil marriage as the only legal and valid form of matrimony removed the Church's influence in this process.[87] Religious instruction in schools had virtually ceased long before 1952,

---

83. *Službeni list*, no. 66 (1945); *Zapisnici NKOJ-a i Privremene Vlade DFJ 1943-1945* (Beograd, 1991) 72.
84. *Glasnik SPC*, no. 3 (1946); R. Grđić, "Opšta obnova crkvenog života i ustrojstva," *Srpska pravoslavna crkva 1920-1970* (Beograd, 1971) 239-243.
85. ASM, Predsedništvo Vlade FNRJ, 50-128-257.
86. *Glasnik SPC*, no. 1 (1947); Radić, *Država*, 208.
87. *Službeni list FNRJ*, no. 29 (1946).

when it was officially stopped. After that, religious instruction was allowed in churches and other designated buildings, but the administrative obstacles persisted.[88] Children were discouraged from attending religious classes. Religious schools mostly did not work well, and the only one that did function had problems with attendance, because children as well as their parents were subject to pressures to give up this form of education. The acute shortage of Orthodox priests, so much greater than in Catholic areas, was intensely felt.[89] Religious holidays were prohibited following the 1947 law.[90] Religious press was restricted and strictly controlled. Since the state monopolized all sources of information, it could easily engage in anti-religious propaganda. Atheist literature was published and distributed without restriction.

In order to avoid contacts and negotiations with Metropolitan Josif, who became difficult to deal with, the authorities, with Josip Broz' approval, worked towards bringing back Patriarch Gavrilo to Yugoslavia.[91] In the meantime, Metropolitan Josif and other Serbian political leaders in England and the USA urged the Patriarch to return to Yugoslavia in order to protect the Church from a Communist attack.[92] Late in November 1946, the Patriarch returned to Belgrade.[93] Soon after that he met with Josip Broz Tito, looking for support for the Church.[94] The authorities wanted to use him in their political propaganda, but the Patriarch appeared careful and suspicious about that. The return of Patriarch

---

88. Radić, *Država*, 188-195; Katarina Spehnjak, *Javnost i propaganda Narodna fronta u politici i kulturi Hrvatske 1945.-1952.* (Zagreb, 2002) 187-197.

89. Radić, *Država*, 219-226.

90. During 1945, Christmas, Saint Sava, Eastern Day, etc. were celebrated as religious and state holidays. Newspapers wrote about them and people were free to celebrate. From 1946, there was no more information about religious holidays in state newspapers. Henceforth their celebration was considered to be a private matter. In 1949 the state authorities proclaimed May Day, the Day of the Republic on November 29, and New Year, January 1 as the main secular holidays. Later the Day of the Youth was proclaimed as a big holiday (birthday of Josip Broz Tito) on May 25.

91. The US Army liberated the Patriarch from internment in Tyrol. From there, the Patriarch moved to Italy, where he stayed until the Fall of 1946. Archive of Federal Ministry of Foreign Affairs Serbia and Montenegro (henceforth: AFMFA SM), Politicka arhiva, Vere, f-1; Cabinet of the Marshal of Yugoslavia (henceforth: CMY), II-10; PRO, FO, 371/59501; *MPSG*, 357-383; *Glasnik SPC*, no. 9 (1945); Slijepčević, *Istorija*, 77, 78, 80; Stella Alexander, *Church and State in Yugoslavia since 1945* (Cambridge, 1979) 151-164; Zivojinović, *Srpska pravoslavna*, 49-85; Radić, *Država*, 234-245.

92. *Glasnik SPC*, no. 2 (1946).

93. CMY II-10; AFMFA SM, PA, Verska pitanja, 22, f-2; *Glasnik SPC*, nos. 10-12 (1946); NA, FO 371/59390.

94. *Politika* (December 7, 1947); *Glasnik SPC*, no. 5 (1947).

Gavrilo Dožić to the country failed to bring the expected results, in spite of the initial promising steps, such as his speech at the Pan-Slavic Congress.[95] Patriarch Gavrilo was facing numerous problems in guiding the Church. He openly criticized the government and sent numerous petitions to Tito protesting against their policies and attitudes towards the Church.[96] The Holy Episcopal Council promulgated a new constitution for the Church in April 1947, to replace the old constitution from 1931. The 1947 constitution was designed for the changed conditions of the Church; its provisions accorded with the separation of Church and state and unobtrusively attempted to protect the Church from more obvious forms of pressure.[97]

As time passed, the Patriarch and the Church were faced with new problems. Besides the question of the Macedonian Church, the government tried to interfere in Church affairs by passing a law about the establishment of priests' associations.[98] The Patriarch and the Holy Synod were against this law and fought it energetically.[99] The next problem was the accusations against the Patriarch and the Holy Synod for tolerating criticism of the political regime by several bishops living abroad (Dionisije, Nikolaj, and Irinej).[100] The Patriarch stood firm. The regime retaliated by sentencing bishop Varnava (Nastić) to eight years of imprisonment.[101] Politically the communists attacked individual bishops and priests for being Serbian nationalists and chauvinists, for hostile propaganda against the new government and opposition to the priests' associations. The political element in the conflict with the Serbian Orthodox Church was based on its claims to embody the historical Serbian people and on its consequent tendency to 'Great Serbianism'. The communists decided that such a Serbian power within Yugoslavia would have to be reduced if Yugoslavia was to become a federation of equal nations; the Serbian Orthodox Church considered it as the crippling of the Serbian nation without which the communists could never govern the federation.

---

95. *Politika* (December 12, 1946) 5 and (December 9, 1946) 1; *Borba* (December 11, 1946) 3 and (December 12, 1946) 3.
96. Christmas message of Patriarch Gavrilo, *Glasnik SPC*, no. 1 (1947); Živojinović, *Srpska pravoslavna*, 95-101.
97. *Ustav SPC* (Beograd, 1947); *Glasnik SPC*, nos. 7-8 (1947).
98. *Udruženje pravoslavnih sveštenika Jugoslavije 1889-1969* (Beograd, 1969) 101-110.
99. *Glasnik SPC*, no. 5 (1947); *Vesnik*, nos. 2-3 (1947) 76; Radić, *Država*, 299-338.
100. Radić, *Država*, 361-364; Živojinović, *Srpska pravoslavna*, 131-134.
101. *Oslobođenje* (February 28, 1948); Alexander, *Church and State*, 172-177; Radić, *Država*, 357-361.

Patriarch Gavrilo was a hard critic of the regime, as is shown in his letter addressed to Josip Broz Tito in March 1949. In it, he listed the gravest examples of the attacks on the Church on the part of the authorities. No answer was forthcoming.[102] However, despite his sharp tongue, the Patriarch avoided direct confrontation with the authorities. Instead, he preferred diplomacy and negotiations. His approach to dealing with the authorities helped stabilize the position of the Church and protect it from further interference from the government. His sudden death in May 1950 prevented the outbreak of a conflict over clerical associations and the Macedonian Church, but led to a manipulated election of the new Patriarch.[103] Gavrilo's successor on the patriarchal throne, Vikentije, appeared to be intent on carrying out his predecessor's policies. Patriarch Vikentije was smart enough to present himself to the regime as an honest collaborator who could be trusted. In fact, he did nothing that was expected from him. In the first years of his office, the Theological College separated from the University,[104] and the relations between the authorities and the Church were frozen for months.

Since 1947, the Party was mostly concerned with the influence of the Church on Party members. They were prohibited to frequent any kind of religious establishments or participate in religious rites and the same restrictions were applied to the members of their family. The state paid as well particular attention to keep the teaching staff of schools and the youth away from the Church. Contacts with other countries and Churches were strictly controlled and assistance coming from there was limited. The State Security organization controlled all activities and movements of bishops through their agents.[105] By doing so it found some help from within the dioceses, where gradually a split occurred between the younger generation, more inclined to co-operation with the authorities, and the older one, largely maintaining a hostile attitude. Mutual conflicts and intolerance among the bishops, small concessions

---

102. Živojinović, *Srpska pravoslavna*, 134-155.
103. Alexander, *Church and State*, 194-196; Radić, *Država*, 314-320.
104. *Glasnik SPC*, no. 10 (1952); ASM, Savezna komisija za verske poslove (Federal Commission for Religious Affairs), 144-6-119; *Vesnik*, no. 86 (1952) 3; Radić, *Država*, 224-226.
105. The first wiretaps installed in Yugoslavia after the war, were those installed in the building of the Serbian Orthodox Church in Belgrade (24 of them). *Četvrta sednica CK SKJ – Brionski plenum (Stenografske beleške Četvrtog plenuma, materijali Izvršnog komiteta CK SKJ, Izvodi iz stenografskih beležaka Šeste sednice CK SK Srbije, reagovanja domaće i strane javnosti, pisma, telegrami, izjave i dr)* (Beograd, 1999) 118; *Zasedanje arhijerejskog Sabora SPC (31.V do 20.VI 1954. godine)* (Beograd, 1954).

by the state bodies, sometimes open pressures and arrests, eroded the unity of the diocese and influenced the relationship toward the authorities. Two streams also existed in the clerical associations. One group of priests tried to find ways for reconciliation and co-operation, while some of the younger priests in the associations were members of the Party, antagonistic to the diocese and part of the clergy-members of the association.

Three main issues – the recognition of the clerical associations, the settlement of the issue regarding the Church in Macedonia and the problem of the bishops in emigration could not be solved until 1953. Early in that year, the Basic Law on the Legal Status of Religious Communities was introduced.[106] Meanwhile, changes occurred within the Serbian Orthodox Church which enabled the authorities to induce positive solutions to some of their demands.

XII. Conclusion

The Serbian people and the Serbian Orthodox Church were endangered in the course of 1941 in particular, but were also under threat in the subsequent years, not only territorially and concerning their state-political status, but also existentially. The loss of the state independence was a hard blow for the leadership of the Serbian Orthodox Church who probably, at that juncture, felt partly responsible for what was going on in the country. The Kingdom of Serbians, Croats and Slovenes or the Kingdom of Yugoslavia was the fulfilment of the Serbian Orthodox Church's dream of a united Serbian people and Church on a unified territory and a unified organization under the Serbian crown.

The main attitude of the Serbian Orthodox Church was that the war had been lost only temporarily and that every tyranny had a beginning and an end. Meanwhile, the people and the Church should be saved from destruction and mutual extermination, so that the war and occupation could pass with as few victims as possible. During his interrogation by the Gestapo, Patriarch Gravilo said the war had been lost, but that honour had been preserved. His personal bearing during the war was brave, as was that of metropolitan Josif who, although at liberty, was in a much more difficult position, bearing responsibility for the existence of the Serbian Orthodox Church. There were various

---

106. Radić, *Država*, 377-385.

streams and opinions within the Church, some of them willing to cooperate with the occupiers, but overall one cannot speak about collaboration. Within the leadership of the Serbian Orthodox Church there existed a strong tendency to preserve the old conditions and positions of the Serbian Orthodox Church as they had been in pre-war Yugoslavia: the sympathies of the Church were on the side of those who fought for the preservation of such conditions.

After the war, religious communities were gradually but successfully removed from social and political life and pushed to the margins of the society. If they tried to get away or rebel, they were punished by the withdrawal of subsidies, bans on the religious press or the freezing of contacts with competent state bodies. The Catholic Church was able to alarm the international public about its position, while other religious communities, especially the Serbian Orthodox Church, had to seek the most efficient ways of resistance or reconcile itself to the situation. As in most totalitarian regimes, Communism created a situation without choice: the line between collaboration and resistance ceased to exist. Resistance created more damage than collaboration, which in some cases could help in the struggle against the oppressors.[107]

Selective Bibliography

Stella Alexander, *Church and State in Yugoslavia since 1945* (Cambridge, 1979).
Ivo Banac, *The National Question in Yugoslavia: Origins, History, Politics* (Ithaca, NY, 1984).
Rab Bennett, *Under the Shadow of the Swastika: The Moral Dilemmas of Resistance and Collaboration in Hitler's Europe* (New York, 1999).
Milan Borković, *Kontrarevolucija u Srbiji 1941-1942* (Beograd, 1979).
Branislav Božović, and Mladen Stefanović, *Milan Aćimović, Dragi Jovanović i Dimitrije Ljotić* (Zagreb, 1985).
Četvrta sednica CK SKJ – Brionski plenum (Stenografske beleške četvrtog plenuma, materijali Izvršnog komiteta CK SKJ, Izvodi iz stenografskih beležaka Šeste sednice CK SK Srbije, reagovanja domaće i strane javnosti, pisma, telegrami, izjave i dr) (Beograd, 1999).
Constantin Fotich, *The War We Lost: Yugoslavia's Tragedy and the Failure of the West* (New York, 1948).
Bogoljub Kočović, *Etnički i demografski razvoj u Jugoslaviji od 1921. do 1991. godine (po svim zvaničnim a u nekim slučajevima i korigovanim popisima)*. 2 vols. (Paris, 1998).

107. Rab Bennett, *Under the Shadow of the Swastika: The Moral Dilemmas of Resistance and Collaboration in Hitler's Europe* (New York, 1999).

Stanislav Krakov, *General Milan Nedić: Prepuna čaša čemera*. 2 vols. (München, 1968).
Memoari patrijarha srpskog Gavrila (Paris, ¹1971, Beograd, ²1990).
Momčilo Mitrović, *Srbija 1944-1952* (Beograd, 1988).
Nemačka obaveštajna služba. VIII/IX (Beograd, 1956).
Hermann Neubacher, *Sonder-Auftrag Südost, 1940-1945: Bericht eines fliegenden Diplomaten* (Göttingen/Berlin/Frankfurt, 1956).
Stevan K. Pavlowitch, "Serbia, Montenegro and Yugoslavia," *Yugoslavism: Histories of a Failed Idea 1918-1992*, ed. Dejan Djokić (London, 2003) 57-71.
Stevan K. Pavlowitch, "The Orthodox Church in Yugoslavia. II: A War Causality," *Eastern Church Review* 2, no. 1 (1968) 24-35.
Stevan K. Pavlowitch, *Serbia: The History behind the Name* (London, 2002).
Branko Petranović, & Momčilo Zečević, *Jugoslavija 1918-1988: Tematska zbirka dokumenta* (Beograd, 1988).
Branko Petranović, *Jugoslovenske vlade u izbeglištvu 1943-1945: Dokumenti* (Zagreb, 1981).
Branko Petranović, *Srbija u Drugom svetskom ratu 1939-1945* (Beograd, 1992).
Radmila Radić, *Država i verske zajednice 1945-1970* (Beograd, 2002).
Đoko Slijepčević, *Istorija Srpske pravoslavne crkve*. 3 vols. (Beograd, 1991).
Katarina Spehnjak, *Javnost i propaganda Narodna fronta u politici i kulturi Hrvatske 1945.-1952*. (Zagreb, 2002).
Srpska pravoslavna crkva 1920-1970, ed. Metropolit Vladislav, *et al.* (Beograd, 1971).
Mladen Stefanović, *Zbor Dimitrija Ljotića 1934-1945* (Beograd, 1984).
Johann Wuescht, *Jugoslawien und das Dritte Reich: eine dokumentierte Geschichte der deutsch-jugoslawischen Beziehungen von 1933 bis 1945* (Stuttgart, 1969).
Zasedanje arhijerejskog Sabora SPC (31.V do 20.VI 1954. godine) (Beograd, 1954).
Dragoljub Živojinović, *Srpska pravoslavna crkva i nova vlast 1944-1950* (Beograd, 1998).

Ecclesiastical Policy of the Occupying Forces in Greece and the Reactions of the Greek Orthodox Church to Its Implementation (1941-1944)

Grigorios Psallidas[1]

I. Introduction

The decade of the 1940s war in Greece can best be described by the Triple Occupation (1941-1944) and the Civil War (1947-1949). The Triple Occupation by the German, Italian and Bulgarian armies took place following the German victory and the capitulation of Greece. King Georg II and his government fled the country. The occupiers divided the country into three zones of administration and followed different policies towards the Greek population. The Italians and Bulgarians openly pursued the national assimilation of the population and the territorial annexation of the conquered zones of the Greek dominion. The Germans declared that at the end of the war they would not continue their territorial scope, that they planned to withdraw from the country and that they would retain a distinguished position for Greece in the postwar order of things. They installed a puppet occupying government in Athens. In the course of the war there were three successive occupying governments: from April 1941 to November 1942 (with General Georgios Tsolakoglou as Prime Minister), from November 1942 to April 1943 (with Professor Dr. Konstantinos Logothetopoulos as Prime Minister) and from April 1943 to October 1944 (with Ioannis Rallis as Prime Minister).

The Greek resistance forces not only opposed the Triple Occupation but also were directly involved in the conflict for political domination at the end of the war. In particular, the occupation army had no permanent presence in Central Greece due to the mountainous terrain, and also because of the limited strategic interest in that territory. In the so-called 'free zones', the left-wing organization of resistance had already established institutions of public self-administration, which were acting as a government authority.

---

1. Based upon the monograph of Γρ. Ψαλλίδας, Συνεργασία και ανυπακοή: Η πολιτική της ηγεσίας της Εκκλησίας της Ελλάδος στην Κατοχή (1941-1945) (Athens, 2006).

II. The Position of the Greek Orthodox Church

The Greek Orthodox Church was (and still is) a state church as the denomination represented more than 95% of the Greek population. Additionally, it has deep roots in modern Greek history because of its contribution to the growth of Greek national self-esteem. Through the duration of the decade between 1940 and 1950, the attitude of the leadership of the Church proved decisive. In the years 1941-1944 the Greek Orthodox Church in the three occupied zones of the Greek territory was usually linked to nationalist feelings and very often acted as a representative of the social conscience, and public opinion. It followed a political attitude towards the occupiers that varied not only from open resistance and negative passivity but also in some cases – openly and without hesitation – to collaboration. The German occupying forces – contrary to the Italian and the Bulgarian – gave the church a certain degree of autonomy and had no substantial influence on the religious praxis and worship of the congregation.

Due to its rather decentralized administrative structure and the traditional autonomous praxis of the Greek Orthodox Church at the local, regional and national level, it is not only the Archbishop of Athens who must be considered as a leader but also the metropolitans of the various other Greek districts, being members of the Holy Synod of the bishops in Greece. The Bishop of Athens was and still is considered to be both Archbishop and Chairman of this Holy Synod. This is rather an honorary position because he has no administrative or spiritual authority outside his diocese, but it is of great importance for the legalization of the political authorities of the Greek state.

For most part of the war the seat of the Archbishop of Athens was occupied by Damaskinos. He was promoted to this office in July 1941, after the interference of the occupation authorities and the dethronement of Archbishop Chrysanthos. Damaskinos was considered as the most able person to achieve the support of the masses around him. His predecessor Chrysanthos was dethroned because he refused to attest to the first collaborative government. He was an exceptional personality among the right wing party and the royalists. He was considered as a representative of the self-exiled King George II in occupied Greece, and also as a mentor to the combating anti-communist groups.

In the same period a large number of metropolitans in the Greek Ecclesiastical Province were opposed to the resistance movement and encouraged their flocks to co-exist with the conquerors. Their position reflected anti-communism and also the tendency of the Greek bourgeois

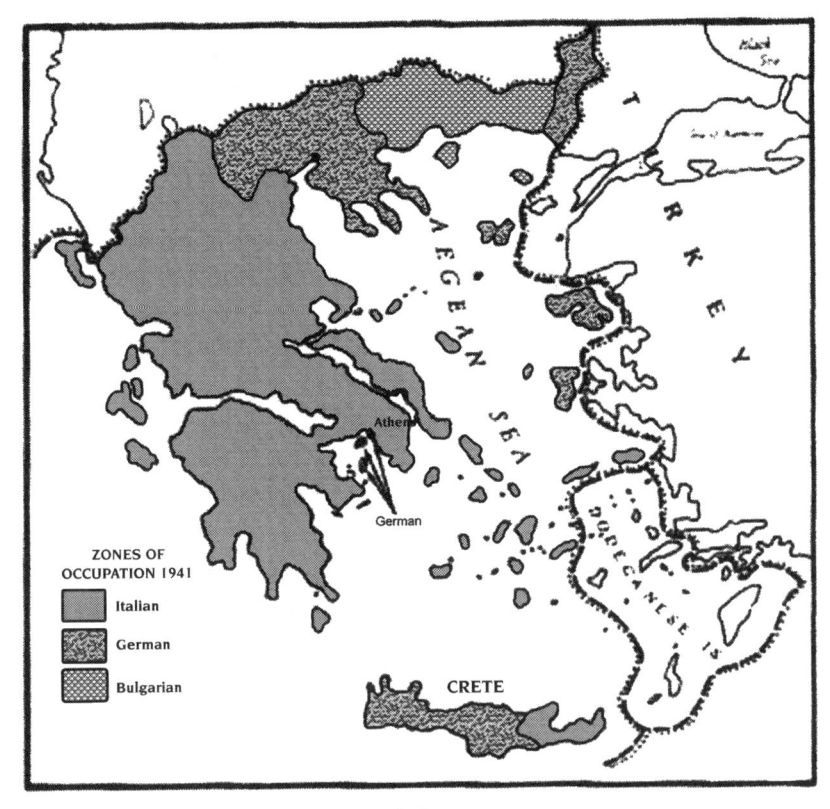

Occupied Greece, 1941

Source: Barbara Jelachiv, *History of the Balkans*. Vol. 2: *Twentieth Century* (Cambridge: Cambridge University Press, 1983) 277.

politicians who considered the 'temporary' presence of the conquerors a lesser danger than the expansive outlook of the Italians and the Bulgarians at the expense of the Greek territorial integrity. In contrast, some members of the ecclesiastic leadership tended to keep up with the resistance groups of the left-wing organization. The participation of lower clergymen, not only in the political but also in the military groups of the left-wing organization of resistance was even larger. This fact was also accommodated by the exceptionally flexible and not at all secularist policy of the leadership of the left-wing organization of resistance at the so-called 'free lands', who neither questioned nor interfered at the core of the ecclesiastical status quo. On the contrary, inside this core a clerical movement for the application of democracy was developed in the church in accordance with the separation of church and state.

In their relationship with the occupying forces the hierarchy of the Church of Greece took a variety of positions. We can discern four main tendencies among them: a) that of active, open and voluntary collaboration with the conquerors, b) that of mandatory obedience and passive collaboration within the context of a realistic adaptation to the political circumstances of the occupation, c) that of resistance and disobedience in the sense of refusing to collaborate, or of a veiled clash with the conquerors and their Greek collaborators and finally, d) that of open conflict with the 'legitimacy' of the occupation and joining the armed resistance. Consequently, the ecclesiastical leadership expressed all of these tendencies that were found in Greek society at the time of the occupation, albeit with different numerical proportions. Their pluriform attitude was largely dependant on the ecclesiastical policies of the occupying forces, which differed from one occupying zone to the other.

III. Bulgarian Occupation of Northeastern Greece and the Breaking-up of the Local Institutions in the Greek Orthodox Church

Rapprochement between Sofia and Berlin in early 1941 occurred when the Bulgarian government realized that a German attack against Greece was imminent. Under such circumstances the territorial benefits for Bulgaria would have been significant, provided they allowed the *Wehrmacht* to cross over their territory into the Greek borders. The rapprochement resulted in the Agreement of April 24th 1941, implemented after the occupation of Greece by the Axis. Thus the regions of Western and Central Macedonia came under German command for strategic reasons and Thessaloniki was chosen as its seat of government. Eastern Macedonia, namely the region situated between the rivers Strymonas and Nestus, and Western Thrace – with the exception of the Greek-Turkish border area in Evros – were ceded to Bulgarian jurisdiction with a view to annexation. Berlin and the German occupying forces, however, did not give in to all the Bulgarian demands since others, even Germany's allies in the region of Southeastern Europe, such as the Italians and the Rumanians, had territorial designs on Northern Greece. Berlin endeavored not to displease any of it allies and so promised a final redistribution of the Balkans at the end of World War II. However, owing to the gradual weakening of Italy, Bulgaria was acquiring increasing significance. So, in early July 1943 the Bulgarian troops that were then under German command were assigned to Central Macedonia, except for the city of Thessaloniki and the Holy Mount Athos. In order to support this Bulgarian expansionist policy in Northeastern Greece, the diplomatic mandarins in Sofia claimed that in the years between the wars the Greek state had displaced more than a million Bulgarians, who could then return to their original homes, once the greater part of the Greek population had been pushed out of Central Macedonia towards Thessaly.[2]

The Bulgarian command of the occupied territories in Eastern Macedonia and Western Thrace abolished the Greek command and installed new political, military and police authorities. It placed particular emphasis on 'bulgarizing' the ecclesiastical, educational and economic institutions in the region.[3] For this reason, they imposed a series of measures concerning matters of administration, Church, education, culture, demography, economy, victualling and nationality, thus replacing the Greek organs of state administration with Bulgarian ones and placing Bulgarian public servants in all areas. The churches and schools were either 'bulgarized' or were closed down, and the Greek clergy and teachers were persecuted. Greek was abolished as the official language; the settlement of Bulgarian farmers with many children was enforced. Increases in taxation were imposed, the blocking of bank accounts, the seizure of the refugees' money, the confiscation of Greek public land and the properties 'abandoned' by their evicted owners was carried out, food rationing was introduced, and permits required to practice a profession but only after Bulgarian citizenship was acquired and the conversion of first names and surnames into Bulgarian ones (with the help of the Bulgarian Orthodox Church[4]) and finally a law was passed making it mandatory to assume Bulgarian citizenship.[5] By the spring of 1943 at least 122 thousand Bulgarians had settled in Eastern Macedonia and Western Thrace.

In September 1941 representatives of the hierarchy of the Bulgarian Church asked the ecclesiastical advisor of the German Foreign Ministry, Eugen Gerstenmaier, and the German Ambassador in Sofia, Beckerle, to intercede with the Greek Orthodox Church to persuade the Patriarchate in Constantinople to lift the Bulgarian schism and to acknowledge the

---

2. Χ. Φλάισερ, Στέμμα και σβάστικα, vol. 2 (Athens, 1995) 90-92, 95, 102-105.
3. Ξ. Κοτζαγιώργη-Ζυμάρη, "Η βουλγαρική κατοχή στην Ανατολική Μακεδονία και την Θράκη," Ιστορία του Ελληνικού Έθνους, ed. Ευ. Κωφός, vol. 16 (Athens, 2000) 65-66.
4. Historical Archives of the Holy Synod of the Greek Church (HAHS), Records of the Holy Synod (RoHS), 18.3.1943.
5. Φλάισερ, Στέμμα, 95, 100.

Patriarch of the Bulgarian Church who was to be elected. The Bulgarian Metropolitans promised in exchange for such an intercession with the Greek Orthodox Church to display 'magnanimous' treatment towards the Orthodox Greeks and to avoid oppression of the Greek 'minority' in Thrace. The Germans made the commitment to exert pressure on the Greek Church to lift the Bulgarian schism but only under the presupposition that the Bulgarian Church would participate actively in the fight against Communism. The Greek Archbishop Damaskinos, however, did not yield to German pressure and so he did not satisfy the request by the Bulgarian ecclesiastical leadership since the latter was actively involved in the efforts of the government in Sofia to Bulgarize the Northern provinces of the Greek state and to annex them with Bulgaria. An example of this fact was that the dioceses of the Bulgarian Church were increased from eleven before World War II to fifteen after April 1941, and territory belonging to both the Greek and Serbian states was annexed.

Nevertheless, certain members of the Greek ecclesiastical leadership initially attempted to adjust to the new circumstances in their dioceses, such as in Serres, when these came under the occupying jurisdiction of Sofia, by following a policy of cooperation with the authorities of the Bulgarian occupation. The refusal on the part of the Bulgarian occupying authorities to accept the offer of cooperation by the local Greek Orthodox Church was a clear indication that they were not interested in winning over the Greek population but only in expelling them or suppressing them completely if they were not willing to give up their right to national self-determination.

Sofia applied a particularly hard occupying ecclesiastical policy in Northeastern Greece, fully in line with its aim for a national purge in the region. It may even have been tougher than the ecclesiastical occupying policy implemented by their German and Italian allies in other regions of occupied Europe, although they too had aspirations for permanent territorial expansion with a view to acquiring 'living space', such as in Russia and on the Adriatic coast of Croatia.

According to the plan to expel the Greek clergy from Eastern Macedonia and Western Thrace, the Metropolitan-Bishops were first deported by summary procedure and in most cases quietly. In contrast, though, the expulsion of the lower clergy was carried out by physical assault and mistreatment, the only exception being those ill and even this was a temporary situation. Living conditions for the Greek priests became extremely arduous, since they had been left without a livelihood. Many of them were forced either to abandon their hearths and emigrate to the German occupied zone or to turn to farming to eke out a living for themselves and their families. But even those who opted for the latter faced many restrictions and discriminations. The decree for the mandatory naturalization as Bulgarians of all inhabitants in the Bulgarian occupation zone in Northeastern Greece, which was promulgated in August 1942, included a chapter with special provisions for priests. According to these, those clergymen who would accept in the future to change their citizenship would also be obliged to accede to the Bulgarian ecclesiastical schism by recognizing the Bulgarian Exarch as their spiritual head and to defect from the Ecumenical Patriarchate of Constantinople, otherwise they would be deported to the German-occupied areas. In exchange for the defection, they were offered posts as civil servants for the Bulgarian State with the corresponding rank and salary, including food rationing allowances and other privileges. In the area of Xanthi it seems that very few Greek priests who had remained after the mass expulsions gave in, accepted the change in citizenship and acceded to the Bulgarian Church, while in the area of Serres there were even fewer priests who did so. In contrast, in the region of Kavala even those who had tried to win favour with the Bulgarian authorities did not escape expulsion.[6]

According to data published five years after the end of the occupation, the Bulgarian military and political occupying authorities were held responsible for 95.7% of the Greek priests who were abused and for 61.1% of the Greek clerics murdered in Northern Greece. The respective apportionment attributed to the German and Italian military forces jointly is 4.3% of the clerics abused, and 38.8% of the murdered priests.[7] This large disproportion of clerical victims among the occupying forces is one more indication of the explicit differentiation in their ecclesiastical policy. The target of the Bulgarians was mainly to intimidate and terrorize the Greek population in order to transform their national conscience in the distant future, whereas the Germans and Italians used reprisals and suppression to enforce order in the present.

At the same time as Greek priests were either being expelled or exterminated, they were being replaced by Bulgarian counterparts, who proved to be the most ardent supporters of the Bulgarian nationalist propaganda, even from the pulpit. In the Greek regions that had been annexed, there were no Greek priests available to join the Bulgarian

---

6. Α. Χρυσοχόου, *Η Κατοχή εν Μακεδονία*, vol. 4 (Thessaloniki, 1951) 26-29, 166-170.
7. Α. Παπαευγενίου, *Μάρτυρες κληρικοί Μακεδονίας-Θράκης: 1941-1945*, 10-11, 14-15.

Orthodox Church. However, even those who had been transferred there from Bulgaria were returning to their homeland as they became disenchanted.[8] For this reason many Russian priests, who had sought refuge in Bulgaria after the Bolshevik Revolution of 1917, were appointed. The topics for sermons were usually selected by Bulgarian and Bulgarian-minded priests from the texts making national claims by the government in Sofia. Among other things they tried to praise the 'just cause' of Bulgarian expansionism and to prove that the Macedonian and Thracian natives were of Bulgarian descent.[9] The monthly newspaper of the Bulgarian Church *Spiritual Culture*, published in Sofia, moved along the same propagandistic lines.

The Greek ecclesiastical leadership replied by employing propagandistic actions to refute the expansionist policy of Sofia at the expense of the Greek territories. The Metropolitan-Bishop of Thessaloniki, Gennadios undertook a campaign to prove that the territorial claims of Bulgaria on Eastern Macedonia and Western Thrace were without substance.[10] This ecclesiastical leader promoted the official views that the Greek state had used in its diplomacy and for propagandistic consumption prior to the Second World War. His aim was to convince the German occupying authorities — quite possibly even Berlin — that injustice was being done to Greeks but he also highlighted the risks for the survival of the Greek population throughout the realm due to the continued occupation and the possible annexation of Eastern Macedonia and Western Thrace to the Bulgarian state. His arguments, besides being historical and ethnological, were also economic since these regions contributed 35% to the total production in Greece. The loss of these regions from the Greek realm would constitute a further decline in the standard of living of most Greeks who had already been living below the poverty line prior to the start of the war and the occupation.

The official protestations of the ecclesiastical leadership were most intense and remained so even after the change in archbishops. In early June 1941 Archbishop Chrysanthos had lodged a formal protest with the Plenipotentiary of the *Reich* in Greece, Günther Altenburg, regarding the way in which the Bulgarian occupying forces treated the Greek Orthodox Church in Northeastern Greece. He denounced their claim

8. Diplomatic and Historical Archives of Ministry for Foreign Affairs of Greece (= DHAMFA), Occupying Government 1942-1944, 4 / 2 (Bulgarian newspapers *Zaria*, 30.11.1941 and *Vecherna Posta*, 1.12.1941).
9. Χρυσοχόου, *Η Κατοχή*, 170, 251-252.
10. DHAMFA, Occupying Government 1941, 6.

that worship be held in the Bulgarian language and that the Holy Synod of the Church of Bulgaria be commemorated in all the Greek Orthodox churches, as well as the dethronement of the Metropolitans of Sidirokastro and Zichni from their seats. The imposition of the Bulgarian language, he maintained, was violating the law and the freedom of religious conscience since Bulgarian was completely unknown to the clergy and the faithful who were all Greek, as was their mother tongue. The commemoration of the Bulgarian Holy Synod was entirely contrary to Canon Law because the Bulgarian Church was 'schismatic' and was not in spiritual communion with any of the other Orthodox Churches nor did it have administrative relations with the Ecumenical Patriarchate.[11] The central administration of the Greek Orthodox Church acknowledged that the essence of the matter was primarily political. That is why at first, even in the matter of the persecutions against the Greek Church in the Bulgarian occupied zone, they did not consider it to be their responsibility but rather it was a 'secular' matter that should be dealt with by the Greek occupying government in Athens.

In the middle of August 1941 the new Archbishop, Damaskinos, in official statements praised the ecclesiastical policy of the German authorities in Northeastern Greece and denounced the respective policy of the Bulgarians. He continued with the same denunciations as his predecessor. The Bulgarians in the meanwhile had quite openly begun efforts to adulterate the ethnological composition and change the national conscience of the population but also to uproot the Greek Church from the Bulgarian occupied zone. To achieve their goal the Bulgarians imposed a series of measures of suppression. Among these measures was the liturgical commemoration of the Bulgarian local Exarch, the Holy Synod in Sofia and the Bulgarian Bishops who had been appointed to the region, the mandatory participation of Bulgarian priests in the liturgies in the churches, the replacement of Greek inscriptions with Bulgarian ones in all churches, and the abolition of the licenses issued by the Greek metropolitans for marriages to be performed. Then, all churches without exception and the diocesan residences were confiscated and finally, all Greek metropolitans and clergy were expelled. In June 1942 Archbishop Damaskinos ceased to denounce the measures taken by the Bulgarian authorities at the expense of the Greek Church, not because the ecclesiastical policy of the conquerors of

---

11. Θ. Στράγκας, *Εκκλησίας Ελλάδος ιστορία εκ πηγών αψευδών 1817-1967*, vol. 4 (Athens, 1972) 2327-2328.

Northeastern Greece had changed or improved, but because, in his estimation, the Greek Church had ceased to exist in the regions under Bulgarian occupation.[12]

When the Bulgarian occupying forces displaced six Metropolitans of the Greek Church from April until June 1941 from their dioceses, they incorporated the latter into the Bulgarian Church and appointed hierarchical wardens for their administration. By the end of the summer of 1942 all churches and the majority of monasteries had been seized, ecclesiastical property had been confiscated, and Greek ecclesiastical books had been burned. In all religious rites the Bulgarian ritual was imposed and the Bulgarian Church calendar was established, which observed the Julian Calendar,[13] although the Greek Church had adhered to the Gregorian Calendar since the 1920s.

When in 1943 the Bulgarian army entered Central Macedonia which was under German administrative responsibility, the Archbishop of Athens launched an anti-Bulgarian diatribe using arguments based on the historical rivalry and the mutual distrust of the Balkan nationalisms, since each was claiming from the other frontier areas that were inhabited by populations with questionable or vacillating national conscience and mixed national composition. He warned that Bulgarian provocations were likely to be demonstrated at the expense of the Greek population, with chain reactions taking the form of conflicts between the inhabitants and the German authorities and then followed by retaliation by the latter. He therefore asked the German occupying authorities to maintain the existing Greek ecclesiastical status and to reject categorically all Bulgarian requests to alter it.

In October of 1943 the Archbishop of Athens, the president of the Academy of Athens, the rectors of the University and Polytechnic of Athens, the presidents of the Chambers of Industry, Commerce and Professions and the General Confederation of Workers in Greece lodged a formal complaint with the Plenipotentiaries of Germany and Italy as well as with the representatives of the International Red Cross. In this protest they denounced the Bulgarian policy of ethnic cleansing suffered by a "population of over seven hundred thousand Greeks" in Macedonia and Thrace resulting in there being more than 150 thousand refugees. At the same time the representatives of the more significant institutions of Greek society declared their support and agreement

---

12. HAHS, RoHS, 6.6.1942.
13. Χρυσοχόου, *Η κατοχή*, 29, 170.

with the entire policy followed in the previous two years by the ecclesiastical leadership concerning this major matter of ethnic cleansing that the Bulgarian occupying forces tried to impose at the expense of the Northeastern Greek population. In fact, they indirectly declared their intense disapproval of the weak reactions of the occupying governments in Athens against the Bulgarian policy in Northern Greece. However, they overlooked the fact that the policy of the Greek Church regarding national matters was essentially encouraged by the first two occupying governments – until early 1943 – since the latter believed that the appeals of the ecclesiastical leadership to the authorities of the occupying forces were more effective than the appeals made by their own.[14]

In any event, the German occupying forces adopted the viewpoint of the advisor on ecclesiastical matters at the German Foreign Ministry, Gerstenmaier, who considered the anti-Bulgarian denunciations by the Greek ecclesiastical leadership rather exaggerated but basically sound. He even submitted a proposal to his department that recommendations be made to Berlin's Bulgarian allies to display, at least regarding ecclesiastical matters, leniency and tolerance.[15]

IV. German Policy in the Treatment of the Leadership of the Greek Orthodox Church

Archbishop Damaskinos and the Greek ecclesiastical leadership believed that the behaviour of the German authorities towards the Church of Greece "was pious and discrete," that the faithful were allowed to worship freely, that the Greek character of the churches was respected and the clergy were not harassed at all in the exercise of their spiritual power.[16] The relatively good relations between the ecclesiastical leadership and the German officials of the occupation regime in Athens is demonstrated through comparative references to other countries of occupied Europe that had greater priority for German interests than Greece and their Orthodox Christian population. The good relations could primarily – but not exclusively – be attributed to the limited interest Berlin had in Greece and of course in its Orthodox Church.

---

14. H. Βενέζης, *Αρχιεπίσκοπος Δαμασκηνός: Οι χρόνοι της δουλείας* (Athens, 1952) 60-63, 64-68.

15. Politisches Archiv des Auswärtigen Amts (PAAA), Inland I-D, Griechische Kirche 2,4: Reisebericht E. Gerstenmaier, 24.9.1941.

16. Βενέζης, *Αρχιεπίσκοπος*, 27-28.

German archival sources and historiography demonstrate that Berlin's policy for dealing with the Orthodox Churches in the occupied countries during the war was not ultimately a result of the ideological obsessions of the leading officials of the Nazi regime. Rather, it was a combination of often pragmatic viewpoints coming from many sometimes conflicting actors: (a) the German political and military authorities in the different occupied countries, (b) the German Ministries of Foreign Affairs and Religious Affairs,[17] (c) at times, the National Socialist Party, with, of course, (d) Hitler's catalytic interventions. That is why this policy was not uniform.

The German targets concerning the Orthodox Churches in the Balkans during the Second World War were centered *grosso modo* on the restriction of their influence as national churches and attempting to align them with German interests. The German occupation forces attempted to meet these targets mainly by suppression of both the anti-German internal tendencies and the external influences (British, Soviet) that were being developed in every country either occupied or allied to Berlin in Southeastern Europe. In this prism the German Foreign Ministry attempted to formulate new policy guidelines according to which the German occupying forces had to display greater tolerance towards the Orthodox Churches in Southeastern Europe.[18] In these efforts to approach the Orthodox Churches in the Balkans the German Foreign Ministry initially employed the services of the German Evangelical Church and in particular its special associate for foreign ecclesiastical issues, Eugen Gerstenmaier.

Indeed in September 1941 Gerstenmaier visited occupied and Axis-allied countries of the Balkans. The aim of his mission was to restore again communication with the ecclesiastical leaderships of these countries and to fill the vacant scholarship positions for the studies of Orthodox theologians in Germany. The scholarships and the idea to establish an Orthodox theological department in a German university were proposals made by the German Evangelical Church. On the occasion of his tour, the German envoy wrote a report for his department titled 'Orthodox National Churches in Southeastern Europe'[19] which presented a comprehensive picture of the situation in the Churches of

---

17. Ministerium für die kirchliche Angelegenheiten / Reichskirchenministerium.
18. M. Ristović, "Treći Raih i pravoslavne crkve na Balkanu u Drugom svetskom ratu," *Dijalog Povjesničara-Istoričara*, ed. H. -G. Fleck and I. Graovac (Zagreb, 2000) 568.
19. PAAA, Inland I-D, Griechische Kirche 2,4: Reisebericht E. Gerstenmaier, 24.9.41.

Serbia, Bulgaria, Greece and Rumania. It expressed the concern that intense pan-Slavonic tendencies would develop in Slavonic Orthodoxy in the Balkans and proposed to recruiting the nation churches in these countries in the battle against Communism.

However, the involvement of the German Evangelical Church in the ecclesiastical policy of the German occupying forces was eventually deemed undesirable by the National Socialist leadership in Berlin. Thus the treatment of the Orthodox Churches in the occupied countries in Southeastern Europe was assigned to the local German secret police and security. These services opted for a policy of 'separation', in other words, of a breaking-up by turning one national Orthodox Church against the other. This practice had been tested in Poland from 1939 by undermining the Polish Orthodox Church through the schismatic Ukrainian Orthodox Church and Ukrainian Orthodox prelates.[20] But the most characteristic example of the efforts for 'separation' was the treatment of the Russian Orthodox Church.[21]

The German ecclesiastical policy in Southeastern Europe had three targets: (a) to repulse the Russian and (subsequently from 1943) the Soviet influence on the Orthodox Churches in the Balkans, (b) the containment of the penetration of the Roman Catholic Church into the region and (c) the eradication of pro-British leanings by the Orthodox church leaders.

In order to repulse the spread of Russophile tendencies among the Orthodox in Southeastern Europe, the German ecclesiastical policy attempted to look for support from the only countries that, for historical and cultural reasons, were not conducive towards the ideological pressures of Pan-Slavism. These Churches were the Rumanian one, whose country was an ally of Berlin and Greece, occupied by the Axis forces. In contrast, the situation in allied Bulgaria did not inspire trust with the makers of German ecclesiastical policy in Southeastern Europe who associated the spreading of Pan-Slavism among the ecclesiastical leaderships with the growth of pro-Russian leanings.[22]

In their policy to avert infiltration of the influence of Catholicism in the Balkans – the second aim of Berlin's ecclesiastical policy in Southeastern Europe – the German occupation forces attempted to secure the

---

20. Report of Savvas, Bishop of Grodno in Poland, to the Ecumenical Patriarch of Constantinopel, 1939 (in HAHS).
21. M. Shkarovskij, *Die Kirchenpolitik des Dritten Reiches gegenüber den Orthodoxen Kirchen in Osteuropa (1939-1945)* (Münster, 2004).
22. PAAA, Inland I-D, Griechische Kirche 2,4: Reisebericht E. Gerstenmaier, 24.9.41.

accommodation or even the collaboration of the Orthodox Churches of Serbia and Greece. The German ministry of ecclesiastical affairs in Berlin at the end of 1940 was aware of the fact that Greece was 'from an ecclesiastical point of view, the mother of the eastern Schism' that had spread to the neighbouring Slavic countries. As mentioned earlier, before the war the Church of Greece counted 96% of the population among its 'flock', namely seven million people distributed into 86 dioceses. The Roman Catholic Church in the same country had 55 thousand faithful distributed among six dioceses.[23] Nevertheless, the leadership of the Church of Greece was targeted for pressure in keeping with the German policy for the Balkan Orthodox Churches to have a hostile attitude towards Roman Catholicism. The first opportunity to exert this pressure occurred in winter 1941-1942, when the Vatican was willing to contribute to the resolution of the problem of the famine that arose in occupied Greece. Characteristic of the Vatican's disposition and of the favourable climate that was established during World War II with respect to the relations among the churches was that one month prior to the withdrawal of the German military from Athens in September 1944, the news was spreading that Pope Pius XII had proposed the union of the Roman Catholic Church with the Eastern Orthodox Church.[24]

Rapprochement between Orthodoxy and the Vatican, however, through the prism of the German cultural policy for Southeastern Europe was "at least undesirable". For this reason, the German occupation regime asked that the efforts for intermediation by the Vatican be stopped and instructed Damaskinos to follow the official path of church diplomacy, namely through the Ecumenical Patriarchate of Constantinople and the connections the Metropolitan of Thyatira in London had with the Anglican Archbishop of Canterbury.[25] Despite the urgency of food supplies and the positive response of the Vatican to intercede with the governments of the USA and Great Britain, Damaskinos was unwillingly forced to cease all communications with officials of the Roman Catholic Church. If the Serbian Orthodox Church had very good reason to be in conflict with the Catholic Church because of the situation in Croatia, the Greek ecclesiastical leaders had no similar cause.

---

23. "Aus der orthodoxen Welt. Griechenland," *Das Evangelische Deutschland: Kirchliche Rundschau* 50 (8.12.1940) 303.

24. Newspaper *Πρωία*, 12.9.1944. See also P. Hebblethwaite, *John XXIII: Pope of the Council* (London: Chapman) 224-225.

25. PAAA, Inland I-D, Griechische Kirche 2,4: Reisebericht E. Gerstenmaier, 24.9.41.

German-British rivalry was the third factor that influenced the shaping of the German ecclesiastical policy in the Balkans, although the British influence proved to be a less appreciable rival of German interests in the field of ecclesiastical leaderships in the region. Among the occupied and allied countries in Southeastern Europe, Berlin considered the Serbian church leadership more pro-British but, to a certain degree, also the Greek Church leadership was perceived as such under Archbishop Chrysanthos, before he was dethroned two and a half months after the occupation of Greece began and had been replaced by Damaskinos.

Damaskinos, in the report by Gerstenmaier in 1941, was described as "a friend of Germany," just as N. Louvaris – professor of theology at the University of Athens and minister for religions in the last occupying government – was. The latter was considered to be the guarantor for maintaining, if not a friendly stance, at least a non-hostile one by the Greek Church towards the German occupying forces since he was an individual with significant influence on the new Archbishop, playing a special role in the web of political power in occupied Greece. However, despite the repeated appeals and urgings of the occupying governments of Athens,[26] the Permanent Holy Synod as a body did not consent to the anti-communist battle of the German occupying forces in Greece, except for some isolated members. This appears to be a peculiar situation considering that anti-communism as an ideological prejudice echoed the views of the majority of the hierarchs in the Church of Greece. Nevertheless, this led to only a handful of them making anti-communist statements and even fewer to come out openly in support of the occupation forces, especially the German ones.

The difference between Serbia and Greece in the implementation and the results of the German ecclesiastical policy was evident, inter alia, in the matter of the church leadership of these two countries. The developments on this issue contributed to a severance of Serb relations with the German occupation forces, whereas in the Greek case, they led to an harmonious cooperation.

The first attempts to shape and implement an ecclesiastical policy by the German occupation forces, adapted to the conditions prevailing in Greece, resulted indirectly in the intervention of the first occupying government and the dethronement of Archbishop of Athens Chrysanthos in July 1941. To obtain German approval instrumental was the fact

---

26. HAHS, RoHS, 23.3.1943.

that he and his people were supporters of the prewar and pro-British regime of Metaxas. The change in primate was also presented as an act of 'purging' the Anglophile elements in the Greek ecclesiastic leadership.

Von Graevenitz, who was substituting for the German Plenipotentiary for Greece, Günther Altenburg,[27] was the person who gave his consent to the Greek occupying government to proceed with the change in the church leadership by removing Chrysanthos and enthroning Damaskinos. The German Evangelical Church in Athens was against the replacement of the Archbishop, probably because Damaskinos maintained good relations with the Roman Catholic prelates, both Greek and non-Greek. Angelo Roncalli, the Papal Nuncio in Greece who would later become Pope John XXIII, stands out among these.[28]

A significant factor in the replacement of the Archbishop of Athens was his refusal to provide the occupying government with the religious legitimization customary in Greek political affairs. This offended the Prime Minister of the first occupying government, Georgios Tsolakoglou. Von Graevenitz, at any rate, attributed the replacement of the Archbishop of Athens to the attempt by the occupying government of Tsolakoglou to eliminate from public life all consequences of the Metaxas governance. The leadership under Chrysanthos was regarded as a remnant of the autocratic regime prior to the occupation.

Retention of the old ecclesiastical leadership under Chrysanthos would probably have resulted in relations developing between the Greek Church and the German occupying forces and their Greek collaborators similar to those that afflicted the Serbian Orthodox Church in the years from 1941-1944. The bad relations of that particular Church and its leadership with the conquerors and with the occupying government in Belgrade contributed to its dissolution and its paralysis.

The archiepiscopal change in Athens in 1941 averted such developments at the expense of the Church of Greece. In fact, in Greece the German authorities managed to settle the archiepiscopal matter to their own benefit, since within the Church of Greece there were several prelates who collaborated in the dethronement of Chrysanthos, thus leading the spiritual leaders of the Church of Greece to a policy of forced obedience and passive collaboration with the conquerors. To demonstrate that the German occupation authorities acknowledged the special position Greek society attributed to the Church of Greece and

---

27. Bundesarchiv (BA), R5101, 40-41.
28. Hebblethwaite, *John XXIII*, 224-225.

therefore the special treatment they displayed towards the Greek ecclesiastical leadership Berlin provided in the appointment (although eventually this did not happen) in Greece of a German *chargé d'affaires* for ecclesiastical matters.

In August 1941, the Reich's Plenipotentiary in Greece, Altenburg, had requested the German Foreign Ministry in Berlin to send one or two 'specialized experts' in ecclesiastical matters, because the German occupying forces in Greece had to restore "urgently ... with the Orthodox Church ... good relations." The Plenipotentiary considered that this urgent need arose from the following factors: the replacement of the Archbishop of Athens, the expulsion of the senior and lower Greek clergy from Eastern Macedonia and Western Thrace under Bulgarian occupation, the issues of the Holy Mount Athos and the increasing hostility the Greek population was showing towards the German occupying authorities combined with their ascending national feelings.[29]

As may be expected, the guidelines of the ecclesiastical policy followed by the German authorities were linked directly with their strategy regarding the political regime in occupied Greece. Berlin anticipated that the occupying government in Athens had to maintain the operation of public services, while the 'Prime Minister' had only to receive and forward instructions. In contrast, the German Embassy headed by the Plenipotentiary Altenburg was attempting to lend – provided German interests were not threatened – a certain autonomous substance to the various occupying governments.

At the end of the war both Altenburg[30] and his successor, Hermann Neubacher,[31] reported that Damaskinos was the most powerful man they had ever met in Greece during the occupation. Damaskinos managed to gather in his person the support of the German occupying forces although they believed that by the end of the occupation he had made contact with the Resistance. Regardless of whether the strengthening of the Archbishop was 'of its own doing' or whether it came after a conscious political choice by the German occupying forces, the fact is that the ecclesiastical leadership operated until 1943 in the framework of a unique 'dual power', in other words of a dual Greek representation on

---

29. BA, R 5101/23175, Der Bevollmächtigte des Reichs für Griechenland an das Auswärtige Amt, 2.8.1941.
30. Φλάισερ, *Στέμμα*, 31, and Β. Μαθιόπουλος, *Η Ελληνική Αντίσταση και οι «Σύμμαχοι»* (Athens, 1977) 318.
31. H. Neubacher, *Sonderauftrag Südost, 1940-1945: Bericht eines fliegenden Diplomaten* (Göttingen, 1956) 99.

the Greek political occupied scene as a second pole next to the occupying government of Athens. The aim of the church leadership was for it to have "the first say, to follow the course of developments ... coordinating all the national forces diffused through the bosom of the Church and the classes in Greek society and to guide them so as to serve ... the Nation."[32]

The political authorities of the German occupation forces found it easier to converse with the ecclesiastical leadership than with the first two occupying governments of Athens. Since the legitimate Greek government was in self-exile, the puppet government of Athens appointed by the invaders was unable to play the role of a go-between fully and successfully. The German political leadership mainly attempted to fill this void during the first two and a half years of the occupation until November 1943, by attracting to and incorporating the ecclesiastical leadership in this grid of political power. To achieve this goal, in fact, the occupying government officially transferred the responsibility for the state's social policy to the Church.

The good cooperation between the German political authorities (Altenburg, von Graevenitz, Neubacher) and Damaskinos and the mutual suspicion and even bad relations of the Archbishop with the military (Helmuth Felmy, Alexander Andrae, von Klem) were evident throughout the occupation and were due to the blatant and at times provocative involvement of the Greek ecclesiastical leadership in the internal rivalries of the Germans in Greece. This is probably why the German political authorities gave such favours to the Greek primate and thus allowed him considerable leeway for moves.

The German political occupation authorities believed that the archiepiscopal change in Athens was of an intense political nature since "in the current situation in Greece, during which the monarchy is absent as a national unifying factor and the weak [occupying] government does not have the freedom to act because of the complete occupation of the land, the significance of the Orthodox Church is reinforced."[33] The role the German occupying authorities reserved for the new church leadership transcended the one the Church of Greece traditionally performed within the political system of the regular Greek state. Not only would it fill the void in the 'mediation' process between the

---

32. HAHS, RoHS, 14.10.1943.
33. BA R5101, 40-41: Der Bevollmächtigte des Reichs für Griechenland an das Auswärtige Amt, 10.7.1941.

population and the German forces, which, as mentioned, the occupying government failed to do. But owing to the absence of a state leader, the Church provided the occupying regime with legitimacy not only of a customary religious nature but of a political one as well.

The forming of an occupying government in Athens was due to a German initiative and without the consent of their allies. The nomination as Prime Minister among senior and top clericals of the Church of Greece was an idea that pleased many ecclesiastic and 'lay persons'. As candidates among the church hierarchy for the office of Prime Minister during the occupation, there were both Archbishops Chrysanthos and Damaskinos, and Metropolit (later Archbishop) Spyridon. The German ambassador in Athens, Victor Prinz Erbach-Schönberg, had proposed the forming of the first occupying government in April 1941[34] on a Church's initiative, but came up against the refusal of Chrysanthos. The desire of Damaskinos to become Prime Minister of the third occupying government of Athens in April 1943 was confirmed at the end of the war by the Plenipotentiary of the Reich in Greece Günter Altenburg.[35]

In October 1942 Berlin gave an explicit order to the German occupying authorities in Athens that their policy towards the Greek Orthodox Church should be worked out in consultation with the local SS command and the German police.[36] The countdown, though, for the exacerbation in the relations between Archbishop Damaskinos and the German factor in occupied Greece began a year later, towards the end of 1943. From April 1944, in fact, the German occupying forces behaved themselves towards the leadership of the Church of Greece, and in particular its head, in a similar way to what it displayed for the leadership of the Serbian Orthodox Church. This gave the opportunity to the Greek Church's central administration during and after the liberation to appear as an agent in the political resistance against the forces of occupation.

The factors that led directly to the change in German ecclesiastical policy in Greece was, first of all, the initiation of permanent communication and consultations between Damaskinos and the British as well as the exiled royalist government and, on the other hand, the departure of Altenburg as the *Reich*'s Plenipotentiary from Greece in November of 1943. He was replaced by Von Graevenitz, who maintained the original

---

34. Έθνος (newspaper), 15.3.1945.
35. Μαθιόπουλος, *Η Ελληνική Αντίσταση*, 318.
36. BA, R 5101/23175, An den Bevollmächtigten des Reichs für Griechenland, 10.11.1942.

German policy towards the Greek ecclesiastical leadership. However, the departure of the former went a pair with the strengthening of the military and police authorities vis à vis the German political leaders. This came about mainly as a result of the withdrawal of the Italian occupying forces in September 1943, after Italy capitulated to the Allied Forces and the shift of the entire weight of the occupation to the German military. Moreover, developments on the war fronts created the impression that the countdown had begun for the withdrawal of the Germans from Greece. That is why the German authorities had ceased to be interested in the social support which the Church had provided for originally. Furthermore, it is likely that an indirect role was played by the shift in the ecclesiastical policy followed by Berlin with respect to all the Orthodox Churches collectively. This change occurred after the recognition − on the part of the Orthodox leaders but also by the Ecumenical Patriarchate of Constantinople − of the election of the Patriarch of Moscow, Sergius, which signaled the rapprochement between the Soviet government and the Russian Orthodox Church. This concerned the Slavonic Churches more, but to a certain degree it could have had an effect on how the Germans dealt with the others, as was the case with the Greek Church.

V. Ecclesiastical Policy of the Italian Occupying Authorities in Greece

In contrast with the Germans, the Italians did not hesitate to put to good use the local institutions of the Roman Catholic Church to gain the tolerance or even the sympathy of sections of the population in occupied countries. Their diplomatic service in Athens asked the first occupying government in Athens to nullify those provisions of the Agreement of Briand-Maglione of 1926, which transferred to France and their local agents all the rights of the Roman Catholic Church. This Agreement retained the pre-existing status of French protection of the Roman Catholics in states that emerged from the shrinkage and dissolution of the Ottoman Empire. In Greece, however, this never came into effect since immediately after the establishment of the state, the protection of the Greek Roman Catholics was assigned to the Greek King and thus the Roman Catholic Church in Greece had become a national church under the protection of the State.[37] Consequently the Italian request was without meaning but indicative of the Italian authorities' intentions to

---

37. DHAMFA, Occupying Goverment 1941, 6.

employ the institutions of the Roman Catholic Church at the service of their occupying policy in Greece.

Consequently it is not surprising that the activity of the Catholic Church in Greece from 1940-1944 developed in many social sectors. It extended from the concession of buildings to the Greek government to house hospitals during the Greek-Italian war to the successful mediation of Pope Pius XII in winter 1940/1941 between the governments of the warring nations to avert the bombarding of Athens and Rome. Furthermore, Rome and the Roman Catholic bishops of Greece intervened with the German and Italian occupying authorities to relax the measures for detention of Greeks in concentration camps and with the King and the Prime Minister of Bulgaria for a better treatment of the Greek population in occupied Eastern Macedonia and Western Thrace. The Roman Catholic bishops as well offered assistance in the efforts to resolve the problem of food provisions to the urban population by mobilizing the diplomatic machinery of the Vatican. It resulted in appeals by the Pope to the British monarch, representations by the nuncios to the occupying authorities in Greece as well as mediation between Archbishop Damaskinos and the British government or the Greek ambassador in London.[38]

The large disproportion between the Catholic faithful and their Orthodox counterparts in Greece made it clear to the Italian authorities that the formulation and implementation of an ecclesiastical policy on their part in Greece would have to take into account mainly – if not exclusively – the Orthodox Church. Thus, the Italian occupying forces attempted – according to German sources – to prevent the replacement of Archbishop Chrysanthos with Damaskinos since this would have entailed the restructuring of the Church of Greece and its adaptation to the new occupying conditions. However, they retreated when they realized that they would have incurred the displeasure of the Greek population in the event their involvement would have become public in such a significant ecclesiastical matter.[39]

It becomes evident that the shaping and implementing of a common ecclesiastical policy between the conquerors did not take place. The differentiation of the Italian authorities in relation to the German ecclesiastical policy was in tandem with the different strategy Rome and Berlin

---

38. Π. Γρηγορίου, *Ιστορικά Δοκίμια: Διαπρεπείς Έλληνες Καθολικοί* (Athens, 1985) 95-135.

39. BA R5101, Der Bevollmächtigte des Reichs für Griechenland an das Auswärtige Amt, 10.7.1941.

had for occupied Greece. The Italians preferred a joint German-Italian military command and were against the idea of setting up an occupying government in Athens since both the Italians and the Bulgarians were preparing to annex after the war those regions of the Greek realm that had come under their occupying jurisdiction and to settle there permanently.[40] In view of the Church of Greece being the strongest organization with popular appeal in occupied Greece the reasons why the Italians did not want a change in archbishop were quite understandable. Indeed, it enhanced the influence of the ecclesiastical leadership in the occupying regime in Athens.

At least at the beginning of the occupation the observance of the German ecclesiastical policy, which strove to collaborate with the new primate of the Church of Greece, benefited the Italians regarding the imposition and maintenance of order among the inhabitants of the occupied zone. In July 1941 the new Archbishop issued an encyclical by telegraph addressed to the metropolitans of continental Greece to encourage the disarmament of civilians.[41] Certain prelates even promised that should the Church's faithful hand over their weapons to the Italian occupying authorities, the latter would reward the priests of the villages with food provisions,[42] while others encouraged their flock to show an attitude of 'a warm and decent welcome to the Italian occupying military forces to avoid possible disorder'.

The first government of Athens under occupied conditions undertook the endeavor for "cooperative adaptation" of all the institutions and machinery of the state by calling firstly all civil servants to promise "before God and country" that they would discharge their duties by providing 'all legal cooperation to the military and political Italian authorities for the benefit of the Greek Nation and the people'. The ecclesiastical leadership accepted this policy fully and submitted all parish clergy to this humiliating procedure in all the regions of the Italian zone, despite the fact that they were not considered to be civil servants by any Greek or foreign authority. At the same time, the new Archbishop praised "the discretion displayed by the German and Italian Authorities" towards the Church of Greece in contrast with the Bulgarian occupying forces in Eastern Macedonia and Western Thrace.[43]

---

40. Χ. Φλάισερ, "Κατοχή και αντίσταση. 1941-1944," *Ιστορία του Ελληνικού Έθνους*, ed. Ε. Κωφός, vol. 16 (Athens, 2000) 44.
41. HAHS, RoHS, 4.9.1941.
42. Δ. Κάιλας, *Ο κλήρος στην αντίσταση* (Athens, 1981) 23-24.
43. HAHS, RoHS, 5.7.1941, 4.9.1941, 30.9.1941 and 8.10.1941.

The Italians in the Ionian Islands took pains to influence and adulterate the national conscience of the Greek population.[44] Nonetheless, in Corfu it was not until September 1943 that a rupture occurred between the Italian occupying authorities and the local ecclesiastical leadership, which would result on the part of the latter to follow a policy of disobedience and refusal to cooperate. In contrast, the relations between the Italian commissioner Pietro Parini and the Metropolitan of Corfu Methodios were characterized by a realistic adaptation and mandatory obedience of the prelate to the Italian authorities. These tactics facilitated the hierarch to practice his social work but also to provide assistance, which on occasion employed illicit means and approached the limits of humanitarian resistance.[45]

The relations of the Italian occupying forces and the central ecclesiastical leadership worsened at the beginning of the third year of the occupation. The reason for this was when the Office of Political Affairs of the Italian occupation army, which was based in Corfu, attempted – albeit unsuccessfully – to withhold 50% of the initial pension or supplementary stipend of the clergy.[46] To this was added the forced removal of hierarchs to other areas in Greece from their dioceses by decision of the Italian occupying authorities. At the same time the ecclesiastical leadership realized that there were "unprecedented persecutions as to their extent and unfairness against the clergy in nearly all regions" of the Italian zone. More specifically, it was reported that clerics of all ranks were tortured, displaced, deprived of their property and "fortunately not many" were condemned to death without trial and were executed. Not long before the Italian capitulation in September 1943 the central leadership of the Church of Greece openly opposed the Italian occupying authorities due to the actions of the Italian Military at the expense of the civilians in the Greek provinces. The Italians however rejected the protest of the Archbishop because the Church leaders refused to condemn the Greek partisans.[47] Thus it seems that in the case of the Italian occupying authorities, just as with the German ones, the attitude of the military towards the Church of Greece was more severe than that shown by the political echelons.

44. Σπ. Λουκάτος, "Η πολιτική της φασιστικής Ιταλίας στα κατεχόμενα Επτάνησα," *Ελλάδα 1936-1944: Δικτατορία – Κατοχή – Αντίσταση*, ed. Χ. Φλάισερ & Ν. Σβορώνος (Athens, 1990).
45. Μ. Κοντοστάνος, *Αρχείον και καθημερινά περιστατικά γεγονότα επί ιταλικής και γερμανικής κατοχής* (Corfu, 1949) 42-264.
46. HAHS, RoHS 18.3.1943.
47. Βενέζης, *Αρχιεπίσκοπος*, 224-231.

VI. From War to Civil War

Towards the end of 1944, the authority of the Greek government, which had returned after the withdrawal of the German army, and was under the protection of the British army, was reinstated only in the territory of Athens, Heperos, East Macedonia and the islands. On the other hand, the army of the left-wing organization of resistance had total control of the remainder of the country with the purpose of establishing a status quo of the democratic republic. This situation changed only after the voluntary disarmament and the self-determination of the military organization of the left-wing party, in February 1945. What followed was the beginning of the White Terrorist era, on behalf of the paramilitary organization of the right-wing party and the repressive mechanism that was authorized by the Athens government. A fact that caused chain reactions that led to rebellion by the Communists and the beginning of the Greek Civil War.

Archbishop Damaskinos and his activities during the German occupation had contributed to the maintenance of the church's authority as an important national institution in difficult periods of Greek history. He was therefore appointed as Vice-King of Greece in the years following the end of the war. He had proved to be one of the more powerful personalities amongst the nationalists and also of the modest Centre, which had preserved their contacts with the allies as much as with the conquerors in order to avoid post-war domination of the left-wing party and to secure the continuation of the bourgeois regime.

Also in the years of the Greek civil war (1947-1949) the church played a significant role in standing by the Conservative tendency against the left-wing forces. Following the liberation of Greece at the end of 1944 and the disarmament of the left-wing's military groups at the beginning of 1945, the clergymen who had participated in the resistance as members of the left-wing were ostracized from the church. As long as the whole country was slipping towards the Civil War between the left and the right wings, the Greek Orthodox Church was dominated by the so-called 'par-ecclesiastical organizations', instructed by the state and transformed in a powerful ideological and political part of the so-called 'holy' anti-communist battle. Both, the collaboration and the tolerance that the church showed towards the terrorist tactics of the right-wing, and government oppression that included concentration camps and numerous executions of left-wing members of the population, had their ideological basis. Marxism was considered a criminal ideology and the communists were regarded as repugnant beings. Despite all this, the Greek Orthodox Church dare not put the anathema on the communists, which contrasts with the tactic that the Roman Catholic Church followed in Western European countries at the beginning of the Cold War.

VII. Conclusions

Ultimately, we can conclude that prior to the occupation the Church of Greece held a significantly special place in Greek society since it was the official Church of the Greek State and the overwhelming majority – almost in its entirety – of the country's population was tied to it. This association was also due to the fact that those Greeks, who did not adhere to the Church's tenets, still considered the Church to be the guardian of their ethnic cultural identity. During the occupation from 1941-1944 the political and social activity of the ecclesiastical leadership reinforced further the place of the Orthodox Church making it a significant factor in the developments in occupied Greece, both in the capital as in the urban and semi-urban centers of the occupied country – but not in the mountainous and semi-mountainous regions which were under the control of the Leftist partisans.

The three occupying forces followed a different ecclesiastical policy in Greece in accordance with the differences in their post-war geopolitical aims for Greece. The German side declared it did not have designs in the distant future on Greece, other than temporary geostrategic interests, in other words for as long as the war lasted. Consequently it attempted to promote a policy of dissension among the population by exploiting – not ethnic contrasts and antagonisms – but ideological and political differences, such as anti-communism that rallied the conservative farmers and brought the urban forces in confrontation with the Left. On the other hand, the Bulgarian occupying forces in Eastern Macedonia and Western Thrace had permanent and constant designs on the territorial integrity of the Greek state, which extended beyond the war. That is why they undoubtedly gave priority to the strategy of a shift or at least to 'declassify' the ethnic conscience and the cultural identity of the population in their occupied zone with terms of ethnic rivalry and historical reprisals. The Italian occupying forces, although it was obvious that they would not give up their territorial designs at the expense of the Greek realm, showed that they adopted the policies of both their allies, namely both the ideological-political division as well as the ethnic-cultural declassification at the expense of sectors of the Greek population. For those reasons the Germans aimed at full cooperation with the Church, whereas the Italians attempted to restrict the political action of the Church of Greece as a national church. On the other hand, the Bulgarians not only did not wish to incorporate the Church of Greece into the occupying regime, preferring to eradicate it completely.

Selective Bibliography

Rainer Eckert, *Vom "Fall Marita" zur "wirtschaftlichen Sonderaktion": Die deutsche Besatzungpolitik in Griechenland vom 6. April 1941 bis zur Kriegswende im Februar/März 1943* (Frankfurt am Main, 1992).
Gabriella Etmektsoglou, *Axis Exploitation of Wartime Greece, 1941-1943*. Dissertation Emory University, 1995.
Hagen Fleischer, *Im Kreuzschatten der Mächte: Griechenland 1941-1944 (Okkupation-Resistance-Kollaboration)*. 2 vols. (Frankfurt/Bern/New York, 1986).
Χάγκεν Φλάισερ and Νίκος Σβορώνος (eds.). *Ελλάδα 1936-1944: Δικτατορία – Κατοχή – Αντίσταση*. [Hagen Fleischer and Nikos Svoronos (eds.), *Greece 1936-1944: Dictatorship – Occupation – Resistance*] (Athens, 1990).
John Louis Hondros, *Occupation and Resistance: The Greek Agony, 1941-1944* (New York, 1983).
John Iatrides (ed.), *Greece in the 1940s: A Nation in Crisis* (Hanover, NH/London, 1981).
Ευάγγελος Κωφός (ed.), *Ιστορία του Ελληνικού Έθνους*. [Evangelos Kofos, *History of the Greek Nation*]. Vol. 16 (Athens, 2000).
Mark Mazower, *Inside Hitler's Greece: The Experience of Occupation, 1941-1944* (New Haven, CT/London, 1993).
Hermann Neubacher, *Sonderauftrag Sudost, 1940-1945: Bericht eines fliegenden Diplomaten* (Göttingen, 1956).
Procopis Papastratis, *British Policy towards Greece during the Second World War* (Cambridge, 1984).
Γρηγόριος Ψαλλίδας, *Συνεργασία και ανυπακοή: Η πολιτική της ηγεσίας της Εκκλησίας της Ελλάδος στην Κατοχή (1941-1945)*. [Grigorios Psallidas, *Cooperation and Disobedience: The Policy of the Leadership of the Orthodox Church of Greece (1941-1944)*] (Athens, 2006).
Michail Shkarovskij, *Die Kirchenpolitik des Dritten Reiches gegenüber den Orthodoxen Kirchen in Osteuropa (1939-1945)* (Münster, 2004).
Harris Vlavianos, *Greece 1941-1949: From Resistance to Civil War* (Oxford, 1992).
Christopher Woodhouse, *Apple of Discord: A Survey of recent Greek Politics in their International Settings* (London, 1948).

„Liberalisierung" und Repression
Zur Praxis der Religionspolitik in der Ukraine während NS-Besatzung und stalinistischer Herrschaft 1941-1953

Katrin Boeckh

I. Einleitung

Der sowjetische Kommunismus und der deutsche Nationalsozialismus zeigten in ihrer materialistischen Weltanschauung ähnliche Einstellungen und Verhaltensweisen gegenüber den Religionen. Während die bolschewistische Partei nach ihrer Machtübernahme 1917 gegen diese mit großer Zielgenauigkeit und Aggression vorging, gerierte sich der NS-Staat anfangs noch verhaltener. Dennoch fanden sich beide Mächte am Höhepunkt ihrer Konfrontation im Zweiten Weltkrieg entgegen ihrer Ideologie zu Zugeständnissen gegenüber Kirchen und Gläubigen bereit. Die in der Sowjetunion und in deren besetzten Gebieten von Moskau und Berlin während des Krieges betriebene Kirchenpolitik war auch auf das gegenseitige Beobachten zurückzuführen und darauf, dass die eine Seite auf das Vorgehen der anderen reagierte. Der Sieg über NS-Deutschland und die Besatzungstruppen führte in der Sowjetunion schließlich zu einer Wiederaufnahme der Verfolgung von Kirchen und Gläubigen.

Die religionspolitische Praxis auf dem okkupierten Gebiet der Sowjetunion im Zweiten Weltkrieg und die danach folgende Religionsrepression stellt der vorliegende Beitrag in seinen Mittelpunkt, konzentriert auf das Gebiet der Sowjetukraine. Nach einleitenden Bemerkungen über die gegenseitige Abhängigkeit Hitlerscher und Stalinscher Religionspolitik werden in zwei größeren Abschnitten die Verhältnisse zuerst während der NS-Besatzung, dann nach der sowjetischen Rückeroberung der Ukraine dargelegt. Diese beiden Teile entsprechen sich insofern, als sie aus der Perspektive des jeweiligen Regimes erzählt werden, was in beiden Fällen durch die Quellen – interne Behördenberichte – bedingt ist. Aus diesen kann gleichzeitig eine Fülle von Informationen über lokale Gemeinden gewonnen werden, so dass die Sichtweise der Gläubigen und der Kirchen ebenfalls berücksichtigt wird.

Das Ziel der gesamten Untersuchung besteht darin, die Spezifika der Religionspolitik beider Diktaturen herauszustellen und zu analysieren, welches System sich hinter den jeweiligen Vorgehensweisen verbarg. „Liberalisierung" und „Repression" werden dabei als zwei verschiedene Methoden ein und derselben politischen Absicht verstanden.

Das untersuchte Territorium bezieht sich auf die von der Wehrmacht besetzten Gebiete der Sowjetukraine, die zuerst unter Militär- und dann als Reichskommissariat Ukraine unter Zivilverwaltung standen. Ausgeklammert werden das Generalgouvernement,[1] in dem ein hoher ukrainischer Bevölkerungsanteil siedelte, sowie Transnistrien unter rumänischer Besatzung.[2] Der zweite Abschnitt zur sowjetischen Religionspolitik hat einen Schwerpunkt auf der Westukraine, der sich durch deren Bedeutung für die Thematik erklärt; er besitzt aber auch Aussagekraft für die gesamte Sowjetukraine nach dem Zweiten Weltkrieg.

Über die religiöse Lage in der Ukraine während des Zweiten Weltkrieges liegen einige – auch neuere – Untersuchungen vor, aus denen die Politik der deutschen Besatzungsmacht gegenüber Kirchen und Gläubigen ersichtlich wird.[3] Um repräsentative Beispiele zusammenzutragen,

---

1. Zur Kirchenpolitik im Generalgouvernement vgl. unter anderem: *Kościół katolicki na ziemiach Polski w czasie drugiej wojny światowej: Materiały i studia*, hrsg. von Franciszek Stopniak. Band 1-6 (Warszawa, 1973-1985); *Martyrologium polskiego duchowieństwa rzymskokatolickiego pod okupacją hitlerowską w latach 1939-1945*. Band 1-5, hrsg. von Wiktor Jacewicz, Jan Woś (Warszawa, 1977-1981); Zenon Fijałkowski, *Kościół katolicki na ziemiach polskich w latach okupacji hitlerowskiej* (Warszawa, 1983); Jan Sziling, *Kościoły chrześcijańskie w polityce niemieckich władz okupacyjnych w Generalnym Gubernatorstwie (1939-1945)* (Toruń, 1988); *Życie religijne w Polsce pod okupacją 1939-1945. Metropolie wileńska i lwowska*, hrsg. von Zygmunt Zieliński (Katowice, 1992).
2. Zu den Religionsverhältnissen in Transnistrien vgl. Ekkehard Völkl, *Transnistrien und Odessa (1941-1944)* (Regensburg, 1996) 78-87; Katrin Boeckh, „Rumänisierung und Repression: Zur Kirchenpolitik im Raum Odessa/Transnistrien 1941-1944," *Jahrbücher für Geschichte Osteuropas* (1997) 64-84.
3. Zu den kirchlichen Verhältnissen in der Ukraine während des Zweiten Weltkrieges vgl. Friedrich Heyer, *Kirchengeschichte in der Ukraine im 20. Jahrhundert: Von der Epochenwende des ersten Weltkrieges bis zu den Anfängen in einem unabhängigen ukrainischen Staat* (Göttingen, 2003) (die deutschen Besatzungsakten wurden hier allerdings nicht einbezogen); Harvey Fireside, *Icon and Swastika: The Russian Orthodox Church under Nazi and Soviet Control* (Cambridge, MA, 1971); Wassilij Alexeev und Theofanis G. Stavrou, *The Great Revival: The Russian Church under German Occupation* (Minneapolis, MN, 1976); Oleh W. Gerus, „The Ukrainian Orthodox Disunity in a Historical Context," *The Ukrainian Quarterly* 80, no. 4 (Winter 1997) 301-322; O. Je. Lysenko, „Do pytannja pro stanovyšče cerkvy v Ukraïni u period druhoï svitovoï vijny," *Ukraïns'kyj istoryčnyj žurnal* 39 Heft 3 (1995) 73-81; Karel C. Berkhoff, „Was There a Religious Revival in Soviet Ukraine under the Nazi Regime?," *The Slavonic and East European Review* 78 (2000) 536-567. Vgl. zur Kirchenpolitik auch Otto Bräutigam, *Überblick über die besetzten Ostgebiete während des 2. Weltkrieges* (Tübingen, 1954) 66-69.

wurden im folgenden zusätzlich Lageberichte der Wehrmacht herangezogen, die ab dem Angriff auf die Sowjetunion am 22. Juni 1941 in regelmäßigen Abständen von Feld- und Ortskommandanturen hinter der Front verfasst wurden.[4] Zur sowjetischen Religionsverfolgung informieren ebenfalls neuere Darstellungen, die auf solider Quellenbasis stehen.[5] Zusätzlich dazu wurden aus jahrzehntelang verschlossenen, nunmehr frei zugänglichen ukrainischen Archiven sowjetische Behördenberichte analysiert, die sich mit der Lage der Religionsgemeinschaften vor Ort beschäftigen.

II. Die Interdependenz stalinistischer und nationalsozialistischer Religionspolitik

Die Ukraine gehörte seit 1922 als Ukrainische Sowjetische Sowjetrepublik (USSR) zur Sowjetunion. An die Zentrale in Moskau waren alle

4. Diese befinden sich als mikroverfilmte Bestände im Institut für Zeitgeschichte München (im folgenden: IfZ). Die IfZ-interne Signatur MA 488/1 entspricht der Signatur T-501 Roll 33 der National Archives Washington; die IfZ-Signatur MA 488/2 der National-Archives-Signatur T-501 Roll 34. Die Originale liegen im Militärarchiv Freiburg. In diesen Berichten schildern Wehrmachtsangehörige einseitig und ohne Landes- und Sprachkenntnisse – und auch ohne das Bemühen darum – ihre Sicht der militärischen und politischen Entwicklungen in den von ihnen besetzten Gebieten. Das Empfinden der Bevölkerung stand für sie weniger im Vordergrund als mögliche Gefahren seitens der Kirchenführer oder Stimmungsschwankungen der Gläubigen, die eine Destabilisierung der allgemeinen und ihrer eigenen Lage nach sich gezogen hätten. Innerkirchliche Aktivitäten wurden nur dann in ihre Schilderungen aufgenommen, wenn sie für die Besatzung von Belang waren. (Die hier angeführten Ortsangaben bleiben wie im Original und werden nicht wie üblich aus dem Ukrainischen transliteriert.)
5. Grundlegend für die Kirchen in der Sowjetunion ist noch immer Walter Kolarz, *Die Religionen in der Sowjetunion: Überleben in Anpassung und Widerstand* (Freiburg/Basel/Wien, 1963). Zur Religionsverfolgung nach der bolschewikischen Machtübernahme: Glennis Young, *Power and the Sacred in Revolutionary Russia: Religious Activists in the Village* (University Park, PA, 1997); Daniel Peris, *Storming the Heavens: The Soviet League of the Militant Godless* (Ithaca, NJ/London, 1998); Sandra Dahlke, *„An der antireligiösen Front:" Der Verband der Gottlosen in der Sowjetunion der zwanziger Jahre* (Hamburg, 1998); dies., „Kampagnen für Gottlosigkeit: Zum Zusammenhang zwischen Legitimation, Mobilisierung und Partizipation in der Sowjetunion der zwanziger Jahre," *Jahrbücher für Geschichte Osteuropas* 50 (2002) 172-185; W. B. Husband, *„Godless Communists:" Atheism and Society in Soviet Russia, 1917-1932* (DeKalb, IL, 2000); Vera Shevzov, *Russian Orthodoxy on the Eve of Revolution* (Oxford [u.a.], 2004).
Die meisten Abhandlungen zur Religionspolitik unter Stalin konzentrieren sich auf die Zeit vor dem Zweiten Weltkrieg, vgl. exemplarisch Gregory L. Freeze, „The Stalinist Aussault on the Parish, 1929-1941," *Stalinismus vor dem Zweiten Weltkrieg: Neue Wege der Forschung*, hrsg. Manfred Hildermeier (München, 1998) 209-232, Michail Vital'evič Škarovskij, „Die russische Kirche unter Stalin in den 20er und 30er Jahren des 20. Jahrhunderts," ebenda, 233-253; *Politik und Religion in der Sowjetunion 1917-1941*, hrsg. Christoph Gassenschmidt und Ralph Tuchtenhagen (Wiesbaden, 2001).

wichtigen politischen Zuständigkeiten abgegeben worden: das Staatsbudget, die wirtschaftliche Planungsgewalt, die Landesverteidigung. Die Kiever Republiksregierung besaß damit keinen Einfluss auf die zentralen Befugnisse, sondern war den Moskauer Vorgaben völlig unterworfen, so dass in der USSR auch in religionspolitischer Hinsicht dieselbe Praxis wie in der übrigen Sowjetunion zur Anwendung kam.

Die Ausgangsbasis schuf in der Sowjetunion die ab der Machtergreifung Lenins konsequent durchgesetzte Forderung des Marxismus-Leninismus, die Religion müsse überwunden werden. *De iure* wurde die Trennung von Kirche und Staat eingeführt, *de facto* wurden aber alle Kirchen, religiösen Verbindungen und Sekten der staatlichen Verfolgung unterworfen. Die Liquidierung der kirchlichen Gemeinschaften wurde durch eine allmähliche Verdrängung der Kirchen aus dem öffentlichen Leben – über das Verbot des Religionsunterrichtes an Schulen, das Missionsverbot, die Schließung von Kirchen, die Beschlagnahmung kirchlichen Eigentums sowie die Deportation von Geistlichen und Gläubigen – angestrebt und großenteils erreicht. 1929 legte das Religionsgesetz die staatliche Registrierung kirchlicher Gemeinden und die weitgehende Reduzierung ihrer Tätigkeit auf die Erfüllung ihrer religiösen Bedürfnisse fest. Zwar wurde den Sowjetbürgern in Artikel 124 der „Stalin-Verfassung" von 1936 demonstrativ Religionsfreiheit garantiert, die Verfolgung von Gläubigen endete damit aber nicht. Dem Terror der dreißiger Jahre, der auf „Staatsfeinde" aller Art abzielte, fielen Geistliche wie Gläubige in großer Zahl zum Opfer. Am Vorabend des Zweiten Weltkrieges waren die in der Sowjetunion bisher vorhandenen religiösen Gemeinschaften der orthodoxen, der evangelisch-lutherischen, der katholischen Kirche, der Juden, der Baptisten, der Evangeliumschristen und der Muslime institutionell nahezu aufgelöst, nur unter einem hohem Risiko war für die Gläubigen die religiöse Praxis möglich.

Eine spezielle Situation ergab sich in der Sowjetukraine, wo die Mehrheit der Bevölkerung orthodox und jurisdiktionell dem Moskauer Patriarchat untergeordnet war: Hier entstand in den zwanziger Jahre eine autokephale ukrainische orthodoxe Kirche, die eine auf die Ukraine beschränkte, vom Moskauer Patriarchat unabhängige orthodoxe Kirchenorganisation anstrebte, jedoch vom russischen Patriarchen nicht anerkannt wurde.[6] Von den sowjetischen Behörden wurde die autokephale ukrainische orthodoxe Kirche anfangs unterstützt, da dies gleichzeitig

---

6. Bohdan R. Bociurkiw, „The Rise of the Ukrainian Autocephalous Orthodox Church, 1919-22," *Church, Nation and State in Russia and Ukraine*, hrsg. Geoffrey Hosking (London, 1991) 228-249.

eine Schädigung der russischen orthodoxen Kirche bedeutete. Zu Beginn der dreißiger Jahre jedoch wurde die autokephalen Kirche fallengelassen, ihre Vertreter unter der Anschuldigung konterrevolutionärer Tätigkeit verhaftet und die Kirchenorganisation aufgelöst.

Darüber hinaus hatte die religionsfeindliche sowjetische Politik auch in der Ukraine zum großen Teil ihr Ziel erreicht: Kirchen und Klöster waren enteignet, Priester verhaftet und kirchliche Gebäude staatlichen Einrichtungen zur Verfügung gestellt worden. Oftmals mussten sie Funktionen übernehmen, die das Mauerwerk zielgerichtet beeinträchtigten, zum Beispiel als Lagerhallen, Silos, Garagen, Sporthallen oder Klubs. Wegen der günstigen Akustik wurden auch Kinos oder Theater installiert; Glockentürme wurden abgetragen. Neben anderen repressiven Maßnahmen wie der Zwangskollektivierung, der staatlich verantworteten Hungerkatastrophe 1932/33, der Verfolgung von Regimegegnern und Russifizierungskampagnen war es auch die antireligiöse Politik, die viele Ukrainer zur Ablehnung des sowjetischen Regimes veranlasste.

Von den Kriegsereignissen in Westeuropa war die Sowjetunion anfangs nicht direkt berührt, profitierte aber von dem deutsch-sowjetischen Zusammenspiel der Jahre 1939-1941. Im Zuge des Hitler-Stalin-Paktes und des Geheimen Zusatzprotokolls besetzte die Rote Armee 1939 erst Ostpolen, dann das Baltikum, die Nordbukowina und Bessarabien. Mit dem deutschen Angriff auf die Sowjetunion am 22. Juni 1941 trat diese in den Zweiten Weltkrieg ein und zog sich zunächst aus den westlichen (einschließlich der ab 1939 besetzten) Gebieten zurück.[7]

Zeitgleich mit den Nationalsozialisten erkannte Stalin während des Zweiten Weltkrieges den Erfolg einer positiven Kirchenpolitik für die Bündelung der patriotischen Kräfte; außerdem war es mit Blick auf die außenpolitische Lage wichtig, die Religionsverfolgung in der Sowjetunion vorläufig zu einzustellen. Dass sich die deutsche Besatzung damit Vorteile bei der Bevölkerung verschaffte, war für ihn ein weiterer Grund, die mit Kriegsbeginn zugestandene Lockerung den Kirchen gegenüber fortzusetzen, ohne jedoch die grundsätzliche Ablehnung der Religion aufzugeben.

---

7. Zum Angriff auf die Sowjetunion unter anderem: *Istorija Velikoj Otečestvennoj vojny Sovetskogo Sojuza.* T. 2: *Ijunja 1941 g. – nojabrja 1942 g.* (Moskva, 1963); *Das Deutsche Reich und der Zweite Weltkrieg,* hrsg. vom Militärgeschichtlichen Forschungsamt. Band 4: Horst Boog [u.a.], *Der Angriff auf die Sowjetunion* (Stuttgart, 1983); *Der deutsche Überfall auf die Sowjetunion: „Unternehmen Barbarossa" 1941,* hrsg. Gerd R. Ueberschär und Wolfram Wette (Überarbeitete Neuaufl. Frankfurt am Main, 1991); *Zwei Wege nach Moskau: Vom Hitler-Stalin-Pakt bis zum „Unternehmen Barbarossa",* im Auftrag des Militärgeschichtlichen Forschungsamtes hrsg. von Bernd Wegner (München/Zürich, 1991).

So wurde zwei Wochen nach dem deutschen Angriff die Zeitschrift des „Verbandes der Gottlosen" *Besbožnik* („Der Gottlose") eingestellt, während der Verband formell weiterbestand. Eine Sonderstellung erhielt die russische orthodoxe Kirche. Sie profitierte zwar von der sogenannten „Wende" der Stalinschen Religionspolitik in besonderer Weise – 1943 ließ Stalin eine Bischofssynode zusammentreten und den bekanntermaßen regierungsloyalen Metropoliten Sergij (der 1944 mit 78 Jahren verstarb) zum Patriarchen von Moskau und ganz Russland wählen –, letztlich aber wurde sie nur als Werkzeug zur Kontrolle der Gläubigen benutzt.[8]

Wie das kommunistische ging das NS-System von einer atheistischen und antireligiösen Doktrin aus. Diese wurde aber bei der Besatzungsherrschaft in den sowjetischen Territorien aufgegeben. Die hier von der deutschen Besatzung betriebene Kirchenpolitik stellte, auch bedingt durch die unmittelbare Nähe Moskaus, eine besondere Erscheinung dar, die anders als in den übrigen deutschen Okkupationsgebieten angelegt war. Während nämlich die NS-Besatzungsverwaltungen ansonsten ihrer ideologischen und religionsfeindlichen Überzeugung zufolge gegen kirchliche Vertreter vorgingen, ließen sie diese in der okkupierten Ukraine augenscheinlich gewähren.

Hitler formulierte in seinen „Grundsätzen für die Verwaltung der Ostgebiete," die den „Slawen" Bildung, Fortpflanzung, Gesundheitsfürsorge und Verpflegung nur in dem Rahmen zugestand, als sie für deren Arbeitseinsatz für die „deutschen Herren" erforderlich waren, als einziges Zugeständnis: „Die Religion lassen wir ihnen als Ablenkungsmittel."[9] Kirchenpolitik wurde zum Propagandainstrument, das bewusst auch als Antwort auf die sowjetische Religionsverfolgung eingesetzt wurde. Eine direkte Reaktion der NS-Propaganda auf die Stalinsche Haltung zu den Kirchen ist den Pressezensurvorschriften zu entnehmen, an die sich die Redakteure von deutschen Zeitungen in den besetzten Ostgebieten zu halten hatten: Unter dem Stichwort „bolschewistische Religionspolitik" wurden sie angewiesen: „Die Distanzierung Stalins von der Gottlosen-Bewegung nach dem 22. Juni 1941 und die kirchenfreundlichen Maßnahmen des

---

8. Neben vielen weiteren Publikationen zur russischen orthodoxen Kirche und zur sowjetischen Kirchenpolitik: Walter Kolarz, *Die Religionen in der Sowjetunion* (Freiburg, 1963); M. V. Škarovskij, „Russkaja pravoslavnaja cerkov' v 1943-1957 godach," *Voprosy istorii*, no. 8 (1995) 36-56; Michail W. Schkarowskij, „Die russisch-orthodoxe Kirche und der Sowjetstaat in den Jahren 1940 bis 1950," *Religionspolitik zwischen Cäsaropapismus und Atheismus: Staat und Kirche in Rußland von 1825 bis zum Ende der Sowjetunion*, hrsg. Peter Koslowski und Wladimir F. Fjodorow (München, 1999) 77-92.

9. Zitat nach Gerald Reitlinger, *Ein Haus auf Sand gebaut: Hitlers Gewaltpolitik in Rußland 1941-1944* (Hamburg, 1962) 237.

Bolschewismus sind offensichtliche Täuschungsmanöver. Sie dürfen daher nicht oder nur in diesem Sinne erwähnt werden. Diskussionen Stalins über die Kirche sind nicht aufzugreifen. Es ist jedoch erwünscht, dass an die Methoden des Bolschewismus gegenüber der Kirche in der Sowjetunion immer von neuem erinnert wird."[10]

In den deutschen für Religionspolitik zuständigen Stellen, Behörden und Ministerien – das Ministerium für kirchliche Angelegenheiten, das Reichsministerium für die besetzten Ostgebiete, das Oberkommando der Wehrmacht sowie das Reichskommissariat Ukraine – bestanden keine einheitlichen Vorstellungen über die Behandlung der Kirchen und Gläubigen in Osteuropa.[11] Als durchgehender Grundsatz war aber erkennbar, dass die Kirchen nicht zurückgedrängt, sondern als stützendes Instrument für die deutsche Herrschaft herangezogen werden sollten. Weitere Einzelheiten wurden strittig und kontrovers diskutiert. Darüber hinaus war die Kirchenpolitik in den besetzten Ostgebieten ein Feld konkurrierender Stellen, die diese exklusiv für sich in Anspruch nahmen.

Dauerhafter Bestand war der NS-Herrschaft in der Ukraine nicht beschieden; er war aber lang genug, um ein verwüstetes Land und Millionen Tote zu verursachen.[12] Am Ende des Krieges gegen die Sowjetunion stand für das „Tausendjährige Reich" der Untergang. Mit dem entscheidenden Sieg der Roten Armee bei Stalingrad im Februar 1943 rückten die sowjetischen Truppen immer weiter nach Westen vor. Bereits ab der Jahresmitte 1944 übte Moskau wieder die Kontrolle über die Ukraine, Weißrussland und das Baltikum aus. Für die Bevölkerung in den vorher deutsch besetzten Gebieten endete damit das kurze Intermezzo vorgeblich kirchlicher Freiheiten, das im Zuge der Resowjetisierung der zuvor besetzten Gebiete durch eine zunehmende Repression abgelöst wurde.

---

10. IfZ: *Richtlinien für die Pressezensur in den besetzten Ostgebieten*. Herausgeber: Pressechef für die besetzten Ostgebiete [ohne Jahr], s.v. Kirchenpolitik (bolschewistische). Laufende Nr. 205.
11. Zu den verschiedenen Positionen der deutschen Behörden in der Kirchenpolitik vgl. Michail Škarovskij, „Die deutsche Kirchenpolitik während des Zweiten Weltkrieges in den besetzten Gebieten der Sowjetunion," *Kirche im Osten* 42/43 (1999/2000) 84-113, sowie „Dokumente zur deutschen Kirchenpolitik in den besetzten Ostgebieten 1941 bis 1945," hrsg. Michail Škarovskij, ebenda, 205-223; zur Haltung des Sicherheitsdienstes vgl. Hans-Heinrich Wilhelm, „Die SD und die Kirchen in den besetzten Ostgebieten 1941/42," *Militärgeschichtliche Mitteilungen* 29 (1981) 55-99.
12. Die Außerordentliche Kommission der Ukrainischen SSR gab 1945 an, es seien 4.496.574 Sowjetbürger ermordet worden, darunter 3.178.084 Zivilisten und 1.318.463 Kriegsgefangene; 2.023.112 Sowjetbürger wurden als „Ostarbeiter" deportiert. 714 Städte und 28.000 Dörfer und Ortschaften waren zerstört worden, zwei Millionen Gebäude lagen in Ruinen, über 540.000 Wohnungen und Nebengebäude. Rund zehn Millionen Personen wurden obdachlos. Vgl. *Nazi Crimes in Ukraine* (Kiev, 1987) 172.

III. Die „Liberalisierung" der Kirchenpolitik unter der deutschen Besatzung während des Zweiten Weltkrieges

1. Die Tolerierung der Volksfrömmigkeit in der okkupierten Ukraine

Nach dem Angriff auf die Sowjetunion standen die eroberten sowjetischen Territorien unter deutscher Militärherrschaft, bis ein Teil von ihnen zivilen Behörden übergeben wurde.[13] Im Operationsgebiet, unterteilt in Gefechtsgebiet, rückwärtiges Armeegebiet und rückwärtiges Heeresgebiet, lag die vollziehende Gewalt in den Händen des Oberbefehlshabers des Heeres bzw. den ihm unterstehenden Kommandanten und Befehlshabern, eingeschränkt durch spezielle Rechte der Sicherheitspolizei und des Sicherheitsdienstes (SD).

Die Besetzung der Ukraine[14] weckte bei der ukrainischen Bevölkerung die Hoffnungen auf einen Nationalstaat und auf die Reprivatisierung von Land. Diese wichen aber alsbald einer Ernüchterung angesichts der deutschen Kriegsziele im Osten. Am 20. August wurde auf Anweisung Hitlers das Reichskommissariat Ukraine proklamiert.[15] Es umfasste die

---

13. Zur deutschen Militärverwaltung in den Ostgebieten vgl. *Das Deutsche Reich und der Zweite Weltkrieg*, Band 4, S. 1030ff.; Hans Umbreit, „Die Verantwortlichkeit der Wehrmacht als Okkupationsarmee," *Die Wehrmacht: Mythos und Realität*, im Auftrag des Militärgeschichtlichen Forschungsamtes hrsg. von Rolf-Dieter Müller und Hans-Erich Volkmann (München, 1999) 743-753; Hans Umbreit, „Strukturen deutscher Besatzungspolitik in der Anfangsphase des deutsch-sowjetischen Krieges," *Zwei Wege nach Moskau*, 237-250.

14. Zu Krieg und Besatzung unter anderem: Alexander Dallin, *German Rule in Russia 1941-1945: A Study of Occupation Policies* (London, 1957); *Nemecko-fašistskij okkupacionnyj režim (1941-1944 gg.)* (Moskva, 1965); Alexander Werth, *Rußland im Krieg 1941-1945* (München/Zürich, 1968); Omer Bartov, *The Eastern Front, 1941-45: German Troops and the Barbarisation of Warfare* (New York, 1986); Theo J. Schulte, *The German Army and Nazi Policies in Occupied Russia* (Oxford/New York/Munich, 1989).

15. Zur besetzten Ukraine vgl. Karel C. Berkhoff, *Harvest of Despair: Life and Death in Ukraine under Nazi Rule* (Cambridge, MA/London, 2004); über die in der Ukraine agierende Einsatzgruppe vgl. Dieter Pohl, „Die Einsatzgruppe C 1941/42," *Die Einsatzgruppen in der besetzten Sowjetunion 1941/42: Die Tätigkeits- und Lageberichte des Chefs der Sicherheitspolizei und des SD*, hrsg. von Peter Klein (Berlin, 1997) 71-87. Vgl. ferner: Ihor Kamenetsky, *Hitler's Occupation of Ukraine (1941-1944): A Study of Totalitarian Imperialism* (Milwaukee, WI, 1956); K. Pan'kivs'kij, *Roky nimec'koï okupaciï (1941-1944)* (New York/Toronto, 1965), druho vyd. (New York/Paris/Sydney/Toronto, 1983); *Ukraine during World War II: History and its Aftermath: A Symposium*, ed. by Yury Boshyk with the assistance of Roman Waschuk and Andriy Wynnyckyj (Edmonton, 1986); Blanka Jerabek, *Das Schulwesen und die Schulpolitik im Reichskommissariat Ukraine 1941-1944: Im Lichte deutscher Dokumente* (München, 1991); mit Themenschwerpunkt Zweiter Weltkrieg: *Ukraïns'kyj istoryčnyj žurnal* 39 (1995) Heft 3; Jurij Slivka, „Ukraïna v druhij svitovij vijni: Nacional'no-polityčnyj ta mižnarodno-pravovyj aspekti," *Ukraïna: Kul'turna spadščyna, nacional'na svidomist', deržavnist'* (1997) vyp. 3-4, S. 3-31; M. V. Koval', *Ukraïna v druhij*

RELIGIONSPOLITIK IN DER UKRAINE 1941-1953

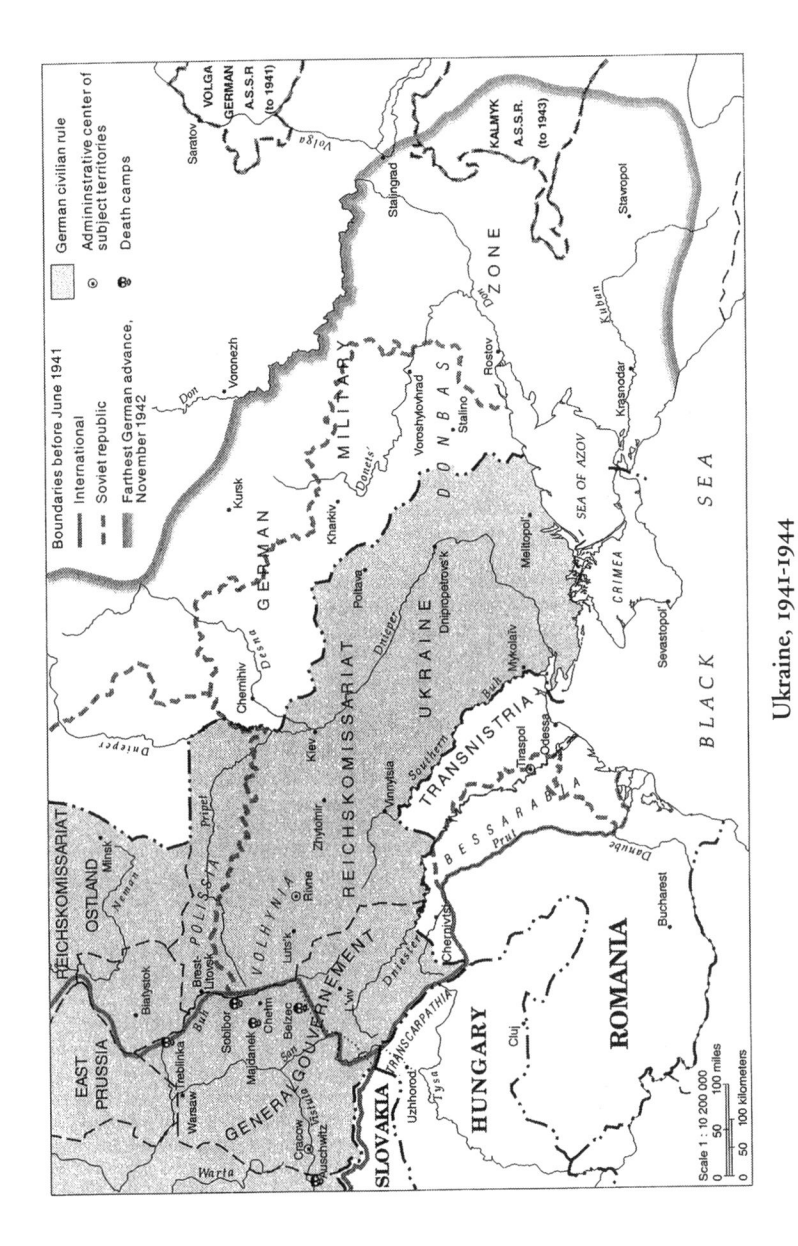

Ukraine, 1941-1944

Source: Paul Robert Magosci, *A History of Ukraine* (Toronto/Buffalo/London: University of Toronto Press, 1996) Map 40.

Generalbezirke Wolhynien, Žytomyr, Kiev, Mykolaïv, Taurien (mit Melitopol') und Dnipropetrovs'k. Nominell zwar zum Reichskommisariat Ukraine gehörig, blieben aber Teile der Gebiete (*oblasti*) Černihiv, Sumy und Charkiv, das Donec'-Becken und die Krim faktisch unter Militärverwaltung. Im Juli 1941 wurden die *oblasti* Černivci und Izmaïl in den Bestand Rumäniens und das Territorium zwischen Bug und Dnestr als Transnistrien am 30. August 1941 dem rumänischen Königreich übergeben. Mit dieser Aufteilung ukrainisch bewohnter Gebiete sowie mit der Verhaftung der national-ukrainischen Bandera-Aktivisten, die am 30. Juni 1941 in Lemberg einen ukrainischen Staat ausgerufen hatten, war klar, dass deutscherseits keine Rücksicht auf nationale ukrainische Belange genommen wurde.

Zum „Reichskommissar" der Ukraine wurde im November 1941 der Gauleiter von Ostpreußen, Erich Koch, ernannt, der für seine rücksichtslose Haltung in der Herrschaftsausübung berüchtigt war. Darüber stand er in Auseinandersetzungen mit dem Reichsminister für die besetzten Ostgebiete Rosenberg, hatte aber die Unterstützung Hitlers.[16] Unter der brutalen Regierung Kochs wurden die Ukraine und ihre Bewohner zum Objekt der Ausbeutung für die deutschen „Herrenmenschen." Das Land sollte die deutsche Kriegswirtschaft unterstützen, indem es landwirtschaftliche Erzeugnisse, Bodenschätze und Arbeitskräfte stellte, die als „Ostarbeiter" in das Reichsgebiet deportiert wurden. Ukrainer wurden gemäß der NS-Ideologie als nahezu rechtlose, biologisch-rassisch minderwertige „Untermenschen" behandelt, die in keiner Weise gefördert werden sollten. Reichskommissar Koch erklärte im Jahr 1942 seine Aufgabe folgendermaßen: „Das Ziel unserer Arbeit muß sein, daß die Ukrainer für Deutschland arbeiten und nicht, daß wir das Volk hier beglücken. Die Ukraine hat das zu liefern, was Deutschland fehlt. Diese Aufgabe muß ohne Rücksicht auf Verluste durchgeführt werden. [...] Für die Haltung der Deutschen im Reichskommissariat ist [...] maßgebend, daß wir es mit einem Volk zu tun haben, das in jeder Hinsicht minderwertig ist. [...] Das Bildungssystem der Ukrainer muß niedrig gehalten werden. [...] Es muß ferner alles getan werden, um die Geburtenrate

---

svitovij i velykij vitčyznjanij vijnach (1939-1945 rr.) (Kyïv, 1999); Dieter Pohl, „Schlachtfeld zweier totalitärer Diktaturen – die Ukraine im Zweiten Weltkrieg," *Ukraine: Geographie – Ethnische Struktur – Geschichte – Sprache und Literatur – Politik – Wirtschaft – Recht*, hrsg. von Peter Jordan [u.a.], Österreichische Osthefte, Sonderband 15 (Wien, 2001) 339-362.

16. Zur Auseinandersetzung zwischen Koch und Rosenberg vgl. Timothy Patrick Mulligan, *The Politics of Illusion and Empire: German Occupation Policy in the Soviet Union, 1942-1943* (New York/Westport, CT/London, 1988) 61-75.

dieses Raumes zu zerschlagen. Der Führer hat besondere Maßnahmen hierfür vorgesehen."[17] Die Rassevorstellungen Hitlers und seiner Helfer hatten für die jüdische Bevölkerung der besetzten Ostgebiete die systematische Ermordung im Holocaust zur Folge. Rund 2,8 Millionen Juden wurden allein in der Sowjetunion in den Grenzen vom Juni 1941 unter der deutschen Okkupation umgebracht.[18]

Auch wenn sich Einheimische in verschiedener Weise in den Dienst der Okkupationsbehörden stellten,[19] bedeutete die NS-Besatzung für die Bevölkerung in der Ukraine eine Zeit der Willkürherrschaft, des Entzuges ihrer Existenzgrundlagen und der Enttäuschung ihrer politischen Hoffnungen. In dieser Situation, in der die Zivilbevölkerung ständig mit Geiselerschießungen, mit drückenden Abgabeforderungen und der drohenden Deportation als Zwangsarbeiter („Ostarbeiter") konfrontiert war, in einer Situation des ständigen Terrors also, sollte die Öffnung von Kirchen die ukrainische Bevölkerung auf die Seite der Deutschen ziehen.

Die religiösen Verhältnisse der Ukraine waren, sofern die Einwohner überhaupt noch gläubig waren – darüber liegen keine statistischen Angaben vor –, nicht homogen, sondern regional und ethnisch differenziert. Die ethnischen Ukrainer sowie die vor allem in der Ost-, Süd- und Zentralukraine wohnenden Russen gehörten zu einem großen Teil zwar der Orthodoxie, innerhalb dieser jedoch verschiedenen Glaubensrichtungen an. Die größte orthodoxe Kirche in der Ukraine bildete 1941 die russische orthodoxe Kirche, die dem Moskauer Patriarchen Sergij unterstand, daher auch als „Patriarchatskirche" bezeichnet wurde. Weniger zahlreich waren die Mitglieder der ukrainischen autokephalen Kirche, die 1930 aufgelöst worden war und während der Okkupation unter deutscher Duldung erneut ihre Aktivitäten entfaltete. In Galizien, das dem „Generalgouvernement" zugeschlagen worden war, konzentrierte sich die griechisch-katholische bzw. unierte Kirche, die nach der Union von Brest 1596 den Primat des Papstes anerkannte, jedoch die ostkirchlichen Riten nicht aufgegeben hatte. Diese versuchte, während des Krieges die Gelegenheit zu nutzen, unter Initiative des Lemberger Metropoliten Šeptyc'kyj

---

17. Andreas Kappeler, *Kleine Geschichte der Ukraine* (2., aktualisierte Ausg. München, 2000) 218.
18. Zahl nach: Gert Robel, „Sowjetunion," *Dimension des Völkermords: Die Zahl der jüdischen Opfer des Nationalsozialismus*, hrsg. von Wolfgang Benz (München, 1991) 499-560, hier 560.
19. Das Thema Kollaboration erfordert ukrainischerseits in der Gegenwart, nachdem nun eine unabhängige Geschichtsschreibung möglich ist, eine kritische Aufarbeitung. Vgl. unter anderem dazu: Martin Dean, *Collaboration in the Holocaust: Crimes of the Local Police in Belorussia and Ukraine, 1941-44* (New York, 2000).

auch in der Zentral- und Ostukraine zu missionieren.[20] Die übrigen ethnischen Gruppen in der Ukraine waren ebenfalls durch eine bestimmte Religion geprägt. Die polnische Minderheit war katholisch, Muslime waren die Tataren auf der Krim sowie Turkmenen und Usbeken, die im Zuge der Enteignungsmaßnahmen während der Kollektivierung in der Südukraine angesiedelt wurden. Baptisten lebten hier ebenfalls in kleiner Zahl. Die in der Ukraine ansässigen Deutschen waren Lutheraner, Katholiken oder Mennoniten.

In der Phase des deutschen Vormarsches, in der es um die Besetzung des Landes und die Etablierung der Herrschaft ging, spielte der Faktor Religion eine nur untergeordnete Rolle. Das Bedürfnis eines großen Teils der Bevölkerung nach religiöser Betätigung wurde den Deutschen aber schnell offenkundig. Schon kurz nach dem sowjetischen Rückzug aus der Ukraine waren viele kirchlichen Bauten von der Bevölkerung wieder dem ursprünglichen Zweck zugeführt und in Privatinitiative restauriert worden. Zweckentfremdete Kirchen erhielten ihre frühere Funktion zurück, Beschädigungen wurden behoben und leerstehende Zimmer behelfsmäßig zu Gebetsräumen umgebaut. Religiöse Symbole fanden wieder ihren alten Platz: Geschmückte Wegkreuze kehrten auf die Straßen zurück, der Herrgottswinkel in den Häusern wurde neu eingerichtet, Ikonen an die Wände gehängt, Gottesdienste wurden wieder gefeiert, Taufen und kirchliche Trauungen durchgeführt. Diese Veränderungen waren bereits vor der deutschen Okkupation eingeleitet worden und wurden von der Wehrmacht so vorgefunden. Allerdings wurden die kirchlichen Aktivitäten nicht von allen Teilen der Bevölkerung getragen, denn die deutschen Soldaten beobachteten, dass in erster Linie die älteren Leute Interesse daran hatten. Die Jugendlichen stünden einer kirchlichen Betätigung „vorläufig abwartend, wenn nicht zum Teil ablehnend"[21] oder völlig interesselos gegenüber, da sie der bolschewistischen Propaganda der vorhergehenden Jahre unterlegen wären. Diese Propaganda hatte sich außerdem stärker in den Städten als auf dem Land durchgesetzt, so dass in den Städten das kirchliche Leben allgemein weniger ausgeprägt war.[22]

---

20. Die Aufrufe Šeptyc'kys zu einer kirchlichen Einheit der Ukrainer in einer Union erhielten aber von der orthodoxen Seite nur wenig Resonanz, zudem war eine Verständigung wegen der geschlossenen Grenzen zwischen dem RKU und Galizien im Generalgouvernement nicht möglich (Heyer, *Kirchengeschichte der Ukraine*, 255-256).
21. IfZ MA 488/1: Feldkommandantur 774/Abt. VII. O.U. [= Ortsunterkunft] 17.5.42. Lagebericht April-Mai 42.
22. IfZ MA 488/2: Propaganda-Abteilung U. O.-U. 27. Aug. 1942. Propaganda-Lagebericht zum 1.9.1942, hier 7.

Obwohl in der Literatur die Rede von einer religiösen „Massenbewegung" auf dem von den Deutschen okkupierten sowjetischen Gebiet ist,[23] scheint diese Charakterisierung überhöht und angesichts der jahrzehntelangen Religionsverfolgung unter der Sowjetherrschaft unwahrscheinlich.[24] Gesamtzahlen über die im Wehrmachtsbereich neu gegründeten Kirchengemeinden liegen nur in annähernden Schätzungen vor, die in jeder Eparchie anders gelagert sind, abhängig von dem Grad der kirchlichen Verfolgung unter der Sowjetherrschaft, von den ethnischen Verhältnissen und von der Erreichbarkeit durch Priester.[25] Seitens der Wehrmacht hieß es im Juni 1942, gegenwärtig würde in „ca. einem Drittel aller Gemeinden wieder Gottesdienst abgehalten"[26] – dies deutet zwar auf eine Neubelebung, aber nicht in überwältigendem Ausmaß hin.

Der Wunsch der Bevölkerung nach kirchlicher Betätigung war den deutschen Besatzern willkommen, wurde doch der religiösen Verankerung auch die Opposition zum kommunistischen System zugeschrieben. Dies zeigt die Anordnung des Chefs des OKW vom 19. Mai 1941 über das Verhalten der deutschen Truppen in der Sowjetunion. Darin wird ausdrücklich darauf hingewiesen, dass im „nichtbolschewistischen russischen Menschen" das „Nationalbewusstsein mit tiefem religiösem Gefühl" verbunden sei und dass die „Freude und Dankbarkeit über die Befreiung vom Bolschewismus […] ihren Ausdruck häufig in kirchlicher Form finden" werde. Daher seien „Dankgottesdienste und Prozessionen […] nicht zu verhindern oder zu stören."[27]

Während religionspolitische Anweisungen aus Berlin nur verspätet die Front erreichten,[28] hielt sich die Militärverwaltung an die Weisung, sich in religiöse Belange der Bevölkerung weder einzumischen noch die Religionsausübung zu behindern, sie aber auch nicht zu begünstigen.[29] Diese Formulierung war dehnbar, und so wurde ihre Interpretation den einzelnen Kommandanten überlassen, denen zwar die ablehnende Haltung

---

23. Schkarowskij, *Die russisch-orthodoxe Kirche*, 78.
24. Diese These ausführlich belegt von Berkhoff, „Was There a Religious Revival in Soviet Ukraine under the Nazi Regime?"
25. Schätzungen zu einzelnen Eparchien bei Alexeev und Stavrou, *The Great Revival*, 172-173.
26. MA 488/1: Feldkommandantur (V) 200 Abt. VII. Tätigkeitsbericht. Dem kommandierenden General der Sicherungstruppen und Befehlshaber im Heeresgebiet Süd, Abt. VII, Krementschug. O.U., den 17. Juni 1942.
27. Abdruck in: *Okkupation, Raub, Vernichtung: Dokumente zur Besatzungspolitik der faschistischen Wehrmacht auf sowjetischem Territorium 1941 bis 1944*, hrsg. Norbert Müller (2. Aufl. Berlin [Ost] 1980) 45-54, hier 53.
28. Wilhelm, „Die SD und die Kirchen in den besetzten Ostgebieten," 57.
29. Dallin, *German Rule in Russia*, 477.

des Nationalsozialismus den Kirchen gegenüber bekannt war, die aber gleichzeitig eine religionsfreundliche Politik als Propagandamaßnahme vertreten konnten. Ein gewisser Spielraum bei der Zulassung kirchlicher Aktivitäten bestand also von vornherein. Durchgängig wurde aber die politische Betätigung von Geistlichen unterbunden.

Bei der Beobachtung und der passiven Zulassung der Kirchen blieb es nicht. Nachdem sich die Religion „durchweg als ein Faktor [erwiesen hatte], der geeignet war, der Unruhe und Unsicherheit im Lande entgegen zu wirken und die ordnungsliebenden Elemente zusammenzuschließen,"[30] gingen Militärbehörden lokal dazu über, die wohlwollende Duldung in eine, wenn auch zögerliche, aktivere Förderung überzuführen. Für die Gläubigen bedeutete dies eine wertvolle Unterstützung: Die Militärverwaltung vermittelte mancherorts Baumaterial und Glas für die Instandsetzung von kirchlichen Gebäuden, räumte Zimmer für religiöse Zwecke, sogar enteignetes Kirchengut wurde in engem Rahmen zurückerstattet. Feldkommandanturen gaben ebenfalls Anweisungen zur Neugestaltung von verwahrlosten Friedhöfen. Anfragen von Gläubigen blockierten sie nicht von vornherein. Es konnten sogar Kreditanträge zur Restaurierung von Kirchengemeinden vorgelegt werden.[31]

Die Gründe, die für diese Lockerungen sprachen, lagen in militär- und besatzungspolitischen Erwägungen, da die negativen Auswirkungen des sich etablierenden Besatzungssystems wie Requirierungen, militärische Handlungen und materielle Zerstörungen aufzufangen waren. Zwar wurden die Deutschen von der ukrainischen Bevölkerung – auch von Priestern – oftmals als Befreier aus der sowjetischen Herrschaft begrüßt, Freiheit brachten sie damit keineswegs. Die „freie Religionsausübung," also die Möglichkeit für die Bevölkerung, ungestraft Kirchen zu besuchen, wurde die einzige Freiheit, welche die Besatzungsbehörden zuließen. Ihren Niederschlag fand dies bei der Formulierung von Propagandamaterial. In einem Flugblatt der deutschen Verwaltung in der Ukraine heißt es angesichts der Schrecken, die den Ukrainern von den Bolschewiken angetan worden waren: „Denke an die geschändeten und ermordeten Priester! Denke an die vernichteten Kirchengüter und kulturellen Schätze!"[32]

---

30. IfZ MA 488/2: Abschlußbericht über die Tätigkeit der Militärverwaltung im Operationsgebiet des Ostens (H Geb A), S. 2 [139].
31. IfZ MA 488/1: Feldkommandantur I/837 (V). An die Feldkommandantur Saporoshje. Nowomoskowsk [bei Dnipropetrovs'k], 18.8.1942. Lagebericht für die Zeit vom 15.7. bis 15.8.42.
32. Abdruck in: *Das Dritte Reich und die Ukrainische Frage: Dokumente 1934-1944*, hrsg., eingeleitet und dargestellt von Wolodymyr Kosyk (München, [o.J.]) 206-207.

Hier wie an anderer Stelle wird explizit auf die „Religionsfreiheit" abgehoben, die der ukrainischen Bevölkerung unter der deutschen Besatzung gebracht worden sei.

Der propagandistische Effekt der Zugeständnisse an die Ortskirchen wurde ständig überprüft. In den Berichten wird oft eine Korrelation zwischen der Kirchenpolitik und der allgemeinen Stimmung der Bevölkerung hergestellt: „Bevölkerung besucht gern die Gottesdienste. An Osterfeiertagen Kirchen überfüllt"; während die Angabe direkt davor zur „Stimmung in der Bevölkerung" lautete: „Im allgemeinen befriedigend. Feindselige Haltung bei Masse der Bevölkerung nicht vorhanden. Anwachsen des Vertrauen zu bemerken."[33] Die Wirkung staatlicher Anweisungen wurde genau registriert. So sei während der Osterfeierlichkeiten 1942 die Kirche in Myrhorod (nordwestlich von Poltava) überfüllt gewesen, die Aufhebung der Sperrstunden anlässlich des Osterfestes habe einen „günstigen Eindruck bei der Bevölkerung hinterlassen."[34] Im Gebiet Poltava/Kremenčuk werde die „Erlaubnis zum Glockenläuten [...] dankbar anerkannt."[35] Meldungen über ein geringes Interesse der Bevölkerung an Religionsausübung sind eher selten.

Die religiöse Öffnung in den besetzten Ostgebieten hatte darüber hinaus größere Rückwirkungen auf das Verhalten der deutschen Truppen, als dies der NS-Politik genehm war. Denn genauso, wie Einheimische unerlaubterweise Gottesdienste der Truppen besuchten, nahmen Soldaten an Messen ukrainischer Gemeinden teil, obwohl dies verboten war. Die Angst vor Bestrafung, sofern wirklich eine solche gedroht hätte, war also für Soldaten wie Bevölkerung nicht besonders hoch. Auch Wehrmachtsgeistliche, denen es streng untersagt war, sich in irgendeiner Weise in die kirchlichen Verhältnisse der Besatzungsgebiete einzumischen, überschritten ihre Befugnisse und hielten Messen für die zivile Bevölkerung, tauften Kinder und gaben Ehepaaren den kirchlichen Segen. Da die Bevölkerung auf religiöse Unterweisung drängte, aber oft nicht mehr auf lokale Priester zurückgreifen konnte, versagten sie sich nicht. Dass dabei katholische oder evangelische Geistliche Gläubige tauften oder trauten, die der orthodoxen Tradition angehörten, war ein Zugeständnis an den Priestermangel.

33. IfZ MA 488/1: Lagebericht der Feldkommandantur 607 Abt. VII für die Zeit vom 16.3.-15.4.1942.
34. IfZ MA 488/1: Feldkommandantur (V) 239 Abt. VII. Monatsbericht der Abteilung VII für 16.3.-15.4.42. 17. April 1942.
35. IfZ MA 488/2: Lagebericht für die Sicherungs-Division 213, Abt. VII für die Zeit vom 16.3.-15.4.42.

Bei der Neuorganisation der Gemeinden waren die Gläubigen auf die Zustimmung der Militärbehörden bzw. der lokalen Feldkommandanturen angewiesen, die alle Fragen in dieser Angelegenheit entschieden. In der Festlegung der Grenzen der Kirchenprovinzen und deren Anpassung an die militärische Lage erklärte sich die Militärverwaltung ebenso für zuständig wie für die Errichtung neuer kirchlicher Instanzen. Größere Entscheidungsfreiheiten blieben den Gemeinden nicht. Es ist aber nicht bekannt, dass die Bildung von Kirchengemeinden im Bereich einer Ortsgemeinde abgelehnt wurde; außerdem wurden den Angaben der Wehrmacht zufolge Gemeinden „für alle religiösen Bekenntnisse" zugelassen.[36] Voraussetzung war allerdings, dass die Gemeinde keine politische Betätigung betrieb und ihre Bildung vorher dem Rayonchef angezeigt wurde. Auch andere Auflagen waren zu erfüllen: Um Streitigkeiten zu vermeiden, verboten die Feldkommandanturen den örtlichen Bürgermeistern, als Vorsteher von Kirchengemeinden zu fungieren.[37] Die Einberufung von Gemeinderäten war erlaubt, untersagt wurde aber die „Bildung überörtlicher kirchlicher Organisationen," wenngleich es den Gemeinden freigestellt war, „sich gemeinsam einen Seelsorger zu halten."[38] Die Gemeinden hielten sich an die Vorgaben: „Eine Verbindung mit dem Metropoliten von Kiew sowie überhaupt eine überörtliche Organisation in weiterem Ausmasse wurde [...] nicht festgestellt."[39]

Neben dem Fehlen von Messbüchern und -gegenständen verursachte der Mangel an Geistlichen eine besondere Schwierigkeit. Die Mehrheit der Priester war durch die sowjetischen Behörden verfolgt, getötet oder in die Verbannung geschickt worden, nur einige waren in den Untergrund gegangen und hatten bürgerliche Berufe ergriffen. Viele Kleriker waren aber alt und kaum mehr in der Lage, die ihnen abverlangten Anstrengungen auf sich zu nehmen. Priester mussten oftmals mehrere Gemeinden gleichzeitig übernehmen und legten dafür weite Entfernungen zurück. Auch Laienprediger übernahmen geistliche Aufgaben. Wie eine Feldkommandantur meldete, habe sie „einzelnen ehemaligen Geistlichen" eine Reiserlaubnis erteilt, um in Kiev persönlich mit der kirchlichen Aufsichtsbehörde zu verhandeln und eine Bestätigung des Episkopats über

---

36. IfZ MA 488/1: Feldkommandantur 774/ Abt. VII. O.U., 17.5.42. Lagebericht April-Mai 42.
37. IfZ MA 488/1: Feldkommandantur (V) 676, Abt. VII. O.U. 20.6.42. Lagebericht.
38. Ebenda.
39. IfZ MA 488/1: Tätigkeitsbericht. Dem kommandierenden General der Sicherungstruppen und Befehlshaber im Heeresgebiet Süd, Abt. VII, Krementschug. 17. Juni 1942.

ihre Tätigkeit einzuholen.[40] Bei Streitfällen zwischen Kirchengemeinden und (einheimischen) Rayonchefs setzten die Behörden eine in ihrem Sinn pragmatische Position durch. In Myrhorod kam es über die Frage der Liturgiesprache und den Wahlen zum Kirchenrat, bei denen der Rayonchef das Frauenwahlrecht verweigerte, zu Auseinandersetzungen. Die Feldkommandantur befahl letzterem, sich „in Zukunft nur mit der polizeilichen und politischen Überwachung der Kirchengemeinde zu beschäftigen und im übrigen die Regelung der kirchlichen Angelegenheiten der Gemeinde selber zu überlassen."[41] Dennoch wurde auch die Gemeinde angewiesen, ein Darlehen, das ihr die Stadt Myrhorod gewährt hatte, zurückzuerstatten.

Die Charakteristika der NS-Besatzung gegenüber den Kirchen lassen sich in gleicher Weise an kleineren und nicht-christlichen Kirchengemeinschaften nachvollziehen, die ebenfalls die Möglichkeit zu erneuten kirchlichen Aktivitäten wahrnahmen. Bei den Tataren auf der Krim wurde die Religionsausübung sogar als eine der „stärksten Bindungen zur deutschen Besatzungsmacht" betrachtet.[42] Stolz hätten die Muslime den deutschen Soldaten die „islamischen und kirchlichen Gebräuche" gezeigt. Es wurde ihnen gestattet, rund 50 Moscheen zu eröffnen. Die Wahl eines Mufti als religiösen und politischen Führer, wie vom Reichsministerium für die besetzten Ostgebiete geplant, wurde aber durch das Oberkommando des Heeres und durch die höheren SS-Führer abgelehnt. Damit war klar, dass die islamische Religionsausübung unter strikter deutscher Kontrolle stattfand. Auch die Rückgabe von enteignetem Kirchenland, *vakuf,* an die „islamische Kirche" wurde auf eine unbestimmte Zeit verschoben.[43] Die auch durch die Religionsausübung bedingte Bindung an die Deutschen wurde den Tataren zum Verhängnis, da sie kollektiv 1944 unter Stalin als angebliche Kollaborateure nach Sibirien und Zentralasien deportiert wurden und viele erst jetzt, nach der staatlichen Proklamation der Ukraine 1991, wieder zurückkehren.[44]

---

40. IfZ MA 488/1: Feldkommandantur 607 Abt. VII. An Bfh. H. Geb. Süd, Abt. VII Krementschug. O.U., 17. Juni 1942.
41. IfZ MA 488/1: Feldkommandantur (V) 239. Abt. VII. O.U. 16.2.1942. Monatsbericht der Abt. VII für die Zeit vom 16.1. bis 15.2.1942.
42. Abschlußbericht, S. 11 [148].
43. Michel Luther, „Die Krim unter deutscher Besatzung im zweiten Weltkrieg," *Forschungen zur Osteuropäischen Geschichte* 3 (Berlin, 1956) 28-97, Hinweise auf die religiösen Verhältnisse unter der Tataren auf S. 52, 61 und 91-92; Aleksandr M. Nekrich, *The Punished People: The Deportation and Fate of Soviet Minorities at the End of the Second World War* (New York, 1978) 13-35 über die Krim unter deutscher Okkupation, S. 17 und 20 mit Bezügen auf die Religionsausübung der Tataren.
44. Von einer generellen Kollaboration aller Krimtataren kann nicht die Rede sein, da auch Tataren in der Roten Armee und in sowjetischen Partisaneneinheiten gegen die Deutschen kämpften.

Weder von den deutschen Truppen noch von den traditionellen Kirchen in der Ukraine konnte verhindert werden, dass auch Sekten wieder Zuspruch erlebten. Viele von ihnen hatten bereits in der Zarenzeit bestanden, waren aber unter der sowjetischen Herrschaft wie die anderen Kirchen repressiert worden. Beobachter berichteten, dass Veranstaltungen von Sektierern nicht nur von alten Leuten, sondern auch von Jugendlichen besucht würden. Die Sekten hätten sich unter den Sowjets am ehesten in den Städten verbreiten können, wo sie weniger als auf dem Land der Überwachung durch den Komsomol und andere Parteiorgane ausgesetzt waren.[45] Bei den Überlegungen der deutschen Besatzungsbehörden, ob die Sekten zurückgedrängt werden sollten, war ausschlaggebend, dass ein Verbot die Angehörigen noch mehr in den Fanatismus getrieben hätte.[46] Zur generellen Untersagung ihrer Aktivitäten kam es daher nicht, wohl aber zu örtlichen Verboten. So wurden die Bibelforschervereinigungen (= Zeugen Jehowas) in Marijupol' von einem Sonderkommando „aufgelöst,"[47] was auch die physische Liquidierung der Mitglieder bedeuten konnte.

Sonderfälle religionspolitischer Behandlung waren die Volksdeutschen auf dem besetzten Gebiet. Die in der Ukraine seit Jahrhunderten ansässigen Deutschen, von ihrer Konfession her Lutheraner, Katholiken oder Mennoniten, hatten ebenso wie die anderen Völker der Sowjetunion unter der repressiven Religionspolitik Moskaus zu leiden gehabt. Insbesondere die Mennoniten lehnten aufgrund ihrer den Alltag stark prägenden Religion die sowjetische Herrschaft ab.[48] Nachdem kurz nach dem deutschen Angriff ein großer Teil von ihnen zusammen mit weiteren indigenen Deutschen von Stalin nach Sibirien und Kasachstan deportiert

---

45. PA AA, R 105169: An Botschaftsrat Hilger betr. Kirchliche Frage in der Ukraine, gez. Großkopf, Berlin, 1. September 1941.
46. IfZ MA 488/1: Feldkommandantur 774, Abt. VII. Lagebericht. O.U., 16.4.1942; hier S. 2.
47. IfZ MA 488/1: Feldkommandantur 538 (V), Abt. VII. Lagebericht 16.5. bis 15.6.1942. Mariupol, 15. Juni 1942; hier S. 2-3. Die Zeugen Jehowas im „Reich" wurden in der Regel in Konzentrationslager verbracht, so dass auch hier anzunehmen ist, dass ihnen ähnliches geschah.
48. Einige Hinweise auf die Zeit des Zweiten Weltkrieges bei Joseph Schnurr, *Die Kirchen und das religiöse Leben der Rußlanddeutschen*. Evangelischer Teil. (2. Aufl. Stuttgart, 1978); Katholischer Teil. *Aus Vergangenheit und Gegenwart des Katholizismus in Rußland* (2. Aufl. Stuttgart, 1980). Zu den Mennoniten in der Sowjetunion vgl. Meir Buchsweiler, *Volksdeutsche in der Ukraine am Vorabend und Beginn des Zweiten Weltkriegs – ein Fall doppelter Loyalität?* (Gerlingen, 1984) 91-92, 232-233. Auf der Grundlage der Dorfberichte, die während des Krieges auf Anweisung des Reichsministeriums für die besetzten Ostgebiete durch das Sonderkommando Dr. Stumpp angelegt wurden: Richard H. Walth, *Strandgut der Weltgeschichte: Die Rußlanddeutschen zwischen Stalin und Hitler* (Tübingen, 1994).

worden war, traf die Wehrmacht nur mehr auf einen Teil der deutschen Bevölkerung, die vor allem im Süden des Landes konzentriert war. Die Überwachung der Ukraine-Deutschen wurde der „Volksdeutschen Mittelstelle" übertragen, die prüfen sollte, ob die indigenen Deutschen nach volks- und rasseideologischen Maßstäben bei der Besiedlung der besetzten Gebiete eingesetzt werden konnten. Dennoch eröffneten sie Kirchen und begannen wieder mit der Religionsausübung. Indes entsprach dies nicht den Vorgaben aus Berlin, denn die Ukraine-Deutschen sollten im Sinne der „Förderung des Volkstums" lieber im Nationalsozialismus als Ersatzreligion unterwiesen werden. Man befürchtete, dass die kirchliche Betätigung die „Wehrertüchtigung" der Deutschen beeinträchtigen könne. Eine breit angelegte antireligiöse Propagandakampagne sollte mit Rücksicht auf ihren durch den sowjetischen Terror erschütterten „Seelenzustand" auf eine spätere Zeit verschoben werden.[49] Diejenigen Ukraine-Deutschen, denen ihre Religion wichtig war, hielt das Verbot nicht von religiösem Engagement ab; die Besatzungsbehörden erkannten sogar eine Hinwendung der Volksdeutschen zur Religion.[50] In der Praxis kam es vor, dass Reichsdeutsche, insbesondere SS-Angehörige, die Religiosität der Ukraine-Deutschen verspotteten und ihnen erklärten, in Deutschland gehe keiner mehr zur Kirche.[51] Auch diese Haltung führte zu einer gewissen Entfremdung zwischen den Deutschen, die als Besatzungsmacht kamen, und den in der Ukraine siedelnden Volksdeutschen.

Die von der Militärverwaltung angewandten Grundsätze der Duldung der Volksfrömmigkeit bei strikter Trennung von Kirche und Staat, des Verbotes der politischen Betätigung der Priester und der Loyalität der Kirche der Besatzung gegenüber wurden unter der Zivilverwaltung im Reichskommissariat Ukraine beibehalten. Dennoch zog Reichskommissar Koch die Zügel noch straffer. Die gesetzliche Grundlage für das religiöse Leben im Reichskommissariat Ukraine schuf eine Verordnung des Reichsministers für die besetzten Ostgebiete vom März 1942, in der die Freiheit des religiösen Glaubens in den Ostgebieten und das Recht für Personen des gleichen Bekenntnisses, sich zu einer Religionsgemeinschaft zusammenzuschließen, gewährleistet wurde. Am 1. Juni 1942 erließ darüber hinaus Koch ein sogenanntes „Toleranzedikt," eine Verordnung über die Rechtsverhältnisse

---

49. Ingeborg Fleischhauer, *Das Dritte Reich und die Deutschen in der Sowjetunion* (Stuttgart, 1983) 107.
50. Benjamin Pinkus, Ingeborg Fleischhauer, *Die Deutschen in der Sowjetunion: Geschichte einer nationalen Minderheit im 20. Jahrhundert* (Baden-Baden, 1987) 269-270.
51. Richard H. Walth, *Strandgut der Weltgeschichte: Die Rußlanddeutschen zwischen Hitler und Stalin* (Essen, 1994) 235.

religiöser Organisationen, das aber keineswegs die freie Entfaltung religiösen Lebens erlaubte.[52] Vielmehr wurden die Religionsgemeinschaften auf die Erfüllung religiöser Aufgaben beschränkt; der Reichskommissar behielt sich die Genehmigung über die Neubildung von Gemeinden und ihre Auflösung vor. Dies konnte geschehen, wenn sie die allgemeine „Ordnung und Sicherheit" bedrohten oder sich einfach mit anderen Angelegenheiten als mit religiösen befassten. Im weiteren bestand seine Stoßrichtung in einer verstärkten Zersplitterung der ukrainischen Orthodoxie, die unter der strikten Kontrolle der Besatzung stehen sollte. Den Generalkommissaren sollte, so ein Erlass Kochs vom Oktober 1942, sogar die Ernennung und Absetzung, Weihung und Einsetzung von Bischöfen zufallen.[53]

2. *Die engen Grenzen der neuen Religionsfreiheit*

Die neue Religionsfreiheit in den besetzten Ostgebieten umfasste die Bildung von Gemeinden und die Ausübung des Kultes. Religion als Privatangelegenheit war nun wieder erlaubt und zog keine Verfolgungen nach sich wie unter der sowjetischen Herrschaft. Darüber hinausgehende Aktivitäten, die eine bessere Organisation der kirchlichen Strukturen unterstützt hätten, liefen jedoch dem NS-Grundsatz der Trennung von Kirche und Staat entgegen und wurden von den Besatzungsbehörden unterbunden. Dies bedeutete, dass die Gemeinden finanziell auf sich alleine gestellt waren; eine Kirchensteuer oder regelmäßige Einnahmen gab es nicht; für die Entlohnung der Geistlichen ergingen von der Besatzung keinerlei Hilfen. Die Pfarrer lebten von dem, was ihnen die Gläubigen freiwillig gaben, oder von Gebühren anlässlich von Taufen, Hochzeiten und Beerdigungen. Diese Regelung wurde aber von allen lokalen Behördenvertretern missbilligt, denn Ortskommandanturen sprachen sich wiederholt dafür aus, die Besoldung der Priester einheitlich zu regeln, da „einerseits die unsichere und ungleichmäßige Einnahme der Kirchendiener nicht tragbar [sei], andererseits [...] sich die Abgabe von Produkten, die ja bewirtschaftet sind, nicht vertreten" lässt. Die freiwillige Abgabe von Lebensmitteln an Priester war den deutschen Behörden ein Dorn im Auge, da sie diese nicht mehr für sich selbst beanspruchen konnten. Den „Popen" solle unter Androhung ihrer „Entlassung" die Annahme von Lebensmitteln verboten werden; dafür sollten sie durch

---

52. Dallin, *German Rule in Russia*, 481; Abdruck des Textes in: „Dokumente zur deutschen Kirchenpolitik" (oben Anm. 11), 217.
53. Škarovskij, *Die deutsche Kirchenpolitik während des Zweiten Weltkrieges*, 103; Berkhoff, „Was There a Religious Revival in Soviet Ukraine under the Nazi Regime?," 544.

von der Kirchengemeinde aufgebrachte Abgaben fest besoldet werden, die durch die Rayonverwaltung kontrolliert werden sollten.[54] Es wurde ferner befürchtet, dass „die Popen ihr Amt ausnützen, um für kirchliche Handlungen Naturalien zu fordern, die in keinem Verhältnis zu ihrer Leistung stehen."[55] Die Forderung nach einem festen Gehalt für die Geistlichkeit ließ sich aber nicht durchsetzen, da sich die Militärverwaltung in solchen Gehaltsregelungen für nicht zuständig erklärte.

Eine Kontroverse zwischen Kirchengemeinden und Okkupationsbehörden entstand um die Einführung des Religionsunterrichts, der von der sowjetischen Herrschaft untersagt worden war. Die Besatzungsbehörden erkannten, dass ein solcher Schritt von der Bevölkerung lebhaft begrüßt würde, da sie hierin eine offensichtliche Abkehr vom Sowjetsystem sehe.[56] Die kirchlichen Vertreter drängten darauf, weil sie hofften, dadurch die im kommunistischen Sinn erfolgte Erziehung zu neutralisieren. Dies wurde mit der Argumentation untermauert, dass der Einfluss der Eltern nicht ausreiche, um die schulpflichtigen Kinder der Kirche als einem „zuverlässigen antibolschewistischen Instrument" zuzuführen.[57] Es war allerdings von Vornherein davon auszugehen, dass die benötigten Lehrkräfte nicht zur Verfügung standen. Letztlich wurde der Religionsunterricht in den staatlichen Schulen nicht zugelassen, da dem die Forderung nach der strikten Trennung von Kirche und Staat gegenüberstand. Die Militärbehörden fanden jedoch einen Kompromiss zwischen der von Berlin ausgegebenen Anweisung und dem Willen der Bevölkerung, indem sie zuließen, dass örtliche Verwaltungen Schulräume für eine religiöse Unterweisung nach dem Unterricht zur Verfügung stellten. Bei der Einrichtung von Priesterseminaren bestand keine Gestaltungsfreiheit. Diese wurde zwar nicht behindert, unterlag jedoch der Genehmigung durch höhere Dienststellen. Hier waren nur Kandidaten zugelassen, wenn sie vom SD genau geprüft worden waren und unverdächtig erschienen.[58]

Die Religionsfreiheit im Besatzungsgebiet traf schnell die Grenzen des Zulässigen, wenn die wirtschaftlichen Belange der Besatzungsbehörden berührt wurden, wie bereits bei der Entlohnung der Priester durch Lebensmittel klar war. Bestand nämlich die Gefahr, dass die Produktivität des

---

54. IfZ MA 488/1: Ortskommandantur I/882. An Feldkommandantur in Saporoshje. Monatl. Lagebericht. Melitopol, 12.8.42.
55. IfZ MA 488/2: Feldkommandantur 754. Abt. VII. Lagebericht (Zeitraum vom 25.7. bis 15.8.1942). Obojan [südlich von Kursk], 15.8.42.
56. IfZ MA 488/1: Bfh. rückw. H. Geb. Süd. Abt. VII. Tätigkb. 1.-15.12.41.
57. Abschlußbericht, S. 7 [144].
58. Abschlußbericht, S. 7 [144].

Landes beeinträchtigt würde, wurden kirchlicherseits geäußerte Wünsche rigoros abgelehnt. So wurden kirchliche Feiertage nicht als arbeitsfrei zugelassen, Arbeitsruhe wurde nur an den hohen Feiertagen Ostern, Pfingsten und Weihnachten erlaubt. Religiöse Feiertage während der Woche wurden von Feldkommandanturen kurzerhand auf den nächstliegenden Sonntag verlegt. Für die Darstellung von kirchlichen Feiertagen in der Presse war von den Zeitungsredakteuren folgendes zu berücksichtigen: „Die Weihnachts- und Neujahrstermine der orth. Kirche können in der Ostpresse als kirchliche Feiertage erwähnt werden. Für Jahresrückblicke und Weihnachtsartikel allgemeinen Inhalts kommen jedoch als Termine nur der 25./26. Dezember und der 1. Januar in Frage."[59] Das am 6. Januar von der Orthodoxie gefeierte Weihnachtsfest wurde damit nicht gewürdigt. Außerdem stand den von den Deutschen eingesetzten „Kreislandwirten" das Recht zu, den Arbeitseinsatz auch an Sonn- und Feiertagen anzuordnen, wenn dies erforderlich war; diese Regelung fand häufig Anwendung, obwohl gleichzeitig an hohen Feiertagen die Kirchen besonders gut besucht waren. Für ausgefallene Arbeitstage wurde selbstverständlich kein Lohn ausbezahlt. Bei der Gestaltung der hohen Kirchenfeste selbst war die Bevölkerung wieder auf das Wohlwollen der Behörden angewiesen. Nachdem die Osterfeierlichkeiten hauptsächlich in der Nacht abgehalten werden, hoben lokale Militärbehörden die nächtlichen Sperrstunden dafür in der Regel auf. Mancherorts wurde dies aber auch verweigert wie 1942 in der Stadt Kremenčuk „mit Rücksicht auf die Vorschriften über die Sperrstunden." Keine Bedenken bestanden jedoch hinsichtlich der Sammlung von Geld für die Instandsetzung der dortigen Kathedrale.[60] Gelegentlich wurde das Abhalten von Prozessionen verboten, weil Feldkommandanturen befürchteten, diese würden zu „Feindpropaganda" missbraucht. In anderen Orten war wiederum die landeseigene Verwaltung und Polizei bei kirchlichen Umzügen offiziell anwesend.

Nachdem das kirchliche Leben auf die Durchführung des Ritus beschränkt wurde, unterlag auch dieser der Kontrolle durch die Besatzungsbehörden, um politische Aktivitäten kirchlicher Vertreter zu verhindern. Die Überwachung der kirchlichen Tätigkeit war von den Ortskommandanturen zu erledigen. In der Praxis geschah dies durch „gelegentliche Besuche von Vertrauensleuten"[61] bei Gottesdiensten.

59. IfZ: Richtlinien, s.v. Feiertage (kirchliche). Laufende Nr. 101.
60. IfZ MA 488/1: Feldkommandantur V-194, Abt. VII. Lagebericht für die Zeit vom 15. April bis 15. Mai 1942. Snowsk, 20.5.1942; hier S. 6.
61. IfZ MA 488/1: Feldkommandantur V-194, Abt. VII. Lagebericht für die Zeit vom 15. Juni bis 15. Juli 1942. Rylsk [westlich von Kursk], 15. Juli 1942; hier S. 3.

Kontrollen ergaben in der Regel nur, dass in Kirchen „gebetet und gesungen" wurde.[62] Eine Bestrafung in Form einer Verwarnung wurde dann veranlasst, wenn die öffentliche Ordnung gefährdet wurde oder sich Priester gegen die deutschen Interessen äußerten.[63] V-Leute hatten daher auch Verbindungen zwischen Priestern und der nationalukrainischen Untergrundbewegung (UPA, Ukrainische Aufstandsarmee) auszuforschen und dem SD anzuzeigen.[64] Eine politisch-nationale Obstruktion größeren Ausmaßes muss wohl auch der Hintergrund dafür gewesen sein, dass 1943 in Rivne 47 autokephale Priester erschossen wurden, wie 1947 eine in Canada erscheinende Emigranten-Zeitung berichtete.[65]

Bei der Kontrolle des religiösen Lebens in den Besatzungsgebieten sind Abstufungen festzustellen. Während orthodoxe Gemeinden eher als „ungefährlich" eingestuft wurden, waren katholische Gemeinden von vornherein verdächtig, einer wie auch immer gearteten Tätigkeit des Vatikan Vorschub zu leisten. Gegenüber den „vatikanischen Machenschaften und Umtrieben" wurde daher „schärfste Wachsamkeit" angeordnet.[66] Die Mission für katholische Geistliche von außerhalb wurde verboten.[67] Misstrauisch wurde von den Deutschen das Verhalten der italienischen, ungarischen und slowakischen Truppen während des Ostfeldzuges beobachtet. Diese hatten die Anweisung, sich hinsichtlich ihres Verhaltens gegenüber der Zivilbevölkerung in religiösen Fragen nach den für die deutsche Wehrmacht geltenden Bestimmungen zu richten. Besonders bei den Italienern wurde vermutet, sie könnten in irgendeiner Weise für den Vatikan tätig werden und damit die Position des Papstes stärken, was für das NS-Regime nicht hinzunehmen war. Es wurde befürchtet, die katholischen Heeresgeistlichen könnten später beim Zurückziehen der Truppen im Land hängen bleiben, um im Sinne der päpstlichen Missionsabsichten weiter zu wirken und die NS-Politik zu untergraben. Bei der Verhinderung der katholischen Mission erwartete man auch die Unterstützung der orthodoxen Geistlichkeit. Dennoch wurden „besondere Beobachtungen hinsichtlich der Aktivierung der vatikanischen

---

62. IfZ MA 488/1: Feldkommandantur 198. Achtyrka, 29.11.41. Tätigkeitsbericht.
63. IfZ MA 488/1: H.Qu. [= Hauptquartier] an FK. 774, 15. August 1942, gez. Chef des Generalstabes.
64. IfZ MA 488/2: Bfh. H.Geb. Süd. An F.K. 197 – Militärverwaltungsgruppe –. H.Qu., 10. Mai 1942.
65. Gerus, „The Ukrainian Orthodox Disunity," 318, Anmerkung 36.
66. IfZ MA 49: Vorgefundenes kirchliches Material in Kiew. Zu den Vorbehalten von NS-Vertretern gegenüber der katholischen Kirche vgl. Fireside, *Icon and Swastika*, 84-85, 127-128.
67. Bräutigam, *Überblick über die besetzten Ostgebiete*, 68.

Rußlandarbeit in den gegen Rußland kämpfenden Freiwilligenverbänden [...] nicht gemacht."[68]

Vor diesem Hintergrund war die polnische Minderheit, die an der Grenze zur ehemaligen Republik Polen und in den westlichen Gebieten der Ukraine wie Žytomyr beheimatet war, wegen ihrer Zugehörigkeit zur katholischen Kirche einer besonderen Kontrolle der Besatzungsbehörden unterworfen. Sie stand im Verdacht, ihre kirchliche Organisation dazu zu benutzen, öffentlich politische Propaganda zu betreiben. Als Ausgleich versuchten deutsche Behörden, diese Strömung durch die Förderung der Orthodoxie abzubremsen, deren Geistlichkeit durch Mittelsmänner zu größerer Aktivität angespornt werden sollte.[69] Die katholische Gemeinschaft von Žytomyr fiel den Besatzungsbehörden auch bei anderer Gelegenheit negativ auf, als nämlich am 16. September 1941 die katholische Kathedrale geweiht und dabei ein polnisches Nationallied gesungen wurde, obwohl der betreffende Geistliche vorher durch seine Unterschrift hatte bestätigen müssen, sich jeder politischen Betätigung in der Kirche zu enthalten. Allerdings wurde von einer Strafe abgesehen, da nicht nachgewiesen werden konnte, ob er davon Kenntnis hatte, weil ein Marienlied dieselbe Melodie besaß. Anstatt die Kirche zu schließen und den Geistlichen ins „Generalgouvernement" nach L'viv/Lemberg abzuschieben, erteilte ihm die Ortskommandantur nur eine Verwarnung, erlegte ihm eine Meldepflicht für kirchliche Veranstaltungen auf und verbot ihm wegen „der Möglichkeit politischer Kundgebungen" das Singen des besagten Liedes. Außerdem wurde die katholische Kirche unter die laufende Überwachung durch Dolmetscher gestellt.[70] Ein ähnlicher Vorgang in einer orthodoxen Gemeinde wurde nicht bekannt. Auch in den Massenmedien sollte möglichst kein Hinweis auf die katholische Kirche erscheinen. Dies lässt sich der Anweisung entnehmen, dass die griechisch-katholischen Gläubigen, d.h. die unierten Katholiken, in der Presse nunmehr als „griechisch-orthodoxe" Gläubige firmieren mussten.[71] Damit sollte die Bezeichnung „katholisch" unterdrückt werden.

---

68. Politisches Archiv des Auswärtigen Amtes (PA AA; Bonn), fiche 2896: Oberkommando der Wehrmacht an AA, Berlin, 5. Februar 1942.
69. IfZ MA 488/2: Feldkommandantur 197. Militärverwaltungsgruppe. Lagebericht zum 20. September 1941.
70. Ebenda.
71. IfZ: Richtlinien, s.v. Konfessionen. Laufende Nr. 215.

3. Die ukrainische autokephale orthodoxe Kirche als ukrainische „Nationalkirche"

Einhergehend mit der religiösen Mobilisierung der Bevölkerung kam innerhalb der orthodoxen ukrainischen Kirchenführung wieder eine Kontroverse auf, die von der sowjetischen Herrschaft gewaltsam beigelegt worden war: die Ablösung der ukrainischen Orthodoxie vom Moskauer Patriarchat, wie sie schon von der ukrainischen autokephalen Kirche bis zu deren Verbot 1930 gefordert worden war. Während die autokephale Kirche damals vom Patriarchat nicht anerkannt wurde und daher unkanonisch war, traf dies 1941 nicht zu, da sich nun einige Bischöfe dem orthodoxen Metropoliten Dionisij in Warschau unterstellten,[72] der im weiteren den Aufbau einer kanonischen Hierarchie betrieb. Dagegen fanden sich aber unter den orthodoxen Bischöfen in der Ukraine Gegenstimmen, so dass in Konkurrenz zur autokephalen Kirche 1942 eine „autonome orthodoxe Kirche" um den Erzbischof von Kremjanec', Aleksij, ins Leben gerufen wurde, die zwar ebenfalls auf eine eigenständige orthodoxe Kirche in der Ukraine abzielte, dies aber – im Gegensatz zu den Autokephalen – in Zusammenarbeit mit dem Moskauer Patriarchat erreichen wollte.[73] Die autonome Kirche argumentierte, eine autokephale Kirche könne nur in einem selbständigen Staat und unter Zustimmung der Mutterkirche – in dem Fall des Moskauer Patriarchats – errichtet werden. Der autonomen Richtung gehörte die Mehrheit der orthodoxen Bischöfe während der Besatzung an, die sich somit weiter als Teil der russischen orthodoxen Kirche betrachteten.[74]

Eine Statistik über den Ortskommandantur-Bereich Aleški (Cjurupyn'sk), Kachovka und Ivanivka (Gebiet Cherson) gibt über die Zahl und Richtung der Kirchengemeinden sowie die Zahl der Geistlichen zum 1. Juni 1942 in 13 Rayons Aufschluss. Hier bestanden 83 Gemeinden, von denen 69 der orthodoxen Patriarchatskirche, vier der autokephalen orthodoxen und sechs der evangelischen Kirche angehörten. Jeweils eine war römisch-katholisch, muslimisch und baptistisch. Die Gesamtzahl der Geistlichen – 51 – war wesentlich geringer als die Anzahl

---

72. Der orthodoxen Kirche in Polen war 1925 der Status der Autokephalie verliehen worden.
73. Zu den Auseinandersetzungen zwischen der autokephalen und autonomen Orthodoxie vgl. Heyer, *Kirchengeschichte der Ukraine*, 257ff.
74. Bohdan Bociurkiw, „Orthodox and Greek Catholics in Ukraine," *The Politics of Religion in Russia and the New States of Eurasia*, ed. Michael Bourdeaux (Armonk/New York/London, 1995) 131-162, hier 135.

der Gemeinden.[75] Die angeführte hohe Zahl der Patriarchatsgemeinden, die in der westlichen Ukraine geringer war, erklärt sich aus dem großen Anteil der russischen Bevölkerung in der Süd- und in der Ostukraine, die nach wie vor den Patriarchen von Moskau anerkannte, sowie aus dem höheren Organisationsgrad, der noch aus sowjetischer Zeit bestand. Genaue Zahlen über die Gemeinden im RKU sind nicht vorhanden. Es wird aber geschätzt, dass es sich um etwa 4.500 autonome und autokephale Gemeinden handelte; dazu kamen die der anderen Denominationen.[76]

Die Auseinandersetzungen zwischen Autokephalen und Autonomen besaßen nicht nur einen religiösen, sondern auch einen national-politischen Hintergrund, da erstere letzteren Moskauhörigkeit vorwarfen, weil sie sich nicht von der Patriarchatskirche lösen wollten. Auch von der ukrainischen Bandera-Bewegung wurden die Autonomen abgelehnt. Ihre Bischöfe standen sogar in der Gefahr, von ukrainischen UPA-Partisanen umgebracht zu werden wie 1943 der Metropolit der autonomen orthodoxen Kirche Oleksij, der die Oberhoheit des Moskauer Patriarchen anerkannte, sowie der autonome Bischof Manuïl in Wolhynien.[77] Die Autokephalen verstanden sich hingegen als eine ukrainische Nationalkirche. Der Unterschied zwischen beiden Richtungen wurde für die Gläubigen vor allem in der im Ritus verwendeten Sprache sichtbar, da die Autokephalen die Gottesdienste ukrainisch statt in der russischen Version des Kirchenslavischen abhielten.

Die gegenseitige Konkurrenz beider Richtungen und der parallele Aufbau zweier kirchlicher Hierarchien führte dazu, dass die orthodoxen Gemeinden in der ganzen Ukraine darüber gespalten und zerrissen wurden. Die Erkenntnis der schweren Störung des religiösen Lebens führte zum Versuch einer Verständigung zwischen beiden Fraktionen. So kam im Oktober 1942 eine Einigung zustande, in der *de facto* die Autokephalie anerkannt wurde.[78] Diese wiederum hatte die weitere Abspaltung einer Splittergruppe der Autonomen um den Kiever Bischof Pantelejmon zur Folge, die gegen eine Vereinigung der beiden orthodoxen Richtungen opponierte.[79]

---

75. Dies belegt auch, dass die Gründung einer Gemeinde nicht unbedingt von einem Pfarrer ausgehen mußte, sondern in der Regel von Gläubigen initiiert wurde; IfZ MA 488/1: Feldkommandantur 774 VW Abt. VII. 18.6.42. Lagebericht 15. Mai-15. Juni 42.
76. Berkhoff, „Was There a Religious Revival in Soviet Ukraine under the Nazi Regime?," 559.
77. *Istorija relihiï v Ukraïni. Navčal'nyj posibnyk* (Kyïv, 1999) 532-533.
78. Zum Einigungsversuch vom Oktober 1942 vgl. Heyer, *Die orthodoxe Kirche in der Ukraine*, 183-188.
79. *Istorija relihiï v Ukraïni*, 531.

Die Position der deutschen Instanzen bei der Spaltung der ukrainischen Orthodoxie war nicht einheitlich: Während das Reichsministerium für die besetzten Ostgebiete die Bildung einer einzigen orthodoxen ukrainischen Kirche als Block gegen das Moskauer Patriarchat favorisierte, waren Reichskommissar Koch und die Besatzungsbehörden an einer Vereinigung der Kirchen nicht interessiert. Im Gegenteil beabsichtigten sie, die Einheit der Orthodoxie in der Ukraine nach Kräften zu verhindern.[80] Auch Hitler favorisierte die Vermehrung der „trennenden Momente im russischen Raum."[81] Das Ziel bestand darin, dass sich die kirchlichen Gruppierungen und ihre Führer – dabei wurde die Patriarchatskirche als massiv panslavisch, die ukrainische autokephale Kirche als „nationalistisch" betrachtet – so stark in ihre internen Auseinandersetzungen aufreiben sollten, dass sie keine Kräfte für eine Widerstandsbewegung gegen die Deutschen bilden konnten. Mit dieser Politik des *divide et impera* sollte die Herrschaft der Besatzungsmacht gesichert werden. Den Vereinigungs-Akt zwischen der autokephalen und der autonomen orthodoxen Kirche 1942 torpedierte die Besatzung.

In der Praxis und nach außen hin gaben die Besatzungsbehörden vor, sich in den Streit dieser Richtungen nicht einzumischen; wenn die Kontroversen allerdings zu heftig wurden, arbeiteten die deutschen Behörden auf unterer Ebene der „ukrainischen" Seite zu. So stützten sie in einigen Orten die autokephale Kirche und sorgten dafür, dass sie sich in allen Rayons betätigen konnte.[82] Begründet wurde dies damit, dass diese Kirche den politischen Anschauungen der Besatzung näher sei und dass die Gefahr bestehe, dass sie von der „russischen" Kirche überrannt werde. Die Bevölkerung ihrerseits kenne – so wurde behauptet – die Unterschiede zwischen beiden Kirchen nicht; ihr sei es gleichgültig, ob ein Gottesdienst orthodox, lutherisch oder katholisch abgehalten werde, da die Trennung des Glaubens in Konfessionen gar nicht oder nur verschwommen wahrgenommen würde. Dies sei darauf zurückzuführen, dass die sowjetische Bevölkerung in allen Lebensgebieten in einer gefühlsleeren Umwelt gehalten worden sei.[83] Es trifft aber nicht zu, dass die autokephale Kirche prinzipiell von der Besatzung bevorzugt wurde, da diese an einer möglichst großen Fraktionierung aller Kirchen interessiert war.[84]

---

80. Škarovskij, *Die deutsche Kirchenpolitik während des Zweiten Weltkrieges*, 104.
81. Zitiert nach ebenda, S. 99.
82. IfZ MA 488/1: Feldkommandantur (V) 753. Lagebericht vom 1.4. bis 15.5.1942. Walki, 16. Mai 1942.
83. *Die Einsatzgruppen in der besetzten Sowjetunion 1941/42* (Anm. 15), 187.
84. Frank Golczewski, „Kirchenfreiheit und politische Abhängigkeit: Zur Autokephalie der ukrainischen orthodoxen Kirche", *Freiheit und Kontingenz: Zur interdisziplinären*

Der Streit zwischen Autokephalen und Autonomen entzündete sich in vielen Fällen an der Benutzung einer örtlichen Kirche. Bei einer Auseinandersetzung zwischen den Pfarrern beider Richtungen im Gebiet Kremenčuk erging von der Feldkommandantur die Anweisung, die Patriarchatskirche zu schließen, sollte der Konflikt nicht beendet werden.[85] In Valki (bei Charkiv) ordneten die deutschen Behörden an, die miteinander streitende autonome und autokephale Gemeinde sollten gleichermaßen anerkannt und geduldet werden, obwohl – besser: weil – sich die Rayonsverwaltung für die autonome Seite ausgesprochen hatte.[86] Allerdings ging die Unterstützung für die Autokephalen nicht so weit, dass die Behörden die Unterweisung von Priesternachwuchs befürworteten. Als nämlich der Erzbischof der autokephalen orthodoxen Kirche in Charkiv die Errichtung eines Priesterseminars beantragte, lehnte dies die Standortkommandantur „auf Anraten des S.D." ab.[87] Ebenfalls wurde von der Besatzung untersagt, dass die einheimische Verwaltung für die eine oder andere Seite Partei ergriff.

Bis zum Ende der deutschen Besatzung kam in der Ukraine keine einheitliche orthodoxe Kirche zustande. Während des deutschen Rückzuges aus der Sowjetunion wies das Oberkommando der Wehrmacht an, diejenigen Geistlichen, die Repressalien von den zurückkehrenden Kommunisten zu befürchten hätten, nach Deutschland zu evakuieren, wenn sie dies wünschten. Während viele Priester bei ihren Gemeinden zurückblieben, wurde dieses Angebot von neun Bischöfen der ukrainischen orthodoxen autokephalen Kirche wahrgenommen.[88]

4. Zusammenfassung und Bewertung der Religionspolitik in der besetzten Ukraine

Nationalsozialismus und Kommunismus beruhen als totalitäre Systeme auf einer materialistischen und antireligiösen Ideologie. Dennoch griffen beide zu propagandistischen Zwecken als taktische Maßnahme während des Weltkrieges auf eine Lockerung der kirchlichen Repressionen und der ansonsten strengen Kontrolle der Kirchen zurück. Die in die

---

Anthropologie menschlicher Freiheiten und Bindungen: Festschrift für Christian Walther, hrsg. von Rainer Dieterich, Carsten Pfeiffer (Heidelberg, 1992) 247-266, hier 258.
85. Vgl. oben Anmerkung 40.
86. IfZ MA 488/1: Verwaltungsgruppe Dr. Gr. Lagebericht der Verwaltungsgruppe für den Zeitraum vom 16.6.-15.7.1942. Walki, 17.7.42.
87. IfZ MA 488/2: Standortkommandantur Charkow. Abt. VII. Charkow, 20.8.1942. Lagebericht für die Zeit vom 16.5.42-15.8.1942.
88. *Istorija relihiï v Ukraïni*, 533.

Ukraine einrückenden Deutschen fanden 1941 eine wegen der jahrzehntelangen sowjetischen Verfolgungen stark geschwächte kirchliche Organisation vor, die daher nicht von Vornherein als bedrohlich empfunden wurde. Repressivmaßnahmen wie Massenverhaftungen Geistlicher, Kirchenplünderungen und -schließungen, wie in vielen anderen deutsch besetzten Gebieten, unterblieben daher. Insgesamt besaß die deutsche Besatzung der sowjetischen Gebiete nach 1941 daher einige charakteristische Züge, die sich wie folgt zusammenfassen lassen:

1. Kirchenpolitik als Feld konkurrierender politischer Interessen: Beim Einmarsch der Wehrmacht in die Sowjetunion bestanden keine einheitlichen Anweisungen über das Verhalten Kirchen und Gläubigen gegenüber. Das war auch auf die unterschiedlichen Kompetenzzuteilungen und Interessen der betroffenen Dienststellen zurückzuführen. Unter anderem bei der Kirchenpolitik und bei der Erteilung von Erlassen in diesem Bereich versuchten diese, ihre Vorstellungen durchzusetzen und damit ihren eigenen Machtbereich zu vergrößern. Am auffälligsten dabei war die Auseinandersetzung zwischen dem Reichsminister für die besetzten Ostgebiete, Rosenberg, und dem Reichskommissar für die Ukraine, Koch, dessen Position durch Hitler unterstützt wurde. Die unter Militärverwaltung sich durchsetzende Praxis der Kirchenpolitik wurde von der Zivilverwaltung im Reichskommissariat Ukraine fortgesetzt, in dem Koch jedoch eine noch rigidere Kontrolle der kirchlichen Aktivitäten einführte. Dennoch entwickelte in der kurzen Zeit der Existenz des Reichskommissariats Ukraine keine systematische Anwendung von einheitlichen Maßnahmen. Vielmehr blieb die praktische Umsetzung den örtlichen Verantwortlichen überlassen, die in der Regel nur auf die Forderungen von Gläubigen reagierten.

2. Die strenge Kontrolle der als „liberal" propagierten Kirchenpolitik: Die deutschen Truppen fanden in der Ukraine eine religiös aktive Bevölkerung vor. Diese hatte auf eigene Initiative hin nach dem Abzug der Roten Armee begonnen, Kirchen zu renovieren sowie Gemeinden und ein kirchliches Leben aufzubauen. Anders als die strikt antireligiösen Prinzipien des Nationalsozialismus festlegten, ließen die deutschen Besatzer die Religionsausübung für alle Konfessionen und Sekten zu. Die damit verbundene Absicht lag darin, Religionspolitik als Propagandamittel einzusetzen. Bei näherer Betrachtung entpuppte sich aber die vorgeblich „liberale" Religionsausübung als ein behördlich reglementiertes und kontrolliertes Gebiet, denn Behinderungen des religiösen Lebens waren nichts

Außergewöhnliches: Die Besatzungsbehörden bestimmten weitgehend Fragen des religiösen Lebens wie die Festlegung von kirchlichen Feiertagen und religiösen Aktivitäten wie Prozessionen. Der einzige Freiraum, der den Gläubigen schließlich blieb, bestand in der Gestaltung des Gottesdienstes. Doch wurden auch hier Kontrollen durchgeführt, da die NS-Behörden befürchteten, Geistliche würden sich entgegen des Verbots politisch betätigten. Dieser Überwachung wurden insbesondere katholische Gemeinden unterstellt, bei denen befürchtet wurde, sie könnten den Einfluss des Vatikans vergrößern. Ähnlich wurden Gemeinden der autokephalen orthodoxen ukrainischen Kirche überprüft, denen die Nähe zu den ukrainischen Untergrundkämpfern der UPA nachgesagt wurde.

3. Die Begünstigung der Zersplitterung von kirchlichen Großgruppen: Während die Kontrolle über Religionsgemeinschaften wie Katholiken und Sekten in der Ukraine wegen ihrer geringeren Mitgliederzahl leichter fiel, war die Strategie gegenüber der größten kirchlichen Gemeinschaft, der Orthodoxie, eine andere: Bei dieser sollte die Zersplitterung und die Aufteilung in kleinere Gruppen unterstützt werden. Dem kam zupass, dass innerhalb der Orthodoxie die Autokephalie-Bewegung wieder erwacht war. Daneben formierte sich die ukrainische autonome orthodoxe Kirche neu, so dass neben der russischen orthodoxen Kirche mehrere orthodoxe Kirchen und Splittergruppen bestanden und um die Gläubigen konkurrierten. Eine Einigung dieser orthodoxen Richtungen war von den Deutschen nicht beabsichtigt, vielmehr profitierten sie von der Fraktionierung der Orthodoxie, da diese nicht als geschlossener Block in politische Opposition zur Besatzung auftreten konnte. Die Besatzungsbehörden bevorzugten zwar nach außen hin keine dieser Kirchen, förderten aber bei Streitfällen die ihnen genehmere, oftmals die autokephale.

4. Das Scheitern der Kirchenpolitik an der Willkür der Besatzungsherrschaft: Sinn und Zweck einer Liberalisierung der Religions- und Kirchenpolitik während der deutschen Besetzung der Ukraine war gewesen, diese als Propagandamittel zu benutzen, um die ukrainische Bevölkerung angesichts der Ausbeutung des Landes zu beruhigen. Dieser hohe Anspruch musste an den Realien der Okkupation von vornherein scheitern, die für die Zivilbevölkerung die Ausplünderung des Landes und seiner Bewohner bedeutete. Als erfolgreich wurde die praktizierte Religionspolitik auch von deutscher Seite her am Schluss nicht charakterisiert: Bei ihrem Abzug konstatierte die Wehrmacht „Unduldsamkeit und Streit" innerhalb der Kirchen aufgrund der vielen gegensätzlichen Positionen.

Indirekt wird das Scheitern der NS-Religionspolitik festgestellt, denn „die Zustände drohten allmählich zu einem öffentlichen Skandal auszuarten und drückten merklich auf die Stimmung der Bevölkerung. Vor allem die Jugendlichen erblickten in diesen Missständen eine Bestätigung für die Richtigkeit der bolschewistischen Weltanschauung des Materialismus."[89]

Es war also insgesamt mit der als freizügig ausgegebenen Religionspolitik in der Ukraine nicht gelungen, die Bevölkerung propagandistisch auf die Seite der Deutschen zu ziehen. Dennoch waren im Nachhinein Vertreter deutscher Besatzungsbehörden und Dienststellen erstaunt darüber, dass man nicht in der Lage gewesen sei, die „positive" Haltung der Geistlichkeit stärker zu nützen.[90] Inwieweit diese jedoch die Bevölkerung in großem Maß hätte beeinflussen können, ist fraglich, denn schließlich hatte die Ukraine vor 1941 bereits über zwei Jahrzehnte Kirchenverfolgung und atheistische Religionspolitik unter der Sowjetherrschaft hinter sich. Zudem war das, was als kirchliches Engagement nach außen trat, auch nationalukrainisch bzw. patriotisch und als Bekenntnis gegen die sowjetische Ideologie motiviert und damit nicht automatisch als Bekenntnis für den Glauben zu bewerten. Außerdem sank der Zuspruch unter der Bevölkerung für die kirchlichen Gemeinden mit Fortschritt der deutschen Besatzung. Dass sich insbesondere orthodoxe Priester dazu gewinnen ließen, in ihren Gottesdiensten für die Okkupanten zu beten,[91] stieß auf immer größeres Unverständnis der Bevölkerung. Dennoch sorgte die religiöse Revitalisierung während des Krieges wenigstens bei denjenigen, die sich noch im Glauben verwurzelt sahen, für eine Kontinuität ihrer Überzeugung. Nach dem Ende des Zweiten Weltkrieges fand sich eine große Zahl von Kirchen, Sekten und kirchlichen Verbindungen in der Ukraine wieder.

IV. Methoden und Instrumente der religiösen Repression in der Sowjetukraine 1944-1953

Die Sowjetunion war nach dem Zweiten Weltkrieg nicht mehr das Land, das sie vorher dargestellt hatte. Große Territorien im Westen lagen

---

89. Abschlußbericht, S. 5 [142].
90. Helmut Krausnick und Hans-Heinrich Wilhelm, *Die Truppe des Weltanschauungskrieges: Die Einsatzgruppen der Sicherheitspolizei und des SD 1938-1942* (Stuttgart, 1981) 430-431.
91. Die deutschen Behörden übten mehr oder weniger Druck auf orthodoxe Priester und Bischöfe aus, sich in ihren Gottesdiensten gegen den Moskauer Patriarchen zu wenden und im Gegenzug für die deutsche Seite zu werben; vgl. Alexander Werth, *Rußland im Krieg 1941-1945* (München/Zürich, 1968) 534-535.

in Trümmern und Millionen von Sowjetbürger hatten in der militärischen Auseinandersetzung und ihren Folgen ihr Leben verloren. Doch hatte der Triumph über den ideologischen Feind nicht nur einen moralischen Sieg des Systems zur Folge, sondern er bezog die Sowjetunion auch als ernst zu nehmende Großmacht in das Konzert derjenigen Staaten ein, welche in Europa die Nachkriegsentwicklung bestimmten. Die außenpolitische Neupositionierung Moskaus beeinflusste das innenpolitische Vorgehen beim Wiederaufbau des Landes wesentlich. Neben der Beseitigung der materiellen Schäden war dieser gerichtet auf die Reetablierung des Stalinschen Systems in den annektierten Gebieten im Westen sowie auf die Herstellung der „zivilen" stalinistischen Ordnung im übrigen Staatsgebiet. Dazu gehörte auch die wieder verstärkt vorangetriebene Verfolgung des „inneren Feindes," nachdem der äußere, NS-Deutschland, besiegt war. Zu diesen inneren Feinden gehörten insbesondere Kollaborateure und Kriegsverbrecher bzw. Personen, die als solche verdächtig waren, sowie insgesamt alle, die man als „antisowjetisch" einstufte. Dazu wurden auch besonders Kirchenangehörige und religiöse Vertreter gezählt, die bald nach Kriegsende wieder der staatlichen Unterdrückung zum Opfer fielen.[92]

Eine Untersuchung dieser Vorgänge in der Sowjetukraine, wie es der folgende Abschnitt unternimmt, erfordert, den Fokus nicht nur auf die russische orthodoxe Kirche als die größte Religionsgemeinschaft in der Sowjetukraine zu legen, sondern auch Bezug zu nehmen auf die Gesamtheit der vorzufindenden religiösen Gemeinschaften, um die kurzzeitige religiöse Vielfalt noch in der Nachkriegszeit darzustellen. Zudem ist eine isolierte Betrachtung der russischen orthodoxen Kirche kaum möglich, da diese in einer besonderen Wechselwirkung zu den übrigen Kirchen in der Ukraine stand; die Gründe dafür werden gezeigt. Die Auffächerung des religiösen Lebens in der Nachkriegsukraine und die Darstellung dessen, welche spezifischen Unterdrückungsmethoden bei einer Religionsgemeinschaft angewandt wurden, lassen darüber hinaus bestimmte Aussagen über das politische System Stalins zu. Insgesamt soll gezeigt werden, mit welchen Methoden die Sowjetregierung den verschiedenen Kirchengemeinschaften begegnete, wie sich diese in der Atmosphäre des extremen politischen Drucks verhielten und wie sich dadurch einmal mehr das Leben der Gläubigen nach dem Ende des Krieges veränderte.

---

92. Zu den Kirchen in der Sowjet-Ukraine liegen einige neue, zusammenfassende Darstellungen vor. So widmet die zehnbändige Reihe *Istorija relihiï v Ukraïni* (Kyïv, 1996-2002) jeden Band einer anderen Denomination; *Istorija relihiï v Ukraïni. Navčal'nyj posibnyk* (Kyïv, 1999) ist ein religionsübergreifendes Lehrbuch.

1. Die Rückkehr zur repressiven Religionspolitik in der Sowjetunion

Nach dem Sieg über NS-Deutschland war die kirchliche Unterstützung für die Sowjetregierung nicht mehr nötig, Stalin schlug daher wieder einen auf Zurückdrängung der Religion abzielenden Kurs ein, der nur unter taktischen Gesichtspunkten während des Zweiten Weltkrieges verlassen worden war. Allerdings wurde die Kirchenverfolgung nach dem Zweiten Weltkrieg unter gänzlich anderen Vorzeichen als in den zwanziger und dreißiger Jahren geführt: Nicht mehr der laute Protest, die offene Repression und die kompromisslose Vernichtung, sondern viel raffiniertere, wenngleich nicht weniger wirkungsvolle Methoden wurden angewandt, die oftmals legalistisch, mit falschen Anklagen, begründet wurden. Das Motiv für diese neue Vorgehensweise lag insbesondere in der Außenpolitik. Bereits während des Krieges war es für die Sowjetregierung immer wichtiger geworden, auf die Alliierten Rücksicht zu nehmen und das eigene Prestige bei diesen zu steigern. Sie achtete darauf, die innenpolitischen Verhältnisse in einem möglichst positiven Licht darzustellen, auch um ihren Einfluss bei der territorialen Neuordnung Europas und die Zustimmung der Verbündeten für ihre Kriegsgewinne nicht zu riskieren. Zudem zog auch die innere Neuordnung der Sowjetunion – der Wiederaufbau, die Sowjetisierung der neu erworbenen Gebiete, die Behebung der sozialen Folgen des Krieges – breite Umstrukturierungen von Gesellschaft und staatlichen Behörden nach sich, so dass die Erschütterungen durch einen Kirchenkampf möglichst gering gehalten werden mussten.[93]

Daher wurden neue Instrumente gefunden, die an vorderster Front stellvertretend für die sowjetische Regierung die Auseinandersetzung mit den Religionsgemeinschaften führten: 1943 wurde der „Rat für die Angelegenheiten der russischen orthodoxen Kirche beim Ministerrat der UdSSR" (*Sovet po delam russkoj pravoslavnoj cerkvi pri Sovete Ministrov SSSR*) in Moskau eingerichtet. Er hatte die Aufgabe, die „Verbindung zwischen der sowjetischen Regierung und dem Patriarchen von Moskau und Ganz Russland in Fragen, für welche die Erlaubnis der sowjetischen Regierung erforderlich war," herzustellen.[94] Vorsitzender wurde Georgij

---

93. Die Bedeutung der sowjetischen Kirchenpolitik in der Diplomatie während des Zweiten Weltkrieges ausführlich beschrieben bei Steven Merritt Miner, *Stalin's Holy War: Religion, Nationalism, and Alliance Politics, 1941-1945* (Chapel Hill, NC/London: The University of North Carolina Press, 2003).
94. Gosudarstvennyj Archiv Rossijskoj Federacii (GARF, Moskau) 6991-2-1, l. 2: Sovet narodnych komissarov SSSR. Postanovlenie Nr. 993 ot 14 oktjabrja 1943. Ob organizacii Soveta po delam russkoj pravoslavnoj cerkvi. [Gez.] Stalin, Predsedatel' Soveta Narodnych Komissarov Sojuza SSR. Upravljajuščij Delami Soveta Narodnych Komissarov SSSR Ja. Čadaev.

Grigor'evič Karpov (1897-1967). Für die anderen Glaubensrichtungen einschließlich der Sekten setzte der Rat der Volkskommissare in Moskau am 19. Mai 1944 eine ähnliche Organisation mit gleicher Hierarchie, einen „Rat für religiöse Kulte" (*Sovet po delam religioznych kul'tov pri Sovete Ministrov SSSR*), ein. Seine Funktion war, „zwischen der Regierung der UdSSR und den Führern der religiösen Vereinigungen der armenisch-gregorianischen, der Altgläubigen, der katholischen, der griechisch-katholischen, der lutheranischen Kirche, der muslimischen, jüdischen, buddhistischen Religion sowie zu den Sekten Kontakt herzustellen in Fragen, für die diese Konfessionen die Erlaubnis der sowjetischen Regierung benötigten."[95] Der Vorsitzende dieses Rats wurde Ivan Vasil'evič Poljanskij (1944-1956). Neben den genannten Aufgaben bestand das eigentliche Betätigungsfeld der Räte in der genauen Beobachtung der Kirchen und Gläubigen, in der Vorbereitung und Durchführung von repressiven Maßnahmen gegen Gemeinden und Gläubige sowie in der Koordination und Zusammenarbeit mit anderen sowjetischen Behörden wie NKGB und NKVD. Die Verzahnung der Kirchenkontrolle mit der geheimdienstlichen Überwachung wurde dadurch unterstützt, dass beide Bevollmächtigte NKVD-Mitarbeiter waren. Poljanskij war in dieser Eigenschaft bereits in den zwanziger Jahren mit religiösen Organisationen befasst gewesen; Karpov leitete bis 1955 eine Abteilung eines NKVD-Direktorats.[96] Um jedoch den Eindruck zu erwecken, die Räte seien unabhängige Behörden und nur der Regierung unterstellt, ließ Molotov anweisen, die doppelte Tätigkeit Karpovs solle nicht öffentlich werden.[97]

Beide Räte verfügten über Bevollmächtige und Unterstrukturen in den sowjetischen Republiken und Gebieten. In der Ukraine waren neben dem Vertreter des Rates für religiöse Kulte in Kiev Chodčenko und seinem Stellvertreter zehn weitere Angestellte tätig. Die Bevollmächtigten in den Gebieten wussten teilweise sehr schlecht Bescheid über religiös-kirchliche Vorgänge, auch fiel ihnen die Erfüllung ihrer Aufgaben

---

95. Central'nyj Deržavnyj Archiv Hromads'kych Ob'jednan' Ukraïny (CDAHOU, Kiev) 1-23-887, ark. 2: Sovet Narodnych Kommissarov SSSR. Postanovlenie No. 572 ot 19 maja 1944 g. Ob organizacii Soveta po Delam religioznych kul'tov. [Gez.] Predsedatel' Soveta Narodnych komissarov Sojuza SSR I. Stalin, Upravljajuščij Delami Soveta Narodnych Komissarov SSSR Ja. Čadaev. Moskva, Kreml'. Weiter zur Funktion und zum Aufbau des Rates bei Tat'jana A. Čumačenko, *Gosudarstvo, pravoslavnaja cerkov', verujuščie: 1941-1961 gg* (Moskva, 1999) 25-45. Die beiden Räte wurden im Dezember 1965 zu einem gemeinsamen Rat für religiöse Angelegenheiten zusammengelegt.

96. Tatiana A. Chumachenko, *Church and State in Soviet Russia: Russian Orthodoxy from World War II to the Khrushchev Years* (Armonk/New York/London, 2002), 16; M. I. Odincov, „Religioznye organizacii v SSSR v gody Velikoj Otečestvennoj vojny (1943-1945 gg.)," *Otečestvennye archivy* (1995) Nr. 3, 41-70, hier 44.

97. Odincov, „Religioznye organizacii v SSSR," 48.

angesichts unzureichender materieller Ausstattung nicht leicht; dennoch waren sie wichtige Ausführungsgehilfen für NKVD und NKGB bei der Überwachung der Religionsgemeinschaften.

Der größte Vorteil für Stalin durch die Bildung dieser Räte bestand darin, dass er seine eigene Person, obwohl er im Hintergrund selbst indirekt die Fäden zog, aus der öffentlichen Diskussion um die Kirchenfrage heraushalten und die Verantwortung für alle Vorgänge den Räten zugeschoben werden konnte. Dabei besteht kein Zweifel daran, dass in der sowjetischen Politik nichts geschah, das nicht auf die Veranlassung oder wenigstens auf die Billigung Stalins zurückging. Als Generalsekretär der Partei und Vorsitzender des Politbüros entschied er alle wichtigen politischen Fragen. Seine Machtfülle, die bereits in den dreißiger Jahren kaum mehr eine Einschränkung besaß, war nach dem Krieg noch weniger antastbar geworden, obwohl er mit zunehmendem Alter stärker seine Entourage agieren ließ. Zu seinen Favoriten gehörten nach dem Krieg insbesondere Molotov, der lange als Nachfolger Stalins betrachtet wurde, Malenkov und Berija. Dennoch ist auch in der Nachkriegszeit davon auszugehen, dass wichtige politische Anordnungen und auch die Kirchen betreffende auf Stalin selbst zurückgingen.

2. Die Sowjetukraine nach dem Zweiten Weltkrieg

Nach dem Ende der deutschen Besatzung 1944 war die Ukraine politisch zweigeteilt: der größte Teil ihres Territoriums bestand in denjenigen Gebieten im Osten, Süden und im Zentralbereich, die bereits seit Gründung der Sowjetunion dieser angehört hatten. Den kleineren, aber politisch brisanteren Teil machten die durch den Krieg hinzugewonnenen Territorien im Westen aus: Galizien, die Nord-Bukowina, Süd-Bessarabien sowie die Karpaten-Ukraine. Während im Zuge des Hitler-Stalin-Paktes 1939 bereits Galizien und 1940 die Nord-Bukowina sowie Süd-Bessarabien von der Roten Armee besetzt worden waren und nach dem deutschen Rückzug aus der Sowjetunion ab 1944 wieder in Besitz genommen wurden, kam die Karpaten-Ukraine nach dem Krieg neu an die Sowjetunion bzw. die Sowjetukraine.

Eine der wichtigsten Aufgaben nach dem Krieg bestand darin, die politischen Verhältnisse in die ukrainischen Teilregionen einander anzugleichen und die neuen Westgebiete zu sowjetisieren.[98] Unter Sowjetisierung war die Umwandlung der gesamten öffentlichen und eines großen Teils

---

98. Mit der Nachkriegsentwicklung der Ukraine beschäftigt sich meine Habilitationsschrift: Katrin Boeckh, *Stalinismus in der Ukraine: Die Rekonstruktion des sowjetischen Systems nach dem Zweiten Weltkrieg* (Wiesbaden, 2007).

der privaten Sphäre in ein sowjetisches System Stalinscher Prägung zu verstehen, so dass Politik, Wirtschaft, Kultur und alle damit zusammenhängenden Bereiche einer strukturellen Gesamttransformation unterworfen waren. Einleitende Schritte dazu waren bereits während der ersten sowjetischen Besetzung zwischen 1939 und 1941 unternommen worden, in der die Bewohner der Westukraine erstmalig mit sowjetischer Unterdrückung und Repressionen, der Deportation bestimmter Bevölkerungsgruppen, der Enteignung von Kapital und Bodenbesitz und dem Aufbau eines sowjetischen Behördenapparates konfrontiert waren. Als sich die Sowjetmacht nach dem deutschen Rückzug ab 1944 wieder in der Westukraine etablierte, traf sie hier auf die Resistenz der Bevölkerung, die eine Wiederkehr der Verhältnisse von 1939 befürchtete, und auf den militanten Widerstand der nationalen ukrainischen Vereinigung der OUN (*Orhanizacija Ukraïns'kich Nacionalistiv*, Organisation Ukrainischer Nationalisten) bzw. von deren militärischem Arm, der UPA (*Ukraïns'ka Povstans'ka Armija*, Ukrainische Aufstandsarmee). Der sich bis in die fünfziger Jahre hineinziehende Bürgerkrieg, an dessen Ende die Zerschlagung der UPA durch die sowjetischen Truppen stand, prägte die Situation in der Westukraine während jener Jahre nachhaltig.

Parallel zum Kampf gegen die UPA wurden im ganzen Land Personen, die als Kollaborateure mit der NS-Besatzung und als antisowjetische Oppositionelle betrachtet wurden, verfolgt, ermordet oder in Lager deportiert. Als staatsfeindlich wurden auch die bestehenden kirchlichen und religiösen Gemeinschaften ausgemacht. Deren Konzentration war in der Westukraine besonders hoch, da diese von den Zerstörungen der sowjetischen Kirchenverfolgungen der zwanziger und dreißiger Jahre nicht betroffen gewesen waren.[99] Die Absicht des Sowjetregimes, das sich nach dem Krieg nun wieder mit Religion konfrontiert sah, von der sie angenommen hatte, sie sei bereits während der Zwischenkriegszeit eliminiert worden, bestand nun abermals darin, diese zu marginalisieren, die Zahl ihrer Anhänger auf ein Mindestmaß zu reduzieren und sie aus der Gesellschaft zu verdrängen. Dieses strategische Ziel wurde verfolgt durch eine sehr flexible Taktik, die eine große Variationsbreite und gleichzeitig eine hohe Spezialisierung den einzelnen religiösen Gemeinschaften gegenüber aufwies.

---

99. Zusammenfassend zu den Vorgängen in der Westukraine: Katrin Boeckh, „Völlig normal, entsprechend den Prinzipien der Gewissensfreiheit, garantiert durch die Stalin-Verfassung?: Die Verfolgung der Kirchen in Galizien unter Stalin im Vergleich (1944-1953)," *Historische Zeitschrift* 278 (2004) 55-100.

3. Die Methoden der Kirchenverfolgung

3.1. Allgemeine Methoden

Neben den Spezialmethoden, mit denen jede Gemeinschaft gezielt verfolgt wurde, erfuhren alle Kirchen gemeinsame Maßnahmen, welche die Kontrolle des Staates über diese erhöhte und den Druck auf diese steigerte. Dazu gehörte, dass sich jede religiöse Gemeinde, um überhaupt eine Existenzberechtigung zu erlangen, bei den staatlichen Behörden registrieren lassen musste. Dieser Vorgang, der für die Zuweisung von religiös zu nutzenden Räumlichkeiten ausschlaggebend war, wurde von den Räten für die russische orthodoxe Kirche und für die religiösen Kulte durchgeführt. Um eine Registrierung zu erhalten, waren eine Reihe von Voraussetzungen zu erfüllen, denen jedoch nicht alle religiösen Gemeinden ohne weiteres nachkommen konnten und somit schon von Vornherein ein Regulativ bestand, das die Zahl der Gemeinden reduzieren konnte. Zu diesen Kriterien gehörte eine Mindestzahl an 20 volljährigen Gläubigen, die für die Registrierung der Gemeinde unterzeichnen mussten. Auf diese Weise gelangten die Behörden in die Kenntnis der Namen der aktiveren Gläubigen und konnten auf diese Informationen im Bedarfsfall zurückgreifen. Für sektenartige Verbindungen war die Auflage, einen religiösen Führer zu benennen, schwieriger zu erfüllen, wenn sie, wie dies bei manchen der Fall war, die Existenz eines solchen aus theologischen Motiven ablehnte. Die Einhaltung der Vorschriften für die Registrierung insgesamt wurde von den Räten überprüft, so dass in deren Machtbefugnis allein das Schicksal religiöser Gemeinden lag. Insgesamt bestanden in der Ukraine im Juni 1945 legal 2.326 unierte Gemeinden (vor deren erzwungenem Aufgehen in russischen orthodoxen Gemeinden), 652 römisch-katholische Gemeinden, zwei evangelisch-reformierte Gemeinden, 60 jüdische Gemeinden, eine armenische(-gregorianische) und eine lutherische Gemeinde, 67 Gemeinden mit Altgläubigen sowie zwölf Gemeinden der Bespopovcy („Priesterlose," eine Abspaltung der Altgläubigen).[100]

Eine nächste Methode zur Beeinträchtigung des religiösen Lebens bestand in der Konfiszierung von kirchlichem Eigentum, insbesondere

---

100. CDAHOU 1-23-1639, ark. 12-31: Tov. Chruščevu N. S. Informacionnyj otčet o rabote upolnomočennogo Soveta po delam religioznych kul'tov pri SNK SSSR po Ukrainskoj SSR za maj-ijun' mesjacy 1945 goda. [Gez.] Upolnomočennyj Soveta po delam religioznych kul'tov pri SNK SSSR po Ukrainskoj SSR P. Vil'chovyj. Kiev, 24. Juli 1945. Dabei sagen die Zahlen über die Gemeinden nichts über deren jeweilige Mitgliederstärke aus.

von Bodenbesitz, was die wirtschaftlichen Grundlagen kirchlicher Einrichtungen zunichte machte. Diese Maßnahme war in den „alten" sowjetukrainischen Gebieten bereits nach der bolschewistischen Revolution angewandt worden, in den neuen Gebieten wurde sie durch eine Agrarreform umgesetzt. Betroffen davon waren auch Kirchengebäude und andere für religiöse Zwecke genutzte Räumlichkeiten, deren weitere Verwendung einzig von den staatlichen Behörden gestattet wurde. Eine andere Beschneidung materieller kirchlicher Existenzgrundlagen erfolgte durch die Einführung von so hohen Steuerauflagen, dass sie von kirchlichen Vertretern kaum beglichen werden konnte. Während bereits diese Vorgehensweisen das kirchliche Leben stark einschränkten, wurden noch andere, weit wirkungsvollere Schritte eingeleitet, die speziell auf die Glaubensgemeinschaften zugeschnitten waren und ihre Zerstörung zum Ziel hatten.

3.2. Spezielle Methoden

Die „Liquidierung" der unierten Kirche

Die radikalste Konfrontation mit dem Regime erlebte die unierte Kirche in der Ukraine, die in Galizien und in der Karpaten-Ukraine ihren Schwerpunkt hatte und auf die Unionen von Brest 1596 bzw. diejenige des Jahres 1646 in der Karpaten-Ukraine zurückging.[101] Eigenangaben zufolge besaß diese Kirchengemeinschaft nach dem Krieg mehr als vier Millionen Angehörige.[102] Bei ihr ging es Moskau um die Destruktion. Ihr Fall ist deshalb als extrem zu betrachten, weil er auf eine rasche und völlige Eliminierung der kirchlichen Organisation und Gemeinschaft abzielte und keinerlei Ausweg für die Betroffenen offen hielt.[103] Obwohl die Unterdrückung der unierten Kirchen im Russischen Reich eine lange Tradition hatte und auf jene Zeit zurückging, als durch die polnischen Teilungen Gebiete mit unierter Bevölkerung an Russland fielen, ging diese unter Katharina der Großen eingeleitete Politik nie so weit wie unter Stalin, der ihre völlige Zerstörung betrieb.

101. Zur unierten Kirche in der Ukraine vgl. auch kurz oben.
102. *Martyrolohija Ukraïns'kych cerkov u čotir'och tomach*. Tom 2. *Ukraïns'ka katolic'ka cerkva: Dokumenty, materijaly, chrystyjans'kyj samvydav Ukraïny* (Toronto/Baltimore, 1985), 49-50.
103. Die neueste Analyse der sowjetischen Politik gegenüber den unierten Kirchen liefert auf solider Quellenbasis Bohdan Rostyslav Bociurkiw, *The Ukrainian Greek Catholic Church and the Soviet State (1939-1950)* (Edmonton/Toronto 1996); eine kommentierte Quellenpublikation dazu von Volodymyr Serhijčuk (Hrsg.), *Neskorena Cerkva. Podvyžnyctvo hreko-katolikiv Ukraïny v borot'bi za viru i deržavu* (Kyïv, 2001).

Die unierte Kirche war dem Regime in zweierlei Hinsicht suspekt. Einmal deshalb, weil ihr Zentrum außerhalb des Landes, im Vatikan, lag und dieses nicht vom Moskau kontrolliert werden konnte. Zudem hatte sich der Heilige Stuhl auch unter dem Eindruck der bolschewistischen Religionsverfolgung nach 1917 mehrfach kompromisslos gegen die Politik der Sowjetunion ausgesprochen und wurde schon daher als feindlich eingestuft. Zum anderen war die unierte Kirche in Galizien ein wichtiger Träger des ukrainischen Nationalbewusstseins, seit sie innerhalb des polnischen Staatswesens eine der wenigen Rückzugsgebiete für die ukrainische nationale Selbstidentifizierung war. Insgesamt war die unierte Kirche auch deshalb schwieriger für das Regime zu fassen, weil ihre Organisation nicht vom politischen System abhängig war wie beispielsweise die orthodoxen Landeskirchen.

Zur Orchestrierung der „Liquidierung" gehörte die Wahl des richtigen Zeitpunktes. Dieser schien gekommen, als Metropolit Šeptyc'kyj 1944 starb[104] und sein Amtsnachfolger, Slipyj, noch nicht fest in der Kirchenorganisation verwurzelt war. Der Befehl für die „Liquidierung" kam von Stalin persönlich, der am 2. März 1945 dem Vorsitzenden des Rates für die russische orthodoxe Kirche, Karpov, die Anweisung gab, mit dem Angriff auf die unierte Kirche zu beginnen.[105] Das weitere Vorgehen folgte zwar festen Regeln, jedoch keiner starren Prozedur, so dass die angewandten Schritte in der Praxis auch in anderer Reihenfolge hätten verlaufen können.

Im April 1945 wurde die Kirche ihrer gesamten Leitung beraubt, als alle Bischöfe verhaftet wurden. Auf diese Weise verlor die Kirche ihre obersten Repräsentanten, was ihre Organisation erheblich schwächte. Gegen den Metropoliten von Lemberg, Slipyj, wurde ein Geheimprozess geführt, an dessen Ende die Verurteilung zu acht Jahren Zwangsarbeit stand.[106] Die meisten unierten Bischöfe, gegen die ebenfalls langjährige Strafen ausgesprochen wurden, kamen in der Haft um, weil die Bedingungen in

---

104. Neben den zahlreichen anderen Veröffentlichungen über Šeptyc'kyj vgl. Paul Robert Magocsi (Hrsg.), *Morality and Reality: The Life and Times of Andrei Sheptyts'kyi* (Edmonton, 1989); Andrii Krawchuk, *Christian Social Ethics in Ukraine: The Legacy of Andrei Sheptytsky* (Edmonton/Ottawa/Toronto, 1997).

105. Ivan Bilas, *Represyvno-karal'na systema v Ukraïni 1917-1953: Suspil'no-polityčnyj ta istoryko-pravovyj analiz*. Kn. 1-2 (Kyïv, 1994), Kn. 1, 310-311; Chumachenko, *Church and State in Soviet Russia*, 42, weist darauf hin, dass Molotov dem Rat für die russische orthodoxe Kirche diesbezüglich Anweisungen erteilt habe.

106. Slipyj wurde 1953 ein zweites, 1957 ein drittes und 1962 ein viertes Mal verurteilt, bis er, nach 23 Jahren in der sowjetischen Verbannung, 1963 in den Vatikan ausreisen durfte, wo er 1984 verstarb. Im Jahr 1992 wurden seine Gebeine feierlich nach Lemberg überführt.

den sowjetischen Lagern insbesondere für die älteren Menschen keine großen Chancen zum Überleben boten. Eine weniger rigorose, aber dennoch entschiedene Behandlung erfuhren die unierten Priester, weil ihnen die – wenn auch sehr schwer zu treffende – Wahlmöglichkeit eingeräumt wurde, sich gegen ihren Glauben zu entscheiden. Als Instrument für die praktische Vorgehensweise wurde eine „Initiativgruppe" ins Leben gerufen, bestehend aus drei unierten Geistlichen. Diese besuchten in Begleitung von NKVD-Organen alle unierten Gemeinden und versuchten die Priester davon zu überzeugen, ihren Glauben aufzugeben, die Union zu verlassen und wieder „in den Schoß der russischen orthodoxen Kirche zurückzukehren," von der sich die Unierten einst im 16. Jahrhundert gelöst hatten. Auf diese Weise wurde angestrengt, die unierte Gemeinschaft gleichsam von innen heraus zu spalten. Obwohl es eine gewisse Neigung auch innerhalb der unierten Kirche zur Orthodoxie gab, reagierten die meisten unierten Priester zögernd auf den von der „Initiativgruppe" ausgeübten Druck. Viele versuchten, die Entscheidung, die sie zu treffen hatten, hinauszuschieben, andere gaben nach, ohne innerlich von ihrer Konfession abzulassen. Auf viele dürfte das durch den sowjetischen Sicherheitsdienst aufgebaute Drohszenario gewirkt haben, denn für sie und ihre Familien – unierte Priester haben das Recht zu heiraten – hätte eine Weigerung die Inhaftierung bedeutet. Als wesentlich schwieriger stellte sich heraus, die im Gegensatz zu den Priestern zölibatär lebenden Ordensangehörigen zu einem Übertritt zur Orthodoxie zu bewegen. Die Mönche und Nonnen hielten hartnäckig an ihrer religiösen Überzeugung fest, so dass für ihre „Disziplinierung" im sowjetischen Sinn zusätzliche Maßnahmen wie die Verlegung ihrer Klöster an die Peripherie auf dem Land nötig waren.

Insgesamt wurde die „Liquidierung" der unierten Kirche in Galizien nicht offen durchgeführt und es wurde keine direkte Methode angewandt, um sie zu zerstören. Es wurde vielmehr der Eindruck erweckt, es geschehe als eine spontane Aktion, die auf dem freien Willen der Kirchenangehörigen selbst gründe. Dieser Eindruck wurde durch die Einberufung einer „Synode" verstärkt. Diese Bezeichnung ist deshalb irreführend, weil kein einziger der unierten Bischöfe anwesend sein konnte, da sie ohne Ausnahme inhaftiert worden waren. Dennoch wurde auf der Pseudo-Synode, die im März 1946 von der Initiativgruppe in L'viv/Lemberg einberufen wurde und unter staatlicher Aufsicht durchgeführt wurde, das „Ende der Union von Galizien" und die Rückkehr der unierten Gläubigen zur russischen orthodoxen Kirche verkündet. Durch diesen Akt wurde eine Entscheidung, die nur der Kirche vorbehalten gewesen wäre, vom Regime getroffen.

Weniger dramatisch als in Galizien wurde in der Karpaten-Ukraine die Union beendet, was 1949 während einer Messfeier verkündet wurde. Vorher allerdings hatte die Staatssicherheit den Bischof der unierten Eparchie von Mukačevo Romža durch einen fingierten Unfall 1947 beseitigen lassen.[107] Auf diese Weise verschwand die unierte Kirche in Galizien und einige Zeit später in der Karpaten-Ukraine von der Bildfläche. Die von ihr genutzten Gebäude und Besitzungen wurden entweder konfisziert und für andere Zwecke umgewidmet, oder sie wurden der russischen orthodoxen Kirche übergeben. Die Gläubigen hatten die Wahl, entweder ihre Religion ganz aufzugeben – was schwerlich vorzustellen ist, wenn dies auf Befehl von außen geschehen sollte –, oder sie wandten sich – mit und ohne Überzeugung – der russischen orthodoxen Kirche zu, oder aber, und diese Möglichkeit wurde insbesondere nach der Herrschaft Stalins aktuell, sie gingen in den Untergrund, um im Geheimen ihrer religiösen Praxis nachzugehen.

Insgesamt wurde die gewaltsame Zerstörung der Organisation der unierten Kirche durch das Moskauer Regime sehr trickreich durchgeführt, getarnt als von dieser selbst initiiert, während die staatlichen Sicherheitsorgane die Fäden zogen. Die Inhaftierung der Bischöfe und die Verfolgung vieler Priester schadete der Sowjetregierung nicht in ihrem außenpolitischen Wirken.

Die Restriktion der russischen orthodoxen Kirche

Eine andere Richtung verfolgte die Politik gegenüber der russischen orthodoxen Kirche.[108] Sie hatte sich als loyaler Partner erwiesen, als sie zu Beginn des Zweiten Weltkrieges nach den Jahrzehnten der Verfolgung von Stalin zur patriotischen Mitarbeit im Staat aufgefordert worden war. Seither war sie ihrer staatsbürgerlichen Pflicht nachgekommen und hatte

---

107. Die Ermordung Bischof Romžas durch den NKVD ist wegen der Unzugänglichkeit der Akten des Geheimdienstes nicht belegbar, jedoch sprechen verlässliche Zeugenaussagen dafür, darunter der daran beteiligte KGB-General Sudoplatov; vgl. Pawel Anatoljewitsch Sudoplatow und Anatolij Sudoplatow, *Der Handlanger der Macht: Enthüllungen eines KGB-Generals* (Düsseldorf [u.s.w.], 1994), 314, 322, Anm. 14, und 440. Romža wurde 2001 durch Papst Johannes Paul II. seliggesprochen.

108. Zur orthodoxen Kirche in der Sowjetunion allgemein vgl. Chumachenko, *Church and State in Soviet Russia*; M. V. Škarovskij, *Russkaja Pravoslavnaja Cerkov' pri Staline i Chruščeve (Gosudarstvenno-cerkovnye otnošenija v SSSR v 1939-1964 godach)* (Moskva, 1999); Edward E. Roslof, *Red Priests: Renovationism, Russian Orthodoxy, and Revolution, 1905-1946* (Bloomington, IN, 2002); Nathaniel Davis, *A Long Walk to Church: A Contemporary History of Russian Orthodoxy* (2nd ed.; Boulder, CO/Cambridge, 2003). Zur orthodoxen Kirche in der Ukraine vgl. unter anderem: V. Paščenko, *Pravoslav'ja v novitnij čas v istoriï Ukraïni: Čast' 1* (Poltava, 1997).

unermüdlich das sowjetische Volk in seiner Liebe zur Heimat aufgerufen. Während der „Liquidierung" der unierten Kirche hatte sie eine entscheidende Rolle gespielt: einmal aktiv, da orthodoxe Geistliche vor Ort den staatlichen Organen Informationen lieferten (allerdings kam von Patriarch Aleksij I. von Moskau keine positive Aussage über die Zerstörung der unierten Kirche[109]). Zum anderen war die russische orthodoxe Kirche aber passiv in das Geschehen involviert, da ihr die Zerstörung der Kirchenorganisation zugute kam: sie erhielt eine Reihe von Liegenschaften, die der unierten Kirche abgenommen wurden, Geistliche und Gläubige der verbotenen Kirche wandten sich ihr zu, ob mit innerer Überzeugung oder nicht, aber jedenfalls gezwungen durch die Umstände, selbst über keine Kirchenorganisation mehr zu verfügen. Das Regime gestand der russischen orthodoxen Kirche diese quantitative Erweiterung zu, die ein beträchtliches Ausgreifen für sie nach Westen bedeutete. So wuchs ihr Besitztum in der Westukraine beispielsweise in folgenden Regionen beträchtlich:[110]

im Gebiet Drohobyč von	4	auf	662 Gebäude,
im Gebiet L'viv von	11	auf	199 Gebäude,
im Gebiet Stanislav von	6	auf	613 Gebäude,
im Gebiet Ternopil' von	154	auf	691 Gebäude.

1946 bestand die größte Anzahl der 10.547 russischen orthodoxen Kirchen in der Sowjetunion mit 6.007 in der Ukraine.[111] Nach der Übernahme der unierten Gotteshäuser kam die russische orthodoxe Kirche zur Jahresmitte 1946 auf insgesamt 8.304 Kirchen.[112] Weiterer Zulauf für die russische orthodoxe Kirche entstand durch die Auflösung der während der Kriegszeit wiederbelebten ukrainischen orthodoxen Kirchen, der ukrainischen autokephalen orthodoxen Kirche und der ukrainischen autonomen

---

109. Ein unter seinem Namen herausgegebenes Hirtenwort an die unierten Gläubigen ist eine offensichtliche Fälschung; vgl. Ernst Ch. Suttner, „Die Unterdrückung der Ukrainischen Unierten Kirche unter Stalin und das Moskauer Patriarchat," *Stimmen der Zeit* 211 (1993) 560-572, hier 563.

110. CDAHOU 1-23-2896, ark. 62-110: Informacionnyj otčet Upolnomočennogo Soveta po delam Russkoj Pravoslavnoj cerkvi pri Sovete Ministrov SSSR po Ukrainskoj SSR za pervyj kvartal 1946 goda. [Gez.] P. Chodčenko; ebenda 157-182: Informacionnyj otčet Upolnomočennogo Soveta po delam Russkoj Pravoslavnoj cerkvi pri Sovete Ministrov SSSR po Ukrainskoj SSR za vtoroj kvartal 1946 goda. [Gez.] P. Chodčenko.

111. A. I. Perelygin, „Russkaja Pravoslavnaja Cerkov' na Orlovščine v Gody Velikoj Otečestvennoj Vojny," *Otečestvennaja istorija* (1995) Heft 4, 126-136, hier 130.

112. CDAHOU 1-23-2896, ark. 157-182: Informacionnyj otčet Upolnomočennogo Soveta po delam Russkoj Pravoslavnoj cerkvi pri Sovete Ministrov SSSR po Ukrainskoj SSR za vtoroj kvartal 1946 goda. [Gez.] P. Chodčenko. Hier ark. 179.

orthodoxen Kirche. Deren Bischöfe flohen nach dem Ende der deutschen Besatzung vor der Roten Armee nach Westen. Ihre verbleibenden Priester und Gemeinden mussten sich dem Moskauer Patriarchat unterstellen, so dass auf diese Weise weitere Gläubige an die russische orthodoxe Kirche kamen, die als einzige orthodoxe Kirche nach dem Krieg in der Ukraine Bestand hatte.

Dazu gewann die russische orthodoxe Kirche Gläubige durch die Zuwanderung von Arbeitskräften aus dem Osten der Ukraine und aus den anderen Gebieten der Sowjetunion, die in ihrer Herkunftsregion keine Priester und keinen Kontakt mehr zu einer Kirche besessen hatten, diesen aber in der Westukraine wieder suchten. Mit dem Zuzug aus dem Osten des Landes wuchs die Zahl der orthodoxen Gläubigen so stark an, dass es in den Kirchen während der Gottesdienste sehr eng wurde und die Zahl der Taufen und kirchlichen Eheschließungen beträchtlich stieg.[113] Die lokalen Räte für die russische orthodoxe Kirche berichteten an ihre Vorgesetzten, dass sie die ersten Ansprechstationen für diese Suchenden darstellten, jedoch nicht wussten, wie sie sich verhalten sollten, und ihre vorgesetzten Stellen daher um Weisung baten. Offenbar auch weil dieser Zustrom von Gläubigen nicht besonders groß war, unternahm das Regime nichts, um ihn zu behindern.

Insgesamt litt die russische orthodoxe Kirche in der Nachkriegszeit augenscheinlich unter keinen größeren Behinderungen. Die Bedingung dafür war jedoch die völlige Unterordnung unter die Bedürfnisse der Politik sowie die ständige Bereitschaft, der Loyalität dem Regime gegenüber Ausdruck zu verleihen. Dies äußerte sich beispielsweise darin, dass Stalin und die sowjetische Führung wie von anderen Institutionen auch von der russischen orthodoxen Kirche die nötige Lobpreisung entgegennahmen. So drückte der Exarch der Ukraine, der Metropolit von Kiev und Galizien Ioann, in einem Brief an Chruščev seine „flammende und grenzenlose Dankbarkeit" für die Befreiung der Ukraine von den Deutschen gegenüber dem „Großen Stalin" und gegenüber Chruščev als dessen „treuem Kampfgenossen" aus.[114] In Predigten, Reden und bei Auftritten betonten sie wiederholt ihre Liebe zum Vaterland und mahnten die Gläubigen und „Kultausübenden" zum Eifer im Einsatz für die Heimat; Stalin erhielt sogar die Bezeichnung „Größter Freund aller Gläubigen."[115]

---

113. Deržavnyj Archiv L'vivs'koï Oblasti (DALO) R-1332-1-2, ark. 25-28: Svedenija o žizni Pravoslavnoj cerkvi v L'vovskom Blagočinii za istekšij kvartal ijul-sentjabr' [1944].
114. A. E. Lysenko, „Religija i cerkov' na Ukraine nakanune i v gody vtoroj mirovoj vojny", *Voprosy istorii* (1998) Heft 4, 42-57, hier 55.
115. Chumachenko, *Church and State in Soviet Russia*, 53.

Ursächlich für die Anpassung an die politischen Forderungen war auch, dass orthodoxe Geistliche befürchteten, die Verfolgungen der Zwischenkriegszeit könnten sich wiederholen. Zum anderen wird auch eine tatsächliche Verbundenheit mit der Heimat eine beträchtliche Rolle gespielt haben. Diese kam noch mehr zum Ausdruck in den von Priestern durchgeführten Geldsammlungen, die für patriotische Zwecke, darunter auch die Unterstützung für die Rote Armee, unter kirchlicher Ägide durchgeführt wurden. Unter anderem wurde damit im Jahr 1944 eine Panzerkolonne unter dem Namen „Dmitrij Donskoj" finanziert. Bei einem Empfang im Februar 1944 wurde Chruščev von einer Delegation hochrangiger kirchlicher Vertreter, die ihm ihren Dank für die Befreiung Kievs ausdrückten, eine Spende von 150.000 Rubel für militärische Zwecke übergeben.[116] An Ostern 1944 wurden allein in Kiev 240.000 Rubel gespendet, wie der Exarch Stalin in einem Telegramm mitteilte.

Dennoch brachte das regimefreundliche Verhalten der russischen orthodoxen Kirche nur eine Verzögerung der staatlichen Repression, die Schonfrist verstrich bald. Die Demontage der russischen orthodoxen Kirche ging schleichend vor sich. Ende der vierziger Jahre trat ein Wendepunkt ein, der von der relativen Schonung der Orthodoxie hin zu ihrer zielgerichteten Repression führte. Als Ziel des Regimes trat wieder stärker die Reduzierung der Zahlen der Gläubigen und die Zerstörung der kirchlichen Strukturen hervor. Die antireligiöse Propaganda verstärkte sich wieder und der Rat für die russische orthodoxe Kirche geriet in die Kritik des ZK, das ihm vorwarf, er wolle eine religiöse Ideologie beleben.[117] Am Ende wurde in der Sowjetunion und in der Sowjetukraine die russische Orthodoxie zwar noch immer in gewisser Weise staatlich toleriert, stand jedoch unter der strikten Kontrolle des Regimes und zahlte damit einen hohen Preis für ihre Existenzberechtigung. Ihr öffentliches Auftreten wurde permanent beobachtet, ihre innere Struktur wurde durch die Einschleusung willfähriger Priester unterhöhlt, so dass die Einsetzung aller Bischöfe durch die staatlichen Organe wenigstens bewilligt, häufiger aber veranlasst wurde. Die russische orthodoxe Kirche blieb ein Instrument des Staates, der sich ihrer bediente, wie es ihm beliebte und die Kirche dadurch in den Augen vieler Gläubiger diskreditierte.

---

116. O. Je. Lysenko, „Do pytannja pro stanovyšče cerkvy v Ukraïni u period druhoï svitovoï vijny," *Ukraïns'kyj istoryčnyj žurnal* (1995) Nr. 3 (402), 73-81, hier 76.
117. Elena Zubkova, „Mir mnenij sovetskogo čeloveka. 1945-1948 gody. Po materialam CK VKP(b)", *Otečestvennaja istorija* (1998) Heft 3, 25-39, hier 36.

Die Abschiebung der römisch-katholischen Gläubigen

Gegen die römisch-katholische Kirche wurde kein Kampf im eigentlichen Sinn geführt, sondern ihr Wirkungsradius wurde dadurch eingeschränkt, dass ihre Angehörigen zu einem großen Teil des Landes verwiesen wurden. Bei diesen handelte es sich in erster Linie um Polen, die in den neuen Gebieten im Westen, aber auch in den übrigen Gebieten der Sowjetukraine lebten. Die Abschiebung der polnischen Bevölkerung aus den neuen Gebieten in der Sowjetunion erfolgte auf der Basis eines Vertrages mit Polen, der auf Gegenseitigkeit ausgelegt war.[118] Für die polnische Bevölkerung in der Sowjetunion sollten die ostslavischen Bewohner Polens – Weißrussen, Ukrainer, Russen – Aufnahme in der Sowjetunion finden. Ähnliche Bevölkerungstransfers wurden mit der Tschechoslowakei und mit Rumänien durchgeführt. Obwohl als Prinzip für die Auswanderung die Freiwilligkeit vertraglich festgelegt worden war, wurde diese in bezug auf die gesamte aus- und übersiedelnde Bevölkerung nicht eingehalten. Die sowjetischen „Organe" sorgten in Polen und in der Westukraine für die Durchführung. Auf Personen, die sich verweigerten, wurde Zwang ausgeübt. Vor allem polnische katholische Priester und Ordensangehörige in der Westukraine riefen hartnäckig ihre Landsleute zum Bleiben auf. Sie wurden daher von den sowjetischen Behörden besonders genau beobachtet. Zwischen 1944 und 1947 wurden insgesamt 497.682 Personen aus Polen in die Ukrainische Sowjetrepublik abgeschoben,[119] während zum 1. August 1946 insgesamt 789.982 Ukrainer nach Polen weitergeleitet worden waren.[120]

In religionspolitischer Hinsicht hatte die polnische Auswanderung zur Folge, dass viele kirchliche Gebäude der Katholiken leer standen, die teilweise noch kulturell bedeutsames Interieur besaßen, das aus einer neuen Verwendung zugeführt werden musste. So kamen zwei Orgeln aus einer

---

118. Zu den Vorgängen des polnisch-sowjetischen Bevölkerungsaustausches liegen einige neuere Dokumentationen und Quellenveröffentlichungen vor, darunter: E. Misiło (Hrsg.), *Repatriacja czy deportacja: Przesiedlenie Ukraińców z Polski do ZSRR 1944-1946.* Tom 1. *Dokumenty 1944-1945* (Warszawa, 1996); Włodzimierza Bonusiaka (Hrsg.), *Polska i Ukraina po II wojnie światowej* (Rzeszów, 1998); *Pol'šča ta Ukraïna u trydcjatychsorokovych rokach XX stolittja. Nevidomi dokumenty z archiviv special'nych služb.* Tom 2. *Pereselennja poljakiv ta ukraïnciv, 1944–1946.* (Varšava/Kyïv 2000); *Deportaciï. Zachidni zemli Ukraïny kincja 30-ch – počatku 50-ch rr. Dokumenty, materialy, spohady. U tr'och tomach.* T. 1. *1939–1945 rr.*, T. 2. *1946–1947 rr.* (L'viv, 1996, 1998).
119. *Nacional'ni procesy v Ukraïni. Istorija i sučasnist'. Dokumenty i materialy. Dovidnyk. U dvoch častynach* (Kyïv, 1997), č. 2, 390-391.
120. CDAHOU 1-23-2615, ark. 34-36: Sekretarju Central'nogo Komiteta KP/b/U tov. Korotčenko D. S. [Gez.] Zam. glavnogo predstavitelja pravitel'stva USSR po ėvakuacii pol'skich graždan I. Zacharii. Luck, 1. August 1946.

katholischen Kirche in Lemberg in das Operntheater „imeni Ševcenka" nach Kiew. Was für den sowjetischen Staat wertlos war, verfiel – darunter auch die Friedhöfe – oder wurde für die allgemeine Nutzung sozialisiert. Von der polnischen Bevölkerung blieben daher nach ihrem Weggang aus der Sowjetukraine nur wenige Spuren. Dennoch war die Abschiebung der Polen kein totaler Vorgang; bis zum Ende der Sowjetherrschaft lebten einige zehntausend Polen in der Ukraine. Es war möglich, in einer katholischen Kirche in Lemberg auch zur Sowjetzeit Gottesdienste zu feiern.

Insgesamt war die römisch-katholische Glaubensrichtung dem Moskauer Regime aus denselben Gründen wie die griechisch-katholischen Christen ein Dorn im Auge. Bei ihnen trat aber noch hinzu, dass durch ihre erzwungene Aussiedlung eine ethnische Homogenisierung der Westgebiete herbeigeführt werden sollte, um die neuen Grenzgebiete abzusichern und damit die Voraussetzung für die Sowjetisierung zu schaffen. Dass diese Zwangsmaßnahme legalistisch durch einen internationalen Vertrag abgesichert wurde, war ein weiteres Beispiel für den Trickreichtum der Sowjetregierung, wenn es darum ging, Gewaltanwendung zu verschleiern.

Die Denationalisierung des sowjetischen Judentums

Die systematische Ermordung der Juden in Osteuropa, von der NS-Besatzung zu verantworten, bedeutete einen enormen Menschenverlust.[121] Neuere Forschungen berechnen, dass in der Sowjetunion innerhalb der Grenzen vom Juni 1941 von 5,1 Millionen Juden rund 2,8 Millionen ermordet wurden, als Opfer des Holocaust, militärisch bedingt in kämpfenden Einheiten und als Zivilisten.[122] Dabei wird die Zahl der in der Sowjetunion in den Grenzen von 1939 getöteten Juden mit rund 970.000 angegeben.[123]

---

121. Die Schilderung des Holocaust in der Ukraine würde den Rahmen hier sprengen. Verwiesen sei daher auf: Dieter Pohl, *Nationalsozialistische Judenverfolgung in Ostgalizien 1941-1944* (2. Aufl. München, 1997); ders., „Schauplatz Ukraine: Der Massenmord an den Juden im Militärverwaltungsgebiet und im Reichskommissariat 1941-1943," *Ausbeutung, Vernichtung, Öffentlichkeit: Neue Studien zur nationalsozialistischen Lagerpolitik*, hrsg. Norbert Frei, Sybille Steinbacher, Bernd C. Wagner (München, 2000) 135-173; Thomas Sandkühler, *„Endlösung" in Galizien: Der Judenmord in Ostpolen und die Rettungsaktionen von Berthold Beitz* (Bonn, 1996); Andrej Angrick, *Besatzungspolitik und Massenmord: Die Einsatzgruppe D in der südlichen Sowjetunion 1941-1943* (Hamburg, 2003).

122. Gert Robel, „Sowjetunion," *Dimension des Völkermords: Die Zahl der jüdischen Opfer des Nationalsozialismus*, hrsg. Wolfgang Benz (München, 1991), 499-560, hier 560.

123. Sergei Maksudov, „The Jewish Population Losses of the USSR from the Holocaust: A Demographic Approach," *The Holocaust in the Soviet Union: Studies and Sources*

Die Situation der überlebenden jüdischen Einwohner der Sowjetukraine nach dem Krieg war eine besondere: Sie hatten den Holocaust zwar physisch überlebt, befanden sich aber in einem traumatischen Zustand. Als Konsequenz besannen sich viele Überlebende auf ihre nationale und kulturelle Herkunft, was ihnen die sowjetische Assimilierungspolitik verwehrt hatte; das jüdische Nationalbewusstsein stieg. Ein Ausdruck dafür waren die politischen Forderungen des 1941 ins Leben gerufenen „Jüdischen Antifaschistischen Komitees," die in einer Anfrage an Stalin gipfelten, eine jüdische autonome Republik auf der Krim zu errichten. Dieses wachsende jüdische Nationalbewusstsein nach dem Zweiten Weltkrieg wurde aber – wie jede andere nationale Bewegung in der Sowjetunion ebenfalls – vom Regime unterdrückt.[124] Zudem verstärkten sich antisemitische Vorfälle auf verschiedenen staatlichen Ebenen, aber auch innerhalb der Bevölkerung. Beispielsweise wurden den Juden, die noch in den während der Besatzung errichteten Ghettos lebten, keine anderen Wohnungen zur Verfügung gestellt. Angesichts des allgemeinen Wohnraummangels nach dem Krieg war dies zwar erklärbar, dennoch für die während der Okkupation terrorisierten Juden kaum hinnehmbar. Juden, die aus der Evakuierung im Osten der Sowjetunion zurückkehrten, wurden damit konfrontiert, dass ihre früheren Wohnungen zwischenzeitlich von Ukrainern übernommen worden waren.

Eine weitere Zurücksetzung für Juden bedeutete, dass sie nicht als besonderes Opfer des Holocaust anerkannt waren und dass ihre rassisch begründete Verfolgung während der Besatzung negiert wurde. Dies wurde deutlich, wenn es um die Gestaltung von Denkmälern und Inschriften an Plätzen ging, an denen während der Besatzung Massenexekutionen durchgeführt worden waren. Dass es sich hier in vielen Fällen um die

---

on the Destruction of the Jews in the Nazi-Occupied Territories of the USSR, 1941-1945, hrsg. Lucjan Dobroszycki und Jeffrey S. Gurock (Armonk/New York/London, 1993) 207-213. Vgl. weiter die statistischen Angaben zur Verteilung der jüdischen Bevölkerung in der Sowjetukraine bei Mordechai Altshuler, *Soviet Jewry since the Second World War: Population and Social Structure* (New York/Westport, CT/London, 1987).

124. Zur antijüdischen Politik unter Stalin nach dem Zweiten Weltkrieg vgl. unter anderem *Der Spätstalinismus und die „Jüdische Frage:" Zur antisemitischen Wendung des Kommunismus,* hrsg. Leonid Luks (Köln/Weimar/Wien, 1998) sowie Leonid Luks, „Zum Stalinschen Antisemitismus – Brüche und Widersprüche," *Jahrbuch für Historische Kommunismusforschung* (1997) 9-50; Arno Lustiger, *Rotbuch: Stalin und die Juden. Die tragische Geschichte des Jüdischen Antifaschistischen Komitees und der sowjetischen Juden* (Berlin, 1998); Alexander Borschtschagowski, *Orden für einen Mord: Die Judenverfolgung unter Stalin* (Wien, 1997); Arkady Vaksberg, *Stalin Against the Jews* (New York, 1994) 112-140; Gennadi Kostyrchenko, *Out of the Red Shadows: Anti-Semitism in Stalin's Russia* (Amherst/New York, 1995).

Ermordung speziell von Juden ging, durfte nicht erwähnt werden; Juden wurden generell unter den „Sowjetbürgern" zusammengefasst. Am Höhepunkt der anti-jüdischen („anti-zionistischen") Kampagne stand die Entlassung von Juden aus öffentlichen Ämtern und die Verurteilung der meisten Mitglieder des „Jüdischen Antifaschistischen Komitees" zum Tod,[125] nachdem sie während des Weltkrieges und danach für propagandistische Zwecke durch das Regime vereinnahmt worden waren.

Die einzige Möglichkeit, als Jude im Stalinschen Staat ein einigermaßen unbehelligtes Leben zu führen, bestand darin, sich zu akkulturieren und das jüdische Selbstverständnis aufzugeben. Was die religiöse Seite anging, so war infolge des Holocaust, aber auch durch die sowjetischen Behinderungen der Zeit nachher an eine Wiederherstellung nicht zu denken.[126] Es fehlte für die Ausübung des Kultes das Personal – es war entweder getötet worden oder hatte infolge des polnisch-sowjetischen Bevölkerungsaustausches das Land verlassen –, religiöse Tätigkeiten wurden einer permanenten Kontrolle durch die staatlichen Organe unterworfen oder gleich verboten wie die Schächtung von Tieren und der Import von koscheren Lebensmitteln aus dem Ausland. Bitter für die gesamte jüdische Bevölkerung war, dass den sich wieder formierenden jüdischen Gemeinden verboten war, ihre Mitglieder auch in sozialer Hinsicht zu unterstützen, was als „nationale" Agitation illegal war.[127] Von den Synagogen erhielten sie mit der zynischen Absage, es gebe zu wenig Juden, nur mehr einen Bruchteil zur Nutzung zurück.

Insgesamt wurde die jüdischen Bevölkerung dadurch, dass ihr das nationale Bekenntnis kaum möglich war, auch in der Ausübung ihrer Religion, sofern sie diese wünschten, behindert. Die Denationalisierung als Hauptmerkmal der sowjetischen Politik den Juden gegenüber hatte somit zur Folge, dass Juden auch von ihrer Religion als Merkmal ihrer

---

125. Die „Kosmopoliten-Kampagne" begann am 28. Januar 1949 mit einem „Pravda"-Artikel gegen jüdische Theaterkritiker. Im Rahmen dieser Kampagne fanden im ganzen Land Säuberungen der öffentlichen Einrichtungen von jüdischen Mitarbeitern statt; vgl. L. Ljuks, „Evrejskij vopros v politike Stalina," *Voprosy istorii* (1999) Heft 7, 41-59, hier 50.

126. Vgl. zur Behinderung der jüdischen Religion nach dem Zweiten Weltkrieg: Katrin Boeckh, „Jüdisches Leben in der Ukraine nach dem Zweiten Weltkrieg: Zur Verfolgung einer Religionsgemeinschaft im Spätstalinismus (1945-1953)," *Vierteljahreshefte für Zeitgeschichte* (2005) 421-448; Frank Grüner, „Jüdischer Glaube und religiöse Praxis unter dem stalinistischen Regime in der Sowjetunion während der Kriegs- und Nachkriegsjahre," *Jahrbücher für Geschichte Osteuropas* (2004) 534-556.

127. Beispielhaft dargestellt anhand der Gemeinde von Lemberg von Katrin Boeckh, „Fallstudie: Lemberg in Galizien. Jüdisches Gemeindeleben in der Ukraine zwischen 1945-1953," *Glaube in der 2. Welt* 30 (2002) Nr. 4, 20-25.

nationalen Selbstidentifikation entfernt wurden. Dass bis zum Tod Stalins 1953 nur mehr je eine Synagoge bzw. jüdische Gemeinde in jedem Gebiet in der Sowjetukraine bestand, zeigt die Destruktion der Stalinschen Religionsverfolgung, die im Falle der Juden gleichzeitig als Mittel der Nationalitätenpolitik wirkte.[128]

Kleinere Gemeinschaften: Sekten und Muslime

Sogenannte Sekten – die bolschewistische Partei übernahm diese Bezeichnung aus der Tradition der orthodoxen Kirche – waren nach dem Zweiten Weltkrieg in der Ukraine ebenfalls wieder in größerer Zahl zu finden. Zu ihnen gehörten die Adventisten des Siebten Tages, die Evangeliumschristen-Baptisten, die „Christen Evangelischen Glaubens," die Molokanen – „Milchtrinker" nach ihrem Fastenritus –, die „Anhänger der Heiligen Schrift" (oder „Bogaci"), die „Malevancy," die Joanniter („Ioanity"), die Chlysten (Reste russischer orthodoxer Sekten des 18. und 19. Jahrhunderts; sie vertreten eine dualistische Lehre) sowie die Zeugen Jehowas. Im Gebiet Rivne siedelten die „Zionisten" bzw. „Muraškovcy."[129] Weil die Sekten insgesamt jeweils nur über sehr kleine Gemeinden verfügten, waren sie für das Regime überschaubarer, dennoch bereiteten sie wegen ihrer religiösen Überzeugungen und deren praktischer Umsetzung Schwierigkeiten. Manche – wie die „Anhänger der Heiligen Schrift" – lehnten die Erfüllung staatsbürgerlicher Pflichten wie den Dienst in der Armee, den Gebrauch von Ausweispapieren und ähnliches ab, weil ihnen dies ihre Religion untersagte. Die Mitglieder der „Wahren orthodoxen Kirche" (im Gebiet Charkiv) betrachteten sowjetische Dokumente als „Werke des Antichristen." Wegen ihrer kompromisslosen Weigerung, sich der politischen Hierarchie unterzuordnen, wurden diese Sekten von den staatlichen Organen als „hoch fanatisiert" eingestuft.

Durch ihre geringere Mitgliederzahl war ihr Bestand weit stärker gefährdet als derjenige größerer Konfessionen, so verschwanden einige Gemeinden nach dem Krieg von alleine: Protestantisch-reformierte Christen

---

128. Eine genaue Aufstellung der jüdischen Gemeinden in einzelnen ukrainischen Gebieten 1948-1952 bei Boeckh, „Jüdisches Leben in der Ukraine nach dem Zweiten Weltkrieg."
129. Zu Sekten und kleineren Religionsgemeinschaften in der Sowjetunion vgl. allgemein: Walter J. Hollenweger, *Enthusiastisches Christentum: Die Pfingstbewegung in Geschichte und Gegenwart* (Wuppertal/Zürich, 1969); Alf Lohne, *Adventisten in Russland* (Hamburg o.J., [1987]). Gerd Stricker, Adventisten in Rußland und in der Sowjetunion, *Religionen in der Sowjetunion: Unbekannte Vielfalt*, hrsg. Ottokar Basse und Gerd Stricker (Zollikon, 1989) 209-223; *Evangelische Christen in der Sowjetunion: Aus der Geschichte der russischen evangelisch-baptistischen Bewegung*, hrsg. Günter Wirth (Berlin, 1955).

schlossen sich den Baptisten in Lemberg an, nachdem ihr religiöses Oberhaupt nach Amerika ausgewandert war. Ähnliches geschah mit Angehörigen der ukrainischen protestantisch-reformierten Kirche (Calvinisten), einer Abzweigung der deutschen lutheranischen Kirche.[130] Dennoch verließ sich Moskau nicht auf eine innerkirchliche Eigendynamik bei der Zerschlagung von solchen Gemeinschaften, sondern ging aktiv gegen sie vor. Eine Methode, die auf die Verkleinerung jener abzielte, bestand darin, sie zunächst zu größeren Einheiten zu verschmelzen. Dies bedeutete für Gläubige oft einen Schritt hin zur Entfremdung von ihrer eigentlichen Überzeugung, der sie zu dem Entschluss führen konnte, die Gemeinschaft zu verlassen. Eine solche Zusammenlegung geschah mit den Evangeliumschristen und den Baptisten in der Sowjetunion, die darüber hinaus auch in der Ukraine im August 1946 mit den Pfingst-Gemeinden vereinigt wurden. Die staatliche Unterwanderung dieser größeren Einheit war für die Sicherheitsorgane leichter durchzuführen; am Ende war daher die völlige Kontrolle über sie leichter.

Herausgehoben sei weiter die Verfolgung der Zeugen Jehowas, von denen eine Reihe auch im Zuge des polnisch-ukrainischen Bevölkerungsaustausches in die Sowjetukraine gelangte. Diese religiöse Gruppierung geriet massiv mit den Behörden in Konflikt, weil sie sich in den stalinistischen Staat nicht einfügen wollte und seine Vorschriften aus religiösen Gründen ablehnte. So erfüllten Dörfer bzw. Kollektivwirtschaften mit Einwohnern, die sich den Zeugen Jehowas zurechneten, oftmals die Normen für die Getreideproduktion nicht. Auch entzogen sie sich dem Dienst an der Waffe in der Roten Armee und agitierten gegen die Wahlen für den Obersten Sowjet im Jahr 1946. Sie verweigerten den Eintritt in die staatlichen Gewerkschaften, verboten ihren Kindern die Mitgliedschaft in den sowjetischen Jugendorganisationen und lehnten sich gegen die kommunistisch-ideologische Unterrichtsführung in den Schulen auf. Viele von ihnen wurden wegen „anti-sowjetischer Tätigkeit" oder unter dem Vorwand der „Spionage für die USA" verhaftet, ein Großteil fand sich in Lagern im Osten der Sowjetunion wieder. Allein in den Jahren 1944-1950 wurden über 3.000 Zeugen Jehowas durch Militärtribunale zu bis zu 25 Jahren Lagerhaft verurteilt.[131]

Die Erscheinung muslimischer Gläubiger in der Sowjetukraine – die (1944 deportierten) Tataren auf der Krim gehörten noch nicht zum Gebiet der Ukraine – nach dem Zweiten Weltkrieg hatte episodischen

---

130. Vgl. weiter bei Boeckh, „Völlig normal," 88.
131. *Istorija relihiï v Ukraïni*, 410.

Charakter. Dennoch verdient sie Erwähnung, um das Bild der religiösen Verhältnisse in der Nachkriegsukraine zu komplettieren; außerdem steht sie in Zusammenhang mit den weitreichenden sozialpolitischen Veränderungen jener Zeit. Sie geht zurück auf die Tätigkeit von muslimischen Völkern in den Sicherheitsorganen oder anderen politisch brisanten Positionen, die absichtlich auch in Gegenden mit slavischer Bevölkerungsmehrheit eingesetzt wurden, um eine möglichst große ethnische Distanz zwischen jener und den sie überwachenden Institutionen herzustellen. Daher gelangten Muslime, wenn auch in geringer Zahl, zur Sicherung der inneren Lage nach dem Zweiten Weltkrieg in die Westukraine, wo keinerlei religiöse Strukturen für sie bestanden. 1949 verlangten in L'viv/Lemberg 30 Muslime, als religiöse Gemeinde registriert zu werden und einen eigenen Friedhof zu erhalten.[132] Dies wurde ihnen von den Behörden jedoch verwehrt, weil sie keinen religiösen Leiter, einen *mulla*, besaßen. Als einige Zeit später ein solcher eintraf, wurde ihnen abermals eine Absage erteilt. Das Bemerkenswerte an diesem Vorgang ist, dass sich diese Gruppe nicht scheute, ihr Anliegen vorzutragen, und dies in einer Zeit, als die staatlichen Weichen auch bei der russischen orthodoxen Kirche längst wieder auf rigorose Verdrängung standen. Zudem ist die – zu erwartende – Reaktion der Behörden dahin zu interpretieren, dass sie eine religiöse Diversifizierung in der Ukraine verhindern wollten, schon gar nicht in dem Fall, dass keine traditionellen Verbindungen zwischen einer Religionsgemeinschaft und dem Ort ihrer Etablierung bestanden. Bis zum Ende der achtziger Jahre war keiner einzigen muslimischen Gemeinde in der Ukraine von den Behörden die Registrierung erlaubt worden.[133]

Insgesamt wurden kleinere Religionsgemeinschaften unter der Sowjetherrschaft nach dem Zweiten Weltkrieg unterschiedlich behandelt, auch in Abhängigkeit von ihrer Fähigkeit, sich zu arrangieren oder aber dem Regime Widerstand entgegenzusetzen. Eine Generallinie der staatlichen Politik lässt sich daher in diesem Fall nicht rekonstruieren.

4. Zusammenfassung und Bewertung der Religionspolitik in der Sowjetukraine nach dem Zweiten Weltkrieg

Die Sowjetherrschaft, die während des Zweiten Weltkrieges eine gewisse Öffnung den Religionsgemeinschaften gegenüber zugelassen hatte, sah nach dem Rückzug der Deutschen keinen Grund mehr darin, diese

---

132. Näherer Beleg bei Boeckh, „Völlig normal," 88-89.
133. *Istorija relihiï v Ukraïni*, 475.

aufrechtzuerhalten, und sie begann wieder einen Konfrontationskurs gegen die Kirchen. Gleichzeitig fand sich das sowjetische Regime auf den vorher besetzten Gebieten mit einer Vielzahl von religiösen Gemeinden konfrontiert, die unter der NS-Besatzung in bestimmten Grenzen geduldet worden waren.

Das Ziel der sowjetischen Politik nach dem Zweiten Weltkrieg bestand in Bezug auf die Religionsgemeinschaften darin, sie gleichermaßen alle zu durchdringen und ihre Existenz lediglich auf einer Ebene kurz über dem Verbot zu erlauben. Einige Charakteristika zeichnen den Stalinschen Kirchenkampf in der Ukraine, aber auch auf dem gesamten Territorium der Sowjetunion nach dem Zweiten Weltkrieg aus, der einen anderen Phänotyp als in der Zwischenkriegszeit ausgeprägt hat und spezifische Folgen nach sich zog:

1. Die größte Konzentration religiöser Gemeinden in der Ukraine nach dem Zweiten Weltkrieg bestand in der Westukraine, sowohl von ihrer Zahl, als auch von ihrer Diversivität her. Diese hatte anders als die übrige Sowjetukraine nach der bolschewistischen Machtübernahme die Zerstörungen der Religionsgemeinschaften erst ab der sowjetischen Annexion 1939 miterlebt. Der zeitliche Schwerpunkt der sowjetischen Religionsverfolgung während des Spätstalinismus lag in der unmittelbaren Nachkriegszeit mit einem Höhepunkt im Jahr 1946, als die unierte Kirche „liquidiert" und damit vollständig verboten wurde.

2. Es ist eine Verbindung zwischen den Religionsgemeinschaften, die fast ausschließlich von bestimmten Nationalitäten getragen wurden, und dem Grad ihrer Verfolgung zu konstatieren. Denn die russische orthodoxe Kirche wurde entsprechend der herrschenden Doktrin des Großrussismus milder behandelt – wenngleich nicht verschont –, während die hauptsächlich aus Ukrainern bestehenden Gemeinschaften der orthodoxen Kirche, die polnischen Katholiken und die Juden in unterschiedlicher Weise, aber massiv Druck erfuhren. Während die russische orthodoxe Kirche noch eine Zeitlang für das staatliche Vorgehen gegen die anderen Kirchen instrumentalisiert wurde, begann jedoch auch gegen sie bald wieder eine Welle der Unterdrückung, so dass die Zugeständnisse, die sie erfuhr, nur eine temporäre Angelegenheit blieben.

3. Im Unterschied zur Zwischenkriegszeit bestand in der unmittelbaren Nachkriegszeit auch für die innere Entwicklung der Sowjetunion das Primat der Außenpolitik, jedenfalls noch solange der Konflikt mit den

Westmächten nicht in den Kalten Krieg gemündet war und solange die neuen sowjetischen Grenzziehungen von den Alliierten noch nicht vertraglich zugesichert worden waren. Die Rücksichtnahme auf das äußere Erscheinungsbild der Sowjetunion hatte für den Kirchenkampf zur Folge, dass er nicht in offener, sondern eher in verdeckter Form geführt wurde. Laute atheistische Massendemonstrationen, das Verbrennen von religiösen Gegenständen und das Einschmelzen von Glocken waren nach 1944 nicht mehr auf der Agenda. Für das Vorgehen nach dem Zweiten Weltkrieg finden sich immer wieder zwei Termini in den sowjetischen Quellen: „likvidacija" (Liquidierung) und „reguljacija" (Regulierung). Die brutalere Methode der „Liquidierung" erfuhr die unierte Kirche von Galizien und der Karpaten-Ukraine, die in ihrer völligen Auflösung bestand, wenngleich dieser Vorgang nach außen hin legalistisch verbrämt wurde. „Reguliert" wurden die übrigen Religionsgemeinschaften, was eine etwas längerfristige und nicht gänzliche Vernichtung bedeutete. Dieser Kirchenkampf richtete sich in erster Linie gegen die Organisationen der Religionsgemeinschaften, aber auch gegen die religiösen Führer, Hierarchen und gegen die Vertreter der „mittleren" Ebene wie die Priester. Deren Entfernung aus dem öffentlichen Leben sollte die Masse der Gläubigen von der Ausübung ihrer Religion abschrecken und sie so von dieser entfremden. Gegen Gläubige ging man vor, sobald sie sich in irgendeiner Weise gegen das Regime positionierten – wie beispielsweise durch Widerstand gegen bestimmte Aktivitäten –, oder aber, sobald sie sich in den Dienst des Staates stellten, beispielsweise als Lehrer oder in anderen vermittelnden Funktionen.

4. Die Interpretation der Religionsrepression nach dem Zweiten Weltkrieg in der Ukraine zeigt, dass das System Stalins fähig dazu war, sich nach dem Sieg über NS-Deutschland auf die neue Situation einzustellen; dies betraf seine außenpolitische Selbstdarstellung, die nicht durch eine zu rigoros erscheinende Unterdrückung der Religion auffallen durfte, aber auch sein Verhalten den Sowjetbürgern gegenüber. Jene sollten nicht durch zu offensichtliche Verfolgungsmaßnahmen abgeschreckt werden, während sie alle Anstrengungen darauf verlegen mussten, das zu großen Teilen kriegszerstörte Land wieder aufzubauen und die Wirtschaft in Gang zu bringen.

Die Jahre der deutschen Okkupation während des Kriegs bis zum Tod Stalins (und darüber hinaus) forderten von Gläubigen und Geistlichen in der Ukraine, ihre religiöse Praxis den sich ändernden politischen

Verhältnissen anzupassen. Dabei brachte die Zeit der deutschen Besatzung ab 1941 mit ihren begrenzten religionspolitischen Lockerungen den Gläubigen in der Sowjetukraine, die bereits unter den sowjetischen Religionsverfolgungen seit 1917 zu leiden hatten, keine wirklichen Erleichterungen. Zudem wirkte die anschließend wieder aufgenommene Verfolgung unter Stalin weiter destruktiv. Dennoch ergaben sich aus der Situation der Religionsgemeinschaften während des Zweiten Weltkrieges und danach mittelbare Folgen für die innere Entwicklung der Ukraine, die in der Gegenwart sichtbar wurden. Dazu gehörte, dass das kirchliche Leben zwar nahezu zum Erliegen kam, dass aber dennoch nach der Stalinschen Verfolgung im Verborgenen Strukturen entstanden, die staatlich nicht mehr angreifbar waren und schließlich zum Aufbau einer organisierten Untergrund-Kirche führten. Diese wurde in den späten achtziger Jahren ein wichtiges Forum für Bürgerrechtler und Dissidenten, die eine Demokratisierung des Landes einforderten und dadurch mit zum Ende des kommunistischen Systems in der Ukraine beitrugen.

Eine Konsequenz aus den Entwicklungen während des Zweiten Weltkrieges wirkt in die Zeit nach der Proklamation der ukrainischen Nationalstaatlichkeit hinein. Denn die mit der Wehrmacht abgezogenen Bischöfe der ukrainischen orthodoxen autokephalen Kirche gründeten in der Emigration, vor allem in den Vereinigten Staaten, neue Gemeinden und kirchliche Zentren, aus denen nach der ukrainischen Unabhängigkeit 1991 führende Persönlichkeiten kamen und die Leitung von Gemeinden in der Ukraine übernahmen.

Auswahlbibliographie

Wassilij Alexeev und Theofanis G. Stavrou, *The Great Revival: The Russian Church Under German Occupation* (Minneapolis, MN, 1976).

Karel C. Berkhoff, *Harvest of Dispair: Life and Death in Ukraine under Nazi Rule* (Cambridge, MA/London, 2004).

Karel C. Berkhoff, „Was There a Religious Revival in Soviet Ukraine under the Nazi Regime?," *The Slavonic and East European Review* 78 (2000) 536-567.

Bohdan Rostyslav Bociurkiw, *The Ukrainian Greek Catholic Church and the Soviet State. 1939-1950* (Edmonton/Toronto, 1996).

Katrin Boeckh, „Völlig normal, entsprechend den Prinzipien der Gewissensfreiheit, garantiert durch die Stalin-Verfassung?: Die Verfolgung der Kirchen in Galizien unter Stalin im Vergleich (1944-1953)", *Historische Zeitschrift* 278 (2004) 55-100.

Katrin Boeckh und Ekkehard Völkl, *Ukraine: Von der Roten zur Orangenen Revolution* (Regensburg, 2007).

Harvey Fireside, *Icon and Swastika: The Russian Orthodox Church under Nazi and Soviet Control* (Cambridge, MA, 1971).
Friedrich Heyer, *Kirchengeschichte der Ukraine im 20. Jahrhundert: Von der Epochenwende des ersten Weltkrieges bis zu den Anfängen in einem unabhängigen ukrainischen Staat* (Göttingen, 2003).
Andreas Kappeler, *Kleine Geschichte der Ukraine* (2., aktualisierte Ausg. München, 2000).
Walter Kolarz, *Die Religionen in der Sowjetunion: Überleben in Anpassung und Widerstand* (Freiburg/Basel/Wien, 1963).
O. Je. Lysenko, „Do pytannja pro stanovyšče cerkvy v Ukraïni u period druhoï svitovoï vijny," *Ukraïns'kyj istoryčnyj žurnal* 39 (1995) Heft 3, 73-81.
Michail Škarovskij, „Die deutsche Kirchenpolitik während des Zweiten Weltkrieges in den besetzten Gebieten der Sowjetunion", *Kirche im Osten* 42/43 (1999/2000) 84-113.
Michail Škarovskij (ed.), „Dokumente zur deutschen Kirchenpolitik in den besetzten Ostgebieten 1941 bis 1945," *Kirche im Osten* 42/43 (1999/2000) 205-223.
Hans-Heinrich Wilhelm, „Die SD und die Kirchen in den besetzten Ostgebieten 1941/42," *Militärgeschichtliche Mitteilungen* 29 (1981) 55-99.

Summary

This article demonstrates the continuity of the repression of the church in Soviet Ukraine from the period of Word War II until the death of Stalin in 1953. Both regimes in Ukraine during that time, the Nazi occupation 1941-1944, followed by the Stalinist regime, showed similar attitudes in their church politics: the ideology of both were based on atheism and both condemned religion and churches deeply. But while the Communist party in Russia prosecuted the religious life and its representatives very aggressively and openly, the National-Socialist party in Germany at first acted cautiously. Despite this, both regimes were ready to make concessions to believers and churches at the height of their confrontation during World War II. So, during the German occupation of the Ukraine churches were allowed to reestablish their lives after the years of Soviet persecution, while Stalin ceased the open repression of churches, especially after 1941. This new policy was due to the fact that the enemies carefully watched each other and reacted in correspondence to the behaviour of the other side. But while for the two totalitarian systems the principal objection to religion remained, they then at a difficult time used the churches and the support of the Church's representatives as a means to strengthen their political power that was being threatened because of the war. For this reason the German authorities in the occupied territories of the Soviet Union allowed the reopening of church-buildings to some extent, the reestablishment of parishes and other religious activities. For Hitler, this 'liberal' church policy, in reality admitted only in a narrow frame, was a means of softening the excesses of the occupation and the hard living conditions in the Ukraine.

Following the German military defeat and the end of the occupation, the Soviet regime again began to suppress religious movements and churches in the

Ukraine, as it did in the whole of the Soviet Union. Stalin then no longer needed the support of the churches within his empire. In the Ukraine, again in Soviet hands, Stalin after 1944 was confronted with a variety of religious communities in the new Soviet territories in Western Ukraine. The aim of Soviet politics at that time was to reduce religious life to a certain minimum coming close to its entire destruction. But the fight against the Churches after the Second World War was entirely different from the suppression of churches after 1917, due to the fact that the Soviet Union after World War II had to prove that it was now an imperial power in Europe like its Western allies. This is why the open battle against the Churches was substituted by a more quiet and cautious method, applying special systems for each religious community. Most lenient measures were used in the case of the Russian Orthodox Church, which was allowed to broaden its territory in Western Ukraine, while the Uniate church concentrated in that area was entirely 'liquidated' and forbidden.

In the long term, both regimes failed to destroy religious life in the Ukraine. When in the 1990s, a democratic oriented, anti-Communist opposition movement appeared, many of its members were influenced by religious and Christian values and ideals. So the breakdown of the Communist regime in Soviet Ukraine was highly stipulated by the religions and their adherents it had intended to suppress.

Islam and Muslims in Bosnia-Herzegovina during World War II: A Survey

Valeria Heuberger

I. Introduction: The Role of History and Mutual Perceptions

Foča, Goražde, Višegrad, Srebrenica: These cities and towns in Bosnia-Herzegovina became well known to the public for their misfortunes during the recent war in former Yugoslavia (1992-1995) because, as well as Serbs and Croats living in Bosnia-Herzegovina, there were tens of thousands of Bosnian Muslims who became victims of expulsion, massacres and ethnic cleansing committed mostly by Serb paramilitary fighters.[1]

During the wars and armed conflicts which accompanied the disintegration of Yugoslavia in the 1990s the various religions in the region – Roman Catholicism, the Orthodox faith and Islam – were used in these conflicts as a tool for creating enmity between the people living in Bosnia-Herzegovina, using old stereotypes and prejudices against the respective group. Religion, like history, and particularly historiography,[2] therefore played a role, and continues to do so through the drawing of the "mental map"[3] concerning the peoples of Southeastern Europe in general and of the Western Balkans in particular. Concerning the role of history we have to take into account one very important aspect: the history of mentalities, the mutual view[4] and the perception of each other in the disintegration process of Yugoslavia. Newspapers and the modern media of the 20th century, like radio and television, played a crucial role in fuelling enmity, mistrust and hatred between the peoples of the

---

1. See Jens Reuter, "Die politische Entwicklung in Bosnien-Herzegowina," *Südosteuropa* 41, nos. 11/12 (1992) 665-684, here 667.
2. For example: Christina Koulouri (ed.), *Clio in the Balkans: The Politics of History Education* (Thessaloniki: Center for Democracy and Reconciliation in Southeast Europe, 2002).
3. See for this topic for example Edgar Hösch, "Kulturgrenzen in Südosteuropa," *Südosteuropa* 47, no. 12 (1998) 601-623.
4. Valeria Heuberger, Arnold Suppan and Elisabeth Vyslonzil (eds.), *Das Bild vom Anderen: Identitäten, Mentalitäten, Mythen und Stereotypen in multiethnischen europäischen Regionen* (Frankfurt am Main: Verlag Peter Lang, 1999).

Yugoslav state. Despite Tito's political slogan "bratstvo i jedinstvo" ("brotherhood and unity") after 1945, the political reality showed that both history and religion could be instrumentalized and had been exploited by politicians since the middle of the 1908 in order to reach their goals to win political influence and personal power as can be seen from the rise of Slobodan Milošević in Serb-Albanian relations.[5] The powerful force of centuries-old images and mutual perceptions was still at work, and stereotypes like that of "Bosnian Muslims being disloyal toward the state" increased. This particular way of viewing Balkan Muslim groups, who have in general been regarded – since the end of the Ottoman rule in Southeastern Europe – as a 'fifth column', had not vanished under Communist rule in the Balkan states, and continued to exist also after the breakdown of the Communist regimes at the end of the 1980s.[6]

In Yugoslavia, the perception of the past, most of all concerning the period of World War II became, for political reasons, of increasing importance at the end of the 1980s and the beginning of the 1990s. As Wolfgang Höpken points out, the view of World War II has been different among the various peoples of Yugoslavia in general and in Bosnia-Herzegovina in particular during the decades between 1945 and the early 1990s: the Serbs for example felt that their sacrifices – starting with their struggle for the unification of the Southslavs in the 19th century to World War I and World War II – were not sufficiently appreciated and rewarded after 1945; Croats and Bosnian Muslims had the impression that they were regarded as 'fascist collaborators', even in the years and decades following the end of World War II,[7] as subjects disloyal to the state and who had co-operated with the German troops and with the Ustaše in the murder and expulsion of Serbs, especially in the eastern Bosnian regions.[8]

---

5. Tanja Popović, *Die Mythologisierung des Alltags: Kollektive Erinnerungen, Geschichtsbilder und Vergangenheitskultur in Serbien und Montenegro seit Mitte der 1980er Jahre*, Basler Studien zur Kulturgeschichte Osteuropas, 5 (Zürich: Pano Verlag, 2003).

6. Hugh Poulton and Suha Taji-Farouki (eds.), *Muslim Identity and the Balkan State* (London: Hurst & Company in association with the Islamic Council, 1997).

7. Wolfgang Höpken, "Kriegserinnerung und Kriegsverarbeitung auf dem Balkan: Zum kulturellen Umgang mit Kriegserfahrungen in Südosteuropa im 19. und 20. Jahrhundert," *Südosteuropa-Mitteilungen* 41, no. 4 (2001) 371-389, see especially 383-389.

8. Viktor Meier, "Bosnien und seine Muslime: Ein Sonderproblem des jugoslawischen Vielvölkerstaates," *Südosteuropa Mitteilungen* 26, no. 1 (1986) 12-19. See especially the short chapter "Zwischen Ustaše, Četniks und Kommunisten," 16.

II. Islam in Yugoslavia before the German Invasion 1941: A Brief Survey

As a result of the Ottoman conquest of Southeastern Europe starting in the 14th century, a process of Islamization of Slavs, Albanians and Roma began which would result in the presence of various Muslim population groups until the present day. Due to the withdrawal of the Ottoman empire in the 19th and early 20th centuries (Balkan wars 1912/13) from the Balkan peninsula times became difficult for the remaining Muslims who then became religious and/or ethnic minorities, regarded by the new national states and their mainly orthodox populations as representatives and heirs of the former Ottoman masters.[9] Also in the Kingdom of the Serbs, Croats and Slovenes, founded on December 1, 1918, the political and economic situation of Bosnian Muslims had changed considerably compared to the decades under Austro-Hungarian rule (1878-1918) and they experienced various forms of discrimination, e. g. being in particular the targets of land reforms after 1919 and in the early 1920s.

Besides the economic hardships, the fight between the two most numerous peoples who comprised the main political powers, Serbs and Croats, for domination and influence in the new kingdom, had an impact on Bosnian Muslims. And as had already happened in the 19th century Serbs as well as Croats wanted to claim the Bosnian Muslims for their respective people/nation to strengthen their own position. Both sides declared the Bosnian Muslims as the "purest" parts of their respective people who had in the past only made the "mistake" of converting to Islam, a "problem" which in the minds of Serb and Croat politicians and clergymen could be solved very easily: the Muslims just had to return to the "old faith" of their forefathers, e. g. Roman Catholicism or the Orthodox faith, and then they would be fully accepted as "brethren" within the Croat or Serb nation. The importance of the question of conversion from Islam to the Christian faith was demonstrated again when, under the Ustaša-regime in an effort to gain their support, Bosnian Muslims were assured by Zagreb that there would be no forced conversion of Muslims to Roman Catholicism.

The conviction of belonging to a very special social class, an élite, could also be found among Bosnian Muslim political, religious and

---

9. Justin MacCarthy, *Death and Exile: The Ethnic Cleansing of Ottoman Muslims, 1821-1922* (Princeton, NJ: The Darwin Press, 1985), see especially chapter 5, "The Balkan Wars," 135-177.

cultural representatives. This attitude was exploited for example by the exiled Grandmufti of Jerusalem, Muhammad Amīn al-Husainī, who travelled through Bosnia between March, 30 and April, 14, 1943 in an effort to gain the support of Bosnian Muslims for the Hitler regime and to encourage their young men to join a special unit of the the SS. On the occasion of delivering a speech in Sarajevo he referred to the Bosnian Muslims as "the cream of Islam."[10]

The term "Muslims" became of more political significance during the 1920s and 1930s when leading Bosnian Muslim politicians and cultural representatives identified themselves, as they already had in the 19th century, for political reasons as Serbs or Croats.[11] But on the other hand, Muslims were already behaving as a community that defended its own identity, with religion playing an important role in that process. Bosnian Muslim politicians in the 1920s and 1930s had therefore to find their path between the two major political entities, the Serbs and the Croats, inclining more toward the Croat side and supporting also the Slovene side in the parliament in Belgrade. The government itself was trying to create and to foster a feeling of belonging together under the slogan "Brat je mio koje vere bio" (we are all brothers, in spite of religious denomination).[12] In pre-war Yugoslavia there existed also pro-Serb groups among Bosnian Muslims, but they lost their influence after the enlargement of Serbian centralist policy following the unitarist (Vidovdan) constitution of June 28, 1921. In any event, this pro-Serb orientation would continue until World War II when, during the war in some areas, Muslims also joined the Četnici.

The various conflicts and tensions in Yugoslavia prior to World War II, and the rigid Serbian centralisation policy also had an impact on the Islamic community which 1930 fell under a single spiritual head ('reis el-ulema'; the position of the 'reis el-ulema' introduced in 1882 during the Austro-Hungarian rule) based in Belgrade, And since 1938 again in

10. Georg Lepre, *Himmler's Bosnian Division: The Waffen-SS Handschar-Division 1943-1945* (Atglen, PA: Schiffer Publishing, 1997) 33.
11. Ivan Pederin, "Islamischer Progressismus im Werk von Osman Nuri Hadžić und Ivan Miličević," *Südostforschungen* 44 (1985) 185-204. As Noel Malcolms points out, Bosnian Muslims were still reluctant to use the term "Muslim" in a cultural and historical context as it was done for the orthodox (Serb) and Catholic (Croat) populations of Bosnia-Herzegovina. Noel Malcolm, *Bosnia: A Short History* (London: Papermac, 1996, corrected edition with a new epilogue) 166.
12. See Alexandre Popović, "Islamische Bewegungen in Jugoslawien: Die Muslime in Jogoslawien und in der Sowjetunion: Identität – Politik – Widerstand," *Nationalitäten- und Regionalprobleme in Osteuropa*, ed. Andreas Kappeler, Gerhard Simon and Georg Brunner, 3 (Köln: Markus Verlag, 1989) 273-286, here 275.

Sarajevo). The end of the 1920s and the beginning of the 1930s were in general crucial years in Yugoslavia's political life: In 1929 King Aleksandr declared a dictatorship, changed the state's name from Kingdom of Serbs, Croats and Slovenes to Yugoslavia and continued to foster Serbian influence in all realms of the state.

In the same year the administrative boundaries of the country were newly drawn. Despite promises already made in 1921 by Belgrade – that the administrative boundaries of the SHS-state (State of Slovenes, Croats and Serbs) would not change the historic boundaries of Bosnia-Herzegovina – King Aleksandr decided to do exactly this in 1929. Due to the growing conflicts between Serbs and Croats in Yugoslavia the existing districts were replaced by nine banovine, e. g. administrative regions, which divided the centuries-old, traditional districts as in the case of Bosnia-Herzegovina. Two of these nine new units had their centers in former Bosnia-Herzegovina (Vrbas region with its capital Banja Luka and Drina region with the capital Sarajevo). This partition had an impact on the distribution of the population in Bosnia and Herzegovina as in none of these new administrative units did Muslims form a majority.[13] Serbs and Croats living in the southern regions of Herzegovina were given leading positions in administration and public life. Despite these political measures the leaders of the Bosnian Muslims supported the government, expecting protection from Belgrade against the increasing Serb – and also Croat – political and economic pressure and domination. King Aleksandr also tried to strengthen his ties with party-renegades coming from the JMO ('Jugoslovenska muslimanska organizacija', Yugoslav Muslim Organisation, established in 1919)[14] and pro-Serb orientated Muslims.

What was the political representation of Bosnian Muslims in the period between World War I and World War II? The already mentioned JMO united in 1935 (until 1939) with the 'Jugoslavenska Radikalna Zajednica' (Yugoslav Radical Party) to the Yugoslav Radical Community (JRZ). In 1939, the leader of the former JMO, Mehmed Spaho (1883-1939), died, and in the same year an agreement was signed between the

---

13. Ludwig Steindorff, "Von der Konfession zur Nation: Die Muslime in Bosnien-Herzegowina," *Südosteuropa Mitteilungen* 37, no. 4 (1997) 277-290, here 283ff.; Steven L. Burg and Paul S. Shoup, *Bosnia-Herzegovina: Ethnic Conflict and International Intervention* (Armonk, NY/London: M. E. Sharpe, 1990) 20ff.

14. Mehmed Spaho, "Jugoslavenska Muslimanska Organizacija," *Nova Evropa*, 7, 17 (1923) 505-506; Atif Purivatra, *Jugoslavenska muslimanska organizacija u političkom životi Kraljevine Srba, Hrvata i Slovenca* (Sarajevo: Svijetlost, 1974); Atif Purivatra, *Muhamed Hadžijahić, ABC Muslimana* (Sarajevo: Bosna, 1990) 29ff.

Yugoslav prime minister Dragiša Cvetković and Vladko Maček, the leader of the Croat Peasant Party, in an attempt to solve the increasing national problems in the Kingdom of Yugoslavia.[15]

The years between World War I and World War II also had an influence on the shaping of the debate about the specific identity of Muslims in Bosnia-Herzegovina. Especially in the last years before the outbreak of the war in Yugoslavia the attempt made by the Croat side to foster a Croat identity among the Bosnian Muslims increased, trying to depict them as Croats who had only one "slight difference" from their catholic co-nationals: they belonged to a different faith, Islam. This "Croat" concept was not a new one, invented in the 20th century, but goes back to the 19th century when similar attemps were made by Croat politicians like Ante Starčević.[16] The affiliation with the Croat identity was not limited to Bosnian Muslim intellectuals, writers and scholars in the 19th century, but was also found among Bosnian clerics like Mehmed Spahos brother Fehim ('reis el-ulema' 1938-1942). The division between a pro-Croat and a pro-Serb wing concerned also the cultural associations of Bosnian Muslims where the pro-Croat 'Narodna uzdanica' and the pro-Serb 'Gajret' could be found.[17] Fehim Spaho, on the other hand,

---

15. Another example for the increasing political weakness of the Muslims was the fact that, following the Decree of King Aleksandr about the new division of the SHS-state into districts in 1929, none of the heads of the six Bosnian-Herzegovinian districts (whose borders followed the Ottoman respectively Austo-Hungarian administration division) was a Muslim. This political situation led finally to a split of the JMO as especially younger members, the so-called Leftists, joined Mehmed Spaho's view that the Muslims should, concerning their political fate, play the Croat card much more. Other JMO-members, the so-called Rightists, gathered around Hadji Hafiz Ibrahim ef. Maglajlić. He was born in Banja Luka in 1851, joined anti-Austrian forces in 1878, was imprisoned by the Austrians and studied afterwards in Istanbul, became mufti of Tuzla, first president of the JMO and 'reis el-ulema' 1930-1936. He was also an opponent of the former 'reis el-ulema' Čaušević who tried to introduce western reforms among the Muslims concerning the modernisation process of their social and cultural life. In the following months from fall 1921 to the end of 1922 Spaho, who had been Minister of Trade and Industry in the cabinet of Pašić, resigned in February 1922. The supporters of Maglajlić got two posts in the new reconstructed parliament in Belgrade and developed into a new party, the JMNO (Yugoslav Muslim People's Organisation). See Ivo Banac, "From Religious Community to Socialist Nationhood and Post-Communist Statehood, 1918-1992," *The Muslims of Bosnia-Herzegovina: Their Historic Development from the Middle Ages to the Dissolution of Yugoslavia* ed. Mark Pinson with a foreword by Roy P. Mottahedeh (Harvard, MA: Harvard University Press, 1993) 129-153, see 135.

16. See for his concept of nation Wolf Dietrich Behschnitt, *Nationalismus bei Serben und Kroaten 1830-1914: Analyse und Typologie der nationalen Ideologie*, Südosteuropäische Arbeiten, 74 (München: R. Oldenbourg Verlag, 1980) 172-186.

17. *Bosanski Muslimani: Čimbenik mira izmedju Srba I Hrvata: Interview Adila Zulfikarpašića* (Zürich: Bosanski Institut, 1986) 14.

feared that Bosnian Muslims would become to secularized and therefore lose their distinct Islamic identity and background, so he forbade the giving of non-Muslim names to children, and was against mixed marriages.[18] This thinking was similar to much later concepts by Bosnian Muslim political and religious leaders in the 1990s so, for example, when Alija Izetbegović spoke out against the participation of Muslim children at Christmas and Easter celebrations, e.g. at kindergardens and schools.

When Bosnian Muslim political and religious leaders had to choose between Zagreb and Belgrade, they were in favor of Zagreb, as long as they got guarantees for practising their faith without restrictions. So on April 25, 1941, Ante Pavelić, who was well aware of this attitude among Bosnian Muslims, sent a messenger to the 'reis el-ulema', Fehim ef. Spaho, offering Bosnian Muslim politicians the opportunity to participate in the 'parliament' in Zagreb. Džafer Kulenović, the leader of the former JMO, accepted the offer and became vice-president of the government of the Croatian puppet-state in November 1941. Soon it should become clear that the Ustaše did not fully trust the Muslims whose clergy had already in the summer of 1941 started to protest against the oppression and killing of Serbs, publishing petitions against this.[19] At the end of 1941 the relations between the government in Zagreb and the Bosnian Muslims deteriorated.

An earlier concept for establishing a particular Bosnian identity was developed under the Austrian government during the Austro-Hungarian rule in Bosnia-Herzegovina, especially by the joint finance minister Bejamin von Kállay (1882-1903). His goal was the creation of a 'Bosniak' identity which should become a supra-national regional identity, not

---

18. In Bosnia-Herzegovina there was a high percentage of mixed marriages. See Dorothea Kiefer, "Eine Übersicht in Zahlen: Nationale Mischehen in Jugoslawien," *Wissenschaftlicher Dienst Südosteuropa*, no. 5/7 (1980) 162ff. The Bosnian sociologist Ibrahim Bakić did research on the phenomenon of mixed marriages at the end of 1991 – after the war in Croatia had started – in Bosnia-Herzegovina: 43% Muslims, 39% Croats and 25% Serbs declared that they preferred as either neighbours or spouses a co-national. See: Ibrahim Bakić, *Nacija i religija [Nation and Religion]* (Sarajevo: Bosna, 1991).

19. Noel Malcom mentions in this connection petitions issued in Banja Luka, Mostar and other Bosnian and Herzegovinian towns protesting against crimes against Serbs and Jews. Malcolm, *Bosnia*, 196; for the role of such petitions issued by the association of Muslim clerics ('El Hidaje') see Smail Balić, *Das unbekannte Bosnien: Europas Brücke zur islamischen Welt* (Köln/Weimar/Wien: Böhlau Verlag, 1992) 8. See also chapter 5 "Der Beg bei den Partisanen" in the memoirs of Adil Zulfikarpašić: Milovan Đilas, Nadežda Gaće and Adil Zulfikarpašić, *Eine politische Biographie aus dem heutigen Bosnien*, Untersuchungen zur Gegenwartskunde Südosteuropas, 33 (München: R. Oldenbourg Verlag, 1996) 69-97, here 75.

only including the Muslims, but all of the inhabitants. This measure was directed against the old Serb and Croat political struggle to gain political influence in Bosnia-Herzegovina that was claimed by both sides. As Wolfgang Höpken points out, the Bosnian Muslims remained in a phase of 'proto-nationalism', which means that the conditions for the creation and formation of national movements existed, but the framework for a general modernisation of the society was missing. There were only a small number of educated Bosnian Muslims, mostly teachers, writers, officials and landowners.[20] A phenomenon among the educated groups was, as already mentioned, their 'floating orientation' between the Serb and Croat nation: Muslim intellectuals declared themselves in some cases as Serbs, in some cases as Croats and might sometimes, within their lifespan, change their national orientation and affiliation.[21] Already during the four decades of Austrian-Hungarian rule, the Bosnian Muslims received cultural autonomy in 1909 and in 1912 Islam became an officially recognised religion. The position of the 'reis el-ulema' was created in 1882; in 1921, due to the Vidovdan-Constitution (June 28, 1921) his influence was expanded to all Muslims in the SHS-state (the majority of Muslims lived in Bosnia-Herzegovina).

The main point for the Muslims was how to preserve their traditional way of living on the one hand and how, on the other hand, to deal with the challenges of a modern society. For example, the Yugoslav constitution of 1921 guaranteed the validity of the Islamic religious law for family, marriage and heritage related matters. The 'reis el-ulema' in Belgrade, Mehmed Džemaludin Čaušević (who held this position between 1914-1918 and again, in the SHS-state/the Yugoslav kingdom from 1918-1931) organised the administration of the two 'waqf' (pious foundations) provinces Sarajevo and Skopje which were separated in mufti-districts (Muftijstva). Over a million (1,561) Muslims lived in Yugoslavia in 1931, among them were 482,000 Albanians, 133,000 Turks and 38,000 Gipsies. The Islamic community was hierarchically structured, so for example the position of the nine muftis had to be confirmed by the government in Belgrade. In 1936 a statute for the Islamic Community in Yugoslavia was released and some changes in the structure of the community took place, that largely concerned the training of Muslim clergy

20. Jozo Džambo, *Buchwesen in Bosnien und der Herzegowina (1800-1878): Zum Problem der Lesesoziologie*, Arbeiten und Bibliographien zum Buch- und Bibliothekswesen, 2 (Frankfurt am Main: Verlag Peter Lang, 1985).
21. Pederin, "Islamischer Progressismus im Werk von Osman Nuri Hadžić und Ivan Miličević," 185-204.

and judges: for example the school for the education of judges ('kadi') for the islamic law ('sharia') in Sarajevo was upgraded to an academy. Besides a cultural assembly for Bosnian Muslims that edited a periodical there were two associations for Muslims in Bosnia and the Herzegovina and in Southern Serbia (Kosovo).[22] In the crucial years before the German occupation of Yugoslavia the attitude toward their clerics in some sections of the Muslim society, especially among the young people, was also changing. Some of the clerics were regarded as maintaining a backward social and cultural attitude that, in general, did not create a positive image of Bosnian Muslims. But there were also other voices that claimed a hearing, so in Sarajevo in 1939 – the year of Mehmed Spaho's death – a movement of Young Muslims ('Mladi Muslimani') was founded. In the opinion of their members it was the fault of some of the Muslim clerics that the Muslim society was getting into a social crisis as some of the clergy members were too reform-orientated towards the west and did not, as seen by the members of the 'Mladi Muslimani', regard Islam as an universal phenomenon which influences every aspect of the life of the true believer. Hadži Mehmed ef. Handžić had great influence on the members. He was born in Sarajevo on December 16, 1906, and died in Sarajevo on July 29, 1944. Handžić studied in Kairo at the El-Azhar university, was professor at the Gazi Husrev-begova medrese, director of the Gazi Husrev-begovova library and professor at the academy for Islamic judges in Sarajevo.

III. World War II and Its Impact on Yugoslavia: The Theatre of War

The outbreak of World War II and the proclamation of an "Independent State of Croatia" (Nezavisna Država Hrvatska, NDH) by the Germans[23] on April 10, 1941, brought the Ustaša movement into power, leading to anti-semitic laws, the deportation and mass execution of Jews, Serbs and Roma.[24] This policy was opposed by leading members

---

22. Bertold Spuler, "Die Lage der Muslime in Jugoslawien," *Die Welt des Islams* 26 (1986) 124-140, here 126-130.
23. See for German politics before and under the occupation: Igor-Philip Matić, *Edmund Veesenmaye: Agent und Diplomat der nationalsozialistischen Expansionspolitik*, Südosteuropäische Arbeiten, 114 (München: R. Oldenbourg Verlag, 2002).
24. Mass executions of Serb civilians took place e. g. in Vraće near Sarajevo already in the first months after the German occupation. In a report by the German Gesandtschaftsrat Troll of August 10, 1941, he refers to the reasons for the uprising around Sarajevo and mentions the role that atrocoties committed by Ustaše played in it.

of the Islamic community and there are examples of Bosnian Muslims hiding their Jewish neighbours, protecting them in this way from deportation and execution.[25]

As the Bosnian Muslims were regarded by Zagreb as part of the Croat people and nation, they were quick to get involved in the fighting in the occupied Yugoslavia, becoming victims of fights between local Serb militias as in the Southern Herzegovina in June 1941, followed by atrocities committed by Serb Četniks on the one hand and Tito partisans on the other hand.[26] Muslims fought on both sides in this war, in some cases even collaborating with Četnici.[27] Additionally, many of them were victims of atrocities and expulsions committed by both Serbs (Četnici, partisans) and Croats (Ustaše). One major goal, and also at the same time one source of Serb resistance consisted in the plan to create a Greater Serbia and to expel the Muslims of Yugoslavia to Turkey, even if they were of Slav origin like the Bosnian Muslims. So, what should be done to reach the goal of a former Greater Serbia? To start with, it was important to promote the national idea among Serbs, to mobilize Serb nationalism, and finally to cleanse the Herzegovina, the Lika (southwestern Croatia) and northern Dalmatia of all non-Serbs. Due to the wartime strategy of needing as much assistance as possible, a 'moderate' treatment of Muslims was foreseen. This would be a temporary measure to prevent Muslims from supporting the communist partisans against the Germans (and the Četniks!). Later, after the war was won, Muslims could also be eliminated or expelled.[28]

The political concept of a Greater Serbia also played an important role for the goals of the Četnici after the war. The plan of Draža Mihailović, the leader of the Četnik movement, for the establishment of an ethnically homogenous Serbia was taken from the view that Serbs

---

See Ladislaus Hory & Martin Broszat, *Der kroatische Ustascha-Staat 1941-1945*, Schriftenreihe der Vierteljahreshefte für Zeitgeschichte, 8 (Stuttgart: Deutsche Verlags-Anstalt, 1964) 102

25. See for the situation of Jews in Yugoslavia: Laslo Sekelj, "Anti-Semitism in Yugoslavia, 1918-1945," *East European Quarterly* 22, no. 2 (1988) 159-172.

26. The numbers of killed Muslims differ to a large extent: Malcolm, *Bosnia*, 102, cites 75,000 dead, 8.1% of their total population fugure. Janusz Bugajski cites a number of appr. 100,000. See the chapter about Bosnia-Herzegovina in Janusz Bugajski, *Ethnic Politics in Eastern Europe: A Guide to Nationality Policies, Organizations, and Parties* (Armonk, NY/London: M. E. Sharpe, 1994) 6.

27. See for such examples the work of Enver Redžić, *Muslimansko autonomaštvo i 13. SS divizija: autonomija Bosne i Hercegovine i Hitlerov treći rajb* (Sarajevo: Svjetlost, 1987).

28. Jozo Tomasevic, *War and Revolution in Yugoslavia, 1941-1945: The Chetniks* (Stanford, CA: Stanford University Press, 1975) 167-171.

had such a long history of resistance fighting against foreign occupying forces: as they had with success fought against the Turks during the Ottoman rule they were the only ones who would also be able to resist the German occupiers. They felt entitled to the role of liberators/defenders of the peoples of the Western Balkans/Yugoslavia. As Jozo Tomasevich points out, the Četnik Movement of Draža Mihailović did not start as a unified movement during the first months of the German occupation. Groups operating outside of Serbia, as in the case of Bosnia–Herzegovina (or Montenegro) often consisted of Communists as well as other different groups (Serbian nationalists e.g.). This even led to a formal agreement in eastern Bosnia of October 1, 1941 between partisans and Četnici for joint operations because the Croatian and Muslim population was seen as the common enemy, but due to the different goals of both sides it was obvious that this agreement would not last long.[29]

The communist side was also trying to win the support of the Muslims. In the fall of 1942, 54 representatives of the National Liberation Movement held a meeting in Bihać, constituting an Antifascist Council of National Liberation of Yugoslavia (AVNOJ) as the political organ of the National Liberation Front with a majority of communist party members. The second meeting took place in Jajce on November 29, 1943, when Tito became president of the National Liberation Committee, the executive arm of AVNOJ.[30] Already on November 25 and 26, 1943, the State Antifascist Peoples' Liberation Council of Bosnia and Herzegovina (ZAVNOBiH) held a meeting in Jajce and declared the equality of all national groups. This decision was again confirmed at the meeting of November 29 in Jajce and in 1945 ZAVNOBiH was transformed into the People's Parliament of Bosnia and Herzegovina, one year later the first constitution was issued.[31] Since the 1920s and 1930s the question about the 'identity', the national orientation and affiliation of Bosnian Muslims, had played an important role for the communists. This was also the case concerning their plans for the political future of Bosnia-Herzegovina after the end of the war. As already mentioned, due to their experiences with the Serbian centralist policy after 1918, the Bosnian Muslims were oriented toward the Croat side. As Muslims increasingly became victims of Četnik attacks and massacres, many of

29. Tomasevic, *War and Revolution in Yugoslavia*, 155ff.
30. Francine Friedman, *The Bosnian Muslims: Denial of a Nation* (Boulder, CO: Westview Press, 1996), see 126-132 (Resistance during World War II).
31. Enes Kujundžić, *Memoria Bosniaca: References of Bosnia and Herzegovina* (Sarajevo: Međunarodni centar za mir, 2001) 31.

them joined the Tito partisans starting in August 1941, forming a '16th Muslim Brigade' in September 1943.

Other sections of the Bosnian Muslims fought on the side of the Ustaše and on German side as well. The Germans were well aware of the military abilities of Bosnian Muslims, as under Austro-Hungarian rule there had existed Bosnak regiments whose members were known as excellent soldiers in World War I. So in April 1943 an SS-division, the 13th Division 'Handžar' under the participation of Bosnian Muslims was founded which had 12,000 members at the end of April 1943. Some members of the Muslim clergy were also involved in the recruitment of Bosniaks for the SS and for the Ustaše as well. In general Germany tried to gain the support of Bosnian Muslims as their allies. During the visit of the exiled Grandmufti of Jerusalem, al-Husainī in spring 1943 in Bosnia, German officials pointed out that Bosnian Muslims should become part of an "Islamic axis," reaching from the Middle East to South-eastern Europe, fighting against the allied forces and the "common enemies"[32] of both Nazi Germany and the Islamic world of which – following the German viewpoint – Bosnia was a part. As Muhammad Amīn al-Husainī was living in his German place of exile, using a villa in Zehlendorf financed by the SS and the German Foreign Office, he said in a speech in March 1943 in Berlin on the issue of German-Muslim relations: "The hearts of all Muslims today go out to our Islamic brothers in Bosnia, who are forced to endure a tragic fate. They are being persecuted by the Serbian and communist bandits, who receive support from England and the Soviet Union. [...] They are being murdered, their possessions are stolen, and their villages have been burned. England and its allies are heavily accountable before history for mishandling and murdering Europe's Muslims, just as they have done in the Arab lands and in India."[33]

As the Yugoslav theater of war was so complex, the Bosnian Muslims increasingly became involved in the fighting which, needles to say,

---

32. The 'enemies' were: Judaism, the Anglo-Americans, Communism, Freemasonry and the Vatican. Lepre, *Himmler's Bosnian Division*, 72.

33. Lepre, *Himmler's Bosnian Division*, 32f. The German idea of uniting with the Islamic World against their (Anglo-Saxon) foes could also be found in World War I: In November 1914 the Sultan in his role as Caliph called for jihad – without much success; there were also attempts by the Germans for a call for jihad in Northern Africa; See: Herbert Landolin Müller, *Islam, ǧihād ("Heiliger Krieg") und Deutsches Reich: Ein Nachspiel zur wilhelminischen Weltpolitik im Maghreb 1914-1918*, Europäische Hochschulschriften, Reihe III, Geschichte und ihre Hilfswissenschaften, 506 (Frankfurt am Main: Verlag Peter Lang, 1991).

caused more and more victims among them. Some of their representatives therefore attempted to find a way out of the bloodshed by establishing autonomy for Bosnia that would in their view be the only way to a peaceful solution. A 'memorandum' to Hitler dated November 1942 expressed this wish of Bosnian Muslim leaders who were very concerned about the situation of their co-nationals as many Muslims had also become victims of the Ustaše troops. But autonomy was not acceptable to the Germans who did not want to come into conflict with Zagreb.

Recruitment of Bosnian Muslims to the Handžar-division had started in April 1943, and the Germans took their chance to foster ties with the Islamic community in Bosnia-Herzegovina as at that time the former Grandmufti of Jerusalem was visiting Sarajevo. Muslim clerics also assisted in the recruitment and served, like in the former Austro-Hungarian Bosniak regiments, as imams. The young soldiers (among them also some Croats) had thought that they served in the newly established SS division primarily to protect their villages and so they were very disappointed when they were sent to Germany, and then to a camp near Toulouse to receive their military training. In September 1943 they started a revolt against their German officers that was heavily suppressed. The division was sent to Silesia to complete the military training of the soldiers. In March 1944 the division returned to Bosnia where they were stationed in northern and eastern Bosnia and got involved in the fights with the partisans where in some cases Serbian civilians were also executed.

As the fighting in Bosnia itself became heavier, and Muslim civilians also increasingly became targets of massacres committed by Ustaše, the movement for autonomy, which should include all Bosnians, not only Muslims, became stronger. Among the Bosnian Muslims special local armed units, known as the green cadres, were established to protect the Muslims against the Ustaše. Muslim clerics also took a leading role concerning the demand for autonomy, people such as Muhamed Pandža, a cleric in Sarajevo. As he had played a role in the recruitment campaign for the Handžar division, his change of mind in the fall of 1943 also made an impact on the members of the divison that resulted in some of its members even joining the partisan movement. As Tito's military success seemed to be inevitable in the second half of 1944, Bosniaks became more and more anti-Ustaša orientated. On April 6, 1945, partisans moved into Sarajevo and a People's Government for Bosnia was established on April 28, 1945.

Compared to the conditions of the Jews or to the Serb Orthodox population Bosnian Muslims generally did not face the same amount of persecution or oppression from the Ustaše. What would cause far more bloodshed and destruction among Bosnian Muslims was the general aspect of World War II in Yugoslavia that "is the story of many wars piled one on top of another," as Noel Malcolm mentions.[34] One can describe the war as many small wars within one big war, e. g. the fighting between fractions like the Ustaše, the Četnici and the communist partisans. More than other groups, Muslims became particularly involved and were attacked by all sides: for the Četnici they were part of the hated former Ottoman/Islamic rule, for the partisans they were people who, for various reasons, did not support them with supplies or provide them with shelter. In remoter areas in southern Bosnia and in the Herzegovina, for example near Mostar, Serb armed groups in 1941 made raids on Croat as well as Muslim villages.[35] Bosnian Muslims were trapped between all sides.

IV. The Rise of Tito

During the period between World War I and World War II the Yugoslav Communist Party played no major role in the interior policy. Founded in Belgrade in April 1919 (20-23.4.1919), the party could boast at the second party congress in Vukovar (20.-24.6.1920) of already having 65,000 members. At the elections in the same year the Communists became the third biggest political power in the parliament, the Skupština. As a result of the increasing polarisation of the interior policy the Communists were declared politically illegal in August 1921. As there was also a struggle for power, and concerning the further ideological orientation going on within the party, some of its members were forced to migrate, and the number of members declined, falling to less than 10,000. In 1937 Josip Broz Tito came to power as general secretary of the Communist Party, and he started a complete re-organisation of the party's structure. On the eve of World War II the party could count on approximately 6,500 activists.[36] Due to the weakness of the party in the years before the outbreak of the war the Yugoslav communists were not of much importance to Moscow's political concepts for Southeastern

---

34. Malcolm, *Bosnia*, 174.
35. Vladimir Dedijer, *Josip Broz Tito: Prilozi za biografiju* (Zagreb: Kultura, 1953).
36. Thomas Brey, "Wandlungen des jugoslawischen Zentralkomitees: Die personellen Veränderungen seit 1948 und ihre Bedeutung," *Südosteuropa Mitteilungen* 20, no. 3 (1980) 32-44, here 33; see also Enver Redžić, *Sto godina muslimanske politike: U tezama i kontroverzama istorijske nauke. Geneza ideje Bosanske, bošnjačke nacije* (Sarajevo: Akademija nauka i umjetnosti Bosne i Hercegovine, Institut za istoriju, 2000), chapter "KPJ, NOP, ZAVNOBiH i Muslimani," 155-166.

Europe because they seemed an unreliable partner for them.[37] The military success of Tito and his partisan movement came as a surprise to Stalin, and Tito's success became even greater when, at the end of 1943, the Allies invaded Italy and supply routes were opened up between the partisans and the Anglo-American forces. The success of Tito's movement was founded on his appeal for the liberation of Yugoslavia from the occupying forces, and also for getting rid of the forces within the country (like for example the Ustaše) which were regarded as collaborators with the Germans and Italians; he also declared that he wanted national equality after the country was freed. In the case of Bosnia-Herzegovína the Muslims had, following Tito's views, to face two fundamental questions, concerning the territorial integrity of Bosnia-Herzegovina and their possible recognition as a distinct nation: The Communistes regarded them as a distinct community which was based primarily on religious/cultural factors and not as national group. But as Bosnia played (and would play until the disintegration of Yugoslavia) a decisive strategic role for the country,[38] Tito implemented federal structures in the regions controlled by the partisans which were created according to his concept of a post-war, Communist ruled Yugoslavia: five republics for the 'big' nations and Bosnia-Herzegovina as a sixth federal unit.[39]

V. Red Star vs. Crescent

As a result of Tito's close relations with the Soviet Union in the first years of his rule in Yugoslavia he also followed the Soviet method

---

37. This would change with Tito's growing military and political success during the war. A Soviet-Yugoslav friendship treaty signed in April 1945 changed Yugoslavia's role from being a Soviet ally to a partner and in the following years, despite some disputes concerning in particular the relations between Belgrade and Tirana, Tito adopted political and economic measures from the 'bigger brother'. The issues of Kosovo and its continued belonging to Yugoslavia created more of a problem between Belgrade's and Moscow's view regarding this point. Nejboša Bjelaković, "Comrades and Adversaries: Yugoslav-Soviet Conflict in 1948: A Reappraisal," *East European Quarterly* 33, no. 1 (1999) 97-114.

38. Robert J. Donia and John V. A. Fine, Jr., *Bosnia and Hercegovina: A Tradition Betrayed* (New York: Columbia University Press, 1994) 155f.

39. See for the communist concepts toward Bosnian Muslims Wolfgang Höpken, "Die jugoslawischen Kommunisten und die bosnischen Muslime," *Die Muslime in der Sowjetunion und in Jugoslawien: Identität – Politik – Widerstand*, ed. Andreas Kappeler, Gerhard Simon and Georg Brunner, Nationalitäten- und Regionalprobleme in Osteuropa, 3 (Köln: Markus Verlag, 1989) 181-210.

of campaigning against religions. The Roman Catholic Church and the Islamic Community were treated especially badly. Islam, as a strong social and normative force in the daily lives of Muslims was seen as a backward phenomenon, and as Bosnian Muslims were in Belgrade's view connected with collaborating with the Ustaše and the German occupation forces, they were regarded with mistrust. Therefore as in all other communist ruled countries in Southeastern Europe, religious institutions, especially Islamic ones, were closed down, and believers oppressed in many ways. In the new political environment all religious communities went through difficult times. A law of March 23, 1946, for example declared that no more than three higher schools for Muslims should continue to exist, the only newspaper which was allowed to be published was *Novo Doba* (New Time), and since January 1950 *Glasnik Vrhovnog Islamskog Starijestinstva* (Messenger of the Highest Islamic Council of the Eldest). Islamic cultural and social organisations and associations were from then on state controlled. 'El Hidaje', the association of Islamic clerics, was dissolved.

The position of the 'reis el-ulema' was kept under Communist rule. In August 1947 the Islamic Religious Community received a new statute, Ibrahim efendi Fejić became the new 'reis el-ulema'. In addition to him there was the Supreme Vaqf-commission ('Vrhovni vakufski sabor'), responsible for finance questions and for the election of the 'reis el-ulema'. In 1950 a change took place. Now the reis el-ulema was assisted by a supreme assembly ('Vrhovni Sabor') with 35 members, that were elected by regional assemblies. The highest executive organ was the High Islamic Council of the Eldest ('Vrhovno islamsko starješinstvo'). Concerning their religious administration, Muslims were divided into four regions: Bosnia-Herzegovina with its center in Sarajevo, Sebia (Kosovo) with the center in Priština, Macedonia with the center in Skopje, and Montenegro with the center in Titograd (Podgorica). In these four regions a Mufti was responsible for religious affairs and there existed a committee for the administration of communities (džemaat). Imams were united in the Association of Islamic clerics, and a majority (90 of out 100) joined this communist-controlled organisation. After the war, for example in 1949, imams became victims of show trials. Only when the 'reis el-ulema' publicly declared that the survival of Bosnian Muslims in World War II was only as a result of the protection provided by the partisan movement, did the prosecutions cease. In the 1950s the 'tekkes' (assembly places of the dervish orders and important centers of the spiritual life of Muslims) were closed.[40]

When Tito started to establish closer ties with the non-aligned countries this also led to a change of the situation of Islam and Muslims in Yugoslavia for the better – especially in Bosnia-Herzegovina –, in particular after the introduction of a new law guaranteeing religious freedom in 1954. When Tito invited politicians of Asian or Arab countries on official visits, he always introduced them to leaders of the Islamic community in Sarajevo, and diplomats coming from the Bosnian Muslim family he used to promote Yugoslavia's role as a "great friend" of the Islamic world.

Selective Bibliography

Ibrahim Bakić, *Nacija i religija [Nation and Religion]* (Sarajevo: Bosna, 1991).
Smail Balić, "Die Muslime in Bosnien-Herzegowina," *Wissenschaftlicher Dienst Südosteuropa* 12, no. 9 (1963) 158-161.
Smail Balić, *Das unbekannte Bosnien: Europas Brücke zur islamischen Welt* (Köln/Weimar/Wien: Böhlau Verlag, 1992).
Ivo Banac, "From Religious Community to Socialist Nationhood and Post-Communist Statehood, 1918-1992," *The Muslims of Bosnia-Herzegovina: Their Historic Development from the Middle Ages to the Dissolution of Yugoslavia*, ed. Mark Pinson with a foreword by Roy P. Mottahedeh (Harvard: Harvard University Press, 1993) 129-153.
Wolf Dietrich Behschnitt, *Nationalismus bei Serben und Kroaten 1830-1914: Analyse und Typologie der nationalen Ideologie*, Südosteuropäische Arbeiten, 74 (München: R. Oldenbourg Verlag, 1980).
Nejboša Bjelaković, "Comrades and Adversaries: Yugoslav-Soviet Conflict in 1948: A Reappraisal," *East European Quartely* 33, no. 1 (1999) 97-114.
Bosanski Muslimani: Čimbenik mira izmedju Srba I Hrvata: Interview Adila Zulfikarpašića (Zürich: Bosanski Institut, 1986).
Thomas Brey, "Wandlungen des jugoslawischen Zentralkomitees: Die personellen Veränderungen seit 1948 und ihre Bedeutung" *Südosteuropa Mitteilungen* 20, no. 3 (1980) 32-44.
Janusz Bugajski, *Ethnic Politics in Eastern Europe: A Guide to Nationality Policies, Organizations, and Parties* (Armonk, NY/London: M. E. Sharpe, 1994).
Vladimir Dedijer, *Josip Broz Tito: Prilozi za biografiju* (Zagreb: Kultura, 1953).
Robert J. Donia and John V. A. Fine, Jr., *Bosnia and Hercegovina: A Tradition Betrayed* (New York: Columbia University Press, 1994).

40. Smail Balić, "Die Muslime in Bosnien-Herzegowina," *Wissenschaftlicher Dienst Südosteuropa*, vol. 12, no. 9 (1963) 158-161. Obviously tekkes in Kosovo and Macedonia were kept open.

Jozo Džambo, *Buchwesen in Bosnien und der Herzegowina (1800-1878): Zum Problem der Lesesoziologie*, Arbeiten und Bibliographien zum Buch- und Bibliothekswesen, 2 (Frankfurt am Main: Verlag Peter Lang, 1985).
Francine Friedman, *The Bosnian Muslims: Denial of a Nation* (Boulder, CO: Westview Press, 1996).
Valeria Heuberger, Arnold Suppan and Elisabeth Vyslonzil (eds.), *Das Bild vom Anderen: Identitäten, Mentalitäten, Mythen und Stereotypen in multiethnischen europäischen Regionen* (Frankfurt am Main: Verlag Peter Lang, 1999).
Wolfgang Höpken, "Die jugoslawischen Kommunisten und die bosnischen Muslime," *Die Muslime in Jogoslawien und in der Sowjetunion: Identität – Politik – Widerstand*, ed. Andreas Kappeler, Gerhard Simon and Georg Brunner, Nationalitäten- und Regionalprobleme in Osteuropa, 3 (Köln: Markus Verlag, 1989) 181-210.
Wolfgang Höpken, "Kriegserinnerung und Kriegsverarbeitung auf dem Balkan: Zum kulturellen Umgang mit Kriegserfahrungen in Südosteuropa im 19. und 20. Jahrhundert," *Südosteuropa-Mitteilungen* 41, no. 4 (2001) 371-389.
Edgar Hösch, "Kulturgrenzen in Südosteuropa," *Südosteuropa* 47, no. 12 (1998) 601-623.
Ladislaus Hory and Martin Broszat, *Der kroatische Ustascha-Staat 1941-1945*, Schriftenreihe der Vierteljahreshefte für Zeitgeschichte, 8 (Stuttgart: Deutsche Verlags-Anstalt, 1964).
Dorothea Kiefer, "Eine Übersicht in Zahlen: Nationale Mischehen in Jugoslawien," *Wissenschaftlicher Dienst Südosteuropa* nos. 5/7 (1980) 162ff.
Christina Koulouri (ed.), *Clio in the Balkans: The Politics of History Education* (Thessaloniki: Center for Democracy and Reconciliation in Southeast Europe, 2002).
Enes Kujundžić, *Memoria Bosniaca: References of Bosnia and Herzegovina* (Sarajevo: Međunarodni centar za mir, 2001).
Georg Lepre, *Himmler's Bosnian Division: The Waffen-SS Handschar-Division 1943-1945* (Atglen, PA: Schiffer Publishing, 1997).
Justin MacCarthy, *Death and Exile: The Ethnic Cleansing of Ottoman Muslims, 1821-1922* (Princeton, NJ: The Darwin Press, 1985).
Noel Malcolm, *Bosnia: A Short History* (London: Papermac, 1996, corrected edition with a new epilogue).
Igor-Philip Matić, *Edmund Veesenmayer: Agent und Diplomat der nationalsozialistischen Expansionspolitik*, Südosteuropäische Arbeiten, 114 (München: R. Oldenbourg Verlag, 2002).
Viktor Meier, "Bosnien und seine Muslime: Ein Sonderproblem des jugoslawischen Vielvölkerstaates," *Südosteuropa Mitteilungen* 26, no. 1 (1986) 12-19.
Gaće Nadežda Milovan Đilas and Adil Zulfikarpašić, *Eine politische Biographie aus dem heutigen Bosnien*, Untersuchungen zur Gegenwartskunde Südosteuropas, 33 (München: R. Oldenbourg Verlag, 1996).
Herbert Landolin Müller, *Islam, ğihād ("Heiliger Krieg") und Deutsches Reich: Ein Nachspiel zur wilhelminischen Weltpolitik im Maghreb 1914-1918*, Europäische Hochschulschriften, Reihe III, Geschichte und ihre Hilfswissenschaften, 506 (Frankfurt am Main: Verlag Peter Lang, 1991).
Ivan Pederin, "Islamischer Progressismus im Werk von Osman Nuri Hadžić und Ivan Miličević," *Südostforschungen* 44 (1985) 185-204.

Alexandre Popović, "Islamische Bewegungen in Jugoslawien," *Die Muslime in Jogoslawien und in der Sowjetunion: Identität – Politik – Widerstand*, ed. Andreas Kappeler, Gerhard Simon and Georg Brunner, Nationalitäten- und Regionalprobleme in Osteuropa, 3 (Köln: Markus Verlag, 1989) 273-286.

Tanja Popović, *Die Mythologisierung des Alltags: Kollektive Erinnerungen, Geschichtsbilder und Vergangenheitskultur in Serbien und Montenegro seit Mitte der 1980er Jahre*, Basler Studien zur Kulturgeschichte Osteuropas, 5 (Zürich: Pano Verlag, 2003).

Hugh Poulton and Suha Taji-Farouki (eds.), *Muslim Identity and the Balkan State* (London: Hurst & Company in association with the Islamic Council, 1997).

Atif Purivatra and Hadžijahić Muhamed, *ABC Muslimana* (Sarajevo: Bosna, 1990).

Atif Purivatra, *Jugoslavenska muslimanska organizacija u političkom životi Kraljevine Srba, Hrvata i Slovenca* (Sarajevo: Svijetlost, 1974).

Enver Redžić, *Muslimansko autonomaštvo i 13. SS divizija: autonomija Bosne i Hercegovine i Hitlerov treći rajh* (Sarajevo: Svjetlost, 1987).

Enver Redžić, *Sto godina muslimanske politike. U tezama i kontrovezama istorijske nauke: Geneza ideje Bosanske, bošnjačke nacije* (Sarajevo: Akademija nauka i umjetnosti Bosne i Hercegovine, Institut za istoriju, 2000).

Jens Reuter, "Die politische Entwicklung in Bosnien-Herzegowina," *Südosteuropa* 41, nos. 11/12 (1992) 665-684.

Laslo Sekelj, "Anti-Semitism in Yugoslavia, 1918-1945," *East European Quarterly* 22, no. 2 (1988) 159-172.

Mehmed Spaho, "Jugoslavenska Muslimanska Organizacija," *Nova Evropa* 7, 17 (1923) 505-506.

Bertold Spuler, "Die Lage der Muslime in Jugoslawien," *Die Welt des Islams* 24 (1986) 124-140.

Ludwig Steindorff, "Von der Konfession zur Nation: Die Muslime in Bosnien-Herzegowina," *Südosteuropa Mitteilungen* 37, no. 4 (1997) 277-290.

L. Burg Steven and Paul S. Shoup (eds.), *Bosnia-Herzegovina: Ethnic Conflict and International Intervention* (Armonk, NY/London: M. E. Sharpe, 1990).

Jozo Tomasevic, *War and Revolution in Yugoslavia, 1941-1945: The Chetniks* (Stanford, CA: Stanford University Press, 1975).

The Changing Situations of the Lutheran Churches in Scandinavia before, during, and after World War II

Anders Jarlert

I. The Varying Scandinavian Situations in a Second Confessional Age – An Historical Overview

In the Nordic countries, the Reformation led to a transformation of the papal Catholic Church into national Lutheran churches, which played an important part in the forming of a national identity and culture. The developments in these countries were not identical, however. The Danish reformation was more 'German' in character than the Swedish one, which retained more medieval traditions and a higher esteem of the episcopacy, including the preservation of the historical apostolic succession. While the main point was national independence from Rome, Norway in fact lost its former ecclesiastical independence, and became totally dependent on the Danish sovereign.

While Denmark underwent an important period of State Pietism (1730-1760), and a limited degree of religious liberty had been opened up to Jews as early as in 1682, the severity of the Swedish religious statutes was intensified still further in the 1730s. The new, restricted tolerance towards Catholics and Jews in Sweden from the 1780s onwards, was practised in only a few cities, and since 90% of the population lived in rural areas in 1810, most people had never encountered any 'foreign' believer.

Lutheran Scandinavia may be described as consisting of two spheres: the Danish-Norwegian one and the Swedish one (up to 1809, including Finland). For Finland, the period 1809-1917 brought about the creation of a specific Finnish national identity, while at times suffering hard political oppression from Imperial Russia. The political union between Sweden and Norway, 1814-1905, was of very little importance in religious and ecclesiastical matters. Indeed, the legal standing of religion, was different in the different countries. Religious freedom was declared in Denmark in 1849, and in Finland in 1923, but in Sweden it was not declared until 1951, and in Norway, declared finally, in 1969.

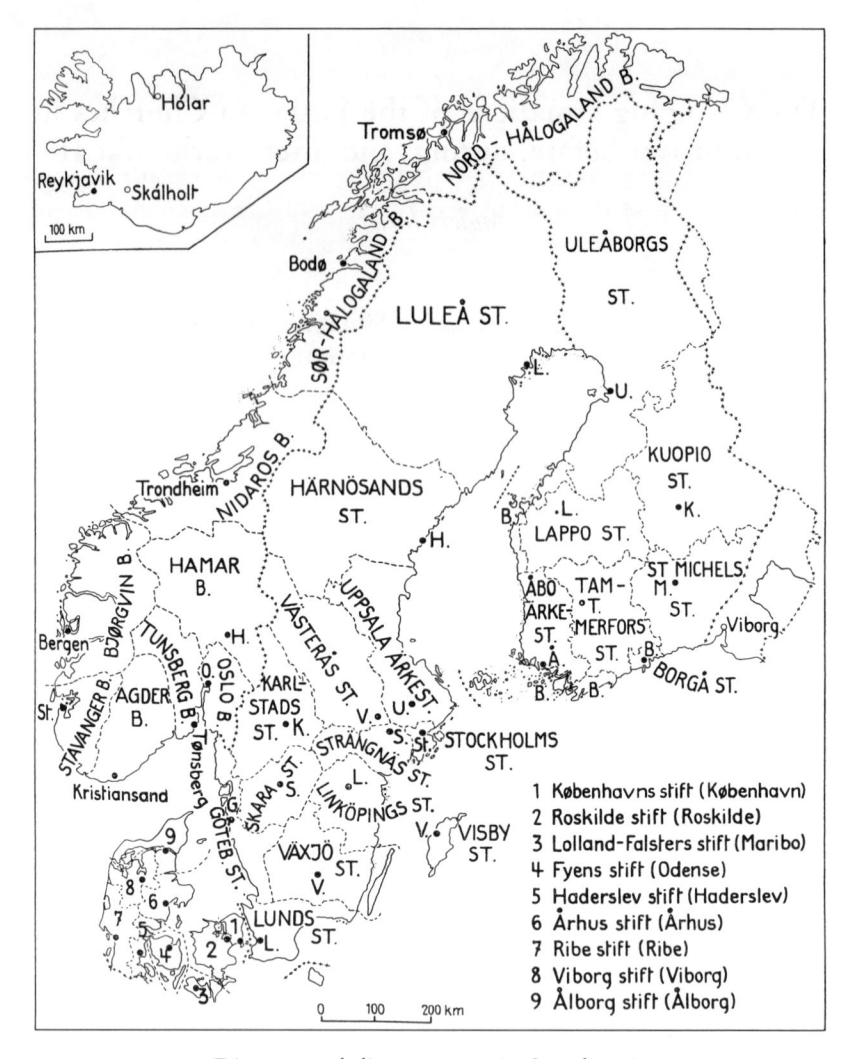

Dioceses and diocesan seats in Scandinavia

    The nineteenth century has often been called an 'age of secularisation'. An important reason for this is the lack of historiographic understanding of the meaning and significance of religion, that has permeated a large part of twentieth century academic research. Theorists of modernisation have taken their self-evident starting-point in the continuing increase of secularisation since the early modern period, without observing the complexity of the situation in which strong religious forces of defence provoked by secularisation, were emphasized by German historian Hartmut Lehmann as 'rechristianization'.[1] These religious forces not only emanated from traditions, but also brought forth a new traditionalisation of Church life,[2] and created profiled anti-cultures. It is obvious that the 'long' nineteenth century showed an unusual amount of mobilisation of the Christian religion as a driving force in different areas of society as well as on different social levels.

The German historian Olaf Blaschke's idea of the 'long' nineteenth century as a Second confessional age, suggested a new interpretation of Church, society and culture. Significant elements of this process are a new uniformity of Church life, an increasing clericalisation, and the professionalisation of the clergy.[3] Such elements are easily recognized in the Scandinavian churches as well.

Confessionalisation makes the belonging to a specific confession an important part of the everyday culture of ordinary man.[4] Though *confessionalisation* is a much broader, cultural concept than confessionalism, it is simultaneously a more specific concept than *rechristianisation*.[5] This, of course, implies nothing like a dominance of confessionalism, but a rather complicated struggle between secularising and confessionalising forces, as described by Hugh McLeod in *Secularisation in Western Europe, 1848-1914*.

The secularisation problem as developed by McLeod must be studied in several areas. He stressed six of these: individual belief; formal religious practices; the place of religion in public institutions; its part in public debate; its significance as an aspect of identity; and its relationship with popular culture. In his study of England, France and Germany, he has found the clearest evidence of secularisation in the first

---

1. Hartmut Lehmann, "Von der Erforschung der Säkularisierung zur Erforschung von Prozessen der Dechristianisierung und der Rechristianisierung im neuzeitlichen Europa," *Säkularisierung, Dechristianisierung, Rechristianisierung im neuzeitlichen Europa: Bilanz und Perspektiven der Forschung*, ed. Hartmut Lehmann (Göttingen: Vandenhoeck & Ruprecht 1997) 13.
2. Olaf Blaschke, "Das 19. Jahrhundert: Ein Zweites Konfessionelles Zeitalter?," *Geschichte und Gesellschaft* 26 (2000) Heft 1 Katholizismusforschung, 44.
3. *Ibid.*, 60-61.
4. Olaf Blaschke, "Der 'Dämon des Konfessionalismus'," *Konfessionen im Konflikt: Deutschland zwischen 1800 und 1970: ein zweites konfessionelles Zeitalter*, ed. Olaf Blaschke (Göttingen: Vandenhoeck & Ruprecht, 2002) 20, quotation from Heinrich Richard Schmidt.
5. Hartmut Lehmann, "Säkularisierung, Dechristianisierung, Rechristianisierung im neuzeitlichen Europa: Forschungsperspektiven und Forschungsaufgaben," *Säkularisierung, Dechristianisierung, Rechristianisierung*, ed. Lehmann, 315.

two areas, concerning individual activity, whereas the results in the public areas were more mixed, and in the fifth and sixth areas of identity and popular culture the evidence for secularisation was far less.[6] There are also wide national and geographical variations in secularization. McLeod states that if one of the possible ways of 'telling the story' of religion in modern western Europe is to be given pride of place, it should not be secularisation, but pluralism.[7]

During the nineteenth century the writings of Martin Luther were translated, published and read to a hitherto unprecedented extent in Sweden, often used in a polemic way between combatants in matters like lay preaching, baptism of children, or anti-clericalism.[8] This nineteenth century use of Luther created varying forms of a new, Lutheran confessionalism in some circles, but in much wider circles it contributed to a new, confessional culture, where not only the Lutheran catechism and hymns, or Lutheran theology, but the actual, pugnacious method of arguing in a confessional language, expressed 300 years earlier by Martin Luther, suddenly acquired contemporary relevance and importance in a quite different context.

I find *diversified confessionalisation* to be one of optional possibilities, just like *dualistic confessionalisation* (the German model in Blaschke's original concept) or *monistic confessionalisation* (which, of course, has nothing to do with theological or philosophical dualism or monism). However, as we have already seen, these three dimensions of confessionalisation do not exclude each other. The example of Norway may clearly indicate this.

In Norway, diversified confessionalisation was a matter of concern mostly inside the state church, organised in various Lutheran missionary and Home mission societies. Sociologian Pål Repstad states that in Norway 'religious pluralization has been the main pattern in the last two centuries' within the framework of the church.[9] And yet we should remember that Jews were not allowed to settle in Norway until 1851, Jesuits not until 1956, and that full religious freedom was not established there until

---

6. Hugh McLeod, *Secularisation in Western Europe, 1848-1914* (Houndmills/Basingstoke/Hampshire/London: Macmillan Press, 2000) 285f.
7. *Ibid.*, 287.
8. Anders Jarlert, *Sveriges kyrkohistoria 6. Romantikens och liberalismens tid* (Stockholm: Verbum, 2001) chapter 2.
9. Pål Repstad, "Religious Power in a Pluralist Society: The Difficulties of Governing Denominations as Sects," *Religion och sociologi: ett fruktbart möte. Festskrift till Göran Gustafsson*, ed. Curt Dahlgren, Eva M. Hamberg and Thorleif Pettersson (Lund: Religio Teologiska institutionen, 2002) 237.

1969. In Norway, the mostly conservative Missionary societies, in their own Pietist way, for a long period continued to strengthen the confessional, Lutheran character of the country. This became clear not least in the first half of the twentieth century, in their continuing tensions with the Liberal or Modernist Lutheran theologians. Hence the two theological faculties in Oslo, the State faculty and the Norwegian Lutheran School of Theology, underlined the importance of the Lutheran confession, though interpreting it in different ways. These inner Lutheran tensions reveal that while Norway was very diversified on the level of practical tasks and the organisation of laymen's work, theology was for a long time rather dualistic, and all this continued within the monistic confessional framework of the Lutheran state church.

In Denmark, the tension between the two distinct confessional cultures of Grundtvigianism and the Home Mission movement started as opposed theological views, different ways of preaching, etc., but gradually built up in to two distinct cultures with different schools, different insurance companies, different shops, etc., as a remarkable parallel to the different confessional cultures in Germany. The significance of these different cultures was sometimes taken from other aspects of Christian teaching, such as the special Home Mission's dairies being closed on Sundays, while other aspects, such as different colours on working trousers sold in different shops, attached to different Christian traditions, were only secondary consequences of the shopowners' confessional identity.[10]

When Finland was included in the Russian Empire in 1809, it was transformed into an autonomous nation within this Empire. The attitude of the Russians varied between great liberty and brutal enforcement, and those attitudes shifted with the different emperors and their differing political beliefs. Owing to the Russian supremacy, Finland had two state churches, the Lutheran majority church, and the very small, Orthodox minority church. This produced a clear dualistic confessionalisation on the national level, though still in 1892, when a separate, Finnish Orthodox Church province with its own archbishop was established, only about 60,000 persons, or less than 2% of the population belonged to the Orthodox Church.[11] In the Lutheran Church, the

10. Olaf Blaschke, "Vorwort," *Konfessionen im Konflikt*, ed. Blaschke, 7; Margaretha Balle-Petersen, "Det andliga storskiftet: Om väckelse och vardagsliv i Danmark," *Väckelsen och vardagslivet: Västsvensk väckelse ur nordiskt perspektiv*, ed. Anders Jarlert (Göteborg: Humanistiska fakulteten, 1995) 47, 53.
11. Mika Nokelainen, "The Orthodox and the Lutherans in Finland 1809-1923," *Church and People in Britain and Scandinavia*, ed. Ingmar Brohed (Lund: Lund University Press, 1996) 303.

awakening movements, while opposing each other, strengthened the common confessional framework.

In order to obtain a realistic picture of the actual church-state-relations, we must observe not only how these relations were organized at a national level, but also how they were revealed at a local level. This is already clear from the popular phrase, that we may talk about the Church of Sweden, the Congregations of Denmark, and the Christians of Norway.

In the Church of Sweden, the Bishops and dioceses had enjoyed a strong, independent position since the end of the reformation struggles. But it was an independence intertwined with State politics. Up to 1865 the Clergy constituted a separate estate in Parliament, and several Church leaders played important political roles over the centuries. Church-state relations changed seriously in Sweden with the new legislation of the 1850s and 1860s. The parishes were 'secularised' in 1862, which means that new, local councils were established for the control of common purposes, while separate Church councils at the local level were to deal with ecclesiastical matters only. In 1865, the Parliament was 'secularised' – the medieval four-estate system was replaced by two publicly elected houses, elected in an indirect and a direct way, respectively. Nevertheless, these 'secularizing' reforms had clear confessionalizing effects. The demands for an abolition of episcopacy, raised eleven times in Parliament in the first half of the century suddenly ceased, notwithstanding the fact that a few of the bishops still played important political roles as elected members of Parliament. The plans for an independent Church Synod could finally be realized, and at the local level, the clergy were increasingly considered as representatives of the Church when taking part in social issues.

In Denmark, full religious freedom was granted as early as in the constitution of 1849, at the same time emphasizing that the Lutheran Church was the national, so-called People's Church (*folkekirke*). Freedom to attend any church or use the services of any clergyman within the People's Church, was launched in 1855, but the extension of individual religious freedom was not combined with any greater ecclesiastical freedom at the regional or national level. Since those years, Denmark has maintained its significant combination of a strongly regulated state church and individual, religious freedom. Since religious freedom had already been introduced by law, the parallel and gradual development of religious freedom and the loosening of Church-state relations so significant to Sweden never became relevant in Denmark. The state church was democratized along with the state, and not – as in Sweden – by its own institutions.

A startling liberty was provided at the local level, with the dioceses as a rather weak middle-level in between. The Danish system might seem to be totally monistic, if it is observed only from the national level, but at a local level it is obvious that both the rights of the parishes (or rather the congregations), and those of the individuals, implies that the system was much more diversified when regarded from this side. In 1868 a law, made permanent in 1873, granted twenty families in a parish the right to constitute a 'valgmenighed' (gathered congregation) around a clergyman of the People's church. He was recognized by the state and under episcopal supervision, but the congregation paid all the costs.[12] This liberty facilitated the appearance of a dualistic confessional pattern at the local level, with distinct local cultures of the Grundtvigian or Home mission colour. These confessional cultures were clearly connected to the church-state relations, since it was the congregational system at a local level that made it possible for two distinct confessional groups to have their own, separate congregations, schools, etc. within the same church fellowship. Thus, we encounter a strong, diversified confessionalisation at the local level of organisation within a common, monistic State Lutheran framework at the national level.

According to the first Norwegian constitution of 1814, the Lutheran religion was to continue as 'the public religion of the state'. Significant to the continuing development is that Norway, despite the union with Sweden, was hardly affected by the Swedish changes in church-state-relations. Diversity developed not in the parishes as such, but in the many missionary societies, which organized the laymen's work in the parishes.

The most remarkable aspect of the developments within the Scandinavian Churches was that the Home Mission societies and evangelical revivalism remained almost entirely within the framework of the Lutheran state churches of Denmark, Norway and Finland, whereas in Sweden the conflict became much more radical, with large groups of Evangelicals forming their own denominations.[13] These denominations created a new, alternative confessional culture and a separate 'Free church mentality', that still in the twenty-first century is an actual

12. J. L. Balling and P. G. Lindhardt, *Den nordiske kirkes historie: Fjerde omarbejdede udgave* (København: Nyt nordisk forlag, 1979) 231.
13. Lars Österlin, *Churches of Northern Europe in Profile: A Thousand Years of Anglo-Nordic Relations* (Norwich: Canterbury Press, 1995) 224.

reality in Sweden. A theological answer from the Church of Sweden to the great challenge from the free denominations and their claims of having the only congregations organized according to the New Testament, was a still heavier emphasis on the historical, national Church as a divine institution. But in Sweden, the *folkkyrka*, a word of somewhat later origin than the Danish *folkekirke*, never had any popular acceptance as a designation for the established church. Consequently, a popular definition of the state church in Sweden has been 'non-Free church', especially 'without Free church mentality'. In present times, when sociologists speak about the Roman Catholic church as the biggest Free church of Sweden, or about the Church of Sweden as a Free church since its separation from the State in the year 2000, on a popular level this is purely nonsense, since 'Free church' is defined more by its mentality than by its actual model of organisation.

Just like the differences between Roman Catholics and Protestants in Germany, or between Grundtvigians and Home Mission people in Denmark, the differences between a State Church awakening mentality and a Free Church revivalist mentality in Sweden may be explained only partly from theological differences. Examples are found in doctrinal motivations for ethical differences. Not only did the Free Church mentality include a religiously motivated teetotalism, but a State Church awakening mentality, with certain other Pietist elements, could include a moderated consumption of spirits as a religious duty, to avoid self-righteousness and self-made regulations.[14]

In the reshaping of the Scandinavian map in 1809-1814, the Swedish province of Finland was lost to Russia, though a certain amount of independence in home affairs was introduced, and Norway was released from Denmark and forced to enter into a rather loose union with Sweden. In two of the countries, Finland and Norway, there consequently was much debate about what it meant to be a Norwegian or a Finn, respectively, and about the meaning of being a nation. A cultural nationalism evolved from the 1830s and onwards.[15] In Finland, there has been a national mentality since the 1850s that was closely linked to the Lutheran clergy, and also to the awakening movements. Finnish researchers speak of the 'fennomanization' of the clergy by which they

---

14. Katarina Lewis, "Måttlighetsidealet inom schartauanismen," *Kulturforskning kring alkohol i Norden: Föredrag vid ett nordiskt symposium i Uppsala*, ed. Anders Gustavsson (Uppsala: Etnologiska institutionen, 1993).

15. Dag Thorkildsen, "Church and Nation in the 19th century – the Case of Norway," *Church and People in Britain and Scandinavia*, ed. Brohed, 253.

mean the discontinuance of use of the Swedish and Russian languages in official circles, while introducing the use of the Finnish language, with an emphasis on the new-found Finnish cultural identity that was united with Lutheranism. The Church was regarded not only as the Church for the Finnish nation, but also as an expression of the religious character of the Finnish people.[16] Thus, Finnish confessionalisation was closely linked to nationalisation, with Lutheranism as the significant Finnish religion, while the Orthodox religion at that time was regarded as Russian. The diversified confessionalisation, on a theological and popular level, within the Lutheran church strengthened the national front line. In the last decades of the nineteenth century, the Orthodox religion was used by the Russian authorities as an important symbol of Russian nationality, and the Lutheran religion became a stronghold of Finnish nationalism as well.[17]

In Denmark, Nikolai Fredrik Severin Grundtvig and his exceptionally strong emphasis on the Apostolic creed and the 'living' word of God, exemplifies another variant of confessionalisation. The whole Grundtvigian culture with its views on nation, history, church, and people, its Church hymns and folk songs, its schools on different levels, and its wide cultural visions and ambitions, may be regarded as one of the most extensive efforts to confessionalize a whole nation. The actual term 'state church' has not been much used in Denmark, and never won any popular acceptance. The emphasis is totally on the *folkekirke* or People's Church, like the Danish emphasis on *folk* in designations in many other areas of social life, for example, in schools ('folkeskole') and Parliament ('folketinget').

The first Norwegian attempts to link nation and religion came from the followers of the Danish theologian Grundtvig, but there was no breakthrough of national religiosity until the Union conflict in 1905, when the union with Sweden was dissolved, and Norway won its full independence. The mainstream of theology and church life had become separated from the national and democratic movement and withdrawn from the political arena. "Christianity and nationality were seen as competing identities." The exception was the national religious outburst in Norway and Sweden that followed on the break-up of the union. Here, national religion served the purpose of unifying the people and legitimizing the new

---

16. Eino Murtorinne, "Den fennomanska rörelsen och Finlands kyrka 1850-1914," *Kyrka och nationalism i Norden: Nationalism och skandinavism i de nordiska folkkyrkorna under 1800-talet*, ed. Ingmar Brohed (Lund: Lund University Press, 1998) 384-391.

17. Nokelainen, "The Orthodox and the Lutherans in Finland 1809-1923," 302.

government.[18] Although the union between Sweden and Norway had had almost no effects on theology and Church life in these countries, the break-up of the union inspired national religious movements, such as the Young Church movement in Sweden.

In Sweden, the concept of nation at the cultural level gradually became a substitute for the church. Religion was nationalized, and made into an ideology.[19] Within the Church of Sweden from 1907 onwards, the Young Church movement launched the nationalist vision of the Swedish people as a Christian people, partly as a religious response to theological Modernism, partly as a reaction to the Free Church claims of having the only real Christian congregations. Instead of the old confessional state church concept, we saw the theological vision of a national People's church, but with different accents from the Danish *folkekirke*. It could have been named a 'nation-state-church'. In the words of the Swedish theologian Kjell Blückert, "the nation became the highest form of church." This led to a process of 'inner secularisation' in the Lutheran Church of Sweden, which was a parallel – though not identical – to the secularisation of the Swedish state.[20] The differences between State Church and Free Church had hardly any divisive effects on nationalism, though the Young Church Movement tried to monopolize the national language, not least in historiography. Simultaneously, the common anti-Catholic attitude of both State and Free Church excluded Roman Catholics from the national heritage and fellowship. Thus, the Second confessional age was not ended with the victory of nationalism, but the national element became dominant at the expense of diversity.

II. Denmark

1. Danish Politics, the State Church, and the Occupation

In Denmark we encounter a combination of early tolerance and religious freedom, and a very strong integration between the Lutheran Church and the state. The Danish State Church system has combined a

---

18. Thorkildsen, "Church and Nation in the 19th century – the Case of Norway," 262f., 266.
19. Kjell Blückert, *The Church as Nation: A Study in Ecclesiology and Nationhood* (Frankfurt am Main: Lang, 2000) 85f.
20. *Ibid.*, 320.

closed state administration of the Church at a national level with a very flexible system on a local level.

The political success and influence of the Social Democrats culminated in the 1930s. Since the First World war, Social Democratic politics in Denmark emphasised the strategy of reform, aiming at a greater influence in society within the democratic system. During the long period 1929-1940, the Social Democrats were in government, together with 'Det radikale Venstre', the radical-liberal party. In 1932, unemployment grew to 32%, and to solve the crises, the Social Democrats had to cooperate with the conservative and liberal parties. Thus, all radical Socialist intentions were abandoned. In 1934, the new manifest 'Denmark for the People' indicated a change from a class party to a people's party ('folkeparti'). During the World War II occupation, the line of cooperation was continued in the coalition government. Denmark worked as a model German protectorate with its own, legal government until August 29, 1943, when the Germans took over governmental powers.[21]

In 1901-1903, 1912, and 1922, new Church codes were accepted by Parliament. These resulted in a democratisation of the Church by establishing Parish councils. While the Conservative party and the Home Mission movement wanted a Church constitution, the Social Democrats held back in fear of the appearance of a development of the Church as a state within the state. A political and ecclesiastical committee discussed these matters 1928-1940. Around 1935, Social Democratic politics changed – along with their common political change – from a radical line of dissolution into a more peaceful and positive attitude to the State Church. No Church constitution was launched however. Instead, the Social Democrats activated themselves in the elections to the Parish councils, becoming the third biggest party after the Home Mission movement and the Grundtvigians. The anti-clerical attitudes of the Social Democrats showed in their school policy as well as in their Youth movement.

A National Socialist party was founded in Denmark in 1930, dominated by people from the border district of Sønderjylland (Nordschleswig). Thus, the whole movement was regarded as an import from Germany. Both in politics and in the Church, this party remained a marginalised group on the periphery of mainstream politics. Fascist

---

21. Knud Erland Munck, "Kirken og arbejderbevaegelsen i Danmark," *Kirken, krisen og krigen*, ed. Ingun Montgomery and Stein Ugelvik Larsen (Bergen: Universitetsforlaget, 1982) 212.

tendencies that appeared in the Conservative Youth movement and elsewhere were fought back by the democratic leadership. Conservative and Pietist sympathies for the new Germany because of its strong morals were neutralized by the reactions of strong disapproval to German anti-Semitism. None of the University theologians were in favor of National Socialism. They were well informed about the Church struggle in Germany, and many of them spoke publicly against Nazi politics. Unlike its Scandinavian neighbours, Danish theology combined its traditional Lutheranism with strong influence from the German theologian Karl Barth.[22]

The famous writer and Lutheran minister Kaj Munk, who in the early 1930s had been sympathetic to the new German order, gradually changed his views until he became a symbol of Danish resistance, and was eventually murdered by the Germans in 1944. During the first years of the war, Munk, the Church historian Hal Koch, and the bishops represented three different attitudes to the coalition government: protest, critical loyalty, and loyalty. After August, 1943, the Church was governed by Danish civil servants, and not by the occupying Nazis. Even so, motivated from Danish and Christian foundations, the bishops declared their public protest in September, 1943, against the German action against the Danish Jews. This protest changed the attitude in wider Church circles to a more active resistance, which initially rescued 7,000 Jews who were evacuated to Sweden. In February, 1944, the bishops protested against German acts of terror, especially the so-called clearing murders of Kaj Munk and others. One of the bishops was even included as a Church representative in the Liberty council. An ecclesiastical resistance organisation, the Non-official association of the clergy, was founded on August 31, 1943.[23]

2. *The Liberation of Denmark and the Political Purging*

In neither one of the Scandinavian countries did political purging become a common moral question. Any action taken was to punish the 'traitors' with a focus on certain individuals and organisations. Only Denmark and Norway had to be liberated from German occupation. However, the role of the Lutheran Church was rather different in these two countries.

In Denmark, the question was raised as to whether the province of Southern Slesvig should be united with the Danish nation instead of

---

22. Jens Holger Schjørring, "Danske reaktioner på nazisme og kirkekamp," *Kirken, krisen og krigen*, ed. Montgomery and Larsen, 267-269.
23. Henning Poulsen, "Uklare linjer: Dansk kirke under besaettelsen," *Kirken, krisen og krigen*, ed. Montgomery and Larsen, 324-326.

Germany, and this campaign for reunion was supported by some ecclesiastical circles. The plans also won British sympathies, but the new government declared that the borders of 1919 were to remain unaltered. (The system of separate German congregations north of the border was criticised because of collaborative activities during the occupation, but this system was mainly continued.) While the central Danish mainland (including the many islands) was liberated by British forces in 1945, the Eastern Danish island of Bornholm was liberated by the Russians, and its future status remained unclear for some time.

In Denmark, collaboration was punished according to a law of June 1, 1945, that is, with retroactive adaptation. These proceedings were criticised especially by Hal Koch, professor of Church history in Copenhagen, who had been critically loyal to the coalition government. Now he protested ("I accuse the Parliament," 1947), and stood up for the weak and exploited individuals. He criticised the members of Parliament, who, in 1940-1943, had ordered people to collaborate with the Germans, and now punished the same people. In public opinion, the resistance movement was heroized in an anachronistic way. Koch's arguments were political, not theological like Bishop Berggrav's in Norway.

A story from a provincial town may serve as an illustration to the different images of liberation. In the middle of a thanksgiving service on May 5, 1945, or one of the following days, the minister discontinued his sermon when a noise and sound of commotion was heard from the market place, and in the belief that the British soldiers had arrived, he said: "And now the Christian congregation of our town will go out to greet our liberators." But when the congregation went out, they found that the commotion was not for the British, but a crowd howling around a wagon containing captured 'tyskepiger' (girls who had been fraternizing with the Germans). The story does not tell what sort of reflection on 'liberation' this view promoted in the congregation.

The only real conflict between the Church and political circles was the treatment of the 200,000 German refugees. About 60 Danish ministers worked together with German ministers in the refugee camps. This was criticised by the general population, but the Church leaders rejected the criticism, stating that the unconscious hatred towards Germans was close to Nazi thinking.[24]

---

24. Jakob Balling, "Danmark i befrielsesåret 1945-46," *Nordiske folkekirker i opbrud: National identitet og international nyorientering efter 1945*, ed. Jens Holger Schjørring (Aarhus: Aarhus Universitetsforlag, 2001) 91-95.

3. Church-State Relations and the Ecumenical Situation

The Post-war period brought about a new reflection on Church-state relations in all the Scandinavian countries, where about 95% of the population belonged to the Lutheran Church, though in Finland the small Orthodox Church was a State church as well. In Denmark, the close relations between Church and state were strenghtened. New reforms, such as the ordination of women and higher salaries for clergy were launched in 1946.[25]

The contributions of the Scandinavian churches to post-war social and political renewal has been associated with the growth of ecumenism and an international Christian fellowship. The Nordic Ecumenical Institute, founded in 1939, and situated in Sigtuna in neutral Sweden, played an important part in strengthening Scandinavian ecclesiastical cooperation, that during war had often been strained, and also promoted contacts with other European Church leaders. Its most famous event was the meeting between Bishop Bell of Chichester and the German church men who had resisted Nazism Dietrich Bonhoeffer and Hans Schönfeld, in April, 1942.[26]

All the National Churches took part in the formation of the Lutheran World Federation in 1947, and the World Council of Churches in 1948, but their attitude to these well-known topoi in the history of the ecumenical movement varied.

Without doubt nascent ecumenism was an important aspect of the Churches' reorientation after the war, yet the impact of this movement remained limited and its proponents belonged to a fairly exclusive group of men and women. With the heroic efforts of H. Fuglsang-Damgaard, Bishop of Copenhagen, in mind, the ecumenical activities of the Danish Church has even been characterised as a 'one man ecumenism'. In January, 1946, Fuglsang-Damgaard suggested the foundation of a Scandinavian Church Council, but his suggestion met with no great response. The development has since taken another turn, and the Scandinavian churches have taken different positions in ecumenical work, with the Church of Sweden, with pronounced international aspirations, and the Churches of Norway and Finland, in one direction, and the increasingly isolated Danish Church in the opposite direction.[27]

---

25. Balling, "Danmark i befrielsesåret 1945-46," 91-92.
26. Peter Lodberg, "Den danske folkekirke og det økumeniska samarbejde," *Nordiske folkekirker i opbrud*, ed. Schjørring, 399.
27. *Ibid.*, 400-402.

Furthermore, we must ask if the growth of inter-Church relations after the war always was an expression of ecumenism proper. The post-war years witnessed the return to the conditions that had prevailed before 1939. The 1920s and 1930s had been dominated by two conflicting trends: on the one hand, the ecumenical movement that tried to establish closer links between all families of Churches and denominations; on the other hand, there had also been trends that took a more exclusive approach, emphasising the importance of an international Lutheran fellowship. There is a strong case for arguing that a fairly generously defined Lutheran confessionalism, and not only a pan-Christian ecumenism, was an important aspect of the Scandinavian Churches' contribution to post-war social and political renovation.

The inter-Church aspect is also important to some extent when we take the post-war relief-work of the Scandinavian Churches into account. Just a few years after hostilities ceased, aid organisations associated to the Churches of Denmark and Sweden were active in Eastern Europe. In the immediate aftermath of the war the aid organisations of the Finnish and Norwegian churches lacked this international perspective; by and large, they found the need for charitable work in the domestic arena, and concentrated their efforts on national social reconstruction.

III. Norway

1. The Occupation of Norway and the New Church Struggle

In the 1930s, the theological struggle between the liberal Theological faculty and the conservative-positive Norwegian Lutheran School of Theology from the years 1919-1929, was toned down. The conservative awakening movements had been mobilised especially at the so-called Calmeyergate meeting, January, 1920, when 950 deputies from 23 organisations of the Home or Foreign mission gathered in Oslo. While Liberal theology was changing into more moderate positions, Conservative theology had its difficulties mainly in ecclesiology, especially in the fundamental, but unclear relation between the Church and the many Lutheran lay movements. The historical heritage of the Lutheran Church grew in importance in both Conservative and Liberal theology.

Lay influence in the Church was increased by the introduction of new councils on different levels, Parish councils in 1922, and Diocesan councils in 1934. Simultaneously, the Bishops' conference was authorised by a royal decree (or directive) in 1934. Many newly ordained clergymen held their positions within the lay organisations.

In 1935, the Labour party or Social Democrats took over government of Norway. The new government continued the already established Church politics, emphasising the liberal proposal to appoint female clergy, which was accepted by parliament in 1938, though the Church itself had expressed no wish or need to appoint female pastors.[28]

The theological development of the years 1930-1945 in Norway has been characterised along three lines: the Church line, with Bishop Eivind Berggrav as its leader, emphasising the social responsibility and independence of the Church from the state, the Laymen's line, with Professor Ole Hallesby as its spokesman, conducting the Pietist-Low Church movements along a confessionalist path. His conservative views on the role of the state could have led elsewhere, but Hallesby as early as in 1940 took a clear stand, together with Bishop Berggrav, against the German occupants. The third line was the Cultural line, with the writer Ronald Fangen representing the new circles of cultural life won for the Christian faith by the Oxford Group and Group revivalism, but refusing to be 'only Oxford'. Here the ecumenical interest was wider. After the war, the Christian people's party, gained much support from this line. Both Bishop Berggrav and Fangen were arrested and imprisoned by the Germans.[29]

Christian circles in Norway were used to the hard struggle between conservative and liberal theology from the 1920s. During the war, a new Church struggle united conservative and liberal theologians in their very explicit resistance against the German occupation and the Quisling regime. The Norwegian Nazi leader, Vidkun Quisling, had founded his party in 1933. When the Germans attacked Norway on April 9, 1940, he announced on the radio that the democratic government had resigned, and that he was the leader of a new, 'national' government. Since he lacked authority and support, he was forced to resign after only one week, and the Germans did not allow him to formally lead the government until February, 1942.

The most important document from the Norwegian Church in these years is 'Kirkens Grunn' (The Foundation of the Church) from April,

28. Terje Ellingsen, "En demokratisk statskirke: Den norske kirkes forfatning i mellomkrigstiden," *Kirken, krisen og krigen*, ed. Montgomery and Larsen, 29-31, 33-35.
29. Peter Wilhelm Bøckman, "Trekk fra mellomkrigstidens teologi i Norge sett mot samfunnets spenninger 1930-1945," *Kirken, krisen og krigen*, ed. Montgomery and Larsen, 129-138.

1942. It emphasises the independent responsibility for the calling, authority and ordination in the Church, that the State never can become the Church, and that the Lutheran Church is the spiritual homeland of Norway. The document soon got the position of a confessional statement. It was publicly read from the pulpits by the clergy on Easter Day, 1942, whereafter the pastors declared their resignation from their state offices, but remained in pastoral service in the parishes.[30] This was done by an overwhelming majority of the clergy (more than 90%). So, the following efforts of the Quisling regime to ordain new bishops and pastors loyal to the NS-government were not at all successful. This created a new, contradictory situation, where the unofficial majority Church was able to protest more freely, though at a great risk of severe persecution by the authorities. The confessing Church became a national symbol of Norwegian resistance to the occupation, since it was persecuted at all levels by the government. In Finnmark, the northernmost part of Norway, 26 churches out of 46 were destroyed, and many vicarages and other buildings were burnt down by war actions.

2. The Liberation and the Political Purging in Norway

At the end of the war, 350,000-400,000 German troops were stationed in Norway, against 70,000 Norwegian soldiers. After the capitulation of the German army on May 7, 1945 the Resistance Movement took over the leadership of the country until the Crown Prince and the government in London returned, on May 13. The NS party was dissolved, and Quisling and his collaborators were arrested. More than 92,000 cases were investigated, 72 people were imprisoned for life, and 25 executed.

The Norwegian Church had been openly and severely persecuted by the Quisling regime. During the war, a few Norwegian clergymen had been ordained in Sweden. The Church took an active part in the liberation of the country.

The Norwegian purging of collaborators was hard, with the Lutheran Church acting as a mediating force. Collaborating clergymen were dismissed – 70 pastors had been NS-party members, but Bishop Berggrav gave theological motivations against the death penalty in society. All the bishops emphasised that no one should be punished without a formal,

---

30. Bøckman, "Trekk fra mellomkrigstidens teologi i Norge sett mot samfunnets spenninger 1930-1945," 130.

lawful trial. This led to a decreasing popularity for the Church amongst those of radical opinion. After the liberation of the country, political statements from the Church were no longer accepted. The general opinion was that the Church should confine itself to theology and the care of souls.

Pre-war theological antagonisms were re-actualized after the war, around 1950. The inflamed confessional debate, 1953-1954, between positive and liberal theologians, showed that the common front against National socialism and the German occupation had not bridged over the tensions of the former Church struggle.[31]

3. Norwegian Church-State Relations and the Social and Political Reconstruction after the Second World War

In Norway, the heroic behaviour of the Church during the war did not lead to any specially favoured position after the war. During the war, the Lutheran Church of Norway had played an important political role as a representative of righteousness and the free regime. After the war, the Church had to face the same problems as the rest of society, and its financial problems were considerable.

In the Norwegian Church, National Socialism had been understood to be a consequence of secularisation, but this interpretation was now rejected by radical cultural personalities, and efforts to strengthen the Christian teaching in schools, etc. failed. The functional freedom of the resistant Church during the crucial years 1942-1945 was lost. The dilemma of the Church was the new social context, dominated by secularised materialism and humanism. During the war, public opinion had supported the Church in its resistance against the secular government of occupation. After the war, the lawful government showed little understanding of Christian morals and views. Religious teaching in higher schools was abandoned in 1946, and all teachers' schools were nationalised.

After the war, Bishop Berggrav never used the term 'State Church', but always the Norwegian Church or the people's church ('folkekirken'). This was a conscious expression of the experiences of war, when Church and people stood together against the state.[32] Because of its temporary

---

31. Ingun Montgomery, "Norge: Att finna vägen tillbaka," *Nordiske folkekirker i opbrud*, ed. Schjørring, 65-71, 74-76.
32. *Ibid.*, 67-68, 71.

character, the document of confession 'Kirkens Grunn' (The Foundation of the Church) from April, 1942, was no longer regarded as actual when the situation had normalised.

The ecumenical work was mainly a matter for bishops, and was not supported by any greater popular interest.

IV. Finland

1. *The Evangelical-Lutheran Church of Finland at War*

Religious freedom was decreed in Finland in 1922. The relations between Church and state were stabilized, and the whole matter of Church-state-relations was put in the background during the 1930s and 1940s. Though the Social Democratic party demanded full separation between Church and state in principle, these demands were never raised in parliament. The two wars with Soviet Russia, 1939-1940 and 1941-1944, brought about a still closer relation between Church and state. Proposals for a more independent administration of the Church were finally accepted in 1944, which occasioned a compromise between the espiscopal and the consistorial model.[33]

Simultaneously, the traditional fear of Russian interference together with the economic crisis and Communist activity led to the founding of the Right radical 'Lappo Movement' in 1930. This anti-Communist movement was widely accepted in ecclesiastical circles and strengthened by reports of the repressions of Christians in the Soviet Union. When the Lappo Movement drifted off into violent activities against Communists and their sympathizers, and stated their right to do so, even when clearly against the law, their common support became weakened. Lappo lost its original character as a popular movement, and in March, 1932, Archbishop Lauri Ingman publicly condemned the movement in a speech on the national radio. The Lappo Movement was succeeded by IKL ('Isänmaallinen Kansanliike'). This was inspired by the Fascist movements on the European continent, for example, the idea of 'Volksgemeinschaft', which easily could be transformed into the vision of a Greater Finland. Of its first 14 members of Parliament, five were Lutheran clergymen. The party was mainly supported by the conservative Pietists, who turned

---

33. Markku Heikkilä, "Kyrkobegrepp och kyrkopolitik i mellankrigstidens Finland," *Kirken, krisen og krigen*, ed. Montgomery and Larsen, 21-23.

against the secularisation of Finnish society and the threat from Soviet Russia, to an authoritarian ideal ('Führerprinzip'). Religious services played an important part in the IKL party. But religion did bend according to the political ideas in the party, with emphasis on an heroic piety and a militarist mentality. Simultaneously, the National Socialist activity in the German Church struggle was criticised, and National Socialist racism was rejected by the IKL. The influence of the IKL weakened, and in the elections 1939 only eight members of the Parliament were elected from the party, one of them being a clergyman. At the breakout of the Continuation war in 1941, the party had a final, momentary success.[34]

Finland was fighting its Winter War against Soviet Russia, which at that time was a non-aggressor allied with Nazi Germany, 1939-1940, and its Continuing War, in alliance with Germany, 1941-1944. After peace negotiations with the Russians, Finland declared war on Germany in 1944, and the withdrawing Germans as a consequence set fire to large areas in Lapland. The Lutheran Church acted as a uniting, national force against Soviet Russia in the Winter War as well as in the Continuation War, 1941-1944, and also against the brutalities of the slowly withdrawing German troops in 1944. The Lutheran Church was by tradition oriented towards Germany, and was thus surprised by the Soviet-German non-aggression pact of 1939. When Germany later became an ally of Finland, the sympathies were with Germany, but neither the political parties nor the Church accepted National Socialist racism or ideas on religion. The German influence in Finland was limited to the sectors of military and foreign politics. Reports of Nazi violence in Denmark and Norway and rumours of the extermination of Jews caused confusion, not least in ecclesiastical circles.[35]

The popular influence of the Lutheran Church was strengthened during the wars. The Church was especially active on the Home frontier in four areas: the activation of the lay people in Church and society, common solidarity work for Christian activities in the army, the strengthening of the morale of the population, and the efforts for better relations between the Lutheran Church and the Social Democratic party.[36] A

34. Eino Murtorinne, "Den finska kyrkans inställning till högerradikala rörelser och till den tyska kyrkokampen under 1930-talet," *Kirken, krisen og krigen*, ed. Montgomery and Larsen, 273-276.
35. Aila Lauha, "Finland: Ansvar för folket förblir kyrkans kallelse," *Nordiske folkekirker i opbrud*, ed. Schjørring, 56.
36. Esko Klemelä, "Finlands kyrka under andra världskriget: Synpunkter på kyrkans utrikes- och inrikespolitiska mål," *Kirken, krisen og krigen*, ed. Montgomery and Larsen, 333.

renewed, national Church ideal ('nyfolkkyrklighet') was launched, and gained considerable success after the war. Simultaneously, a New Pietist movement was also successful. In 1946, the Social Democrats abandoned their traditional demands for a separation between Church and state and the abolition of religious teaching in schools.[37]

2. *The Peace in Finland and the Part Played by the Evangelical-Lutheran Church in Society*

In Finland, political purging was to a great extent dictated by the Soviet authorities. The Church was not included in the main groups or institutions to be sharply scrutinized. 1944-1947 a Soviet Russian control commission resided in Helsinki. In the 1945 elections, the Finnish Communists were successful, and for a short time even the state police was controlled by the Communists. A few years after the end of the war, anti-Communism became a uniting force in the Western hemisphere, and brave little Finland's wars against Soviet Russia were positively reestimated. The war had been costly for Finland: besides the 400,000 evacuated refugees and the 50,000 disabled, Finland as an ex-German ally had to pay large reparations (300 Million $) to the Soviet Union for eight years, as well as its big loans to the United States.

Within the Lutheran Church, the matter of guilt with regard to collaboration had an inwardly, religious-Pietist character. Although the alliance with Germany was to be scrutinized, even more important was the old liason between the Lutheran Church and the 'white' parties, against the 'red' forces in the Finnish Civil war and onwards. The new political situation did not change the attitudes towards anti-Christian Soviet Communism, but only silenced it.[38]

In contrast to the development in Norway, the Evangelical-Lutheran Church of Finland did not lose ground and influence in society immediately after the war. The reasons were many: unlike the situation in all the other Scandinavian countries, there was no possibility to regard the problematic wartime as a sort of parenthesis, as in Sweden, or to normalise the political situation, as in Norway. The special conditions in Finland, with the many refugees and the large reparations to be paid, as well as the continuing threat from anti-Christian Soviet Russia, shaped

---

37. Eino Murtorinne, "Den nya folkkyrkotankens framväxt ur det andra världskrigets katharsis," *Kirken, krisen og krigen*, ed. Montgomery and Larsen, 337-341.
38. Lauha, "Finland: Ansvar för folket förblir kyrkans kallelse," 57-62.

a different situation, where the role of the Lutheran Church as a uniting force in the nation did not cease. The choice between Communism and Lutheranism was still a reality to many people, and the interpretation of Lutheranism as the special Finnish form of faith was still actual.[39]

V. Sweden

1. The Church of Sweden and the War

Though neither an occupied country nor a belligerent one, Sweden suffered during the Second World war from isolation, rationing, and the threat of war. The country was surrounded by nations at war, and the Church of Sweden was heavily involved in the national military preparedness. 'Spiritual preparedness' was an influential slogan, partly inspired by the Oxford Group, partly by nationalist and idealist efforts. It could be used in many directions, for example as motivation for the establishment of the new diocese of Stockholm in 1942. On November 23, 1941, a meeting between Parliament and Church Synod was arranged with the motto, "The Swedish way is the Christian way." The history of Sweden was used and interpreted as a middle way between the rightist and leftist ideologies of the time.[40]

The Kulturprotestantische line of Archbishop Nathan Söderblom, who died in 1931, with its wide ecumenical ambitions and demands for an integration of Church and society became of great importance to the Young Church movement and its ideas of the Swedish people as a people of God. From the 1910's onwards, the religiously motivated People's Church ('folkkyrka') became the central ecclesiological vision until the so-called new vision of the Church, with sacramental emphasis on the one and worldwide Church, was manifested in the late 1930s onwards. This new vision was influential not only in the new High Church movement that was inspired from Anglicanism and Roman Catholicism, but also in much wider Church circles. These ecclesiological views contrasted with the Free Church ideals of the Church (or sometimes the separate congregations) of individual believers as the only real Christian Church, and the national unity of wartime could not bridge the growing contrast

---

39. Lauha, "Finland: Ansvar för folket förblir kyrkans kallelse," 63.
40. Anders Jarlert, "Sverige: Modernisering utan rättsuppgörelse," *Nordiske folkekirker i opbrud*, ed. Schjørring, 79-80.

between those tendencies.[41] In 1941, the Roman Catholic Church for the first time took part in a public religious meeting on the national level, arranged by the Church of Sweden.

An important consequence of Sweden's political freedom during the war, was that the Church of Sweden got a new Church manual in 1942, that, together with the new Hymnal of 1937 meant a cautious renewal of the religious life in the parishes.

Social Democratic Church politics changed in the early 1930s from taking a critical distance to showing a positive interest in modernizing the Church from the inside. In March, 1944, the rebuilding task was discussed at a secret conference between representatives of the Church of Sweden, the Free churches, and some leading politicians. Whereas Bishop Runestam emphasised that the world could not be saved by returning to the old democracy, but needed real conversion, the Social Democrat Mrs. Alva Myrdal was open to new paths, without religious direction.

In 1943, 43% of the adult Swedish population still listened to the broadcast of the Sunday service, and in 1944, 44% listened to the broadcast of Morning prayers on weekdays. Even in secularised Stockholm, in 1944, 85% of the population were teaching their children to say Evening prayers. The closeness of the population to churches and parish houses was important to the possibilities for the Church to reach the 'immigrants' from the countryside to the bigger cities and, with encouragement from Churchwork in Copenhagen, the 'Small Church Movement' collected large sums of money and built new churches in the outskirts of Stockholm and Gothenburg.[42]

2. Political Purging and the New Situation of the Church of Sweden

The Swedish purge against certain individuals and organizations with Nazi sympathies, was severe, including Church relief work in Eastern Europe, that was accused of helping Nazi missions. However, the mainstream attitude was to put the whole war in brackets, and continue the social reform project of the 1930s. The Church was criticised for not having shown enough courage against Nazi Germany during the war. This was further emphasized when the bishops deplored the extradition

---

41. Lennart Tegborg, "Kyrkoorganisation och kyrkosyn: Svenska kyrkan under perioden 1929-1945," *Kirken, krisen og krigen*, ed. Montgomery and Larsen, 38-42; Jarlert, "Sverige: Modernisering utan rättsuppgörelse," 81.
42. Jarlert, "Sverige: Modernisering utan rättsuppgörelse," 80-81.

of the interned Baltic prisoners to Soviet Russia in 1946. These had been fighting on the German side, and were sent to a sure death in the Soviet Union.

The Swedish judicial authorities were never scrutinized, and the law that forced the Swedish clergy to apply the Nuremberg laws to impede marriage when a German citizen was concerned – according to a Hague convention of 1902 –, was never debated.[43] An important reason for the absence of the purging of Nazi-sympahizers was the Swedish nihilistic philosophy that was very influential on the so-called realism of Justice, and that stated that only the law itself, and not any natural rights or common sense of justice could be taken into consideration in the application of the law.

Since Sweden was neither occupied nor belligerent during the war, it was possible to regard the war as an evil and unhappy parenthesis in the social modernisation of the country, that had started in the 1930s. Now the interest turned – as in the 1930s – towards the United States. In the social programme of president Roosevelt, Swedish Social Democrats found a radical break with traditional European thinking, guided by a utopian yet rational belief in the future. Human beings should be re-educated by a new pedagogical paradigm, aiming at conscious training for democracy, with schools as an instrument of political change.

In July, 1945, the broad, political coalition of the war years was succeeded by a Social Democratic government. The early post-war years were the years of Socialist harvest, though this harvest was rather limited, and no socialisation of business life was ever realised. The elections to the Parliament in 1948 was a success for the liberal party and, as a result, Social Democracy turned on to a more pragmatic and reformist path from 1951, governing as a coalition with the Peasant's party (Bondeförbundet). The Communists, who had tripled their votes in the elections of 1944, were again reduced.[44]

According to the new Social Democratic platform of 1944, Church and state were still to be separated, but it was obvious that the present interest of the government was rather directed towards the 'democratisation' of the Church by way of allowing lay voters in bishop's elections and having a majority of laymen in the Church Synod. At the Church synod of 1929, the bishops had suggested a common liberty for individuals to leave the Church of Sweden. This suggestion did not lead to any

---

43. Jarlert, "Sverige: Modernisering utan rättsuppgörelse," 83-85.
44. *Ibid.*, 78-79.

direct results, and a law of religious freedom was not decreed until 1951. Civil servants often regarded the Church of Sweden as a part of state administration only, "the state organised for religious activity." During the 1950s, the vision of the religiously motivated people's church was to be questioned by a new, political view of the people's church as motivated by democratic instead of religious ideals.[45]

During the post-war years, the Church of Sweden was attacked or questioned because of several scandals, as well as by a harsh criticism of religion from scientistic philosophy. Simultaneously, a new realistic sort of novel, with a clear theological address, was introduced, and new relations between Church and culture were established, though most of the bishops still represented a pessimist idealism.[46]

Contributions to the Social and Political Renovation

There was no need for the Church to build the new Swedish society. Instead, the Church was engaged in ecumenical and relief work. In the ecumenical field, American Lutherans opened new possibilities for the Church of Sweden to play an active and leading part in rebuilding the new world. To many Swedes, this meant an extensive adjustment from a German culture into new conditions, dominated by the English language. When the first General Assembly of the Lutheran World Federation was held in Lund, 1947, this was a triumph of Swedish ambitions of mediation and reconciliation.

The rejuvenation of Scandinavian inter-Church relations contributed to the easing of tensions that had mounted during the War, above all between Finland and Norway. With the formation of the Scandinavian-German Church Conference, inter-Church relations also contributed to the reconciliation with post-war Germany.

VI. The Second World War in Scandinavia – A Short Summary

During the Second World War, Denmark and Norway were occupied by Germany in 1940, and liberated in 1945. Finland went, with its Winter War (1939-1940), its Continuing War (1941-1944) and its war with the withdrawing Germans trough different stages. As a result of the

---

45. Jarlert, "Sverige: Modernisering utan rättsuppgörelse," 81-82.
46. *Ibid.*, 85-87.

peace, it lost 12% of its area. Sweden was neither occupied nor involved in the war, but kept a sort of neutral line, which up to 1942 showed a certain level of appeasement towards Germany. But gradually it displayed an increasing sympathy towards the allied countries.

This situation set the stage for churches and religion both during and after the war. Secularisation was not yet the only dominating, spiritual force in society. Confessionalisation and rechristianization were relevant before, during, and after the Second World war, though the rebuilding of society took a secularising path.

Until August, 1943, Denmark worked as a model German protectorate with its own, legal government. On the other hand, the old Danish-German antagonism of the 1860s was reactivated during the war. In September-October, 1943, German occupation forces took over, and 7,000 Danish Jews were evacuated to Sweden with the active support of the Lutheran Church. During the last War years, Danish active resistance was strengthened.

In Norway, the situation was quite different, since the king and the government fled the country in 1940. The German occupation forces, and especially the Norwegian collaboration government under Vidkun Quisling, made an active attempt to conquer the Church. In 1942, the bishops and the great majority of the clergy laid down their ministry as state officials, but remained as ministers in the parishes. Bishop Berggrav of Oslo was interned. In Autumn 1942, a majority of the Norwegian Jews were deported to Auschwitz. The Church demonstrated its opposition to these violations against the people.

The Swedish neutrality was a declared neutrality that made certain concessions towards Germany. The Church of Sweden had earlier protested against discriminations and persecutions of Jews in Germany, but it was the deportation of the Norwegian Jews that changed the situation and turned the sympathies of the Church heavily against the German outrage. When evacuated, the Danish Jews were well received in Sweden. Simultaneously, Sweden retained its old and strong sympathies with its former province, Finland.

In Finland, the Church was loyal to national politics, traditionally German-oriented, but mostly very unfamiliar with Nazi race politics. Since the 19th century, the Lutheran Church had a strong position as not only the dominating denomination, but as the significant Finnish form of religion. This position was strengthened during the war, and the conflicts from the Civil War were now healed. To the public at large, the choice was between Lutheranism and Communism.

The Communist influence in Finland came both from the Soviet Union and from within the country itself. In Denmark, Communists were very active in the resistance movement throughout the war. In Sweden there was a certain Communist influence 1944-1948, while Norway was hardly affected by Communism.[47]

While the Lutheran Church of Finland strengthened its position after the war, the Lutheran churches of Norway and Sweden lost their wartime positions in society. The Danish people's church maintained its position as a state church with extensive liberty on the local level only. In conclusion, in spite of seemingly close ties in terms of culture and religion it is not possible to speak of a homogenous Scandinavian Lutheran attitude in the war nor in the post-war situation. The post-war conditions were different in each country, and the national traumas that the Churches had to address in 1945 varied in both intensity and content.

Selective Bibliography

Margaretha Balle-Petersen, "Det andliga storskiftet: Om väckelse och vardagsliv i Danmark," *Väckelsen och vardagslivet: Västsvensk väckelse ur nordiskt perspektiv*, ed. Anders Jarlert (Göteborg: Humanistiska fakulteten, 1995).
J. L. Balling and P. G Lindhardt, *Den nordiske kirkes historie: Fjerde omarbejdede udgave* (København: Nyt nordisk forlag, 1979).
Olaf Blaschke, "Das 19. Jahrhundert: Ein Zweites Konfessionelles Zeitalter?," *Geschichte und Gesellschaft* 26 (2000) Heft 1 Katholizismusforschung, 44.
Olaf Blaschke, *Konfessionen im Konflikt: Deutschland zwischen 1800 und 1970: ein zweites konfessionelles Zeitalter* (Göttingen: Vandenhoeck & Rupprecht, 2002).
Kjell Blückert, *The Church as Nation: A Study in Ecclesiology and Nationhood* (Frankfurt am Main: Lang, 2000).
Anders Jarlert, *Sveriges kyrkohistoria 6. Romantikens och liberalismens tid* (Stockholm: Verbum, 2001).
Hartmut Lehmann, *Säkularisierung, Dechristianisierung, Rechristianisierung im neuzeitlichen Europa: Bilanz und Perspektiven der Forschung* (Göttingen: Vandenhoeck & Ruprecht, 1997).
Katarina Lewis, "Måttlighetsidealet inom schartauanismen," *Kulturforskning kring alkohol i Norden: Föredrag vid ett nordiskt symposium i Uppsala*, ed. Anders Gustavsson (Uppsala: Etnologiska institutionen, 1993).

---

47. Jens Holger Schjørring, "Introduktion," Aila Lauha and Ingun Montgomery, "Inledning," *Nordiske folkekirker i opbrud: National identitet og international nyorientering efter 1945*, ed. Jens Holger Schjørring (Aarhus: Aarhus Universitetsforlag, 2001) 11-19, 39-55, 47-52.

Hugh McLeod, *Secularisation in Western Europe, 1848-1914* (Houndmills/Basingstoke/Hampshire/London: Macmillan Press, 2000).

Ingun Montgomery and Stein Ugelvik Larsen (eds.), *Kirken, krisen og krigen* (Bergen: Universitetsforlaget, 1982).

Eino Murtorinne, "Den fennomanska rörelsen och Finlands kyrka 1850-1914," *Kyrka och nationalism i Norden: Nationalism och skandinavism i de nordiska folkkyrkorna under 1800-talet*, ed. Ingmar Brohed (Lund: Lund University Press, 1998).

Mika Nokelainen, "The Orthodox and the Lutherans in Finland 1809-1923," *Church and People in Britain and Scandinavia*, ed. Ingmar Brohed (Lund: Lund University Press, 1996).

Lars Österlin, *Churches of Northern Europe in Profile: A Thousand Years of Anglo-Nordic Relations* (Norwich: Canterbury Press, 1995).

Pål Repstad, "Religious Power in a Pluralist Society: The Difficulties of Governing Denominations as Sects," *Religion och sociologi: Ett fruktbart möte. Festskrift till Göran Gustafsson*, ed. Curt Dahlgren, Eva M. Hamberg and Thorleif Pettersson (Lund: Religio Teologiska institutionen, 2002).

Jens Holger Schjørring (ed.), *Nordiske folkekirker i opbrud: National identitet og international nyorientering efter 1945* (Aarhus: Aarhus Universitetsforlag, 2001).

Dag Thorkildsen, "Church and Nation in the 19th Century – the Case of Norway," *Church and People in Britain and Scandinavia*, ed. Ingmar Brohed (Lund: Lund University Press, 1996).

Protestantism in the Second World War
The Case of The Netherlands and France

Jan Bank

I. Introduction

The history of the Christian churches during the Second World War is dominated by a single question: In which terms and to what extent did they oppose the National Socialist regime? Posing such a question is legitimate. The German occupation was not only an issue of hostile rule but moreover a matter of ideological *Gleichschaltung*, arbitrariness and oppression. Churches and their leaders were asked to look for moral answers to what should be named, in Christian terms, a diabolic regime.

Also frequent in these historical accounts is a national perspective. The history of the Christian churches in the Second World War is understood within a national framework and rarely goes beyond the boundaries of the occupied country. That is not unusual. Historical accounts of the war in general are dominated by the perspective of the nation state, which is, after all, the primary object of conquest, occupation and liberation. Thus the war is perceived in these terms. It is remarkable that this national dimension not only dominates the genre of the war epic but is also understood as the obvious framework for academic historiography.

In this contribution an attempt will be made to transcend these national boundaries by means of a combined consideration of French and Dutch Protestantism during the Second World War. Three themes are selected through which more specific and, to a certain extent, comparable developments can be outlined. The hypothesis is that by viewing the national histories from an international perspective, not only do the similarities and differences in religious doctrine and culture in both nations become apparent, but also the exceeding idiosyncrasy of a particular religion that established itself in the many countries of Europe.

The priority of moral questions in the consideration of the confrontation between the Nazi power and Christian religion should not negate an analytical approach. Therefore, the attitude of the churches could be analysed as a conflict between the totalitarian state and traditional organs deeply rooted in society. In Western Europe, churches were institutions regulated by public law. They formed a network through which religious concepts influenced the educational system and the foundation of political parties and trade unions. They were organised in a hierarchical structure that remained firmly rooted in the community through the local congregation. The secularisation at the end of the twentieth century changed all this. However, that fact only increases the historical importance of this research question. The churches were, when the Second World War broke out, at the height of their religious and social influence in society.

In this essay, the confrontation of the Protestant churches with the new government or occupying regime in France and The Netherlands is described and analysed. I start from the assumption that during the Second World War the Christian churches in Western Europe were in a position to maintain their organisation and influence notwithstanding the totalitarian character of the Nazi invasion. The new government or the occupying regime of 1940 left the Christian religion intact despite the regime's pursuit of an ideological *Gleichschaltung* of French and Dutch societies. The churches in their turn succeeded in maintaining a degree of autonomy through a mixture of accommodation and opposition. This meant that there continued to be a community in which members could console and encourage one another and where, every Sunday, words of exhortation or compassion could be heard from the pulpit. In these communities, the faithful also remained subject to ecclesiastical discipline. This continuity of the churches became all the more important as the civil authorities lost their autonomy and power under the aggravating circumstances of warfare.

The confrontation is divided – within the scope of this essay – into three fields of enquiry or themes. The first concerns the question of loyalty to the new regime during the first year of the German rule. Which attitude did the churches choose to adopt towards the representatives of the occupying authority? This question is closely connected to the idea of a fundamental right to resist. This leads us to the second theme – a theological confrontation between Christian concepts and National Socialism. The third theme should answer the following questions: How was it possible for a local congregation to become a community beyond the control of the Nazi dictatorship with its own network of the faithful hiding Jews and other political victims of persecution? What role did clerical incumbents play in building these networks and in preaching accommodation or resistance? The originality of this research rests not so much in bringing to light new facts, as in its European focus, which seeks to analytically link facts and developments that were previously always considered only within national boundaries.

The earliest literature on the history of the Protestant churches in France and in The Netherlands during the Second World War consists of memorial books, i.e. chronicles of the four or five years of resistance and martyrdom. The Federation of French Protestant Churches had already assembled by October 1945 in order to discuss the policies of church leaders under the Vichy regime.[1] Whereas this meeting was characterised by the gravity of fresh war experiences, a more objective analysis was the result of scientific contributions made to a colloquium in Paris in November 1992, which was attended by church leaders and Protestant politicians.[2] The General Synod of the Dutch Reformed Church (*Hervormde Kerk*), the largest Calvinist institution, published a memorial book in 1946. The Reformed Churches in The Netherlands (*Gereformeerde Kerken*),[3] the smaller, orthodox sister church, followed with a similar publication in 1949.[4] In later publications the idea of a general history was abandoned and more attention was paid to the attitudes of the churches towards the Nazi deportation of the Jews.

II. Profile of the Protestant Churches in France and in The Netherlands

The difference in size between the two Protestant communities is immediately apparent. In The Netherlands, about 45 percent of the population considered themselves Protestant (Reformed) in the 1930 census. In France, only an estimated 4 percent of the population

1. *Les églises protestantes pendant la guerre et l'occupation.* Actes de l'Assemblée Générale du protestantisme français réunie à Nîmes, du 22 au 26 octobre 1945 (Paris, 1946).
2. André Encrevé and Jacques Poujol (eds.), *Les protestants français pendant la seconde guerre mondiale*. Actes du colloque de Paris, 19-21 Novembre 1992 (Paris: Société de l'Histoire du Protestantisme Français, 1994).
3. For the sake of clarity, the Dutch words '*hervormde*' and '*gereformeerde*' will be used to distinguish between these two groups of Reformed churches and matters relating to them, since in English *hervormde* and *gereformeerde* both translate simply as Reformed. Thus members of these churches will be referred to as '*hervormden*' and '*gereformeerden*' respectively. Similarly, the Dutch names of official organisations will be used with an English translation initially given in brackets, except where a clear English alternative is available.
4. H. C. Touw, *Het verzet der Hervormde Kerk* (Den Haag: Boekencentrum, 1946); Thomas Delleman (ed.), *Opdat wij niet vergeten: De bijdrage van de Gereformeerde Kerken, van haar voorgangers en leden, in het verzet tegen het nationaal-socialisme en de Duitse tyrannie* (Kampen: Kok, 1949).

belonged to the *Église réformée*. Due to the separation of church and state the question of religious adherence was not asked in the French census. In neither The Netherlands nor France is the total number of active congregation members known.

In The Netherlands' 1947 census, out of approximately 9.6 million inhabitants roughly 3.8 million were Reformed Protestants. This Calvinist family consisted of 2.9 million members of the Dutch Reformed Church (*hervormden*), 900,000 members of the Reformed Churches in The Netherlands (*gereformeerden*) and some 40,000 so-called Remonstrant adherents, the liberal wing. Alongside the Calvinist mainstream in The Netherlands, some 70,000 people considered themselves Lutheran or Mennonite. The mixed composition of the Dutch population is demonstrated by the percentage of agnostics and atheists – more than 14 percent (1.1 million) in 1930 and more than 17 percent (1.7 million) in 1947. The Roman Catholic minority amounted to 2.8 million adherents (36.4 percent) in 1930 and 3.7 million (38.5 percent) in 1947, after the war.

Table 1: Overview of Protestantism in The Netherlands

	1930	1947
Dutch Reformed Church	34.63%	31.1%
Reformed Churches	9.3%	9.7%
Remonstrant	0.4%	0.4%
Lutheran Churches	1.2%	0.7%
Mennonites	0.8%	0.7%
Other religions	1.5%	1.9%

The incompleteness of French religious statistics means that accurate data is scarce. There exist two figures concerning the Calvinist churches – a pre-war calculation of members of the orthodox denomination (*Églises réformées évangéliques*) and a post-war calculation of members of the Reformed Church of France (*Église réformée de France*).

Table 2: Protestantism in France

Denomination	Year	Number
Églises réformées évangéliques	1924	190,794
	1931	180,361
Église réformée de France	1945	323,441
	1950	349,696[5]

5. Samuel Mours, *Les Églises réformées en France: Tableaux et cartes* (Paris: Librairie Protestante, 1958) 193.

French and Dutch Calvinism have a different past, however much they may share dogmatically and culturally. In The Netherlands, Calvinism is a well-established religion, in France, the religion of a minority. Before the Edict of Nantes (1598) secured their religious freedom, the Huguenots in France were persecuted, as they were again after its revocation (1685). The memory of their martyrdom has been kept alive in the *Musée du Désert* (Museum of the Desert) in the highlands of the Cévennes, a memorial to secret conventicles and field preaching in the inhospitable mountain region. In The Netherlands, Calvinism is closely connected to the founding of the Dutch state. The revolt against the absolutism of the Spanish Habsburg dynasty in the sixteenth century was not only motivated by the desire to maintain the old provincial privileges in the Low Countries, but also sought to obtain formal recognition of religious freedom for the adherents of the Reformation. Ultimately, the Calvinist 'heresy' became a public church and the religion of the majority of the Dutch population. In France, the Reformed Church remained a tolerated minority, except in Alsace on the frontier between France and Germany where the Lutheran Church grew to full stature.

In the nineteenth century, Dutch Calvinism was strongly influenced by the confrontation between a liberal or modernist theology and orthodox movements. Twice it ended in a schism in the established Dutch Reformed Church: a Pietistic secession in 1834 and a militant Neo-Calvinist rupture in 1886. The unity of the national Church envisioned in an autocratic reform by King William I in 1816, especially its administrative unity, was broken into a variety of dissenting congregations and chapels existing alongside the medieval buildings of the *Hervormde* establishment and the stately, nineteenth century parsonages of its ministers. The Dutch Reformed Church became a house, the rooms of which belonged to different denominations: High Church and Low Church, liberal Protestantism, the so-called "middle orthodoxy" and the Reformed League (*Gereformeerde Bond*), which consisted of members with pure Calvinist views. The diversity of denominations in one national Church was possible because its General Synod was an administrative institution that lacked the authority to make decisions regarding purely religious and dogmatic matters.

French Protestantism experienced a history comparable to that of the Dutch Reformed Church. Both the Pietistic movement and theological modernism became influential in the first half of the nineteenth century. In 1872 a schism split the congregations into the Union of Reformed Evangelical Churches (orthodox) and the Union of Reformed Churches (liberal).

> Alors que j'habitais une ville qui comportait une chapelle et un temple, le temple était la place stable du protestantisme de la ville, la chapelle était la place la plus pieuse. Donc d'un côté les libéraux plus proches du monde moderne, et les orthodoxes plus fidèles à ce que sont les dogmes de la foi.[6]

It was not until the twentieth century that adherents of both denominations were able to come to terms over the organisation of the Calvinist community. In 1938 the Protestant Federation of France was founded, which recognised the theological differentiation of the congregations and started to function as an administrative institution.

Protestants in France were concentrated in the highlands of the Cévennes, peasants living in villages that were being depopulated in the twentieth century. They were also strongly represented among the Parisian bankers and the textile barons in Nîmes, the so-called *haute société protestante*. Strong Protestant minorities could even be found in towns on the Atlantic coast like Nantes and La Rochelle. The famous law on the separation of church and state of 1905 was partly drawn up by a Protestant civil servant and approved by the Protestant minority who expected a more balanced religious policy in the Third Republic. In general they voted for the Radical Party, the home base of secular politicians.

III. Religious Policy of the National Socialists in Germany

The common denominator of the present comparison is the religious policy of the National Socialist regime. In Germany, this policy was not unambiguous as far as the Christian churches were concerned. Between the two poles of co-operation and persecution there is a wide range of positions discernible, which in recent historiography has become still wider. National Socialist ideology utilised images and conceptions that could be considered borrowed from the Christian religion.[7] In the manifesto of the

---

6. A. Dumans in: Encrevé and Poujol, *Les protestants français pendant la seconde guerre mondiale*, 16. Quotes and words in another language, e.g. French or German, will be left in the original language. However, Dutch quotes in the original text will be translated into English and it should thus be noted that these are not based on official translations of the source documents.
7. Richard Steigmann-Gall, *The Holy Reich: Nazi Conceptions of Christianity, 1919-1945* (Cambridge: Cambridge University Press, 2003) *passim*; Claus-Ekkehard Bärsch, *Die politische Religion des Nationalsozialismus: Die religiösen Dimensionen des NS-Ideologie in den Schriften von Dietrich Eckart, Joseph Goebbels, Alfred Rosenberg und Adolf Hitler*, 2 vols. (München: Fink, 2002) *passim*.

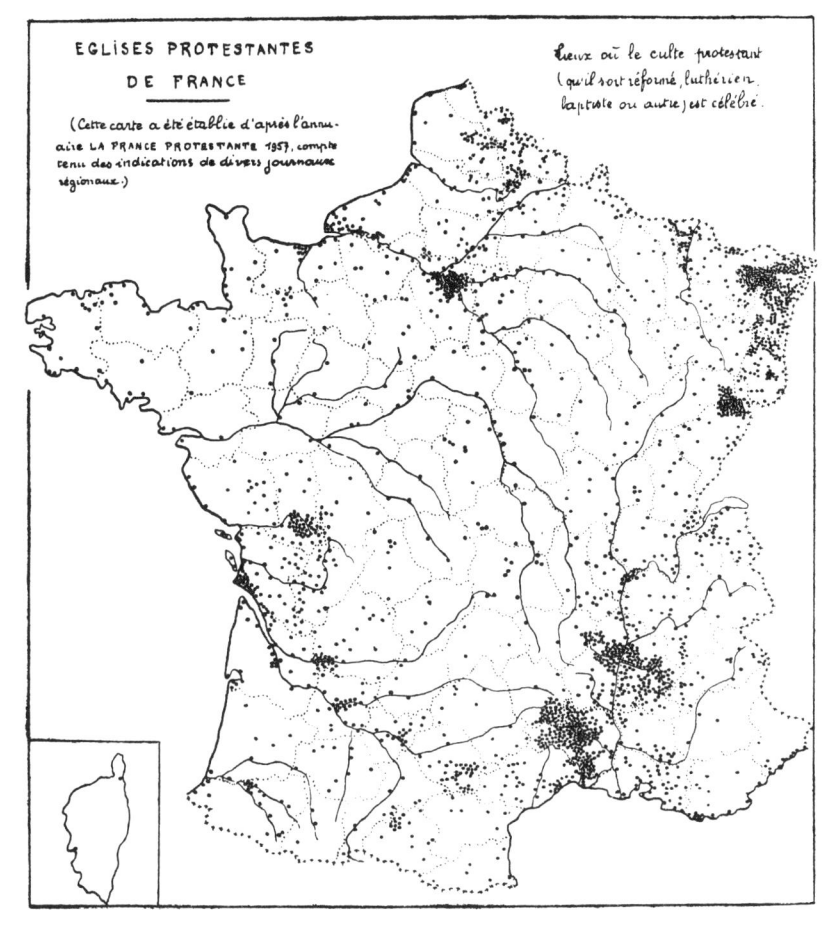

Map 1. Dissemination of Protestant communities in France
Source: Mours, *Les Églises réformées*, 194.

National Socialist Party the term "Positive Christendom" is introduced. In this two resemblances to Christianity are apparent. The first is the Christian doctrine of salvation, which was transformed into a secular concept, the so-called *Nationale Erhebung*, i.e. the moral edification of the German nation through National Socialism in 1933. The second is an interpretation of the Bible in which the Old Testament was subordinated to the New Testament and Jesus Christ was deprived of his Jewish background. Leaders such as Hitler, Himmler and Goebbels, who all received a Christian education, used Christian metaphors in their writings and speeches. Behind these ideological overtures was an ambition to elaborate National Socialist ideology as a pseudo-religion, the so-called paganism that Alfred Rosenberg gave evidence of in his *Mythos des 20. Jahrhunderts* (The Myth of the 20th Century). He was driven by a desire to make absolute the concept of the German race and to reject the Christian notion of original sin.

Church leaders on the other hand also demarcated boundaries. Neo-paganism was the main theme of the 1937 Encyclical, *Mit Brennender Sorge*, in which Pope Pius XI repudiated the religious and racist aspects of the National Socialist ideology. In the first months under Hitler's rule however, opportunism on both sides brought church and state together. After many fruitless negotiations with his predecessors, the Catholic Church concluded a concordat as a concession from the new German chancellor. Hitler's most important condition – that the clergy should abstain from political activities – was accepted. The Lutheran Church, whose ministers had experienced difficulties renouncing the Empire and accepting the democratic Republic of Weimar, was offered a place in the new order as *Reichskirche* (Church of the Reich). Hitler's offer split the Church. Yet on both sides pragmatism prevailed. Hitler could not and would not enter into a major confrontation with the Christian leadership in a society in which, according to the census of 1939, 95 percent of the population professed Christianity (Protestantism or Catholicism).

Sometimes, however, opportunism gave way to direct confrontation characterised by the drive to destroy Christian roots and to persecute priests and ministers. After the German *Wehrmacht* invaded Poland in September 1939, the region around the city of Poznan was administered as the so-called *Warthegau*. Considered an integral part of the German Reich, it was subjected to a process of forceful germanisation. Not only the Roman Catholic Church – guardian of the Polish national heritage – but also the (German) Lutheran Church were persecuted. Priests and ministers were arrested and church property was confiscated. The Church lost its public authority and was reduced to the status of a private association, which meant that it was deprived of administrative recognition and financing by the state. This process of privatisation was also adopted in other annexed territories of the Reich such as Alsace.

In this essay, it is relevant to summarise the history of the Protestant churches in Germany after Hitler came to power as Chancellor of the Reich. In general, they greeted the *Machtergreifung* as the beginning of a national revival for Germany. This attitude was partly a consequence of a reluctance to accept the Republic of Weimar. In 1918, after the defeat of Germany in the First World War, the various regional churches

(*Landeskirchen*) lost their princes and their *Summus Episcopus*, the emperor in Berlin. The famous legend of the stab in the back – the idea that the German army was not defeated on the battlefield but stabbed in the back by the (socialist) politicians – was created by a religious minister of the imperial court. In 1933 the Protestants were offered the solution of a new, united *Reichskirche*, a variant of the Church of England governed by the state and unifying all the regional denominations. Hitler's government started the procedure of electing an imperial bishop. Soon, a conflict broke out, first in the Calvinist (Reformed) Churches and then in the Lutheran institutions. It was a dispute over the religious competence of the state and the question of whether Christian believers should adhere to National Socialist ideology.

German Protestantism was split between those with political sympathy for Hitler's Germany – the so-called German Christians – and those who resisted the totalitarian state – the Confessional Church (*die Bekennende Kirche*). The famous Martin Niemöller, a naval hero of the Great War, led the latter. The Calvinist theologian Karl Barth was the foremost author of its principles and theses. He was thus forced to leave his chair in theology at the university in Bonn and went into exile in Switzerland, the land of his birth. When it became clear that German Protestantism refused to be united in one church, the tensions gradually declined. A status quo arose in which different denominations could exist and different confessions were accepted. It neither restrained the churches from delivering patriotic messages from the pulpit at the moment of the German invasion of Poland nor from showing a remarkable degree of national unity.

IV. First Theme: The Problem of Loyalty

How did the Protestant churches in The Netherlands and in France define their attitudes towards the new rulers after the victory of the German army in 1940? In which terms did the church leaders articulate their loyalty? The questions refer to the institutional relationship between church and state and the recognition of the new regime as imposed by the victors. However, the questions also refer to the possibility and extent of co-existence between the Christian religion and National Socialist ideology or rightist authoritarianism.

The policy of armed neutrality committed the Dutch to defend themselves against the German invaders. After four days of military conflict the Dutch army surrendered to the *Wehrmacht*. Queen Wilhelmina and her ministers fled to Britain and formed a government in exile in London. Hitler installed a civil administration in the occupied Netherlands. High-ranking members of the Austrian National Socialist Party began to rule the country. They discovered a society in which religion was ubiquitous, visible in hundreds of churches and in institutions from sporting clubs to political parties, from dancing schools to trade unions. The primary, and most visible, example of the pervasive presence of religion was the system of state-sponsored denominational education. It was to be expected that the new rulers, in their drive to Nazify Dutch society, would inevitably encounter the boundaries of that part of the public domain controlled by the churches.

The first real test concerned a combination of religion and politics – the continuation of the Prayer for the Queen in the Sunday services. It became a symbolic conflict of loyalties with the invaders. Church leaders had in fact expected a "more essential" confrontation in the summer of 1940, having in mind the example of the ecclesiastical conflict in Germany in 1933. "Now that the noose is tightened, I am inclined to reckon the Prayer for the Queen as one of the essentials," wrote the first chairman of a *Convent van protestantse kerken* (Convention of Protestant Churches) to a friend.[8]

In the *Hervormde* Church the Prayer for the Queen was not an obligatory part of the liturgy before the war. Some ministers said it; others did not, or did so only on national holidays. This inconsistency was related to the political preference of the pastor concerned. In a letter ten days after the surrender, the Secretary of the General Synod, Kuno Gravemeyer, reminded the ministers of the *Hervormde* Church of its official assignment to cultivate love for Queen and Country among its flock. It was a literal quote from the General Regulations of 1816, ordered by the King. In June 1940, the Secretary added a reference to 'The Hague Conventions' to his appeal. He wrote that, in the case of occupation, sovereignty remains vested in the original state, but its exercise rests in the hands of the occupier. The exercise of sovereignty by the Head of State is therefore suspended but by no means expired.[9] It was an exhortation from above that the local congregations interpreted in a variety of ways – sometimes it was explicitly followed, sometimes conspicuously neglected. There were ministers who since May 1940 had

---

8. Quoted from: Delleman (ed.), *Opdat wij niet vergeten*, 48.
9. Touw, *Het verzet der Hervormde Kerk*. Vol. 1: *History of the Resistance of the Church*, 228.

fallen silent, whereas before they had praised from the pulpit the triad of "God, Country and the House of Orange."

Since the flight of the Royal Family, the subject of the Dutch monarchy had become a source of low morale in the occupied country. However, it also soon became a source of opposition. On 29 June 1940, the occasion of the birthday of Prince Bernhard, the husband of Crown Princess Juliana, people began to wear a white carnation in their lapels or to lay down the Prince's favourite flower in front of the Royal Palace in The Hague. Even Hitler became aware of the political significance of this gesture. He gave the ruling *Reichskommissar* Seyss-Inquart a dressing down. The latter issued a prohibition of any public sign of affection for the House of Orange. The relationship with the monarchy was not only a political matter but also an ecclesiastical one. In order to assist individual ministers in their decision to continue or to introduce the Prayer for the Queen, the Synod decided to elevate this to the official liturgy of the Sunday service. It revived a traditional supplication from the time of the Reformation, the Prayer for All the Needs of Christianity, and adapted the text by adding the sentence that the congregation should pray "for the Queen, whom You appointed over us, and for the occupying power that You have permitted over us."[10] Individual ministers could refer to this official document when facing the German police.

This decision by the Synod was remarkable for two reasons. The first is that the *Nederlandse Hervormde* Church, right at the start of the German occupation, took a step in a direction taken by the Confessional Church (*Bekennende Kirche*) in Germany in 1933, even though the Regulations of 1816 did not support decision-making that would result in "dangerous" consequences for the unity and political neutrality of the Church. It was the beginning of a process of change that, after the liberation in 1945, would be completed by a profound reorganisation and the introduction of a series of ecclesiastical statements on political and social themes. The second reason is that the Church started to display a remarkable degree of patriotism. The special relationship with the House of Orange was being confirmed. More than ever the *Nederlandse Hervormde* Church presented herself as the shepherd of the nation.

The German regime neither really disturbed nor interrupted this development. Individual ministers were put under pressure or even persecuted for pronouncing the Prayer at their Sunday services, but a

---

10. Touw, *Het verzet der Hervormde Kerk.* Vol. 2: *Documents of the Resistance of the Church*, 30.

general sanction or explicit ban failed to appear. The Synod was not urged to recall its decision.

In the *Gereformeerde Kerken in Nederland* (Reformed Churches in The Netherlands) the tradition of the Prayer became the subject of an intense discussion, which was part of a general debate on the policy to be adopted towards the occupying regime. A well known pedagogue and professor at the Calvinist Free University in Amsterdam, J. Waterink, pleaded for an attitude of neutrality. For the duration of the occupation the new rulers had to be obeyed by loyal citizens.[11] For Klaas Schilder on the other hand, a brilliant but also stubborn professor at the Theological Academy in the city of Kampen, the German regime was bound by "The Hague Conventions" with the consequence that the Dutch law had to be complied with, except in the case of complete impediment. Prof Schilder considered the Prayer an integral part of such (ecclesiastical) Dutch laws as well as part of the right of the churches to protest against the interference of the National Socialist regime in Dutch institutions and traditions. The new rulers may have wielded power, but were not for that reason the legal authorities. Professor Schilder left no doubt that he still considered Queen Wilhelmina to be the legal ruler of the country.[12] The German regime reacted to his speeches and writings by banning him from speaking in public.

H. H. Kuyper, the eldest son of the famous Abraham Kuyper, a distinguished theologian who founded the first Dutch political party in 1878 and, in 1886, the orthodox *Gereformeerde* Churches, took to calling the new rulers the legal authority. He considered the German regime to be the God-given authority. He recalled the debate, famous at the time of Calvin's Reformation, on the right to resist the ruler who had become a tyrant. The Nazi rulers could claim loyalty from the citizens because of the fact that they did not display despotism in their occupational policy. Kuyper had two motives for counselling capitulation. The first was of a religious nature. He held the conviction that God had brought about the present occupation. The second motive was practical. Resignation was the best way to prevent punitive sanctions from the German authorities. Kuyper called upon the church ministers and members of the consistories to accommodate themselves to the new order. Whereas

---

11. Ger van Roon, *Protestants Nederland en Duitsland 1939-1941* (Utrecht: Spectrum, 1973) 307.

12. Jan Ridderbos, *Strijd op twee fronten: Schilder en de gereformeerde 'elite' in de jaren 1933-1945 tussen aanpassing, collaboratie en verzet op kerkelijk en politiek terrein* (Kampen: Kok, 1994) 310.

former Prime Minister Hendrikus Colijn – himself a Calvinist statesman – attacked the decision of the Dutch government that allowed the Queen to take refuge in Britain, Kuyper criticised the Queen directly. In his view, the heroic role that the Princes of Orange fulfilled during the Revolt of The Netherlands, "in the most fearful danger that threatened our people …, was not granted to Her, whom we once loved as the Mother of our Country."[13] These words also echoed the traditional Calvinist republicanism of his famous father, Abraham Kuyper.

The majority of the ministers of the *Gereformeerde* Churches faithfully maintained the Prayer for the Queen, while others made use of the wording used by their sister church, the *Hervormde* Church. The German regime did not intervene. Some ministers were threatened or intimidated, a few even put in jail.[14] On 10 December 1941, the General Synod of the *Gereformeerde* Churches officially declared the Prayer to be part of the vocation of the church. The same was true for the public commemoration of those members of the congregation who were jailed or sent to concentration camps. The minister should abstain, in his Prayer, from bitterness or provocation. If he set out to accomplish his spiritual mission with sober phrasing then no state authority should prevent him from doing so.

In France, following its defeat by the German army, the problem of loyalty was posed in different terms. The German invasion was no less decisive, but the Armistice of 22 June 1940 left the French government intact. The northern part of the country was occupied by the German *Wehrmacht* and the south-eastern corner by the Fascist Italian army. Central France remained under the authority of the French government, which established its headquarters in the spa resort town of Vichy. Moreover, the new French ruler, Marshal Pétain, could consolidate his power with relative autonomy, without direct intervention from Hitler, whereas the occupying *Wehrmacht* in Paris had difficulties in creating a powerful administration. The new *État Français* established its legitimacy by declaring a national revolution. By this it sought to publicly declare the defeat as the moment of the downfall of the Third Republic and the need for renewal as a victory over French republicanism. The time had come to proclaim traditional values and moral standards and for a corporate reform of French society. Pétain could count on endorsement by the majority of the French population, shocked as they were by

---

13. Ridderbos, *Strijd op twee fronten*, 300.
14. Delleman (ed.), *Opdat wij niet vergeten*, 549.

the relatively rapid collapse of the armed forces in sharp contrast to their perseverance in the trenches of what was by then considered to be the First World War (1914-1918).

From a Protestant ecclesiastical perspective, the outbreak of the European war in September 1939 catalysed stronger leadership. The role of the minister Marc Boegner as Chair of the Federation became more prominent and consequently more difficult. He also became the chairman of the newly established *Comité Intermouvement d'aide aux Évacués* (Cimade), which regulated the support given to Protestant citizens who had to evacuate the areas of fighting around the Maginot Line in Alsace and move to Central and Southern France. He left his previous pastoral duties as a minister in Passy. In light of the German invasion in May and June 1940, Boegner moved, together with the administration, back to Bordeaux. In September 1940, he settled in the city of Nîmes, i.e. in the unoccupied part of France in a city where an important Protestant minority was well-established. He could, in this manner, keep himself free of direct control by the occupying German regime.

From his speeches and sermons in the autumn of 1940, Boegner proved himself a champion of the "National Renewal" (he did not speak about a "*Révolution nationale*"), i.e. the legitimisation of the regime in Vichy. He had two reasons for this. The first was a conservative criticism of what he saw as the political and moral demise of the Third Republic. He had been no supporter of the Popular Front and had watched the defeat of the French armed forces with horror. The second was that he sought to represent Protestant interests in the *État Français*, which in an ideological sense was certainly dominated by a Catholic revival. However it also made possible a Christian political alliance. "Indeed, the rather closed, austere Parisian world of Protestant banking and high civil servant families was well-represented among the notables who stepped forward to replace the Third Republic politicians. By 1940 the religious issue that divided Catholic and Protestant in 1900 had long since given way to an antisocialist issue that united them."[15] On 27 July 1940, Marc Boegner had his first meeting with the government's vice-president, Pierre Laval. On 13 September 1940, he was granted an audience with Marshal Pétain. He took the opportunity to thank him for what the new government, as part of a moral revival, wanted to undertake against alcohol abuse and divorce

---

15. Robert Owen Paxton, *Vichy France: Old Guard and New Order, 1940-1944* (New York: Columbia University Press, 1972) 171-172.

and for its policies regarding families and the youth.[16] In 1941, Pétain created a *Conseil national,* which Boegner also joined as a representative of one of the churches in France. This was a consequence of his endorsement of the national and moral renewal.

The Reformed Boegner continued to feel uneasy about his position in the *État Français,* as it began looking for historical examples to support its ideology. For instance, it organised an anti-republican, Catholic rehabilitation of Joan of Arc. The commemoration of her death at the stake became a national holiday, offering the opportunity to emphasise the heroine's struggle against the English. That led to incidents in front of and in Reformed churches in 1941, and, in 1942, to a Protestant protest against a pamphlet distributed at schools, in which could be read, "que si Jeanne d'Arc n'avait pas triomphé, la France serait devenue anglaise et protestante" with disastrous consequences for western civilisation.[17] Till the summer of 1942, Boegner continued to support the marshal's government, partly out of conviction but also increasingly just to avoid harassment. The deportation of Jews from France in the summer of 1942, however, marked a transition.

The Protestant Churches in the summer of the German invasion held a position of communal acceptance of the status quo. In The Netherlands, there developed an oppositional accent – the lawful authority was the House of Orange, while the actual authority was the regime of the *Reichskommissar* Seyss-Inquart with which negotiations were conducted and mutual boundaries defined. The preservation of the Prayer for the Queen also made it possible for the Dutch churches to identify themselves with the nation state and its history. This was The Netherlands' variant of a European-wide phenomenon in which religious institutions took upon themselves (or were credited with) the task of representing the suppressed national identity. In France, the Reformed Church in the person of its president offered to support the domestic government, which, through its ideology, brought about the realisation of a French national version of a corporatist revolution. In this way, the *Église réformée* became involved in a political moral offensive, which they endorsed until such time as their own organisations – primarily the Protestant youth movement – threatened to be sacrificed in favour of a national organisation. For all the above-mentioned churches, it is true that the

---

16. Roger Mehl, *Le pasteur Marc Boegner (1881-1970): Une humble grandeur* (Paris: Plon, 1987) 141.

17. Jacques Poujol, *Protestants dans la France en guerre 1939-1945: Dictionnaire thématique et biographique* (Paris: Les éditions de Paris, 2000) 96.

new regime indeed endeavoured to limit their social influence but that life was not made impossible for them. There remained latitude for religious manoeuvring in Western Europe.

Excursus: The Lutheran Variant in Alsace

A different picture is presented in Alsace. In this region, the Lutheran Church (*Église de la Confession d'Augsbourg d'Alsace et de Lorraine* – ECAAL) and the Calvinist Church (*Église réformée d'Alsace et Lorraine* – ERAL), when measured by French standards, occupied an exceptional position for a longer time. Ever since the Treaty of Westphalia (1648), when the Lutheran and Calvinist Churches had had their rights of 1624 restored, the region had experienced freedom of religion. During the reign of Louis XIV attempts were made to win back the whole of Alsace for Mother Church. Thus, the Cathedral of Strasbourg was restored to Catholic worship. After 1870, the region was annexed by the German Reich. That meant that the law regarding the division of church and state in the Third Republic (1905) was not applicable to them. So the *régime concordataire*, from Napoleonic times, still remained in force after the return of Alsace to France in 1918. The Lutheran and Calvinist clergy were paid by the Third Republic, as was Christian education.

Table 3: Religion in Alsace[18]

Year	Population	Catholics		Protestants		Jews	
1871	1,043,178	771,528	74.0%	237,291	22.7%	32,241	3.1%
1910	1,218,803	867,194	71.2%	322,934	26.5%	23,468	1.9%
1931	1,199,915	877,640	73.1%	257,150	21.4%	20,202	1.7%
1962	1,318,070	962,136	73.0%	251,177	19.1%	8,304	0.6%

The ratio of Lutheran to Calvinist churches in Alsace was four to one. The Lutherans were particularly well-established in the department of Bas-Rhin and in the cantons of Munster and Andolsheim in the Haut-Rhin department. A (comparable) concentration of Calvinists could be found in the areas surrounding Mulhouse on the Swiss border. Most of the Lutheran ministers, who usually received their formation in Germany, the cultural and theological cradle of Lutheranism, were with difficulty able to submit to the post-1918 process of francification. Secularisation was also blamed on this process. "Quand les Allemands partirent,

---

18. Marc Lienhard, *Foi et vie des protestants d'Alsace* (Strasbourg: Oberlin/Wettolsheim-Colmar: Mars et Mercure, 1981) 105.

les églises strasbourgeoises furent vides."[19] In the much smaller Reformed Church, sympathy for the French State was greater. Calvinism bore the mark of French influence, not only due to the origins of its founder but also due to the proximity of the francophone and overwhelmingly Calvinist part of Switzerland.

Following the defeat of the French army, Alsace was assumed back into the German Reich in August 1940. It was administratively merged with the district of Baden. The majority of Protestants in the region regarded the annexation as a return to pre-1918 conditions and once more considered themselves the Lutheran majority in a German territory. At the time of the annexation, approximately 600,000 Alsatians had been evacuated to Central France because their houses lay in the firing range of the Maginot Line. Most returned after August 1940. Among them were clergymen who the German army greeted with the chorale *Nun danket alle Gott*. While Catholics enjoyed the favour of the new regime in Vichy France, the Lutheran Church sought to control the position of privilege in Alsace. This Lutheran endorsement had its origin in two points of view. The first is that this Protestant church carried with it the legacy of a German Reformation and thus could also represent German culture in Alsace. (This could be personified in the influence of the pastor, doctor and organist Albert Schweitzer, himself an Alsatian by birth.) The other is that the doctrine of the two kingdoms in Lutheranism, i.e. the separation of church and state authority, obliged believers to comply with the God-willed state, and thus also to adapt to a given balance of power. That was at least a characteristic that applied particularly to the German Evangelical Church.

On 23 June 1940 the German regime chose the Lutheran minister Charles Maurer to be, according to the *Führerprinzip*, the ecclesiastical authority in the *Église de la Confession d'Augsbourg d'Alsace*, which was henceforth known as the *Evangelisch-lutherische Landeskirche* of Alsace. At the end of September, he was officially proclaimed *zum Oberhirten* in the St. Thomas Church in Strasbourg. Maurer had been part of a group of *Autonomisten* who were interned in Arches in the Vosges by the French government during the heat of the battle. He was editor of the *Friedensbote*, a weekly publication of the orthodox Lutherans. The majority of ministers agreed with this appointment because Maurer was an Alsatian in contrast to the other new administrators in this German

19. Didier Sturtzer, *Les Églises protestantes d'Alsace pendant la Seconde Guerre Mondiale*. Mémoire présenté en vue de l'obtention de la Maîtrise de Théologie Protestante (Strasbourg, 1983) 15.

province. He was a germanophile, though not a follower of National Socialism, and moreover a competent administrator.

His moderate attitude is immediately apparent in his answer to the German offer to reserve Strasbourg Cathedral for Protestant worship again. He rejected it. He favoured declaring the cathedral a national sanctuary for all in the Great German Reich who strove to live according to a positive Christianity in faith and praxis. In the end, neither of these ideas was actualised. The German mayor of Strasbourg and Maurer both realised that the former would bring discord among the Alsatian '*Heimatvolk*,' while the latter option of a national sanctuary would rob the church of Christian worship.[20] Maurer also made sure that pastors were not required to completely banish the French language from their churches but could rather, after the obligatory German service, serve the French faithful in a summarised form. Maurer underlined the German character of the church: "l'Église protestante est la gardienne du Volkstum allemand."[21] Sometimes he even went so far, in anticipation of a relaxing of the rules, as to praise National Socialism and express the hope that this ideology would include church life in the national revival. In contrast to this endorsement were his unremitting efforts to get persecuted clergy freed and, for as long as possible, to preserve a certain independence for 'his' church in the German Reich. In 1941, the *Evangelisch-lutherische Lansdeskirche des Elsass* was incorporated into the *Vereinigte evangelisch-lutherische Kirche Deutschlands*. From then on, the Lutheran students of theology received their education at the universities of Tübingen, Erlangen or Leipzig. The faculty in Heidelberg, on the other hand, was avoided as a stronghold of the German Christians who made no secret of their support for Hitler.

The Lutheran Church in Alsace, at the moment that it came *Heim ins Reich*, became a German church. It was stripped of a considerable number of French influences. The francophone theological centre, the faculty, had indeed already been relocated at the outbreak of the war in 1939 from Strasbourg to Clermont-Ferrand. As a result, its Church's history is more readily understood in a German context than in a French one. As part of the germanisation of Alsace the Nazi regime implemented the same religious policy that was being carried out in the Warthegau and the Protectorate of Bohemia. Sermons had to be given exclusively in German. The so-called Organic Articles were scrapped.

20. Sturtzer, *Les Églises protestantes d'Alsace*, 52-59.
21. *Les Églises protestantes pendant la guerre et l'occupation*, 543.

The Lutheran Church thereby lost its public status. As a private organisation it was taxed with *Gewerbesteuer, Umsatzsteuer* and *Körperschaftsteuer*. Some church buildings were requisitioned. The imposed church tax was to be paid directly by the Alsatian Protestants. "Payer sa cotisation revenait à témoigner son opposition, voire son hostilité au régime anti-clérical au pouvoir."[22] These measures led to a situation where, in the Lutheran Church, ministers and parishioners became disillusioned with the nature of the ruling German regime. However, that did not lead to the extreme of a protesting church. For example, there were no protests from the pulpit against the persecution of the Jews, which was particularly fierce in Alsace, most notably in Strasbourg which had a concentration of Jewish citizens.

As the war intensified, the Lutheran communities became increasingly places of refuge and its ministers agents of social cohesion and consolation.[23] In the sermons, the emphasis lay on a spiritual deepening and the development of a personal and family piety. It was not for every minister to speak prophetic words against the ruling ideology nor to remind the parishioners of their civic duty, let alone their Christian duty. "Faire entendre une parole prophétique revenait à s'exposer aux représailles; faire entendre une parole agréable aux oreilles de l'occupant revenait par contre bien souvent à voir vider les bancs de l'église."[24]

In December 1944, after the French recapture of Alsace, the body of ministers was subjected to purification. In some cities and towns the '*pasteur*' was accused of collaboration and ousted or driven away. Four ministers were dismissed, seven resigned voluntarily, some were forbidden to preach and others were simply transferred. In some communities, the differences that became apparent during the German annexation continued to cast a long shadow after the war.

V. Second Theme: The Theological Confrontation with National Socialism

The second question in this combined historiography reads as follows. In which terms did the Christian churches carry out the theological struggle with National Socialism and what developments can be

---

22. Sturtzer, *Les Églises protestantes d'Alsace*, 99.
23. Bernard Vogler, "Le protestantisme alsacien pendant la deuxième guerre mondiale," *Bulletin de la Société de l'histoire du Protestantisme français* 127 (1981) 583.
24. Sturtzer, *Les Églises protestantes d'Alsace*, 154.

recognised therein? Upon closer inspection, it appears immediately meaningful to make a distinction within Calvinism between the *gereformeerde* and *hervormde* versions. The former presents a uniquely Dutch development while the latter reveals, by means of a look across the border, several remarkable similarities.

The *Église réformée de France* and the *Nederlandse Hervormde Kerk* (Dutch Reformed Church) were both marked by nineteenth-century struggles between modernism and orthodoxy, traces of which could also be found in their twentieth century administration and organisation. An important consequence of this was a degree of reticence with respect to doctrinal pronouncements and church discipline. This doctrinal neutrality led to a situation in which clergy with an implicit or explicit National Socialist inclination could also find place within the *Hervormde* Church. Among the *Hervormde* clergy, there were a small number – fifteen – who openly declared their support for the party NSB. There was also a larger group that both before and especially after 1940 sympathised with the German regime. As far as any clarity can be given to their motives, they were moved by socially-minded idealism or preached the idea of a "God professing" state, an implicit rejection of the neutrality of government. In the political spectrum of French Calvinism there was also a place for a radical right wing. "*La droite protestante*" preferably, though not exclusively, joined the *Association Sully*, which was named after the Calvinist civil servant and minister of finance during the reign of Henry IV, Maximilien de Béthune Sully (1560-1614). They were viewed as a Protestant version of the *Action française*. They were led by the church minister Noël Nougat (1882-1944), "*le Maurras des protestants royalists*," who called himself Noël Vesper and was a pastor in Lourmarin in Provence.[25] He saw democracy as incompatible with the Christian religion and strove for a restoration of the monarchy and reconciliation between the monarchy and the Reformation. The group were supported by Protestant aristocrats and bankers.

The *Gereformeerde Kerken* (Reformed Churches in The Netherlands) presented a different picture in the 1930s – one of cohesion. They were a confessional church and followed the Canons of the Synod of Dort as one of their foundational documents. That meant, among other things, that they explicitly held state interference in church matters to be unacceptable. The history of the *Gereformeerde* synods is characterised by intense discussion of dogmatics and by disciplinary procedures and

---

25. André Encrevé in *Les protestants français pendant la seconde guerre mondiale*, 43.

exclusions. Neo-Calvinist theology was at a highpoint in The Netherlands during the interbellum period due to the development of the Free University. Established in 1880, it had expanded in subsequent decades and the intellectual initiative of its founder, Abraham Kuyper, was broadened and deepened. The Theological Academy in the provincial town of Kampen, founded as a result of the schism of 1834, also had a part to play in the greater community of the *Gereformeerde* Churches by contributing to this flourishing. The theology faculty and college were full and offered an academic grounding to scores of young, orthodox, church scholars.

Those who study the subject of the theological confrontation with National Socialism inevitably come across the name of the Swiss theologian Karl Barth (1886-1968). There are two reasons for this. Following the appearance of Barth's *Römerbrief,* a commentary on Paul's Letter to the Romans, in 1919, attention was focused on him by a generation of young Protestants who found his radical ideas stimulating in their postwar critique of bourgeois society. Furthermore, through his leading role in the German Church Conflict, he breathed new life into the political dimension of Protestant theology and thereby formulated a Christian argument for the right of resistance.

Barth studied in Germany, but his ideas in the years after the First World War represent both a departure from a theology that seeks to entangle the church and bourgeois culture, and from German pietism. This means that theology, which in his eyes had transformed itself into anthropology, had to win back its lost themes: instead of concentrating on the religious person one must look for the revelation of God. The knowledge of God is indirect, "eine Entdeckung der Alterität." That means that Christians could make no direct plea to a historically present God. Barth turned against what he called natural theology, the interweaving of church and culture. In place thereof, he posited a *'diastase'* between them. The consequence of this was that in dialectical theology a Christian form of government was rejected.[26] In his *Church Dogmatics*, which would eventually comprise ten volumes, Barth entered the old reformation views into a discussion with Catholicism and anthropology, which also resulted in the creation of new concepts and expressions.

In the years following 1933, this theology also became a summons to resistance against the totalitarian state. Barth also stands at the origin of

---

26. Summarised in: George Harinck, *Tussen Barmen en Amsterdam,* Oratie aan de Theologische Universiteit van de Gereformeerde Kerken in Nederland te Kampen (Amstelveen, 2003) *passim.*

the so-called Barmen Declaration (1934), which formed the basis of the *Bekennende Kirche*. The doctrine that the state should and could become the sole and total order of human life, thus fulfilling the church's vocation as well, was condemned as a false doctrine. It was also a false doctrine that the church should set itself political goals and take upon itself the dignity of state, thereby becoming an organ of the state. Karl Barth made the relationship between church and state one of the main themes of his theological reflection. In 1938, he delivered a lecture to Swiss clergy on "*Rechtfertigung und Recht*," in which the relationship between "divine justification" and "human justice," and between church and state, was considered using biblical traditions and arguments as a basis.[27]

The utopia of a 'heavenly Jerusalem' makes it impossible for Christians to believe that the state should be absolute. On the other hand, in the biblical tradition, the state and her servants are prayed for.

Initially, Barth's dialectical theology drew support from a generation of Christian students, who, in the spiritual climate immediately following the First World War, became fascinated by his radicalism concerning faith in God and the rejection of a society-immersed church. After 1933, when Karl Barth was formulating his Barmen Declaration, this radical theology became a radical politics, the epitome of a religiously inspired opposition against the absolutisation of race and the totalitarian ideas of National Socialism. Looking back, it must be added that the persecution of the Jews was not a primary theme in the first phase. It was not until the war itself began that the core of a gradually more overt opposition came about.

The French introduction to Karl Barth was not just a moment of intellectual curiosity. It fitted in with the network of theological and intellectual affinity that existed between the Calvinist churches in France and francophone Switzerland (Suisse Romande). He first hosted guest lectures in Strasbourg in 1924. Ten years later he was a distinguished guest at the Protestant Theological Faculty in Paris. In that year, Karl Barth, by then spokesman and victim of the church conflict in Nazi Germany, became a scholar "non plus d'un commentaire en marge des théologies existantes, mais d'une théologie ample et solidement constituée."[28] His influence in France extended as far as André Philip, leader of a Protestant movement of socialists collectively known as *Christianisme*

---

27. Karl Barth, *Eine schweizer Stimme 1938-1945* (Zürich: Zollikon, 1945) 13-57.
28. Bernard Reymond, *Théologien ou prophète: Les francophones et Karl Barth avant 1945* (Lausanne: L'âge d'or, 1985) 27.

social, and to intellectuals such as the writer André Gide and the philosopher Paul Ricoeur.

In France too, it was the post-war generation of students who felt called upon by the radical theology of Karl Barth. The most important of these was Pierre Maury. Born in 1890 he had been the secretary of the *Fédération française des Associations chrétiennes d'étudiants,* the French version of the Christian student associations, and had set up a journal entitled *Foi et Vie* in which these young people were given a chance. One of the editors was the Swiss Denis de Rougemont, an advocate of personalism during and after the Second World War. *Foi et Vie* was in a certain sense the Protestant equivalent of *Esprit,* the journal by Emmanuel Mounier that sought to find a personalist third way between fascism and communism. Maury was called as a minister in 1934 to Ferney-Voltaire, a French village that bordered on the canton of Geneva. There he came into contact with W. A. Visser 't Hooft, the secretary of the World Council of Churches in process of formation and an equally convinced Barthian. Afterwards, Maury became a minister in Passy (near Paris), the congregation in which Boegner served, and in 1942 he became a professor at the Protestant Theological Faculty in Paris.

In the discussion within French Protestantism there was a liberal critique in which Barth was reproached as "un christocentrisme excessif." Liberals "s'indignaient de la part apparemment réduite, sinon inexistante, faite à la liberté humaine, ils dénonçaient le pessimisme d'une doctrine qui enseignait le caractère radical du péché de l'homme. Ils y voyaient une résurgence de l'orthodoxie abhorrée." The orthodox on the other hand did not recognise in his theology "qui, au lieu de s'attacher aux formules dogmatiques, séfforçait au contraire de mettre en évidence non pas une doctrine sur Dieu, mais l'acte même de Dieu, se révélant lui-même en Jésus-Christ, sujet et objet de la révélation. La querelle des barthiens et des antibarthiens finit par occulter l'opposition traditionnelle des orthodoxes et des libéraux."[29] The theology of Barth led to a new style of preaching among those inspired by him – the abrupt and passionate sermon from which every psychological analysis and every moralism had vanished, a direct appeal from the Word of God. It sounded different to the tradition of "holy rhetoric" at the beginning of the twentieth century.

The context in which the new theology of Karl Barth became known in The Netherlands was provided by the *Nederlandse Christen-Studenten*

---

29. Mehl, *Le pasteur Marc Boegner (1881-1970),* 76.

Vereniging or NCSV (Dutch Christian Students Association) and especially by its secretary Nico Stufkens. Also contributing to this context was the *Gereformeerde Studenten Bond* or GSB (Reformed Students Union), particularly its member Jan Buskes who would rise to prominence as a pastor. The members read the *Römerbrief* in the winter of 1922-1923, when no theology professor in The Netherlands had yet brought it up in a lecture. At the end of May 1926, Barth gave lectures for the first time in The Netherlands. When Barth got into difficulties in 1935 because of the Church Conflict in Germany, an attempt was made to offer him a chair at the university in Utrecht. The *Hervormde* Synod refused to allow it. He did indeed come to Utrecht to deliver guest lectures on the Apostolicum. Through these he raised more ideas for discussion than anyone in The Netherlands had done. The Dutch translation of these lectures was done by the minister and theologian K. H. Miskotte. Due to the massive interest, the people had to move to a hall in the building of Arts and Sciences.[30] In March 1939, he was invited once again, this time by the leadership of the *Vrijzinnig-Christelijke Studenten Federatie* (Liberal Christian Students Federation), to give a guest lecture in five university towns. The Dutch government interfered with this invitation. Barth would only be allowed to appear if he submitted his lecture to the Minister of Justice beforehand for approval. Barth refused, using the argument that there exists no theology that is a politically neutral matter. In all the university towns, the local politicians followed his moves. In Amsterdam the police intervened when Barth wanted to answer political questions. He called upon his audience, in the name of the Christian faith, to take the side of humanity. His appearance and the political commotion that accompanied it, made a big impression on the students and clergymen. Barth, at the end of his tour, decided not to visit Prime Minister Hendrikus Colijn.[31]

In the circle of the Neo-Calvinists, Barth's concepts were discussed from 1925 onwards. People appreciated his radical theology in the sense that it restored the absoluteness of God. "We say the term 'the glory of God' far too easily." But "Barth only sees the top of the mountain and the depth of the valley. He sees nothing of the way to the top." The lack of reflection over the way along which God leads his people in the history of salvation "will ring out like a *cantus firmus* in all further

---

30. Karl Barth, *De Apostolische Geloofsbelijdenis*, voor Nederland bewerkt en van aanteekeningen voorzien door K. H. Miskotte (Nijkerk: Callenbach, 1935).
31. Van Roon, *Protestants Nederland en Duitsland 1939-1941*, 143-145.

Neo-Calvinistic criticism of Barth."[32] A special position was taken by the theologian Klaas Schilder (1890-1952). He was, from 1934 onwards, a professor at the Theological Academy of Kampen.

Schilder took it upon himself to critically direct the Neo-Calvinistic critique with the thesis that Barth had "murdered" the excellent Reformed academic discipline of the *historia revelationis,* the history of the unique revelation of God. God is not only *transcendent* – above and independent of the world – but also *immanent* in the world, patiently accompanying us. Schilder referred to the inaugural sermon of Abraham Kuyper in Amsterdam (1870) entitled "Geworteld en gegrond" ("Rooted and Grounded") and argued that in Calvinism God is not only seen in terms of a lightning bolt in the horizontal world but also accompanies the people of God with "pillars of cloud and fire" on their way through the desert.[33]

In Schilder's view, the radical theology of Barth threatened to turn away from Christian politics and from neutrality with regard to the form of government that had arisen during the course of history. Scripture and history obliged Calvinism to be vigilant with regard to the state and to persevere with the form of government willed by God and rooted in Christian history. He had a decisive influence on the resolution of the synod of *Gereformeerde* Churches in Amsterdam (1936) in which it was declared that there was no place for *gereformeerden* (members of the *Gereformeerde* Churches) in organisations based on unscriptural deviations such as the leadership principle, the totalitarian state or the antimilitaristic rejection of war. In a single resolution the *Nationaal-Socialistische Beweging* (National Socialist Movement or NSB) as well as the Barthian inspired *Christelijk-Demokratische Unie* (Christian Democratic Union) were condemned. The decision of the synod led to the *Gereformeerde* minister Dr H.W. van der Vaart Smit resigning from his office and, with a Christian press bureau, actively supporting the NSB.

Once war had broken out, Karl Barth, at the time professor in Basel in the neutral land of his birth, became a voice that encouraged resistance. The generation that had gathered around his lectern during the interbellum period now made use of ways and means to learn his opinion on the position that people should adopt as Christians and Protestants towards

---

32. Martien E. Brinkman, *De theologie van Karl Barth: Dynamiet of dynamo voor christelijk handelen: De politieke en theologische kontroverse tussen Nederlandse barthianen en neocalvinisten* (Baarn: Ten Have, 1983) 16-17.

33. *Ibid.,* 20.

the enemy or occupier. It was through the journal *Foi et Vie* in December 1939 that he addressed himself to the French theologians who had heard him speak earlier in that year in a series of lectures. Barth argued, in his *Lettre aux Protestants de France*, that there can be no neutrality for the Church when there is injustice and violation of basic rights. It would be deplorable if the Christian churches, which had so frivolously adopted a nationalistic position in previous wars, even blessing the weapons, would now hide behind a neutral and pacifistic policy. At the close of his letter he left open the possibility that the war could end in victory for Hitler's Germany, "*un redoutable adversaire*," and that there was a very real possibility that Christians would be confronted with the signs of the Anti-Christ. The French censor did not allow this text into the journal.[34]

In a second, secretly circulated missive to the Protestants of France, which was composed in October 1940, three months after the German victory and the Armistice, Barth urged his readers to realise that the Church in France, in contrast to the state, had not negotiated an armistice. From a spiritual viewpoint, the war would now have to continue. He warned against apathy as a form of humility, because humility only counts with respect to God and not with respect to the circumstances and forces of this world. Repentance, another virtue that took root, should not be allowed to be equated with a complete and fruitless submission to the political reality and a passive remorse for the wrongs committed: "elle aurait encore moins se manifester dans les prétendues innovations par lesquelles on procurerait plus que jamais au 'vieil homme' un triomphe accompli." This was an unequivocal reference to the reception of the old Marshal Pétain.[35]

In July 1942, Karl Barth responded "an meine Freunde in den Niederlanden" to a question that was sent to him regarding the Prayer for the Queen. If this prayer was formerly meant as a serious confirmation of "the God-willed, just state" and not as an expression of romantic "fiddling" or sentimental patriotism, then it must now more than ever be maintained. This affirmation of the righteous state, of which the House of Orange is the exemplar in The Netherlands, must be the Christian answer – *articulus stantis et cadentis ecclesiae* – to the rapacity of National Socialism.[36]

---

34. Text in: Pierre Bolle and Jean Godel (eds.), *Spiritualité, théologie et résistance: Yves de Montcheuil, théologien au maquis du Vercors* (Grenoble: Presses universitaires de Grenoble, 1987) 155-160.
35. Text in: Bolle and Godel (eds.), *Spiritualité, théologie et résistance*, 161-166.
36. Barth, *Eine Schweizer Stimme*, 246.

The torch had already been taken up. In both France and The Netherlands, pastors and parishioners had been inspired by the example of the Barmen Declaration in the German Church Conflict. Kindred spirits united in formulating new theses that testified to radical compassion and through the succinctness of the formulation were of influence on the governing organs of the Reformed churches. In comparison with the example of Barmen, the propositions of Dutch and French groups were clear on one particular issue – the persecution of the Jews was explicitly mentioned and the Christian concern about it was founded in each case upon a biblical relationship.

The resistance inspired by Barth was at the core of the ideas conceived by a group of ministers and congregants who had met each other in 1937 at a conference in Doorn on dialectical theology. One of them was the pastor Jan Koopmans, who, until the first year of the war, was the secretary of the NCSV. He became the main editor of the so-called *Amersfoortse Stellingen* (Amersfoort Theses), in which, following the example of Barth's Barmen Declaration, it states that the Christian Church, without fear of the government and its subjects, has to speak out and that the neutrality of The Netherlands at the time should not infringe on the preaching of Jesus Christ because the Church has to speak where the state keeps silent. What is striking – and this is where it went further than the Barmen Declaration – is the position taken against the persecution of the Jews. "God still thinks of this people in a special way." The acknowledgement of this binds one to unambiguous protest against any anti-Semitism whatsoever and to actively assist those who are persecuted for these reasons.[37] Karl Barth and Willem Visser 't Hooft, the young secretary of the embryonic World Council of Churches, declared their endorsement of the *Amersfoortse Stellingen*. In August 1940, three months after the German invasion, the signatories made themselves heard in an appeal to the *Nederlandse Hervormde* Church to raise the urgent issue of the growing anti-Semitism for discussion. In October 1940, when measures were taken to remove Jewish officials from the civil service, the Protestant churches made their protest to the occupying regime for the first time. It was the first public and ecclesiastical – Protestant – criticism of the incipient persecution of the Jews.[38]

In a meeting place of the French Reformed Church in Pomeyrol, not far from Tarascon in the district of Bouches du Rhône, some clergy and

---

37. Van Roon, *Protestants Nederland en Duitsland 1939-1941*, 159-160.
38. Lou de Jong, *Het Koninkrijk der Nederlanden in de Tweede Wereldoorlog*, vol. 4 (Den Haag: Martinus Nijhoff, 1972) 775.

parishioners convened on 16 and 17 September 1941 to formulate theses concerning the attitude that Christians and the Church should adopt with regard to the worldly authorities. At this meeting, Willem Visser 't Hooft also made an important contribution. In the first thesis, Jesus Christ was called "un seul Seigneur de l'Église et du monde." In other words, the Christian Church recognises no Lord other than Jesus Christ. In the second thesis it stated that it belonged to the Church "de porter un jugement sur la situation concrète de l'État ou de la nation, chaque fois que les commandements de Dieu (qui sont le fondement de notre vie en commun) sont en cause." The Church must recognise the authority of the state, said the fifth thesis, and she must urge her members to fulfil there civic duties. However, obedience to the state is subordinate to the absolute obedience owed to God by human beings. In the sixth thesis, the individual freedom rights were defended. The seventh thesis contained a protest against the persecution of the Jews. This begins with a reference to biblical history on the basis of which the Church acknowledges that the people of Israel were chosen to bring forth the Redeemer of the world and to be an enduring witness among the nations to the mystery of the Christian faith. The group thus recognised that the state found itself up against a problem that begged for a solution. However, "elle élève une protestation solennelle contre tout statut rejetant les Juifs hors des communautés humaines."

The group consisted largely of ministers from the southern, unoccupied part of France and the majority were also members of the French Christian student union. Visser 't Hooft, who could travel freely through Southern France from Geneva, could inform the group about developments in German and Dutch Protestantism. The authors had especially the Vichy Government in mind and therefore also the problem of loyalty to a government that had come to power through legitimate means and had negotiated the cease-fire with Nazi Germany. In 1942, the National Synod of the Reformed Church in Valence adopted a number of concepts from the theses in an official declaration. Anti-Semitism, which was a perturbing issue at Pomeyrol, had yielded an answer in the French Reformed Church. On 26 March 1941, Boegner wrote a letter in the name of the national council of his church to the French chief rabbi, in which he expressed his sympathy for the Jewish citizens in the ordeals and injustices they faced stemming from the anti-Semitic legislation of Vichy. In this letter – which was of a private nature but would quickly become generally known – the biblical relationship so typical of Protestant declarations is also apparent. "Entre vos communautés et les Églises de la Réforme existe un lien que les hommes ne peuvent briser: la Bible der Patriarches, des Prophètes et des Psalmistes, l'Ancien Testament dont Jésus de Nazareth a nourri son âme et sa pensée et d'oú ses disciples de tous les siècles entendent la parole de Dieu."[39]

The politicisation that flowed from Karl Barth's theology and was a consequence of its place in the German Church conflict had an influence on the younger generation of Protestant theologians that is difficult to underestimate. In the context of the war, the rejection of the totalitarian state – the main theme since 1934 – was augmented by the criticism of and protest against the persecution of the Jews. That radicalism was spread by young ministers. In general it can be said that, in both France and The Netherlands, the Reformed churches were the first to protest against the measures taken to exclude the Jews, before the Catholic episcopates in both countries united in a common rejection of the persecution of the Jews. The politicisation of theology, under the influence of Karl Barth, is one of the reasons. However, stronger still is the argument based on a biblical solidarity with the people of Israel, which indeed echoes the Protestant communities of old.

Excursus: Passivity ('Bevindelijkheid' in Dutch) in the War

The theses encountered responses, in a positive but also in a negative sense, especially among the sympathisers of Pastor Noël Nougat and his Sully group. Their answer came in the form of eight theses. In the fifth, the authors made a distinction between punishment (*châtiment*) and persecution. The Jewish population had to win back trust by carefully considering in conscience the measures that the state felt forced to implement and that held a lesson for these people. The punishment was referred to in the eighth thesis as an occasion for the French nation and the Christians of France to convert. Key notions such as repentance and punishment point to an interpretation of the war as God's punishment for the sins of society or of Christians. A similar interpretation can be found in the 1942 declaration by the small group of orthodox Reformed Protestants called *Églises réformées évangéliques indépendantes* concerning the demands of God's mercy and forgiveness, namely that Christians during the war had to first and foremost confess.[40] This orthodox movement was not affiliated to the *Église réformée* and emphasised its own way of thinking. Awareness of sin and its consequences, the mind-set of

---

39. Text in: Bolle and Godel (eds.), *Spiritualité, théologie et résistance*, 171.
40. Bolle and Godel (eds.), *Spiritualité, théologie et résistance*, 192, n. 36.

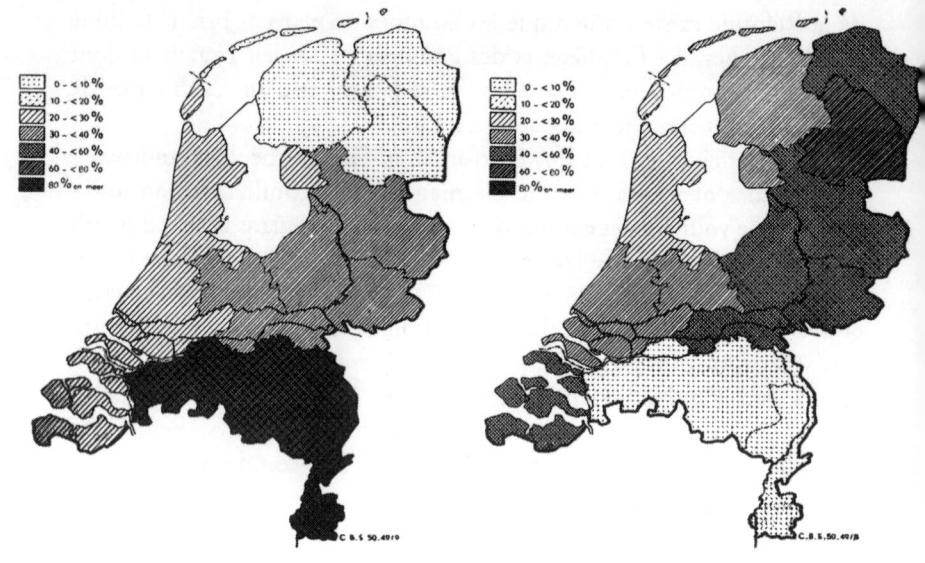

1. Roman Catholic Church

2. *Nederlands Hervormde Kerk*
(Dutch Reformed Church)

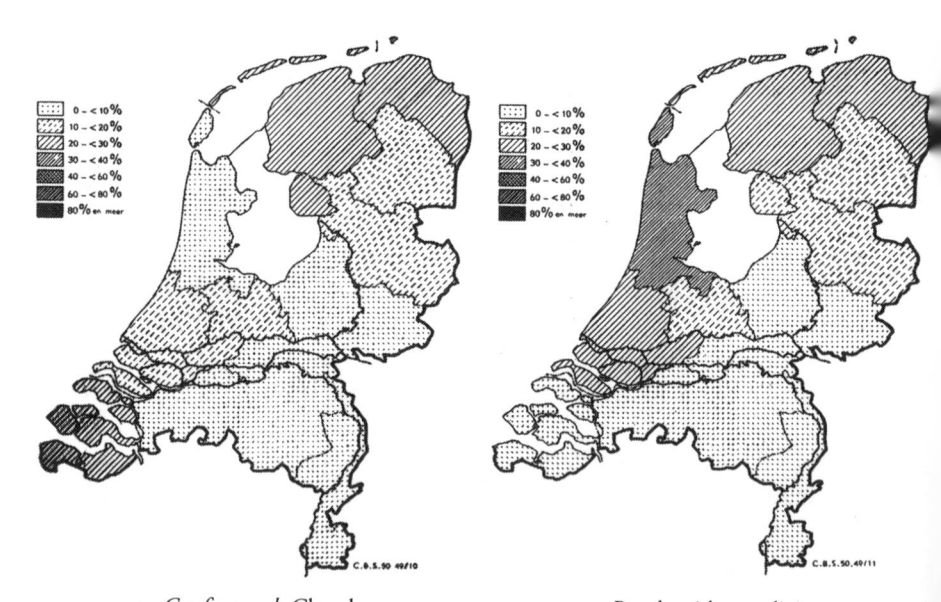

3. *Gereformeerde* Churches

4. People without religion

Map 2. Religious denominations in The Netherlands in 1947.
Percentage per province
Source: *Volkstelling 31 mei 1947*, vol. 5, *Kerkelijke gezindten*, 11.

passivity, was more clearly present in Dutch Calvinism. Within the framework of the history of the war, it was in fact the subject of two public discussions: one about the attitude of the ecclesiastical (and political) leader of the *Gereformeerde Gemeenten* (Reformed Congregations) and one concerning the tragic lot of more than four hundred captives from the village of Putten.

In the spectrum of Calvinism in The Netherlands the passive current emphasising the experience of God was situated on the right. They were *Gereformeerde* Christians who earned their label through a strong belief in God's election, which applies irrespective of people's deeds. Following Calvin's line, it was held that some are ordained for eternal life, others for eternal damnation. These *gereformeerden* heard from the pulpit that they could certainly never receive the grace of God through their own efforts but that they were indeed subject to the requirement of conversion. The consequence thereof is that individual activities and efforts contribute nothing to this conversion. Thereby, they distinguished themselves from *gereformeerden* who accepted Abraham Kuyper's teaching on regeneration – in the baptism of the children of believing parents, their regeneration can be presumed. This conviction fostered a certain faith among these *gereformeerden*, a certain optimism about their actions and a certain activism in their life in society.

The passive faithful, concentrated in islands and along the large rivers, were joined together in the *Gereformeerde Gemeenten*. It was especially the minister Gerrit Hendrik Kersten (1882-1948) who broke through their abstention from social and political life and endeavoured to mobilise them. When the universal franchise was adopted in The Netherlands in 1918, he established the *Staatkundig Gereformeerde Partij* or SGP (Political Reformed Party). In 1940 he was a pastor in Rotterdam, a Member of Parliament and the leader of this party. His social perception was laden with the awareness of sin. At the annual meeting of the SGP in April 1940, he made an association between the threat of war and the great sins in Dutch society. It should not be surprising that God would also stretch out his punishing hand over The Netherlands. "Our fall shall be great then."[41]

In the first issue of the daily newspaper *De Banier* to appear after the German bombing of Rotterdam (18 May 1940), he wrote a feature article entitled "God's Justice Upheld." War had broken out because of sin in Dutch society. God justly visited his wrath upon The Netherlands. God

---

41. Willem Fieret, *De Staatkundig Gereformeerde Partij 1918-1948: Een bibliocratisch ideaal* (Houten: Den Hertog, 1990) 221.

did no wrong, including when he "used the Germans to strike us."[42] That departure point was so consistently maintained that in later articles the Rev. Kersten devoted not a single indecent word to the German invasion or the bombing, the consequences of which he himself had experienced as a citizen of Rotterdam. He praised Seyss-Inquart's promise of freedom of religion in the speech with which Seyss-Inquart accepted the office of Reich Commissioner.

Regarding the House of Orange, he pointed out to the readers of his newspaper *De Banier* that in the nation's past groups of the Dutch population itself had sought to prevent the country from being governed by a King or Queen of Orange but that now, after the German invasion, a political situation had arisen in which the German regime would make a decision regarding the return of the Oranges and a potentially independent existence for The Netherlands. Along the same line of argumentation, he found it irresponsible to urge the population to revolt. That was "inflammatory politics." Only if the government should make demands contrary to the commandments of God, if for instance it demanded a violation of the Sunday Sabbath or the involvement of children in sport and vain service to the world, was disobedience possible. After the liberation of The Netherlands, this train of thought was adapted. Kersten and his fellow officeholder P. Zandt praised the mercy of God who freed The Netherlands from the oppressor "who He used to rule over us for some time." God had set a limit to Hitler's conquest. The old covenant between God and William of Orange would have to be renewed by Queen Wilhelmina so that the Dutch people could again walk in the ways of the Lord.[43]

After the war, such pleas for passivity were assessed differently. Rev. Kersten, as a member of parliament for the SGP, had to submit himself to a purification process in September 1945. The outcome was negative. That meant that he could not return as a Member of Parliament. Nevertheless, his party did not distance itself from its founder, but instead named the sixty-five year old Kersten honorary chairman. "People still saw him as the preacher of penitence who confronted the nation with what would happen to them if they persisted in sin. Despite loyalty to the occupier, people did not suspect him of being a Nazi sympathiser."[44]

This public purification process was not the only outcome of the public confrontation between wartime conduct and passivity. There was

42. Fieret, *De Staatkundig Gereformeerde Partij*, 221.
43. Ibid., 239-240.
44. Ibid., 244.

a second case that played itself out on the right of the *Nederlandse Hervormde* Church – the so-called Putten affair. The following question was at the core of a post-war debate: to what extent did the sense of sin and the passivity of a large number of the Putteners contribute to the terrible end to their imprisonment in German concentration camps?[45]

In the autumn of 1944, the inhabitants of the village of Putten on the Veluwe, a region in the centre of the Netherlands, were punished for an attack on German soldiers by a resistance group in the surrounding area. Some 98 homes were burned and 499 male inhabitants were deported to concentration camps in Northern Germany. Of these, the majority (426) would not survive this imprisonment, among them 254 family men. Though this reprisal was already a subject of press reports immediately after the war, at the end of 1946 an article appeared in the weekly *De Baanbreker* written by a young psychiatrist, A. van Dantzig, who had been able to observe the Putteners in the concentration camps where he too had been a captive. He observed that his fellow prisoners from Putten proved to be less able to cope with the hardships of the camp and viewed the strong, conservative Protestant traditions and contacts as one of the causes. "It is clear that such a community offers a great degree of security and continuity, and that the members would be so deeply embedded in that collective sphere that when they are abruptly transferred to a completely different environment they will not, without great difficulty, find an adequate disposition." In the 1970s, this theme was taken up anew in a television documentary, which was broadcast in December 1977. Passivity itself became the main subject. This religious attitude had prevented the Putteners from offering resistance and cultivated such servility in them that it turned out to be fatal for most of them. This theme fit the cultural climate of the 1960s and 70s very well, a climate in which subjects such as authority and conflict were viewed in a new light.

The answer in connection with this article is twofold. Passivity was present in the religious culture of Putten, yet, though it may have indirectly contributed, it was not the primary cause of death of the Putteners. What proved fatal to them was that they were taken, in the last year of the war, to an improvised and badly equipped camp in Northern Germany where there was as yet no battlefield and which had therefore become a region with a concentration of captives. The harsh circum-

---

45. This debate is reproduced and analysed in: Madelon de Keizer, *Putten: De razzia en de herinnering* (Amsterdam: Bakker, 1998).

stances, particularly in the camp Ladelund on the German border with Denmark, were deadly for any who were deported there. However the question concerning passivity remains.

In the village of Putten, 80 percent of the population were members of the *Nederlandse Hervormde* Church and indeed favoured the orthodox branch within this Church, the so-called *Gereformeerde Bond* (Reformed League). The *hervormden* had a "heavy" pastor, C. B. Holland, who preached that the Nazi regime was a harbinger of God's judgement on a secularised Europe and the German occupation a disaster. On 1 November 1944, one month after the round-up in Putten, he proclaimed, "The whole Earth can see in these days that the living God is a God who punishes sins, that the wrath of God is manifesting itself from heaven on the godlessness and iniquity of human beings, and that we should perish in the judgement if we had not found a Guarantor and Mediator for our souls."[46] One must give Rev. Holland his due by mentioning that he was too independent to have joined the *Gereformeerde Bond* and that during and after the disaster in Putten he was active in bringing consolation and pleading for a forgiving disposition. However, the reaction of the *gereformeerden* in Putten was also typical. This congregation, under the leadership of Rev. P. de Ruig, formed a Kuyperian variant of orthodoxy and, moreover, the majority of its members were not born in Putten. For them, the Rev Holland, by his "passive preaching" that assumed an acceptance of German rule, became "dominee Duitsland" (Rev. Germany).[47] This nickname was undeserved because the minister was in no way pro-German, but he is typical of a cultural contrast between activist and 'passive' *gereformeerden*.

VI. Third Theme: Church Organisation and Resistance

There is a rapid transition from passivity to activism if one considers the third theme – the help given to refugees and the persecuted in the form of an underground organisation. The subject is related to religion's place in the society of the time and the function of a so-called alternative communication in the churches during the dictatorship of the occupation.

In the history of the war, assisting people in hiding emerged as a specific Christian contribution to the resistance movement. Christians cer-

---

46. Cited in: De Keizer, *Putten*, 322.
47. *Ibid.*, 323.

tainly did not have the monopoly on this, but they definitely distinguished themselves by it. Three reasons can be given for this. Christians could, in helping those in hiding, draw from a historical consciousness of persecution and struggle for the sake of the (true) religion. This tradition was kept alive in sermons and commemorations. In addition, assisting the underground required organisation, which the churches, with their regional and local branches and as institutions whose existence was tolerated by the Nazi regime, could create and stimulate. The congregation and local clerical office bearer were also quite often the source of an underground relief organisation. Finally it can be stated that this underground activity did not at first represent a violent form of resistance. It is true that this changed toward the end of the war when still more resistance groups had to be organised and employed to disrupt the German machinery of oppression and prevent it from dicovering the hiding. In the so-called '*knokploegen*' or groups of armed resistance fighters, the question of the legitimacy of violence and liquidations was also emphatically posed. But this development was a consequence of an earlier initiative to organise the underground in occupied territories.

In both The Netherlands and France, specific initiatives of organised assistance can be found that in one way or another are connected to Protestantism and which have also been associated with it in the post-war collective memory, for example the national underground in The Netherlands and the help given to those being persecuted in the mountain region of the Cévennes in France.

In The Netherlands, the most important manifestation of Protestant inspired resistance was the *Landelijke Organisatie voor Hulp aan Onderduikers* or LO (National Organisation for Help to People in Hiding). During the course of the war it was supplemented by the *Landelijke Organisatie van Knokploegen* or LKP (National Organisation of Armed Groups). It was started by a clergyman, Frits Slomp, an alumnus of the Theological Academy in Kampen and minister of the *Gereformeerde* Church who went into hiding in the Achterhoek, a border region east of The Netherlands. During his term of office, he came into contact with the German Church Conflict due to a close connection with ministers of the *Alt Reformierte Kirche* from the county of Bentheim, a region in Germany close to the Dutch border with which the *Gereformeerde Kerken in Nederland* formed an association. In the account of his later resistance, echoes of Kuyperian motivations can be heard. Freedom of conscience is jeopardised by an ideology in which the idea of the state is so totalitarian and its omnipotence in practice is too great. "State absolutism is being imported into our country, where for ages freedom, and especially freedom of conscience, was defended as the most valuable good." When "the Christian legacy of freedom in the life of our people" was threatened, then a clash with the enemy became inevitable.[48]

Round about the middle of 1942 Rev. Slomp made contact with Helena Kuipers-Rietberg, a member of the central committee of the *Bond van Gereformeerde Vrouwenverenigingen* (Union of Reformed Women's Associations). Together they set up an organisation to help people in hiding that had its roots in the Northern provinces but quickly took on national proportions, particularly after the April-May strikes in 1943, a few months after the battle for Stalingrad ended in a German defeat and ushered in a new phase of repression in the occupied territories. Helena Kuipers ("Aunt Riek" to the resistance), whose initiative it was, would pay for this with her life in the Ravensbrück concentration camp in Germany in 1944. Rev. Slomp was able to survive the war as a fugitive after he was freed from the prison in Arnhem by a resistance commando.

The first contacts ran through the *gereformeerde* networks: parsonages, youth associations, women's groups and trade unions. Rev. Slomp travelled among his colleagues and earned the nickname Frits de Zwerver (Frits the Rover), which became his honorary title The places of meeting were also linked to the Church. An unofficial co-ordinating commission – initially called the 'stock market' by the resistance – at first met in the vestry or in the consistory of some Calvinist churches. The people in hiding, for whom this organisation had to provide shelter, were not only persecuted Jewish citizens but also a growing number of men that refused to be taken into captivity or forced labour in Germany. The organisation of the underground first took shape in the provinces in the centre of the country. In February 1943, the North followed suit. In July 1943, the predominantly Protestant organisation was complemented by Catholic resistance from Limburg led by a priest and a teacher. One could then speak of a national organisation, not only because the whole country had meanwhile been covered but also because it represented a variety of religious convictions and life philosophies.

The LO was enlarged in 1943 by a *Landelijke Organisatie van Knokploegen* (LKP) that had its origin in a deliberate attempt to organise

---

48. Frits Slomp in: Herman van Riessen, *et al.* (eds.), *Het Grote Gebod: Gedenkboek van het verzet in LO en LKP* (Kampen: Kok, ⁴1989) XII.

fighting groups at a local or regional level. Support would be offered to people in hiding by means of armed activity. This was initially achieved through surprise attacks on supply centres and population registers. In 1944, the resistance activities were expanded to include arms trafficking, sabotage and the liquidation of those seen to be traitors. Nationally the commandos consisted of more than 600 resistance workers at the time. The construction of a national organisation was led by a vanguard of four *gereformeerden*, later complemented by resistance fighters of other denominations. One of the leaders was the Dutch farmer Johannes Post. He became the model of a *gereformeerde* resistance hero. Receiving his formation in the *Gereformeerde Jongelingsverbond* (Youth League), he was the young alderman of his village. For him, a resistance activity had to be prepared for in prayer. Post proved, according to a resistance publication, that the Dutch *gereformeerde* resistance hero of 1944, when it comes down to it, was the *gereformeerde* Protestant hero (*geus*) of 1572. His life and death "was a devout reverberation of the essence of our national character, similar to the one led by Orange that received its stamp in about 1572 under the influence of the Reformation."[49] Thus a link was made with the history of the Revolt of The Netherlands, out of which the present state of The Netherlands arose.

After the war, an estimate was made of the number of resistance workers in the different religious groups. On the basis of dossiers in which, after the war, the government was petitioned for a resistance pension, it emerges that the *hervormden* and to a large extent the Catholics were "under-represented" in the application, while the *gereformeerden*, the members of other denominations and people without a religious affiliation were over-represented. The Catholics formed 17.7 percent of the group examined – taking into account that the Southern Netherlands were liberated earlier and that no application was made for clergy without descendants – yet comprised 35.7 percent of the male work force in 1947. The *hervormden* accounted for 24.4 percent of the applications against 32.3 percent of the male workforce. For the *gereformeerden* the percentages are reversed, 18.5 percent applied versus 8.9 percent of the male work force. For the remaining denominations, 6.1 percent versus 3.6 percent and for the non-religious group 33.3 percent versus 19.5 percent.[50]

---

49. J. A. H. J. S. Bruins Slot, cited in: Delleman (ed.), *Opdat wij niet vergeten*, 371.
50. De Jong, *Het Koninkrijk der Nederlanden in de Tweede Wereldoorlog*. Vol. 7: *Mei '43 – Juni '44* (Den Haag: Martinus Nijhoff, 1976) 1049.

The image of a *gereformeerde* vanguard in the Dutch resistance has stuck alongside that of a prominent role played by the Communist Party.[51] Communists had already gained experience in an underground organisation before the war and, furthermore, attached great importance to an ideology. In the case of the *gereformeerden,* a similar explanation can, to a certain extent, be found – the combination of an intensely lived Neo-Calvinist conviction and an equally intense network of organisations. The Non-conformism of 1886 was more than a half century old by the Second World War. Yet, from this history of Dutch Calvinism, the oppositional spirit against an established national church had been preserved. "The recollection of the history of our state played a significant role – salutary fruit from an age of Christian teaching."[52] During the German occupation, the "sins of disobedience to the authorities" were acceptable to prevent a greater evil, the desecration of a God-given rule of law.[53]

The collective memory of the Second World War in France includes the history of the persecuted who (successfully) went underground in villages in the countryside. Chambon-sur-Lignon in the department of Haut-Loire is a good example.[54] Among these were not only resistance fighters and Jewish citizens but also German opponents of the Nazi regime. After the war, the number of Jews thus saved was inflated to five thousand in people's minds until a scientific colloquium in 1990 determined that the 8,000 residents of the plateau could have harboured between 500 and 800 French and foreign Jews. The *sanctuaire* of Chambon-sur-Lignon was in fact the Vivarais-Lignon plateau which stretched across two departments, Haute-Loire and Ardèche. Here lay Protestant centres served in part by Swiss ministers. In the Cévennes, another famous *terre de refuge,* in the midst of a population of 40,000 inhabitants, between 800 and 1,000 Jewish fugitives were able to safely survive the war. Yet even in these more realistic proportions, the numbers remain remarkable. Both mountain regions lost 10 to 20 percent of their original inhabitants in the first half of the twentieth century. Vacant

---

51. See for example the much reprinted book by Agnes Amelink, *De gereformeerden* (Amsterdam: Aula, ⁹2003) 143.
52. J. A. H. J. S. Bruins Slot, cited in: Delleman (ed.), *Opdat wij niet vergeten,* 365.
53. Variation upon a statement made by economics student and later Prime Minister in the seventies, J. M. den Uyl, which is cited without source reference in: Amelink, *De gereformeerden,* 146.
54. French President Jacques Chirac, on 8 July 2004, chose this place as the podium from which to deliver, with a personal slant, his speech against racism, anti-Semitism and intolerance in France.

farmhouses and barns presented a hiding place for fugitives. Just as on the Vivarais-Lignon plateau, a considerable portion of the indigenous population of the Cévennes identified themselves as Protestant.

In the same collective memory, there is one defining moment – the meeting in the Musée du Désert near the village of Mialet in the district of Gard on Sunday 6 November 1942. The museum was established in 1911 in the birthplace of Rolland Laporte, the leader of the so-called *camisards*, the resistance of the Huguenots in the Cévennes against persecution by Louis XIV after the revocation of the Edict of Nantes. From then on, except for a few war years, large annual gatherings were held on the first Sunday of September to commemorate the struggle and the martyrdom of the Calvinists. It is a recognised *lieu de mémoire*.[55] In 1942, people gathered there at the end of a summer in which Jewish citizens had been deported on a large scale in France. The great round-up of the Velodrome d'Hiver in Paris had taken place on 16 and 17 July 1942. One month later, on 25 and 26 August 1942, Jews were hunted in Nîmes itself. The meeting in the Musée du Désert was therefore marked by fresh indignation and the exhortation by Marc Boegner "d'être de bons Samaritains envers les Juifs souffrant tout près de nous." Afterwards, there followed an internal call to the ministers present to organise the underground in their parsonages and in "d'humbles fermes de fidèles de nos paroisses."[56] For example, on 22 September the minister of the Orthodox Reformed church in Saint Jean du Gard at the gateway to the Cévennes, Henry Bruston, called his congregation to resistance against the persecution of the Jews, a persecution that was in conflict with the gospel. It was the signal for the organisation of a (regional) underground.

In the great mass of people in and around the Musée du Désert, Jewish refugees were taken in for subsequent distribution in the underground. From then on they came, mostly from the large cities in the north, and passed through, on their way to the underground, the Reformed communities in Nîmes, from where they were transferred to their residences in the Cévennes. Clergy played an important role in that movement. "Les réfugiés passaient d'un presbytère à l'autre." In addition, groups from the Christian Students or co-workers of *Cimade* lent support. In the Cévennes it was the villagers themselves who could

---

55. Pierre Nora (ed.), *Les lieux de mémoire*. Vol. 3: *Les France*. 1: *Conflits et Partages* (Paris: Gallimard, 1992) 530-559.

56. Philippe Joutard, Jacques Poujol and Patrick Cabanel (eds.), *Cévennes terre de refuge 1940-1944* (Montpellier: Presses du Languedoc, 1994) 252.

accommodate "their" refugees in a network of family members. "Résultat d'une culture protestante: la responsabilité est individuelle, profondément intériorisée, mais tous savent qu'ils peuvent s'appuyer sur la famille élargie en la communauté, avec des complicités qui peuvent aller très loin."[57]

Is this underground, besides being an act of resistance by Protestants, also a form of Protestant resistance? The answer is no, in the sense of a specifically Protestant resistance movement that distinguished itself by its religious conviction from others within the *Résistance* in France.[58] On the contrary, neither out of the tradition nor out of the discussions at the time did any exclusively confessional resistance arise. The persecuted and the resistance fighters, diverse in their convictions, could have been inspired in their struggle through various historical examples. The struggle of the *camisards* against the absolutism of the monarchy was one of these sources. The relevance of religion is a result of two facts: The existence of a network that could provide fugitives and *marquisards* with hiding places *and* the historically explicable aloofness of the village communities in the mountains towards the central government in general and the Vichy administration in particular.

When one compares the Dutch model with the French, one is struck by certain similarities. The initiative taken to organise the underground began in both instances from and in the context of a church network. In each case, a role was also played by historical examples of church persecution and a religiously inspired right of resistance. These were preached from the pulpit and so old (and new) examples were spread. In both cases, the initiative had its origin in religious minorities who were very much aware of this status in their thinking and behaviour and were nourished by it.

VII. Conclusion

A conclusion can only be tentatively drawn. The number of selected themes is too small and this research has not included the whole of Calvinism in occupied Europe. The Hungarian and Romanian variations of Calvinism remain beyond the consideration of this essay.

57. Joutard, Poujol and Cabanel (eds.), *Cévennes terre de refuge*, 336.
58. Michel Fabreguet, "Réfractaires, maquisards et communautés protestantes des Cévennes et du Vivarais (1943-1944)," *Les protestants français pendant la seconde guerre mondiale*, ed. Encrevé and Poujol, 404-405.

It can be stated that the status quo between the Christian institutions and the new regimes in the summer of 1940 had far reaching consequences. It left the churches intact and thus also brought about a means of alternative communication in a legal form. The Calvinists could carry out their theologically motivated opposition to the totalitarian system and the persecution of the Jews with a certain openness. Two conclusions are prominent. First, the biblical roots of Calvinism and daily contact with the Old and New Testaments proved to be decisive factors in a Protestant protest against the deportation of the 'people of Israel' in France and The Netherlands. A second is that the historical dimension of the churches' struggle was a source of inspiration for the organisation and legitimisation of a fresh resistance. The history of the sixteenth century was repeatedly brought to life in the twentieth century in both France and The Netherlands.

Another important factor, after all, is the weight and influence of theology in Calvinism. The radical renewal of Barth and his political development in 1934 lent serious food for thought to a generation of ministers and congregants who were by definition much more bound to and oriented towards reflection than those in other branches of Christianity such as Catholicism and Eastern Christianity. Further comparative research will have to reveal whether the place of reformation theology in living out one's faith was an important contribution to the supposedly greater political realisation of resistance among reformational Christians. Thus far, there are certainly indications of this.

Selective Bibliography

Agnes Amelink, *De gereformeerden* (Amsterdam: Aula, ⁹2003).
Pierre Bolle and Jean Godel (eds.), *Spiritualité, théologie et résistance: Yves de Montcheuil, théologien au maquis du Vercors* (Grenoble: Presses universitaires de Grenoble, 1987).
Martien E. Brinkman, *De theologie van Karl Barth: Dynamiet of dynamo voor christelijk handelen: De politieke en theologische kontroverse tussen Nederlandse barthianen en neocalvinisten* (Baarn: Ten Have, 1983).
Lou de Jong, *Het Koninkrijk der Nederlanden in de Tweede Wereldoorlog*. 14 vols. (Den Haag: Martinus Nijhoff, 1969-1994).
Madelon de Keizer, *Putten: De razzia en de herinnering* (Amsterdam: Bakker, 1998).
André Encrevé and Jacques Poujol (eds.), *Les protestants français pendant la seconde guerre mondiale*. Actes du colloque de Paris, 19-21 Novembre 1992 (Paris: Société de l'Histoire du Protestantisme Français, 1994).

Willem Fieret, *De Staatkundig Gereformeerde Partij 1918-1948: Een bibliocratisch ideaal* (Houten: Den Hertog, 1990).

Philippe Joutard, Jacques Poujol and Patrick Cabanel (eds.), *Cévennes terre de refuge 1940-1944* (Montpellier: Presses du Languedoc, 1994).

Marc Lienhard, *Foi et vie des protestants d'Alsace* (Strasbourg: Oberlin/Wettolsheim-Colmar: Mars et Mercure, 1981).

Roger Mehl, *Le pasteur Marc Boegner (1881-1970): Une humble grandeur* (Paris: Plon, 1987).

Samuel Mours, *Les Églises réformées en France* (Paris: Librairie Protestante, 1958).

Pierre Nora (ed.), *Les lieux de mémoire*. 3 vols. (Paris: Gallimard, 1984-1992).

Robert Owen Paxton, *Vichy France: Old Guard and New Order, 1940-1944* (New York: Columbia University Press, 1972).

Jacques Poujol, *Protestants dans la France en guerre 1939-1945: Dictionnaire thématique et biographique* (Paris: Les éditions de Paris, 2000).

Bernard Reymond, *Théologien ou prophète: Les francophones et Karl Barth avant 1945* (Lausanne: L'âge d'homme, 1985).

Jan Ridderbos, *Strijd op twee fronten: Schilder en de gereformeerde 'elite' in de jaren 1933-1945 tussen aanpassing, collaboratie en verzet op kerkelijk en politiek terrein* (Kampen: Kok, 1994).

Didier Sturtzer, *Les Églises protestantes d'Alsace pendant la Seconde Guerre Mondiale*. Mémoire présenté en vue de l'obtention de la Maîtrise de Théologie Protestante (Strasbourg, 1983).

H. C. Touw, *Het verzet der Hervormde Kerk*. 2 vols. (Den Haag: Boekencentrum, 1946).

Herman van Riessen, et al. (eds.), *Het Grote Gebod: Gedenkboek van het verzet in LO en LKP* (Kampen: Kok, [4]1989).

Ger van Roon, *Protestants Nederland en Duitsland 1933-1941* (Utrecht: Spectrum, 1973).

The General Attitude of the Protestant Churches in Belgium Regarding the Jews (from the End of the 19th Century to the Second World War)

Lieven Saerens[1]

I. Introduction

The Protestant churches make up an extremely small minority group in Belgium. However, anyone who studies Protestantism there quickly comes to the surprising conclusion that a great deal has been published regarding this community – relatively speaking, much more than on the history of the Catholic Church in Belgium. In 1996, the *Bibliografie van het Belgisch Protestantisme/Bibliographie du Protestantisme Belge: 1781-1996* was published.[2] The starting date of 1781 refers to the Toleration Edict of the Austrian Emperor Josef II, which ushered in the emancipation of the Protestant community in the area whose borders at that time defined the Southern Netherlands. The *Bibliografie* is published in a large format – comparable to that of encyclopaedias such as the *Encyclopaedia Britannica* – and contains more than 1,000 pages. The *Bibliografie* was edited by Hugh Robert Boudin, the historian of official Protestantism in Belgium. By 'official Protestantism' we mean the Protestant churches that are recognized, classified as Protestant, and subsidized by the Belgian state. The fact that historian Boudin limits his studies to official Protestantism in Belgium is, at the same time, his weakness. Because of this, many Protestant church communities that lay outside the nomenclature 'official' escape Boudin's theoretical reach.

In the following discussion, we will first provide a general sketch of the Protestant churches in Belgium. Then we will deal with their general attitudes toward the Jews. Research on the attitude of the Protestant community towards the Jews is still in its preliminary stages. There is little literature on the subject and the same material is very fragmented.

---

1. We are particularly grateful to the historian Antoon Overbeeke, who is writing a thesis on Belgian Protestantism in the 19th century, for information which he has provided on the subject.
2. Hugh Robert Boudin (ed.), *Bibliografie van het Belgisch Protestantisme/Bibliographie du Protestantisme Belge: 1781-1996* (Brussel: Uitgave PRODOC, 1996).

More research should be done to systematically analyse the Belgian Protestant periodicals such as *Le Chrétien Belge* (Brussels, 1850-1932) and *Het Christelijk Volksblad* (Brussels, 1871-1960).[3] By focusing on some leading figures we will try to outline a few general tendencies.

II. The Protestant Community in Belgium

1. Twelve Denominations[4]

In 1940, there were no less than twelve denominations amongst the Protestant churches in Belgium: the 'Bond der Protestants-Evangelische Kerken van België'/'Union des Églises Protestantes Évangéliques de Belgique' (Union of Protestant Evangelical Churches of Belgium); the 'Stads- en Landsevangelisatie Vereniging Silo'/'Association pour l'Évangélisation de la Ville et de la Campagne Silo' (City and Country Evangelization Association Silo); the 'Belgische Christelijke Zendingskerk'/'Église Chrétienne Missionnaire Belge' (Belgian Christian Missionary Church); 'Gereformeerde Kerken' (Reformed Churches); the 'Protestantse Liberale Kerk van Brussel'/'Église Protestante Libérale de Bruxelles' (Liberal Protestant Church of Brussels); the 'Vergadering van Broeders, de Darbisten'/ 'Assemblées Chrétiennes dites Darbystes' (Assembly of Brothers, the Darbyists); the 'Vergaderingen van "Open Broeders"'/'Assemblées des Frères dits "Larges"' (Assemblies of "Open Brothers"); the 'Leger des Heils'/ 'Armée du Salut' (Salvation Army); the 'Baptistenkerken'/'Églises Baptistes' (Baptist Churches); the 'Belgische Evangelische Zending'/'Mission Évangélique Belge' (Belgian Evangelical Mission); the 'Methodistische

---

3. One problem is that there are no known complete collections in the cases of most of these Protestant journals. We found, for example, only a few issues of the periodicals of the Protestant community in Antwerp for the period between the 19th century and the Second World War. In these issues, we did not find a single article relevant tot the issue of the attitude toward Jews.

4. Jan Dhooghe, "Het Belgisch protestantisme," *Kerken, religieuze groeperingen en lekenbewegingen: België en zijn goden*, ed. Karel Dobbelaere, Liliane Voyé, Jaak Billiet and Jean Remy (Leuven/Antwerpen: Cabay/Tijdschrift voor sociologie, 1985) 341-364; Hugh Robert Boudin and Marjan Blok (eds.), *Synodaal Gedenkboek van de Verenigde Protestantse Kerk in België. 1839-1992* (Brussel: Uitgave PRODOC/Universitaire Faculteit voor Protestantse Godgeleerdheid, 1992); "Les Protestants en Belgique," *CRISP: Centre de Recherche et d'Information Socio-Politiques: Courrier Hebdomadaire* no. 1430-1431 (1994); Emile M. Braekman, "Belgique," *Encyclopédie du protestantisme*, ed. Pierre Gisel (Paris/Genève: Cerf/Labor et Fides, 1995) 105-106; Patricia Van den Eeckhout, "De Protestantse Kerken," *Bronnen voor de studie van het hedendaagse België*, ed. Patricia Van den Eeckhout and Guy Vanthemsche (Brussel: VUB Press, 1999) 1015-1026; http://www.vpkb.be.

Kerk'/'Église Méthodiste' (Methodist Church); the 'Pinkstergemeenten'/ 'Assemblées de Pentecôte' (Pentecostalist Communities).

This was also most likely the situation for the interbellum period. By denomination in this context, we mean a 'separate association of churches'. In practice, this is a rather complicated notion since, for example, some Protestant groups explicitly wished to be considered as part of an 'association of churches'. It should also be noted that the twelve denominations cannot be duly described with just a few key descriptive words. Neither can they be brought into a few strictly delineated categories, especially since a number of denominations also had significant internal divisions. Particularly noteworthy of Protestantism in Belgium is that nearly all preachers and pastors who were active during our period of study were of foreign nationality.

– 'Bond der Protestants-Evangelische Kerken van België'/'Union des Églises Protestantes Évangéliques de Belgique'. The 'Bond' was established in 1893 and brought together a number of Protestant churches in Belgium which had already been officially recognized before Belgian independence. The 'Bond' was led by a Synod, which was recognized in the same year by the Belgian King Leopold I as the only ecclesiastical authority for Protestant churches in Belgium. Initially, the 'Bond' consisted of sixteen 'gemeenten' ('kerkraden' – communities, or church councils). During the years, other church communities joined the 'Bond'. The 'Bond' is heir to the Lutheran revolution, and other theological movements as well; most likely at that time, it was already a very pluriform organization in its theology.

– 'Stads- en Landsevangelisatie Vereniging Silo'/'Association pour l'Évangélisation de la Ville et de la Campagne Silo'. The Silo can be said to have begun with the arrival of a Dutch Reformed pastor in Brussels in 1874. The Silo movement is actually associated with the Bond der protestants-Evangelische Kerken van België. Strictly speaking, then, Silo is not a separate denomination.

– 'Belgische Christelijke Zendingskerk'/'Église Chrétienne Missionnaire Belge'.[5] The 'Belgische Christelijke Zendingskerk' was an heir of the Reformation and for a long time was influenced by Switzerland.

---

5. The 'Belgische Christelijke Zendingskerk' was originally named the 'Belgisch Evangelisch Genootschap'/'Société Évangélique de Belgique' (Belgian Evangelical Society), established in 1837. Apparently there was originally an important English contribution to this organization. In 1849, it was restructured to become the 'Belgische Christelijke Zendingskerk'/'Église Chrétienne Missionnaire Belge', which was headed by a synod.

This influence also came from the French-speaking priests who served the church. The 'Belgische Christelijke Zendingskerk' was highly active in evangelisation work. This was always in French and occurred mostly in Wallonia. In Flanders, there were only communities in Brussels, Antwerp, Gent, and Oostende.

– 'Gereformeerde Kerken'.[6] The history of the 'Gereformeerde Kerken' in Belgium dates back to the 1890's – beginning officially in 1894 for Brussels, and 1899 for Antwerp. These were followed by the establishment of a reformed church in Gent in 1926, and one in Mechelen in 1938. The Dutch reformed statesman and theologian Abraham Kuyper remained an important influence until his death in 1920, particularly in the case of the 'Gereformeerde Kerk' of Brussels. We will return to the issue of this influence later.

– 'Protestantse Liberale Kerk van Brussel'/'Église Protestante Libérale de Bruxelles'. In 1880, the 'Protestantse Liberale Kerk' van Brussel was established by pastor James Hocart, and was recognized by the state in 1888. Strictly speaking, this was not a church of a different confession or creed. We will come back to pastor Hocart later, in discussing his attitude toward the Jews.

– 'Vergadering van Broeders, de Darbisten'/'Assemblées Chrétiennes dites Darbystes'. Belgian Protestants who did not wish to be a part of a church structure united themselves in 1854 in the 'Assemblies' of brothers, the 'Darbyists'. The name Darbyism originates from a movement in England, and the English influence on Darbyism was immense.

– 'Vergaderingen van "Open Broeders"'/'Assemblées des Frères dits "Larges"'. The 'Darbisten' and the 'Open Broeders' are closely tied. The 'Open Broeders' were also strongly influenced by English sources. The reason for the split between the 'Darbisten' and the 'Open Broeders' is not yet known.

– Het 'Leger des Heils'/'L'Armée du Salut'. The Salvation Army originated in England, and was established in Belgium in 1889.

– 'Baptisten'/'Églises Baptistes'. The Baptists established themselves in Belgium in the 1890's, originally in Wallonia, coming to Belgium via France. The Salvation Army was possibly brought to Belgium by the many seasonal workers who went to work in France at the end of the nineteenth century.

6. The Belgium 'Classis' (comparable to a district meeting) of the Gereformeerde Kerken.

During the interbellum period, three organizations of American origin established themselves in Belgium: the 'Belgische Evangelische Zending'/ 'Mission Évangélique Belge', the 'Methodistische Kerk'/'Église Méthodiste', and the 'Pinkstergemeenten'/'Assemblées de Pentecôte'. The missionaries sent by these organizations were of foreign origin, though not of American nationality.

– 'Belgische Evangelische Zending'/'Mission Évangélique Belge'. The 'Belgische Evangelische Zending' was established in 1918. Its workers included both Presbyterians (reformed) and Baptists. They initially baptized both children and adults.

– 'Methodistische Kerk'/'Église Méthodiste'. As the name suggests, this organization was of the Methodist confession within Protestantism. The first presence of the 'Methodistische Kerk' in Belgium can be dated back to 1919. In 1922, the 'Methodistische Zending' (Methodist Mission) was established. This led, in 1930, to the Belgian Yearly Conference of the Methodist Church, which covered around twenty church communities.

– 'Pinkstergemeenten'/'Assemblées de Pentecôte'. There are a number of different denominations/movements within the Pentecostalist movement. The first Pentecostalist gatherings took place in 1923. The Pentecostalist movement has been present in Flanders as an organized religious community since 1930. At that time, the first Pentecostalist community was established in Hoboken (Antwerp). The first missionaries of the Pentecostalist movement were of English and Dutch origin.[7]

2. A Few Figures

Belgian law does not acknowledge criteria based on race or religion, so we cannot provide exact numbers regarding the number of Protestants in Belgium. The figures which are available mostly stem from requests for financial subsidies from the Belgian government. These figures are regularly inflated. Furthermore, it is not clear which criteria were used for arriving at these figures. This is also the case for figures regarding another minority, the Belgians of Jewish faith, which were provided for the Belgian government by the 'Centraal Israëlitisch Consistorie van België' (Central Israeli Consistory of Belgium).

Only the 'Bond der Protestants-Evangelische Kerken', recognized by the Belgian government, was eligible for financial subsidies. Protestant

---

7. I. Demaerel, *Tachtig jaar pinksterbeweging in Vlaanderen 1909-1989* (Licentiate thesis Brussels: Faculteit Protestantse Godgeleerdheid, 1990).

churches which were not subsidized by the Belgian government sought funds from their sister congregations in other countries.

In 1936, the so-called 'official church', de 'Bond der Protestants-Evangelische Kerken', informed the Belgian government that the total number of Protestants in Belgium was 45,000. According to the Bond, this figure consisted of the following: the 'Bond der Protestants-Evangelische Kerken' accounted for 23,000. The 'Belgische Christelijke Zendingskerk', the 'Methodistische Kerk', and the 'Protestantse Liberale Kerk' accounted for 14,000. The rest of the Protestant community accounted for 8,000, the largest share of which were part of the 'Belgische Evangelische Zending'. It is unclear whether this number of 8,000 also included the 'Gereformeerde Kerken van België', which at that time consisted of three groups.[8]

Although these figures should be used only with a great deal of care, it seems reasonable to conclude that the top three church denominations within Protestantism in the 1930's are as follows: in the first and second place, the 'Bond der Protestants-Evangelische Kerken' and the 'Belgische Christelijk Zendingskerk' (or vice versa); and in the third place, the 'Belgische Evangelische Zending'.[9]

III. The Attitudes toward Jews

In 1970, the church historian Franz-Heinrich Philipp wrote in his introductory work *Kirche und Synagoge*: "In Belgian Protestantism, there is not a trace of anti-Semitism to be found. A positive attitude prevailed regarding the People of the Old Testament, and their role in history and the present time. Within this spirit, a number of mission organisations, including the Christian Reformed Church, sought contact with Jews."[10] In what follows, we will verify to which degree this statement is accurate.

8. Information from Antoon Overbeeke.
9. Also of note: In 1887, the 'Christelijke Zendingskerk' held services in 35 places, and had 7,000 members, most of them from the working classes and most of them of Roman Catholic origin. In 1920, the 'Liberale Kerk' informed the Belgian government that its entire denomination consisted of 1181 (though this number is probably not representative of the actual number); the 'Christelijke Zendingskerk', in the same period, gave the figure of 11,000 members.
10. Franz-Heinrich Philipp, "Protestantismus nach 1848," *Kirche und Synagoge: Handbuch zur Geschichte von Christen und Juden: Darstellung mit Quellen*, ed. Karl Heinrich Rengstorf and Siegfried von Kortzfleisch, Vol. 2 (Stuttgart: Ernst Klett Verlag, 1970) 341.

1. The Late Nineteenth Century

— Influence of the Dutch reformed statesman Abraham Kuyper (1837-1920)?

From 1875, the charismatic Dutch Protestant leader Abraham Kuyper published a series of articles entitled *De Joden onder de Chisten-natieën* (The Jews among the Christian nations) in the Dutch daily paper *De Standaard*, of which he was editor. In 1879, his tone became sharper, this time with the title *Liberalisten en Joden* (Liberals and Jews). According to Kuyper, the Jews were opponents of Christendom and agents of liberalism, which he detested. Although he did not want their civil rights removed, Kuyper considered the Jews in the first place as "guests." Thus, according to Kuyper, the Jews should be denied any influence on the politics of a Christian nation. It should be pointed out that when Kuyper was minister-president of the Netherlands (1901-1905), he took no steps toward introducing anti-Jewish laws.[11]

Abraham Kuyper's anti-Jewish tendencies, according to the historians Jozeph Michman, Hartog Beem and Dan Michman, "[would continue] to exercise an effect on many of his followers," as well as his children.[12] As mentioned, Kuyper also had a big influence on reformed churches in Belgium. The possible influence of Kuyper's anti-Semitism on reformed churches in Belgium has not yet been studied. So far, we have found no Belgian writings dating from the nineteenth century which indicate such an influence. In the 1930's, this would change.

— The attitude of the liberal pastor James Hocart (1843-1923)

The attitude of pastor James Hocart, himself originally from the Methodist Church, seems to us more typical of the different Protestant churches in Belgium.[13] As we have mentioned, he established the 'Protestantse Liberale Kerk van Brussel' in 1880. In 1899, he held five conferences on the 'Jewish question' in Brussels, in which he stridently dealt with anti-Jewish prejudices. For Hocart, this fight was equivalent to the fight against the spirit of intolerance, hate, and persecution; and for freedom,

---

11. Jozeph Michman, Hartog Beem and Dan Michman, *Pinkas: Geschiedenis van de joodse gemeenschap in Nederland* (Amsterdam/Antwerpen: Contact, 1999) 108-109.
12. Michman, Beem and Michman, *Pinkas*, 156.
13. J. Meyhoffer, "Hocart (James)," *Biographie Nationale*, Vol. 31 (Bruxelles: Académie Royale des Sciences, des Lettres et des Beaux-Arts de Belgique, 1962) col. 459-464; Hugh Robert B[oudin], "Hocart, James jr.", *De Léopold Ier à Jean Rey: Les protestants en Belgique de 1839 à 1989* (Bruxelles: Université de Bruxelles, Faculté de théologie protestante, 1990) 62; Boudin, *Synodaal Gedenkboek*, 286.

justice, and brotherhood. In particular, the writings of the French anti-Semite Edouard Drumont brought a "weighty indignation" upon Hocart.

In meetings, James Hocart took to task, amongst other things, a number of prejudices which were primarily still common in Catholic circles, such as belief in God-killing (*deïcide*), legends like ritual murder, that the Talmud consisted of immoral writings, and that Jews were the instigators of the de-Christianisation of modern society. Hocart called upon atheists, Catholics, and Protestants to distance themselves from anti-Jewish prejudices. His message to his fellow Protestants was: "Beware, sons of free thinking; you deny your origins and principles when you refuse the Jews the title of brothers, simply by reason of a difference in belief (...) What would you say yourselves if the same happened to you in Catholic countries? Would you not then call upon your freedom of conscience?"[14]

James Hocart was by no means exceptional for his Protestant attitude towards Jews in Belgium. This positive attitude is confirmed by the publications cited in the *Bibliografie van het Belgisch protestantisme*. The *Bibliografie* shows also that Protestant papers such as the Brussels *Le Chrétien Belge* and *Paix et Liberté* (1891-1893) came to the defense of Dreyfus; nor did they attach any credence to the notion of ritual murders amongst Jews.[15] In Belgian Catholic circles, belief in ritual murder would not disappear until the end of the First World War.

2. The First World War

– *Jan Derk Domela Niewenhuis Nyegaard (1870-1955) and the 'Jong-Vlamingen' (Young Flemish): heralds of pan-germanism and racism in the Flemish Movement*

During the First World War, a small faction of the Flemish Movement collaborated with the German occupying forces. These collaborators were called "activisten" ('activists'). One of the first 'activist' organizations was the 'Jong Vlaanderen' (Young Flanders) group, situated around the figure of pastor Jan Derk Domela Nieuwenhuis Nyegaard. Domela Nieuwenhuis was a preacher of the Protestant church in the centre of Gent, which was affiliated with the Synode van de Bond der Protestants-Evangelische Kerken van België. He had initially been active

---

14. James Hocart, *La question juive: Cinq conférences avec un appendice sur la charité juive* (Paris: Fischbacher, 1899) 158-159.
15. Boudin, *Bibliografie van het Belgisch Protestantisme*, 988.

in the Lutheran Church and the 'Belgische Christelijke Zendingskerk'. In his younger years, he had already felt attacted to everything that was Germanic, in particular those things related to Friesland and Scandinavia.[16]

The activist group 'Jong Vlaanderen' originated in Gent, established in October, 1914. It was pangermanistic in orientation and amongst activist groups, the only one that was clearly open to 'racism'. 'Jong Vlaanderen' was inspired by the German pan-germanistic organization 'Alldeutscher Verband', which maintained anti-Jewish standpoints. The members of 'Jong Vlaanderen' took the war to be a conflict between the "magnificent" Germanic race and the Romanic race, which placed Flanders in a position in which it must unhesitatingly choose sides with the Germanic peoples. It strove for the realization of an *"Alldeutschtum"* as a first phase of the realisation of an *"Allgermanentum."* In this context, there was sometimes mention of a great Germanic union which would have to "defend against ... Japanese, Senegalese, etc."[17] We will return to Jan Derk Domela Nieuwenhuis Nyegaard later.[18]

3. *The 1920's*

There is almost no information on the 1920's. In substantiating his remarks regarding the Jewish-friendly attitudes of Belgian Protestantism, church historian Franz-Heinrich Philipp cites the thesis of 'pfarrer' (vicar) Willem Ten-Boom, a student of the Institutum Judaicum in Leipzig. The thesis dates from 1928, and is entitled *Die Entstehung des modernen Rassen-Antisemitismus (besonders in Deutschland)*. The conclusions of Ten-Boom were, according to Philipp, typical of the attitude of the Belgian protestants regarding the 'Jewish question': race-based anti-Semitism is condemned, and the Old Testament particularly esteemed.[19]

---

16. Boudin, *Synodaal Gedenkboek*, 80-81, 272; Lammert Bunning, *Het strijdbare leven van J. D. Domela Nieuwenhuis Nyegaard: Vlaming door keuze* (Buitenpost: Alternatief, 1976).

17. Lieven Saerens, *Vreemdelingen in een wereldstad: Een geschiedenis van Antwerpen en zijn joodse bevolking (1880-1944)* (Tielt: Lannoo, 2000) 91; Daniel Vanacker, *Het aktivistisch avontuur* (Gent: Stichting Mens en Kultuur, 1991) 27-32.

18. Jan Derk Domela Nieuwenhuis Nyegaard was also a good friend of the Dutch (?) pastor Willem Hoek, a preacher in Brussels and vice-chairman of the 'Bond der Protestants-Evangelische Kerken van België'. We do not know to what degree Hoek was receptive to Domela Nieuwenhuis' racisme. Hoek's son, Derk G. Hoek, became active in the Flemish Movement (Reginald De Schryver, "Hoek, Derk G.," *Nieuwe Encyclopedie van de Vlaamse Beweging* [Tielt: Lannoo, 1998] 1452-4153).

19. Philipp, "Protestantismus nach 1848," 341.

Willem Ten-Boom was thought to be the brother of the now well-known Corrie Ten-Boom, popular motivational speaker, evangelist, and social critic, best known for her account of her family's assistance to Jews and her time in the Ravensbreuck concentration camp. Willem and Corrie Ten-Boom were not Belgian, but Dutch. In contrast to Franz-Heinrich Philipp, there are no indications that Willem Ten-Boom was also active in Belgium. On the other hand Philipps opinion about Belgian Protestantism is confirmed by the article "Nos frères Israélites" in *Le Lien*, organ of the Protestant Church of Brussels and heir of James Hocart.[20]

4. The 1930's

We will first answer the question of whether there existed anti-Jewish feelings within Belgian Protestantism, and go on to consider Protestant help to Jews.

– *Influence of Abraham Kuyper on the Flemish-nationalist organization Verdinaso and again Jan Derk Domela Nieuwenhuis Nyegaard*

The 'Verbond van Dietsche Nationaalsolidaristen' (Union of Solidarist Pan-Netherlandish, or Verdinaso) was established in 1931, and drew most of its members from Catholic milieus. The organization also had a branch in the Netherlands, which also largely constituted Catholics. From the very beginning, the Verdinaso was anti-Jewish, and maintained a *"völkisch,"* racist style of discourse. The Verdinaso considered Jews to be "foreigners" who should be subjected to a specific "guest law." From the end of 1937, the Verdinaso brought up a new argument justifying its anti-Jewish stances. It repeatedly cited Christian-inspired writings in its paper, to demonstrate that the Verdinaso was not alone in its position. More than once, Abraham Kuyper's writings *Liberalisten en Joden* (1878) and *Ons Program* (1879) were cited, pointing out that Kuyper was also convinced that Jews should not be allowed to hold leadership positions, and that he also argued for a "guest law."[21] In spite of these Verdinaso-publications, we could find no mention of the anti-Jewish writings of Abraham Kuyper in Belgian Protestant publications in the 1930's.

---

20. J. Fischer, "Nos frères Israélites," *Le Lien: Bulletin de l'Église Protestante de Bruxelles* 2, no. 1 (Jan.-Feb. 1924) 8 (quoted in: Boudin [ed.], *Bibliografie van het Belgisch Protestantisme*, 989).

21. *Hier Dinaso!*, Jan., 29, and May, 15, 1938, resp. 4 and 5 (Quoted in: Lieven Saerens, "Het Verdinaso en de Joden (1931-1940)," *Wetenschappelijke Tijdingen op het Gebied van de Geschiedenis van de Vlaamse Beweging* 4 [1987] 241-254).

Within Flemish nationalism, the Verdinaso had already established itself on the front of anti-Semitism in 1931. From 1933 on, increasingly more anti-Jewish publications began to appear. In 1933, the Antwerp paper *De Aanval* (The Attack) saw daylight, which made propoganda for National-Socialism and was explicitly anti-Semitic and racist. One of the first to congratulate *De Aanval* was pastor Jan Derk Domela Nieuwenhuis Nyegaard, who had fled to the Netherlands after the first World War. In the same year, Domela Nieuwenhuis wrote an anti-Jewish article for the Dutch fascist paper *De Bezem*. The question remains here too whether Domela Nieuwenhuis' point of view influenced the Protestant community in Belgium.[22]

- *The Protestant Churches' protest against the persecution of Jews in Belgium and the 'Comité de Secours aux Réfugiés Protestantes' (CSRP)*[23]

It is remarkable that Protestant churches in Belgium – which, as mentioned, formed an extremely small minority – openly expressed their sympathy for the persecuted Jewish community in Germany, both in letters to the 'Centraal Israëlitisch Consistorie van België', and in public meetings. This sympathy was expressed by the 'Unie der Protestansche Evangelische Kerken van België'/'Union des Églises Protestantes Évangéliques de Belgique', the 'Federatie der Protestansche Kerken van België'/'Fédération des Églises Protestantes de Belgique' (consisting of: 'Églises Protestantes Évangéliques de Belgique'; 'Église Chrétienne Missionnaire Belge'; "Le Foyer de l'Ame" (Église Protestante Libérale de Bruxelles); 'Église Évangélique Méthodiste en Belgique').

---

22. Marcel Van de Velde, *Geschiedenis der Jong Vlaamsche Beweging 1914-1918* ('s-Gravenhage: De Veste, 1941); Ernest Pichal, *De geschiedenis van het protestantisme in Vlaanderen* (Antwerpen/Amsterdam: Standaard Wetenschappelijke Uitgeverij, 1975) 202-204; Buning, *Het strijdbare leven*.

23. *Het IIIe Rijk en de Joden: Eenige documenten* (Antwerpen: Comité tot Verdediging van de Rechten der Joden, 1933) 190-191 and 204-206; Archive Centraal Israëlitisch Consistorie van België (Brussels): Correspondence Protestant churches with chief rabbi Joseph Wiener, 1933 and 1938; SOMA (Studie- en Documentatiecentrum Oorlog en Hedendaagse Maatschappij, Brussels) (AA 1205): Enquête *Les églises protestantes de Belgique pendant la seconde guerre*, 1979; Betty Garfinkels, *Belgique, terre d'acceuil: Problème du réfugié: 1933-1940* (Bruxelles: Labor, 1974) 180; SOMA (JP 235), A. H. Ruchat, *C.S.R.P.: Comité de Secours aux Réfugiés Protestants. 1937-1940* (Grandcour, 1977); Boudin (ed.), *Bibliografie van het Belgisch Protestantisme*, 989; Joods Museum van de Deportatie en het Verzet (Mechelen) (A 557), Testimony H. Korteweg-De Haan, nov. 1994; Hugh Robert Boudin, "Schyns, Mat(t)hieu," *Nouvelle Biographie Nationale*, Vol. 1 (Bruxelles: Académie Royale des Sciences, des Lettres et des Beaux-Arts de Belgique, 1988) 300-305.

Matthieu Schyns, a pastor in Brussels from the 'Bond der Protestants-Evangelische Kerken van België', pointedly condemned Nazi Germany's anti-Semitism during a protest in Brussels in April 1933. Belgian politicians from the socialist, liberal, and Catholic parties also spoke at the Protest, however the Catholic church itself did not send a representative to the Protest. In 1938, Schyns was elected to the position of vice-chairman of the Synode of the 'Bond der Protestants-Evangelische Kerken van België'; in 1942, he became chairman.

Besides the groups already mentioned, Protestant organizations such as the Salvation Army were actively involved in aiding Jews. According to A. H. Ruchart, a Brussels Protestant minister who apparently maintained contact with Jewish refugee organizations, the Salvation Army was "literally stormed [by refugees]." The Secretary General of the Salvation Army in Belgium, 'Brigadier' Cohen, was himself of Jewish origin. In 1938, about twenty Protestant communities worked together to establish the 'Comité de Secours aux Réfugiés Protestants' (Aid Committee for Protestant Refugees). The 'Comité' was established to provide help for Protestant refugees from Nazi Germany, including primarily Jews who had been converted to Protestantism. At the same time, a Catholic Committee was established which, among other things, aimed to provide support for Jews who had been converted to Catholicism, although some people believe that the Catholic Committee actually primarily provided help for non-Jewish Catholics.

The organisation of the Protestant Committee took place in the Brussels Methodist Church. Mattieu Schyns was elected chairman of the committee. Willem Griethuysen, director of Silo since 1930 and a preacher in Laken (Brussels) from the 'Bond der Protestants-Evangelische Kerken van België', was treasurer, and Major Zurrer (from Zürich) of the Salvation Army was encharged with logistical support. Later, Zurer was succeeded by A. H. Ruchat and Pastor Mietes of the Methodist Church. Other members were Willima Thonger of the Methodist Church, Robert Du Pasquier (Swiss) from the 'Belgische Christelijke Zendingskerk', a representative from the 'Kerk van de Adventisten' (Adventist Church), a representative of the Darbysts, and pastors from the 'Nederlandse Kerken' (Dutch Churches) in Brussels. The Protestant Committee worked together with the American Friends Service Committee in Philadelphia. During the period of 1938 to April 1940, the Protestant Committee helped more than 1,000 refugees. In Antwerp, around the same time, a similar Protestant Committee ('Interkerkelijk hulpcomité voor joodse vluchtelingen') was established, grouped around figures like Gerriet Vanderriet, pastor of the 'Belgische Evangelische Zending'.

5. The Second World War

Our article on aid provided for Jews by Catholic clergy in Belgium is based in part on a survey carried out by the SOMA (Center for Historical Research and Documentation on War and Contemporary Society) in Brussels.[24] There is also a similar survey regarding Belgian Protestantism.[25] It is indeed a rather small survey, but its results nonetheless indicate a clear trend. Furthermore, the survey represents most of the Protestant denominations in Belgium, and the Protestant community in Belgium represented a very small minority indeed, as we have already said. Twenty-three clergy members responded to the survey. Six were from Dutch-speaking Belgium; fourteen were from French-speaking Belgium; and three from the Brussels area. For comparison's sake, we also provide the statistics for the Belgian Catholic clergy from the results of the survey regarding assistance offered to Jews.

Assistance provided for Jews in Belgium by Protestant and Catholic Clergy[26]

	Protestants		Catholics[27]	
	Survey Total	Assistance	Survey Total	Assistance
Brabant (bi-lingual)	3	3	184	79
Antwerp (Dutch-speaking)	1	1	117	15
West Flanders (Dutch)	1	0	187	7
East Flanders (Dutch)	4	3	125	3
Limburg (Dutch)	/	/		
Hainaut (French-speaking)	11	7	79	36
Liège (French)	1	0	73	28
Luxemburg (French)	1	0	36	16
Namur (French)	1	1	31	13
TOTAL	23	15	832	197

---

24. See Lieven Saerens, "The Attitude of the Belgian Catholic Church towards the Persecution of Jews," *Religion under Siege*, Volume I: *The Roman Catholic Church in Occupied Europe (1939-1950)*, ed. Lieve Gevers and Jan Bank, Annua Nuntia Lovaniensia, 56 (Leuven/Paris/Dudley, MA: Peeters, 2007) 243-281.
25. SOMA (AA 1205): Enquête "Les églises protestantes de Belgique pendant la seconde guerre", 1979.
26. Based upon the SOMA surveys.
27. SOMA (AA 1217-1218): Enquête "Kerk en clerus tijdens de bezetting".

A first conclusion is that for all provinces where more than one clergy member answered the survey, in each case more than half of the Protestant clergy provided assistance to Jews. This is the case with the bilingual province of Brabant, the Dutch-speaking province of East Flanders, and the French-speaking province of Hainaut. In Brabant and Hainaut, there was a great deal of assistance provided by the Catholic clergy; but relatively speaking, it seems that cases of assistance provided by Protestant clergy was even greater. All three surveyed persons in Brussels declared they had offered assistance to Jews. All three represented different factions within Protestantism: the 'Église Évangélique Russe', the 'Église Protestante de Belgique' and the 'Église Chrétienne Missionnaire Belge'. To the above-mentioned minister Mathieu Schyns, who was one of the founders of the 'Comité de Secours aux Réfugiés Protestantes', his action was, as it were, in the line of expectations. He claims that during the war, his "entire" parish was prepared to help Jews. Contrary to the rest of the country, there was a strong Protestant community in the province of Hainaut, which also started to give help to Jews. No less than six of the ten Protestant clergymen who were surveyed by the SOMA had offered this kind of assistance: three belonged to the 'Mission Évangélique Belge' and three to the 'Église Chrétienne Missionnaire Belge'. One of the clergyman who had not offered help said that he had helped a Jewish refugee before the war. Another pointed out that some of his parishioners had hidden a Jewish child during the war. It was characteristic of the Protestant community that it sought to associate itself with 'right-wing' resistance organisations as well as the 'left-wing' 'Onafhankelijkheidsfront'/'Front de l'Indépendance' (Independence Front).[28]

A second conclusion is that a study of Protestant clergy seems to provide a correction in the general (previous) picture concerning assistance provided to Jews in Belgium. According to that previous picture, there was a clear difference in the assistance provided Jews in French-speaking Belgium and bilingual Brabant, which received significantly more; and such assistance in Dutch-speaking Belgium, where significantly less assistance was provided. From the example of the Dutch-speaking province of East Flanders, it seems now that the Protestants were just as

---

28. See also: J.-P. Lecomte, *Le témoignage chrétien du Protestantisme borain sous l'occupation allemande pendant la seconde guerre mondiale. 1933-1945* (Licentiate thesis Faculté de Théologie Protestante de Bruxelles, 1981); Fabrice Maerten, *Du murmure au grondement: La résistance politique et idéologique dans la province de Hainaut pendant la Seconde Guerre mondiale (mai 1940-septembre 1944)*, Analectes d'histoire du Hainaut, Vol. VII/1, (Mons: Hanonia, 1999) 200-203.

willing as their French-speaking counterparts to provide assistance. This is, in fact, confirmed by the case of Antwerp, where Catholic clergy and a broad segment of the general population was barely at all prepared to provide assistance. There was, indeed, only one clergy member involved in the survey; however, he did not only assist Jews himself, but also indicated other Antwerp Protestants who provided assistance. We are referring to the already mentioned clergyman Gerriet Vanderriet, who was treasurer of the Antwerp 'Interkerkelijk hulpcomité voor joodse vluchtelingen', an organisation founded in 1938 on which we have no further information. The committee continued to function during the war, which made it possible to save a number of Jews. The relatively large degree of assistance provided by Protestants in Antwerp has been confirmed by other sources.[29] For this reason, the assistance provided in Antwerp provided by Protestants stands in very stark contrast to that provided there by the Catholic clergy.

A third conclusion from the survey is that in the Protestant denominations, there was no distinction to be made regarding assistance provided to Jews. All denominations were prepared to provide assistance, including the 'Gereformeerde Kerken', which had been so influenced by Abraham Kuyper (but not by his anti-Jewish writings).

There is a great number of other sources other than this survey which indicate the relatively important contribution of Protestants in the assistance provided to Jews. A number of Protestants were active in large 'networks'. There is, for example, the pastor A. G. B. ten Kate, who worked for the Jewish resistance organization 'Joodsch Verdedigingscomiteit'/'Comité de Défense des Juifs' (JVC/CDJ, Committee for the Defense of Jews), helped a number of Jewish children. Furthermore, there was only a very limited number of Protestant organizations in Belgium at the time. Nonetheless, many Protestants were willing to provide relief to Jews in need.[30]

---

29. Jan De Volder and Lieve Wouters, *Van binnen weent mijn hart: De vervolging van de Antwerpse Joden: Geschiedenis en herinnering* (Antwerpen: Standaard Uitgeverij, 1999) 120-126; Joods Museum van de Deportatie en het Verzet (A 557), Testimony H. Korteweg-De Haan, Nov. 1994. See also: M[edard] C. Schuyten, *Oorlogsdagboek: 1940-1944* (Antwerpen: De Techniek, [1945]).

30. Lucien Steinberg, *Le Comité de défense des Juifs en Belgique* (Bruxelles: Éditions de l'Université de Bruxelles, 1973) 124-126; Maxime Steinberg, *L'étoile et le fusil*. Vol. III: *La traque des juifs*, Band 1 (Bruxelles, Vie Ouvrière, 1986) 180-182. See also: Betty Garfinkels, *Les Belges face à la persécution raciale: 1940-1944* (Bruxelles: Éditions de l'Institut de Sociologie de l'Université Libre de Bruxelles, 1965) 74-75; Georges H. Luchie, *La Belgique au temps de l'occupation: 1940-1945* (Bruxelles: La Renaissance du Livre,

Also of note: During the Second World War, Jan Derk Domela Nieuwenhuis Nyegaard, who lived at that time in the Netherlands, began to take an increasing distance from National Socialism, especially after one of his sons was murdered by a branch of the German police. According to an open letter he wrote in 1945, he himself had helped "even Jews" during the occupation. In the same letter, he apologized to his previous Protestant congregation in Gent for his behaviour during the First World War.

IV. A Few Conclusions

More research should be done regarding the attitude of Belgian Protestantism. We can, however, confirm the general lines of church historian Franz-Heinrich Philipp's conclusions. Though some small traces of anti-Semitism were to be found in Belgian Protestantism, in general we see here a positive attitude.

The assistance provided to Jews by Protestants during the Second World War was, proportionally speaking, very large. Not only was the Protestant community in Belgium extremely small, but furthermore the Protestants, unlike the Catholics, did not possess the network of monasteries and other organizations which could have very easily helped in hiding Jews. And unlike the case with the Catholic clergy, there is very little difference to be seen in the assistance provided to Jews in Dutch-speaking Belgium and French-speaking Belgium. For an explanation, we are left primarily to hypothesize. First of all, of course, is historic tradition. From the beginning – and we speak of the period beginning in 1900 – the Protestants had a much more positive attitude toward the Jews. A number of Protestant movements were positively philo-Semitic. Most Protestant clergy members in Belgium were, furthermore, of foreign origin, and thereby not heirs to the specific historic developments of Dutch-speaking Belgium (Flanders) and French-speaking Belgium (Wallonia). The specific historic developments of Flanders and Wallonia, in religious and socio-political aspects as well as economic aspects, provide one of the

---

1972) 81, 90-91; SOMA: Claire-Angela Vandenschrik, *Les communautés protestantes en Belgique pendant la Seconde Guerre Mondiale* (Seminar paper Université Catholique de Louvain, 1994); SOMA: Vincent Defalque, *Les communautés protestantes en Belgique pendant la Seconde Guerre Mondiale* (Seminar paper Université Catholique de Louvain, 1998); Joost Loncin, *Geheime routes en netwerken: Joodse kinderen op de vlucht voor de Holocaust* (Leuven: Davidsfonds, 2003) 22.

explanations why in general there was – and thus disregarding the Protestant movements – such a great difference between the two regions regarding assistance provided to Jews, and resistance to the German occupiers. Furthermore, it could be put forward that the Protestant community, being such a small minority in Belgium, had a particular sense of sympathy for other minorities.

Selective Bibliography

Hugh Robert Boudin and Marjan Blok (eds.), *Synodaal Gedenkboek van de Verenigde Protestantse Kerk in België: 1839-1992* (Brussel: Uitgave PRODOC/ Universitaire Faculteit voor Protestantse Godgeleerdheid, 1992).

Hugh Robert Boudin (ed.), *Bibliografie van het Belgisch Protestantisme/Bibliographie du Protestantisme Belge: 1781-1996* (Brussel: Uitgave PRODOC, 1996).

Lammert Bunning, *Het strijdbare leven van J. D. Domela Nieuwenhuis Nyegaard: Vlaming door keuze* (Buitenpost: Alternatief, 1976).

James Hocart, *La question juive: Cinq conférences avec un appendice sur la charité juive* (Paris: Fischbacher, 1899).

Fabrice Maerten, *Du murmure au grondement: La résistance politique et idéologique dans la province de Hainaut pendant la Seconde Guerre mondiale (mai 1940-septembre 1944)*. Analectes d'histoire du Hainaut, 7. 3 vols. (Mons: Hanonia, 1999).

Ernest Pichal, *De geschiedenis van het protestantisme in Vlaanderen* (Antwerpen/Amsterdam: Standaard Wetenschappelijke Uitgeverij, 1975).

Lieven Saerens, "Die Hilfe für Juden in Belgien," *Solidarität und Hilfe für Juden während der NS-Zeit: Regionalstudien 4: Slowakei, Bulgarien, Serbien, Kroatien mit Bosnien und Herzegowina, Belgien, Italien*, ed. Wolfgang Benz and Juliane Wetzel (Berlin: Metropol Verlag, 2004) 193-280.

Patricia Van den Eeckhout, "De Protestantse Kerken," *Bronnen voor de studie van het hedendaagse België*, ed. Patricia Van den Eeckhout and Guy Vanthemsche (Brussels: VUB Press, 1999).

List of Contributors

Jan Bank, Amsterdam (The Netherlands), 1940 (on May 10, the day of the German invasion in the Netherlands). Ph.D. in History, University of Amsterdam. From 1988 till 2005 professor of Dutch history at the University of Leiden. Main research fields: political, cultural and religious history of The Netherlands in the 19th and 20th century.

Katrin Boeckh, Munich (Germany), 1967. Dr. Phil. and Habilitation (Priv. Doz.) in History of Eastern and Southeastern Europe, Ludwig-Maximilians-Universität München. Research associate Department of History, Osteuropa-Institut München. Main research fields: Political history of the 20th century in Southeastern Europe and the Soviet Union, religious and cultural aspects.

Lieve Gevers, Turnhout (Belgium), 1947. Ph.D. Modern History, Katholieke Universiteit Leuven. Professor of the History of Church and Theology, Faculty of Theology K.U. Leuven. Main research fields: History of the Catholic Church, Religion and Nationalism, Catholic education in the 19th and 20th century.

Valeria Heuberger, Vienna (Austria) 1960. Ph.D. in European Ethnology, University of Vienna. Scientific collaborator Austrian Institute of East and Southeast European Studies, Vienna. Main research fields: Ethnic and religious minorities in East and Southeast Europe, Islam and Muslims in Europe.

Anders Jarlert, Lund (Sweden), 1952. Th.D. Church History, Lund University. Professor of Church History, Faculty of Theology Lund University. Main research fields: Scandinavian Church History (Modern and Early Modern), Church and National Socialism.

Grigorios Psallidas, Athens (Greece) 1958. Ph.D. in History, University of Leipzig. Professor of Contemporary History in the Department of History at the Ionian University, Corfu. Main research fields: general history of Greece, history of the Greek Orthodox Church in the 20th century.

Radmila Radić, Belgrade (Serbia and Montenegro), 1958. Ph.D. History, University of Belgrade. Senior Research Fellow Institute for Recent History of Serbia, Belgrade. Main research fields: Relations between State and religious organizations in the 20th century, History of the Serbian Orthodox Church.

Lieven Saerens, Mechelen (Belgium), 1958. Ph.D. Modern History, Katholieke Universiteit Leuven. Researcher SOMA/CEGES (Centre for Historical Research and Documentation on War and Contemporary Society, Brussels). Main research fields: the Belgian attitude towards the Jews (end 19th century-ca. 1950).

Mikhail Shkarovskij, Leningrad (USSR), 1961. Ph.D. in History. Leading research fellow Central State Archives of Saint-Petersburg, Russia. Main research fields: History of the Orthodox Church, the Catholic Church and Religion and Nationalism in the 20th century.

PRINTED ON PERMANENT PAPER • IMPRIME SUR PAPIER PERMANENT • GEDRUKT OP DUURZAAM PAPIER - ISO 9706

N.V. PEETERS S.A., WAROTSTRAAT 50, B-3020 HERENT